KB240655

기초조형 Thinking

기초조형 Thinking

2010년 1월 14일 초판 발행 · 2022년 9월 23일 7쇄 발행 · **지은이** 문찬 김미자 신희경 임남숙 이상훈 · **감수** 박순보
펴낸이 안미르 안마노 · **기획·진행** 문지숙 · **편집** 정은주 · **디자인** TEXT · **일러스트레이션** 김준 · **영업** 이선화 · **커뮤니케이션** 김세영
제작 세걸음 · **종이** 뉴플러스 100g/m², 아르떼 230g/m², 밍크지 연군청 120g/m² · **글꼴** 윤명조 300, 윤고딕 300, ArnhemFine,
Berthold Akzidenz Grotesk BE

안그라픽스
주소 10881 경기도 파주시 회동길 125-15 · **전화** 031.955.7755 · **팩스** 031.955.7744
이메일 agbook@ag.co.kr · **웹사이트** www.agbook.co.kr · **등록번호** 제2-236(1975.7.7)

© Succession Marcel Duchamp / ADAGP, Paris, 2010
© 2010-Succession Pablo Picasso-SACK (Korea)
이 책에 사용된 일부 작품은 SACK를 통해 ADAGP, Succession Picasso와 저작권 계약을 맺은 것입니다.
저작권법에 따라 한국 내에서 보호를 받는 저작물이므로 무단 전재 및 복제를 금합니다.

© 2010 한국기초조형학회(문찬 김미자 신희경 임남숙 이상훈)
이 책의 저작권은 지은이에게 있습니다. 저작권법에 따라 한국 내에서 보호를 받는
저작물이므로 무단 전재와 복제를 금합니다. 정가는 뒤표지에 있습니다.
잘못된 책은 구입하신 곳에서 교환해드립니다.

ISBN 978.89.7059.433.0 (13630)

형상+사유 시리즈 1

기초조형 Thinking

문찬 · 김미자 · 신희경 · 임남숙 · 이상훈 지음
박순보 감수

안그라픽스

학회장의 글

한국기초조형학회가 창립된 지 10년이 되었습니다. 학회논문집을
매년 6회 발간하고 있으며, 편당 게재 논문수는 평균 50건에
이릅니다. 본 학회에서 발표되었던 기초조형 연구 실적들은 구슬에
비유할 수 있고, 책의 저자들은 구슬을 꿰는 실에 해당합니다.
어느덧, 기초조형학의 다채로운 연구 실적들이 학회 서고에
산더미처럼 쌓이게 되었습니다. 수시로 이런 생각을 했습니다.
'저 연구물들을 정리하여 미술, 디자인을 시작하는 대학생들의
교재로 삼았으면 좋겠다'라고. 학회에서 책을 시리즈로 발간하자는
구상은 여기에서 출발했습니다.

2008년 3월에 한성대학교의 문찬 교수와 기획을 시작했고,
집필진을 구성하여 5월 초에 첫 회의를 가졌습니다.
그 시작으로부터 2008년 한 해에만 16명의 집필진과 13번의
회의를 진행하여 책의 방향을 논의했으며, 여름 워크숍 1회,
한국기초조형학회 국제학술대회에서 학술주제발표, 2회에 걸쳐서
학회자문위원단에게 책의 방향에 관한 자문을 받았습니다. 이러한
검증을 거치고 도서 연구를 공론화하여 보다 많은 의견들을
수렴하여 좋은 책을 만들고자 노력했습니다.

특히 기초조형의 다양한 분야를 논의하기 위하여 집필진 구성에
각별한 주의를 기울였습니다. 시각 정보, 실내 공간, 제품, 가구, 영상,
의상, 건축, 회화, 조소, 도자 공예, 미술 교육 등 여러 분야의 전공
교육자들을 저자로 초빙하여 실제 교육 현장에서 드러난
조형교육의 문제점을 파악하고 순수 예술과 디자인의 벽을
넘나드는 조형 개념의 확장을 추구했습니다.

이 책은 '기초조형 시리즈'의 첫 번째를 장식하는 책입니다.
'기초조형 Thinking'이라는 주제에 맞춰 생각하는 과정을 중심으로
다루고 있습니다. 현재 집필 중에 있는 두 번째 '기초조형
Producing'은 조형 제작 과정에 필요한 내용을 다루고 있으며,
세 번째 '기초조형 Communicating'은 조형의 의미 부여에
집중할 계획입니다.

이 시리즈를 '형상(形象)+사유(思惟)'라 했습니다. 이것은
서울대학교 국문학과의 심우장 교수가 연암 박지원의
『능양시집서(菱洋詩集序)』에서 발췌하여 작명해 주었습니다.
철학적 사고에서 깊이 있는 조형을 다루자는 취지입니다. 한국의
조형이 양적으로 팽창해 가는 것도 물론 중요하지만, 우리가
갖고 있는 생각과 삶의 철학을 담은 질적으로 성숙한 연구를
병행하자는 뜻을 담고 있습니다.

무엇보다도 이 시리즈는 '많은 저자들이 공동 집필하는
출간물'이라는 큰 규모의 사업이지만, 이는 학회가 꼭 수행해야
할 과업이라고 생각합니다. 큰 규모의 출간을 흔쾌히 수락해 주신
안그라픽스의 김옥철 대표께 깊은 감사를 드립니다. 그리고 책이
출간되는 과정을 세밀하게 진행해 주신 문지숙 편집주간에게도
감사 말씀 드립니다. 무엇보다도 2년 가까이 책을 만드는 연구와
집필에 힘을 쏟은 문찬 교수, 김미자 교수, 신희경 교수,
임남숙 교수와 이상훈 교수에게 큰 감사 말씀 드립니다.

조태병
(사)한국기초조형학회 명예회장

한 연구자가 오랜 기간 동안 집중적인 관심을 기울였던 연구를
한두 번 훑어보고 그 내용들을 평가하는 것은 매우 어려운 일이라
생각합니다. 이런 경우 예술 분야에서 들기 좋은 예가 하나 있습니다.
오래전 독일의 학술상을 받은 영국 미술사가인 곰브리치(E.
Gombrich)가 쓴 서양미술사의 서문 부분에 놓인 글입니다.
예술 작품을 감상할 땐 선입견을 버려야 더 많은 것을 감상할 수가
있다는 내용이지요. 사실 선입견이라는 것은 버릴 수도 없을 뿐더러
생각을 비우면 카메라의 렌즈를 통해 빛을 감광시키는 단순 과정일
뿐이지 감상이라는 개념은 해당되지 않는 것입니다. 감상자는
사전에 얻었던 다양한 경험을 토대로 작품을 대하게 되는 것입니다.
그 경험이 크든 작든 어떤 유형이든 간에 자신만의 해석 기준을
만들어 주는 것입니다. 곰브리치의 견해는 편견을 가지고 대하지 말
것을 권고하는 것이라 보면 될 것입니다.

이 책의 여섯 가지 항목을 집필한 교수들이 해당되는 주제들을
놓고 10여 년간의 교육적 경험을 토대로 하여 정금 같은 결과물을
만들어 내려고 노력한 흔적을 볼 수 있습니다. 때로는 미숙한
표현도 있고, 번역된 글을 옮기다 보면 어려운 용어들도 간간히 눈에
드러나지만, '선입견'을 버리고 소개되는 내용을 음미할 때 21세기의
예술 디자인전문 인력 양성에서 '조형(造形)'을 위한 참으로 필요한
안내서가 될 것이라고 기대합니다.

그동안 수채화 기법, 유화 기법, 판화 기법, 소조 기법 등 예술 디자인
분야의 전공을 위한 다양한 기초 과정 교재들이 출판되어 왔지만,
예술 디자인 분야에서의 '창의적 사고'를 위한 훈련 교재에 가까운
도서는 아마 처음 소개되는 것이라고 판단됩니다.

창의적 사고는 우리 분야에서 없어서는 안 될 필수 조건입니다.
일반적으로 창의성은 새로운 어떤 것을 만들어 내는 것으로 알고
있을 뿐입니다. 그러나 그러한 견해로 출발한 창의성의 결과는
무용지물을 생산하는 것을 조장하는 행위에 지나지 않습니다.
본문 중에 피력한 창의성 관련 내용인 '주목해야 할 것은 창의성이
어떻게 발휘되는가 하는 점인데, 탁월한 창의적 성취는 단 한 번의
위대한 통찰이나 아이디어에서 나오기보다는 일련의 작은 통찰이나
아이디어들을 논리적으로 관련시키고 발전시키고 정교화하여 더
큰 개념적 틀을 형성한 결과'에서 시사하고 있는 것이 대부분의

창의적 산물을 생산하는 주체들이 깊이 고려해야 할 점이라는
것입니다. 단순한 변화, 다양한 측면에서 검증되지 못한 영감에만
의존하는 '단순 창의'는 언젠가는 쓰레기로 전락될 제품 및 예술
작품을 생산하거나 또는 이들의 수명을 생산 시점에서 즉시
쓰레기로 둔갑시키는 'shortest life cycle outputs' 생산에 동참시키는
조형교육이 될 뿐이라는 점들을 지적해 주고 있습니다.

이 책에서는 조형예술 분야에서의 창의적 사고 능력에 관한 본질적
이론부터 창의적 훈련법, 관찰에 관한 연습, 창의적 시각 이미지화
과정 연습 등에서의 게슈탈트 심리학 이론 소개 및 실습이 병행되는
내용으로 구성되어 있다는 점. 색채 이론에 관한 역사적 견해들의
소개와 아울러 색채로 이루어진 보편적 형상 세계에서 조형적 특별
구조를 찾아내는 연습 과정들도 함께 소개되어 있다는 점. 그동안
전공자들이 믿어 왔던 색채 이론 서적들이 조작되었을 수도 있는
근거들을 제쳐 놓고 지극히 순수한 색채가 만들어 내는 체험의 길로
안내하고 있는 점. 추상화의 개념이 구상적이지 않은 형태가 표현된
것을 의미하는 것이라고 믿고 있는 데 비해 추상화는 원래 그 과정상
추상적 개념, 느낌과 같은 구상적이지 않은 내용을 구상화하는
작업이라고 말할 수 있습니다. 예를 들어 '사랑'을 주제로 한
추상적 회화나 조각 작품들을 연상해 보면 그 말의 의미를
이해할 수 있을 것입니다. 이 책에 소개된 '느낌의 시각화'가
그런 의미에서 매우 가치 있다고 생각합니다. 그리고 특히 창의적
개념 발상에 관한 내용이 언급된 6장의 경우 예술 디자인 분야에서
대단히 중요한 것들을 알려 주고 있습니다. 이 책의 1~2장에서
시작된 창의적 사고의 이론에 적절하게 연결된 논리적 연습과정을
'요리하기'라는 개념과 절묘하게 연결시켜 대미를 장식해 주는
성격도 있으면서, 다시 한 번 창의적 사고에는 논리적 접근이
꼭 필요하다는 당부의 의미도 엿보입니다.

이렇듯 여기에 수록된 내용들은 여러 가지 내용이 뒤섞인 짬뽕이
아니라 각각의 성격이 두드러지면서도 함께 어우러져 잘 조합된
특별한 구절판 같은 구성이 이 책이 지니는 매우 탁월한 점이라고
생각합니다.

10년의 역사를 일군 한국기초조형학회가 '기초조형'이라는 개념에
관한 분명한 약속도 없이 묵시적으로 창작 활동을 전개해 왔으나,
3,000명의 연구 인력을 회원으로 확보하고 있는 이 시점에서는
그 개념을 좀 더 분명하게 밝혀야 할 것이라고 생각합니다.
그런 관점에서도 이 책에 수록된 내용은 매우 소중한 것이며,
'기초조형'이라는 개념을 이해하기 위해 꼭 필요한 첫 단계의 의미를
내포하고 있습니다. 앞으로 시리즈로서 '기초조형' 개념 이해의
깊이를 더하는 책들이 출간될 예정이라고 합니다. 서두에 언급한
내용처럼 이 책이 갖는 의미를 편견 없이 순수한 마음으로 수록된
절차를 따를 때 무한한 소득을 얻게 될 것으로 기대합니다.

박순보
조형예술학박사 / (사)한국기초조형학회 자문위원

1

창의성과 조형교육

조형과 관련된 분야에서 창의(creation)의 개념이 매우 중요하다는
사실은 더이상 새삼스러운 일이 아니다. 많은 작가와 디자이너들이
뛰어난 창조가이기를 바란다. 그들은 창의성(creativity)이 뛰어난
좋은 아이디어를 가지고 많은 이들에게 사랑받는 조형물을 만들고자
한다. 이 창의성의 개념은 비단 조형 예술이나 디자인에만
국한되지 않는다.

　　　　빠른 속도로 복잡해지고 다양성이 확대되어 경쟁력이 심화되어
가는 현 사회에서 창의적 사고는 더욱 더 중요한 요소로 작용한다.
사회가 요구하는 창의적 사고란 단순히 새로운 것을 만들기 위한
과정이라기보다는 이미 존재하는 것들의 존재 형식을 분석하여 좀 더
발전적인 결과물을 위해 그 분석된 요소들을 재결합하고 재구성하며
기존의 문제점들을 개선하고자 하는 사고 행위를 말한다. 즉, 창의성의
기본은 적극적인 생활, 능동적 자세와 기존의 것에 만족하지 않는
발상의 전환이라 할 수 있다. 이러한 사고들은 타고나기보다는
후천적 환경과 경험에서 더 큰 영향을 받는다. 또한 많은 경험을
쌓고 발전적 사고를 생활화하는 등 스스로를 계발하는 노력을 통해
창의성을 높여갈 수 있다. 조형에서의 창의성도 마찬가지이다.
평범한 시각에서 벗어난 상상력이 경험과 결합되면 더욱 창의적인
아이디어를 만들어 낼 수 있다.

창의성의 개념

학자들이 창의성에 관심을 가지게 된 것은 1950년대 이후이다.
1950년 미국심리학협회(The American Psychological Association)
회장이었던 조이 길포드(Joy Paul Guilford)의 창의성에 관한
기조연설을 기점으로 심리학자들의 창의성에 관한 본격적인 연구가
시작되었다. 그리고 매키넌(D.M. Mackinnonn), 아마바일(T.M.
Amabile), 루바트(Todd Lubart), 베어(T. Baer), 김재은, 어번(K.K.
Urban), 칙센트미하이(Mihaly Csikszentmihalyi), 소여(R.K. Sawyer)
등에 의해 창의성에 대한 다양한 견해들이 발표되었다. 이들의 연구를
통해 창의적 개념에 대한 두 가지 핵심 요소를 발견힐 수 있는데,
그것은 '새로움'(독창적, 독특한, 새로운, 신선한, 예기치 못한)과
'적절성'(유용한, 구체화된, 가치 있는, 의미 있는, 충족시키는)이다.
마찬가지로 조형에서도 창의적이라고 평가받고 인정받기 위해서는
이 두 요소를 만족시켜야 한다.

창의성의 개념을 종합해 보면 초기에는 창의적인 결과와 같은 특정 부분에 초점을 두고 설명되어 왔으나, 최근에는 일반인, 과정, 산출물, 사회적 환경과 같은 다양한 측면들에 초점을 맞추어 개념화하고 있다. 이것은 창의적인 사람이나 집단이 창의적 과정을 통해 창의적인 산출물을 생성하는데, 그 산출물이 사회적 맥락에서 새로움과 유용성 기준을 충족시킬 때 창의적 산출물로 인정받을 수 있다는 것이다. 따라서 창의성은 개인 또는 집단의 특성이 창의적 과정을 거쳐 사회적 맥락에 따라 새롭고 유용하다고 인정받을 수 있는 산출물을 생산하는 능력이라 정의할 수 있다.

성인기의 창의성은 '뛰어난 수준의 창의성(big C)'과 '일상적이고 평범한 수준의 창의성(little C)'으로 나누어 살펴볼 수 있다. 뛰어난 개인의 경우 창의적인 성취를 이루는 절정기가 있으며, 절정기에 도달하는 나이는 분야마다 다르다. 예를 들면 물리학자들은 20대나 30대, 생물학자와 사회학자들은 40대, 작가와 철학자들은 평생에 걸쳐 절정기를 누린다. 이러한 절정기 이후에도 심지어 은퇴 후나 고령기에도 여러 영역에서 매우 창의적인 성취가 가능하다는 연구 결과도 있다.

여기에서 주목해야 할 것은 창의성이 어떻게 발휘되는가 하는 점이다. 뛰어난 창의적 성취는 단 한 번의 위대한 통찰이나 아이디어에서 나오는 것이 아니다. 일련의 작은 통찰이나 아이디어들을 논리적으로 발전시키고 정교화하여 더 큰 개념적 틀을 형성한 결과에서 비롯된다. 이는 오랜 시간 또는 일생에 걸쳐 이루어지는 발달임을 알 수 있다. 한편 평범한 성인들의 경우 연령이 높아짐에 따라 창의성이 감소하는 것을 볼 수 있다. 이에 대하여 크로플리(Cropley)는 연령보다는 창의적 산출을 가능하게 하는 심리적 특성을 가지고 있는지의 여부가 보다 중요하기 때문에 성인은 물론 노인들도 다음과 같은 심리적 특성을 가지고 있다면 창의적인 생산성을 발휘할 수 있다고 설명했다.

- 문제에 대한 민감성 유지
- 엄격한 논리나 경직된 사고를 탈피할 수 있는 능력
- 새로운 지식에 계속 적응할 수 있는 능력
- 새롭고 다른 것에 대한 두려움을 극복[1]
- 인지적으로나 사회적으로 초보 단계로 돌아가려는 의지
- 오랫동안 소중히 여겨 온 지식과 기술의 부적절성을 인식하는 능력
- 자아상에 대한 유연한 태도
- 체면 손상을 두려워하지 않는 태도

1 —
예술조형과 디자인의 개념은 불변하는 것이 아니고 빠르게 변화하는 것이다. 따라서 문화의 변화와 기술 발전에 지나친 거부감이나 두려움을 갖기보다는 적극적으로 이해하고 활용하려는 자세가 필요하다.

창의성의 이론

창의적 인지 접근

많은 창의성 이론 중 창의적 인지 접근(creative cognition approach)에서는 새로운 아이디어가 생성·산출되는 '인지 과정(cognitive process)'을 가장 중요하게 생각한다. 이는 조형 활동과 깊은 연관이 있다. 창의적 인지 접근의 이론 연구에 따르면, 창의성과 가장 관련이 있는 것은 개념 결합, 은유, 유추이다. 다시 말해 창의적 사고의 과정, 요소, 구조를 가리킨다. 아이디어를 생성하고 평가하는 과정과 이에 수반하는 요소들, 예를 들어 정보 검색, 연합, 결합, 평가, 수정 및 완성은 창의성에만 사용되는 특별한 정신 과정이라기보다는 일상적으로 사용되는 인지 과정이라고 할 수 있다. 이는 창의적인 사람들만이 갖고 있는 특성이 아니라 누구나 가지고 있는 기본적인 정신 능력의 복합적인 결합에서 나온다는 사실을 밝혀 주고 있다.

그렇다면 개인의 성격과 마음가짐을 창의성을 높이기 위한 방향으로 노력할 수는 없을까. 최근에 연구된 창의성과 성격 특성 간의 상관 연구에서는 판단의 독립성, 자신감, 복잡한 것에 대한 선호, 심미적 지향성(aesthetic orientation) 및 모험 감수하기 등의 성격 특성이 창의성과 잠재적인 관련이 있다고 보고되었다. 또한 자율성, 광범위한 관심, 독립성, 개방성 등이 창의성과 관계 있는 특성이라고 했다.

인지 유형 측면의 창의성 구성 요소

사람마다 정보를 받아들이고 처리하는 스타일이 다르다. 이때 정보를 처리하고 문제를 해결하는 방식에서 나타나는 개인의 성향(disposition)을 '인지 유형(cognitive style)'이라고 한다. 다시 말해 '인지 유형'이란 개인이 정보를 처리하는 방식으로, 지속적으로 인지 과정에 영향을 미친 결과라고 할 수 있나. 인시 유형을 연구하는 학자들은 유형별로 사람을 구분해 어떤 유형의 사람들이 더 창의적인 수행을 하는지에 관심을 갖는다.

먼저 사람들을 장의존성(field dependence)과 장독립성(field independence) 이론으로 구분하여 살펴보자. 이 두 이론을

살펴봤을 때 장독립적인 사람들이 외적인 것에 더 민감하기 때문에
사회적으로 더 유능하게 보인다고 한다. 더불어 여러 연구 결과에
따르면, 장독립적인 사람이 장의존적인 사람보다 더 창의적이라는
사실을 알 수 있다. 창의성이 뛰어난 사람들은 외적인 사회적 관계에
민감하기보다는 경험한 것을 내적으로 또는 인지적으로 재구성하는
일에 관심이 많고, 변화를 추구할 때에도 기존의 틀을 존중해
그 안에서 개선을 하기보다는 틀 자체를 깨려고 한다. 또한 문제를
해결할 때는 기존의 규칙이나 지식에 전적으로 의지하기보다는
스스로 규칙을 만들고, 기존의 것과는 완전히 다른 새로운 해결책을
찾으려 하며, 지엽적인 것에 매달리기보다는 전체적인 것을
보는 시야를 가지고 일을 처리하는 성향을 지니고 있다.

내적동기와 창의성

사람들은 다음 두 가지 경우에 따라 어떤 일이나 활동을 한다.
하나는 보상과는 상관없이 일이나 활동 그 자체에 흥미를
가지고 즐거워서 한다는 것이고, 다른 하나는 일이나 활동에는
관심이 없지만 그 일을 하게 됨으로써 받게 되는 보상 때문이다.
그 보상이라는 것은 좋은 평가를 받기 위해 또는 다른 사람의
인정을 받기 위해서일 수도 있다. 즉, 다른 목적을 달성하기 위한
수단으로 그 일을 한다는 것이다. 이것을 가리켜 전자의 경우를
내적으로 동기화되었다고 하고, 후자의 경우를 외적으로
동기화되었다고 한다.

그렇다면 창의적인 성취를 위해서는 내적동기와 외적동기 중
어떤 쪽이 도움이 될까. 또한 왜 창의적인 사람들은 창의적인 일을
하는 것일까. 과거의 정신 분석과 행동주의적 접근에서는 사람들이
창의적 활동을 하는 것은 물질적 보상을 받기 위해서라고 생각했다.
창의성에서 가장 중요한 것이 '외적동기'라고 판단하고 그에
바탕을 두어 창의성을 설명했던 것이다. 그러나 오늘날의 많은
연구자들이 창의성에서 보다 중요한 것은 '내적동기'라고 주장한다.

사회심리학자 아마바일은 많은 실험 연구를 통하여
창의성의 '내적동기 원리'를 제시했다. 그의 연구 결과에 따르면,
사람들은 외부로부터의 보상보다도 순수한 즐거움으로 활동에
임할 때 더 창의적인 것으로 나타났다. 외적인 압력보다는
과제 그 자체에 대한 흥미, 즐거움, 만족 및 도전에 의해 일차적으로

동기화될 때, 창의성을 가장 잘 발휘한다는 것이다. 추상적인 개념을
다루는 과학 분야에서 창의적인 과학자들은 자신이 하는 연구만큼
'내적보상감(만족감)'을 느끼게 하는 것은 없다고 말한다. 이들
과학자들은 자신들의 연구를 일종의 게임이라고 생각하거나 어려운
퍼즐 문제 풀기 같은 흥미를 유발하는 행동에 비유한다. 수학과
과학에 재능이 있는 청소년들을 대상으로 했던 하인젠(Heinzen),
밀스(Mills)와 카메론(Cameron)의 연구에 따르면, 그들은 또래
청소년에 비해 더 높은 수준의 내적동기를 가지고 있었다. 또한
시카고대학교의 한 프로젝트에서 창의적 인물 100명을 인터뷰한
결과, 과반수 이상의 참여자들이 그들이 속한 분야에서 일하고 있는
이유와 행복과 삶의 질을 향상시키는 이유, 그리고 그 분야에서
창의적 성취를 이루게 된 이유가 내적동기와 이에 수반되는 흥미,
열정이라고 대답했다. 즉, '일에 대한 사랑'이 창의성 유발의
매우 중요한 요인임을 알 수 있다.

조형 작업에서 압박감은 자유롭고 적극적인 사고를
제한시킨다. 따라서 조형교육을 담당하는 사람들은 학생들에게
조형 과정의 목표와 목적에 대한 설명을 충분히 해 주어야 하며,
학생들을 납득시켜서 자발적인 내적동기를 이끌어 내야 한다. 또한
창의에서 가장 중요한 것이 '즐거움'과 '보람'이 수반되는 것임을
강조하여 적극적인 창의성이 발휘될 수 있는 바탕을 마련해
주어야 한다. 조형교육에서 피교육자들에게 조형 과제를 부여할 때,
그 목적이 무엇이고 이 과정을 경험함으로써 어떠한 지식이
습득되고 체험되는지 분명하게 설명해야 하는 이유가 여기에 있다.
추상적인 내용을 다루게 될 가능성이 높은 기초조형 과정에서는
이러한 '납득과 이해'가 더욱 중요하다. 가령 조형의 요소인
'균형(balance)', '비례(proportion)', '조화(harmony)'를 주제로
조형물을 제작한다고 가정해 보자. 다분히 추상적이고 철학적인
주제이므로 구체적인 사례에 대한 시각적 훈련이 필요하며,
이 과정이 실제 사회에서 요구하는 조형물을 다룰 때 어떻게
반영되는가를 이해해야 창의적인 기획이 쉬워진다. 이러한 과정에서
다루는 과제물을 프리디자인(pre-design)[2]이라고 부를 수 있는데,
'디자인이 되기 전 단계' 또는 '디자인과 같은 사용 목적이
뚜렷하지 않지만 디자인에 근접한 단계' 정도로 해석할 수 있다.
이 과정에 대한 사례는 뒤에서 좀 더 자세하게 다루기로 한다.
한편, 외적동기라고 해서 모두 창의성을 저해하는 것은 아니다.

‘협력적 외적동기(synergistic extrinsic motivation)’와 같이
내적동기와 협력하여 상승효과를 가져오는 경우도 있다.
데시(Dci)와 라이언(Ryan)은 이러한 현상을 동기화 과정에 미치는
외부 자극의 영향이 객관적 특성에 따라 좌우되는 것이 아니라
그 자극을 개인이 어떻게 해석하느냐에 따라 달라진다고 설명한 바
있다. 이 설명에서 살펴봤을 때 평가나 보상과 같은 외부 자극들이
도움이 되는지 아니면 동기를 떨어뜨리는 것으로 해석되는지는
통제의 소재와 자존감에 따라 달라진다. 실제로 외적동기는
아이디어를 실제로 구현하기 위하여 조형물을 만드는 과정에서
도움이 될 수 있다. 창의성을 촉진시키는 환경을 생각할 때, 이러한
내적동기와 외적동기를 적절하게 부여하는 과정을 세심하게
연구할 필요가 있다.

기초조형 Thinking 과제

**가장 창의적인 수행, 예를 들어 그리기, 만들기, 보고서 작성 등을 했던 경우에 대해
생각해 보자.**

어떤 사고 과정이 창의적 수행을 가능하게 했다고 생각하는가?
그 과정을 간단하게 기록해 보자.

학교, 학과나 강의자의 어떤 특성이 도움을 주었는가?

우리 사회의 문화는 창의성에 어떤 영향을 미친다고 생각하는가?

창의적 성취를 위해 자신의 어떤 동기나 성격 특성이 도움이 되었는가?

자신은 스스로의 일을 얼마만큼 좋아하는지 생각해 보자.

창의적 문제 해결

조형 작업에서 창의성 개발을 위한 구체적인 방법들을 알아보자.
창의적 문제 해결에서 '문제 해결'이란 현재 상태에서 목적 달성을
위해 진행되어 가는 복잡한 인지적 과정으로서, 이것은 여러 단계를
거치게 된다. 조형 과정의 경우 주어진 주제의 조건들을 만족시키기
위한 값을 찾아나가는 논리적인 문제 해결의 과정이 있을 수 있고,
스스로 표현하고자 하는 주제를 설정하여 자신의 감정에 몰입하면서
내적동기에 따라 전적으로 해결안을 찾아가는 감성적 문제 해결의
과정이 있을 수 있다. 대개의 조형 작업은 이 두 과정이 복합적으로
혼재하는 경우가 많다.

존 듀이(John Dewey)는 문제 해결의 과정을 반성적
사고(reflective thinking)로 간주했다. 반성적 사고란 문제 해결의
과정과 그 결과에 대해 다시 한 번 생각하는 사고를 일컫는다.
듀이는 이러한 사고를 '곤란', '곤란 검토', '해결책 제안', '제안/
추리에 의한 전개', '행위에 의한 가설 검증'의 체계적이고 논리적인
5단계로 진행된다고 제시했다.

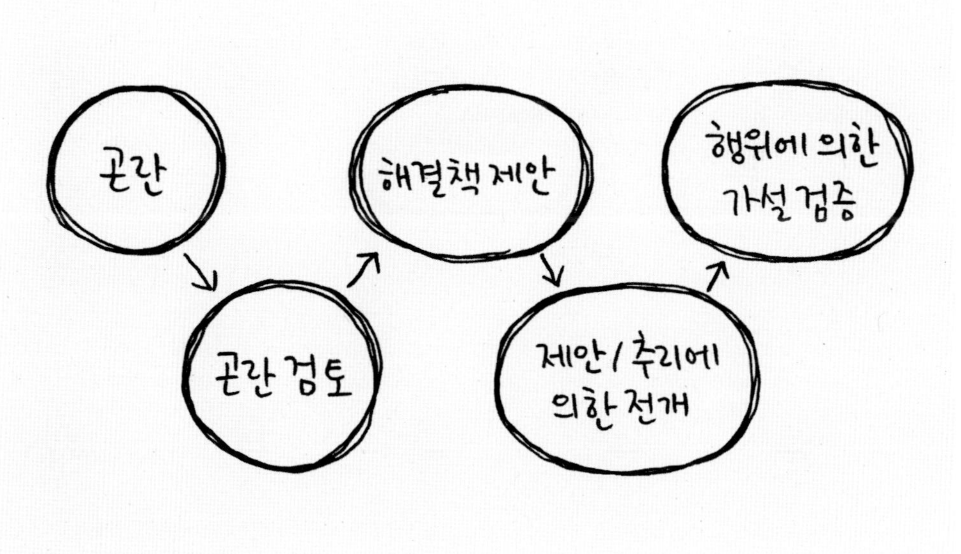

그림 1. 존 듀이의 문제 해결 5단계

먼저 '곤란' 단계에서는 기존의 경험과의 괴리에서 오는 갈등을 통해
문제를 인식하고, '곤란 검토' 단계에서는 문제의 특성을 파악하여
문제를 정의한다. '해결책 제안' 단계에서는 문제 해결을 위한 자료를
수집하고, 정보를 탐색하며 사실을 파악한 다음 가설을 세운다.
'제안/추리에 의한 전개' 단계에서는 자신이 세운 가설을 실행하며,
마지막 '행위에 의한 가설 검증' 단계에서는 설정한 가설이 맞는지
확인하고 문제 해결 방법이 적절했는지 등을 평가한다.

듀이의 첫 단계 '곤란'은 '문제 인식' 단계로 바꾸어 말할 수
있다. 여기에서 '문제 인식'은 창의적 성취에 필요한 기술이라
할 수 있으며, 이미 여러 연구에서 문제 발견 능력이 문제 해결
능력보다 창의적 산물에 더 영향을 준다는 결과가 제시된 바 있다.
조형 기획에서도 이 문제 발견은 중요한 역할을 한다. 주제가
외부로부터 주어진 것이건 스스로 선택한 것이건 기존의 문제를
인식하고 발견한다는 것은 해결책이나 발전안을 제시할 가능성이
열릴 수 있다는 점에서 매우 중요하다. 게첼스(Getzels)와
칙센트미하이는 미술 영역에서의 '발견 중심 행동(discovery–oriented
behavior)'과 '산출물의 창의성' 간의 관련성을 조사하기 위해
31명의 미술 전공 학생들에게 27개의 사물을 제시하고 사물을
스스로 선택해 배열하게 한 다음, 그들이 완성했다고 느껴질 때까지
그림을 그리게 했다. 그 결과 문제 형성 단계에서 독특하고 다양한
사물을 선택하고 배열하는 발견 중심 행동을 보인 학생들이
더 창의적인 그림을 그린 것으로 나타났다. 또한 7년 후에 실시된
연구에서도 문제 발견에서 높게 평가된 학생들은 그렇지 않은
학생들보다 더욱 전문적인 성취를 이루었다.

기초조형 Thinking 과제

성공적으로 평가받는 일반 조형물에서 문제 발견이 중요한 역할을 했던 사례가
있는지 찾아보고, 이러한 문제 발견을 촉진할 수 있는 방법을 생각해 보자.

자신의 조형작업 중 창의적으로 문제를 해결했던 사례를 생각해 보고
어떤 과정을 거쳐 문제가 해결되었는지 그 절차를 서술해 보자.

창의성 사고 기법

현대 정보화 사회는 지식의 패러다임이 너무도 빠르게 변화하는 탓에
지금의 지식과 기술이 얼마 지나면 바뀌거나 낙후된 것으로 변할 수 있다.
이러한 이유로 현대인에게 창의성은 매우 중요한 요소 가운데 하나가
되었다. 창의성 신장의 노력은 개인 수준의 창의성, 다시 말해 우리가
일상생활에서 창의적인 삶을 살 수 있도록 돕고 일상 자체를 창의적인
자세로 살아가도록 전환하는 것이 바람직하다.
　　　니커슨(Nickerson)은 창의성을 증진시키기 위해 가치, 신념,
목적에 관한 내용까지 포함시킨 포괄적인 방법을 아래와 같이 제시했다.

- 자신의 잠재력을 계발하겠다는 강한 의지와 창의적으로 행동하겠다는
  목적을 설정하게 해 준다.

- 세상에 대한 호기심과 탐구를 격려하고 보상해 준다.

- 자신감을 가지고 위험을 감수하려는 자발성을 기르게 한다. 소심함,
  불안, 두려움을 버리고 위험을 감수할 수 있는 자신감을 갖게 한다. 일단
  몇 번의 성공이 쌓이면 더욱 자신감이 생긴다. 비록 아주 잘하지는
  못했을지라도 적절한 피드백과 함께 창의적인 노력 그 자체에 격려와 보상을
  해 주도록 한다.

- 숙달과 자기 경쟁에 초점을 두게 한다. 다른 사람보다 잘하거나 이기는 데
  주력하는 성과지향적(outcome orientation) 태도보다는 자신의 수행을
  더 향상시키려는 숙달지향적(mastery orientation) 태도를 기르게 한다.

- 창의성이 증진될 수 있다는 신념을 갖게 한다. 믿는 대로 된다는 말이 있듯이
  신념은 때로 자기 충족적 예언(self-fulfiling prophecies)이 되기도 한다.
  따라서 학생들에게 창의성은 상당 부분 자신의 동기와 노력에 따라
  좌우된다는 신념을 갖게 한다.

- 선택과 발견의 기회를 제공한다. 사람들은 다른 사람이 선택을 해 주거나
  어쩔 수 없이 활동하게 된 것보다는 자신이 스스로 선택한 활동을
  더 흥미로워 한다. 곧 내적으로 동기화되어서 흥미와 열정을 가지고 임할
  과제나 활동을 스스로 발견하고 선택할 수 있는 기회를 준다.

- 균형을 중시한다. 구조, 규율, 자제, 전통 및 관례에 대한 존중과 함께 자유, 자발성, 혁신 확인 및 위험 감수도 필요하므로 양자 간의 균형을 이루도록 한다. 억압적인 환경이 창의성을 사장시킨다고 해서 구속이 전혀 없는 상황은 바람직하지 않다.

- 사례를 통해 창의적 태도와 가치를 가르친다. 세상에 대한 호기심이 없는 강의자가 학생들에게 세상에 대한 호기심을 가르칠 수는 없다. 강의자가 직접 본보기가 되어 학생들을 지도한다.

- 동기, 특히 내적동기를 유발한다. 창의성을 위해서는 내적동기가 중요하지만, 외적동기도 적절히 사용하면 상승효과를 가져올 수 있다.

소여는 부자가 되거나 유명해지는 것이 목적이라면 창의적이 되는 것을 목표로 하지 말아야 한다고 말했다. 창의성은 얻게 될 이득 때문이 아니라 그 일 자체를 사랑하는 내적으로 동기화된 사람에게서 나오기 때문이다. 또한 창의적인 성취는 수년간의 힘든 노고를 요구하므로 과정이 아닌 결과만을 사랑한다면 그 힘든 과정을 버텨 낼 수 없기 때문이다. 창의적인 사람들처럼 학생들도 자신들이 하고 있는 일에서 큰 즐거움을 느끼게 하기 위해서는 다음과 같이 지도하는 것이 바람직하다.

- 스케치 기법 모임이나 그래픽 실습 모임, 그린디자인 연구 모임, 영어 학습 모임 등과 같이 학생들이 하는 과제나 활동을 더 흥미롭고, 창의성을 필요로 하게 하여 내적동기를 유발하도록 구성한다.

- 보상은 적게 사용한다. 그러나 과제 자체가 내재적 흥미를 내포하지 않는 경우에는 보상이나 다른 외적동기를 사용한다. 동기 유발이 전혀 안 된 것보다는 외적동기라도 유발된 상태가 낫다.

- 스스로 동기를 다루는 방법을 가르친다. 자신의 동기 상태를 알고 조절할 필요가 있음을 설명한다. 그 방법을 가르쳐 주며, 행위를 시범으로 보여 주고 언제 자기 조절을 해야 하는지 적절한 때를 알려 준다.

기초조형 Thinking 과제

여러 조형 강좌 중 어느 강좌에서 어떤 창의성 지원 방법을 적용하면 효과가
크게 나타날지 생각해 보자.

체크리스트를 만들어 실행하는 방안을 연구해 보자.

특히 강의자 입장에서는 학생들의 성과를 시행 전과 후로 나누어 비교해 본 후,
보완점을 찾아보자.

조형물을 기획하는 데에는 많은 사고력이 요구된다. 이때
즉흥적이고 타고난 감각에 의존하기보다는 창의력을 확장시킬 수
있는 다양한 방법들을 이해하고 활용하는 것이 유익하다.
이를 위하여 창의성의 인지적 요소 가운데 기초적으로 필요한
몇 가지 방법들을 소개하고자 한다. 이 방법들은 특정 교과 내용과
상관없이 사고력 신장을 위해 고안된 것들이다. 자신에게 맞는
방법을 찾기 위해 동료들과 본 장에서 소개된 여러 방법 중
몇 가지를 선택하여 실험해 보자.

브레인스토밍

브레인스토밍(brainstorming)은 미국의 광고회사 BBOD의
사장 오스본(Alex F. Osborn)이 회의에서 좀 더 창의적인
아이디어를 내기 위해 고안한 방법으로, 어떤 주제에 대해 확산적
사고를 유도하기 위함이다. 브레인스토밍의 목적은 모든 권위나
고정 관념을 배제하고 수용적이면서 온화한 분위기 속에서 가능한
많은 아이디어를 말하도록 하여 그중에서 좋은 아이디어를
찾아내려는 데 있다. 실시 과정에서는 다음과 같은 규칙을
지켜야 한다.

판단 보류(deferment-of-judgment)
다른 사람들이 어떤 아이디어를 제시하더라도 그 생각을
비판하지 않는다.

자유 토론(free-wheeling)
아이디어가 아무리 허황되고 비현실적으로 여겨져도 아이디어를
일단 모두 표현하도록 한다.

질보다 양(quantity yield quality)
아이디어의 질보다 양을 우선시 하여 일정 시간 동안 가능한
많은 아이디어를 산출하도록 한다.

결합과 개선(combination and improvement)
다른 사람의 아이디어를 수정하거나 확장시켜 자신의 아이디어와
결합해 새로운 아이디어를 산출하도록 한다.

*2~5명 규모의 토론집단에서 리더와 기록자를 정한다.[3]

3 —
조형 작업에는 공동 작업이 있고
개인적으로 수행해야 할 작업이
있다. 개인 작업의 경우에도
비슷한 주제를 다루는 동료들과
모여서 브레인스토밍을 하면
아이디어의 상승효과를
얻을 수 있다.

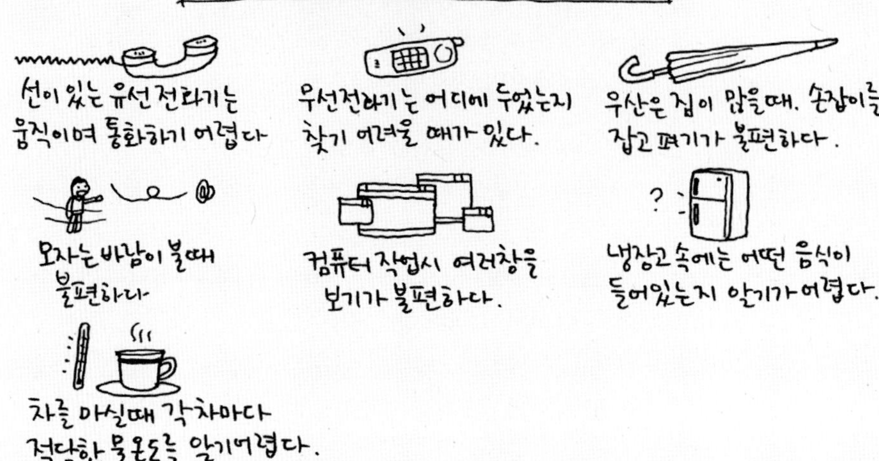

그림 2. **브레인스토밍**

역브레인스토밍

역브레인스토밍(reverse brainstorming) 기법은
핫포인트사(Hotpoint)에서 개발한 것이다. 브레인스토밍처럼
양적인 면을 중시하면서 자유분방하게 진행한다는 점에서는
유사하지만, 아이디어를 생성해 내는 브레인스토밍과는 달리
이미 만들어 놓은 아이디어에 대해 많은 양의 '비판'을 생성해 내는
기법이다. 역브레인스토밍의 진행 과정은 다음과 같다.

목표와 문제 확인하기
종이에 선정된 아이디어들의 목록과 함께 목표와 문제를 제시한다.

아이디어에 대한 비판 생성하기
아이디어가 적힌 종이에 그 아이디어에 대한 반론을 기록한다.

해결책 선정하기
비판된 아이디어를 검토해 보고 수정해서 가장 적절한 해결책을 선정한다.

실천 계획 세우기
선정된 해결책의 실천을 위한 행동 계획을 세운다.

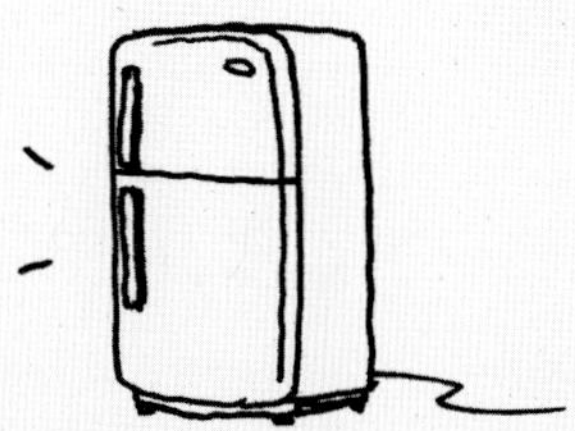

그림 3. **역브레인스토밍**

브레인라이팅

브레인라이팅(brainwrighting)은 독일의 홀리제르(Hermann
Holliger)가 창안한 방법으로 침묵을 지키며 진행하는 집단
발상 기법이다. 그 원리는 브레인스토밍과 유사하지만 아이디어
산출 과정에서 약간의 차이점을 보인다. 브레인스토밍에서는
기록자가 그룹의 아이디어를 기록하지만, 브레인라이팅에서는
각자가 정해진 용지에 본인의 아이디어를 차례대로 돌아가면서
기록하게 된다. 각 개인이 아이디어를 기록하므로 다른 사람으로
인해 내 아이디어가 방해받거나 평가받지 않는다. 이렇게 개인의
아이디어를 더 자유롭게 생성시킬 수 있기 때문에 더 많은 양의
아이디어를 산출할 수 있다. '생활에 유용한 제품'을 디자인하기
위하여 불편한 점을 기록한 브레인라이팅의 사례는 표 1과 같다.

표 1. 브레인라이팅

이름	아이디어 1	아이디어 2	아이디어 3
윤태성	유선 전화기는 이동하면서 통화가 안 된다.	짐이 많을 때 우산 손잡이를 잡고 우산을 펴기가 불편하다.	바람이 불 때 모자를 쓰고 있는 것이 불편하다.
김효은	일을 하면서 동시에 전화를 받으려면 손을 사용할 수 없어서 불편하다.	사용한 우산을 접어서 깔끔하게 정리하기가 어렵다.	실내에서는 벗은 모자를 손에 들고 다니는 것도 짐이 된다.
배효정	몸이 아프면 벨이 울리는 전화기를 받으러 움직이기가 불편하다.	우산을 앞쪽으로 기울이면 앞을 볼 수 없어서 불편하다.	놀이기구를 탈 때 모자가 벗겨질까봐 불안하다.

체크리스트법 – 스캠퍼

스캠퍼(SCAMPER)는 아이디어를 창출시키고자 하는
체크리스트로, 브레인스토밍 기법을 고안한 오스본의 체크리스트를
에벌(Bob Eberle)이 간단하게 재구성한 창의적 사고 기법이다.
스캠퍼는 다음과 같은 질문에 해당하는 영어 단어의
첫 철자를 의미한다.

S: 대체(substitute)

기존의 시각과는 다른 각도에서 생각을 유발하기 위해 기존의 것을
다른 것으로 대체하면 어떻게 될지에 대한 질문으로 '다른 무엇으로',
'다른 누가', '다른 성분이라면' 등과 같은 것이다. 예를 들어 '종이컵'은
'컵'의 재질을 종이로 대체해 새롭게 만들어진 것이다.

C: 결합(combine)

두 가지 이상의 것들을 결합해 새로운 것을 유발하기 위한 질문으로
'새로운 무엇과 결합시키면' 등과 같은 것이다. 예를 들어 최근의 컴퓨터
프린터에는 '복사'와 '팩스'의 기능이 결합되어 있다.

A: 응용(adapt)

어떤 것을 다른 분야의 조건이나 목적에 맞게 응용해 볼 수 있도록
생각을 유발하는 질문으로 '이것과 비슷한 것은', '이것과 다른 어떤 것이
적용될 수 있나', '과거의 것과 비슷한 것은' 등과 같은 것이다. 예를 들어
'벨크로(일명 찍찍이)'는 식물의 씨앗이 옷에 붙는 원리를 응용한 것이다.

M: 변형(modify), 확대(magnify), 축소(minify)

어떤 것의 특성이나 모양 등을 변형하거나 확대 또는 축소하며 새로운 것을
생성할 수 있도록 하는 질문으로 '노트북'은 '컴퓨터'를 간소화해 휴대하기
쉽게 만들어진 것이다.

P: 다른 용도(put to other uses)

다른 용도로 사용될 가능성을 생각하도록 하는 질문으로 '다른 사용
용도는'과 같은 것이다. 사용될 수 없는 '버스'나 '열차'를 이용해 '음식점'을
만들어 사용할 수 있다.

E: 제거(eliminate)

어떤 것의 일부분을 제거해 봄으로써 새로운 것을 생성해 낼 수 있도록 하는
질문으로 '이것을 없애 버리면', '없어도 할 수 있는 것은', '수를 줄이면' 등과
같은 것이다. 예를 들어 자동차의 '덮개'를 제거해 만든 '컨버터블'이 있다.

R: 뒤집기(reverse), 재배열(rearrange)

주어진 것의 순서나 모양 등을 거꾸로 해 보거나 다시 배열해 보도록 하여
새로운 것을 생성해 내도록 하는 질문으로 '거꾸로 하면', '역할을 바꾸면',
'순서를 바꾸면', '원인과 결과를 바꾸면' 등이 있다. 예를 들어 마요네즈
용기의 경우 '바닥'과 '뚜껑'을 뒤집어 뚜껑이 바닥에 오도록 만든 것은
마요네즈의 양이 적어져도 잘 나올 수 있도록 한 것이다.

스캠퍼의 질문은 반드시 앞의 순서를 모두 사용하는 것은
아니고 적절한 질문을 선택하여 사용할 수 있다. '모자를 개선할
아이디어'를 얻기 위한 스캠퍼의 구체적인 사례는 표 2와 같다.

표 2. 스캠퍼

S: 대체	모자 대신 신문지나 종이봉투를 접어서 쓴다.
C: 결합	모자에 음악을 들을 수 있는 라디오 장치를 단다.
A: 응용	실내에서 벗은 모자를 손에 들고 다니는 것이 짐이 되므로 모자를 접어서 브로치처럼 옷에 달 수 있게 한다.
M: 변형, 확대, 축소	야구 관람 등을 할 때 여러 사람들이 같이 쓸 수 있도록 모자를 확대시킨다.
P: 다른 용도	한 모자를 이용해서 정리함으로 만들어 사용한다.
E: 제거	땀이 차지 않게 모자의 윗부분을 제거하거나 망사처럼 만든다.
R: 뒤집기, 재배열	모자를 뒤집으면 가방으로도 쓸 수 있게 한다.

속성열거법

미국 네브래스카 대학 교수인 크로퍼드(Robert Crawford)가 고안해
낸 기법으로, 주어진 문제의 속성을 열거해 봄으로써 기존의
아이디어와는 다른 개념이나 원리를 색다르게 결합하거나 수정하여
새로운 아이디어를 산출해 내는 방법이다. 조형 작업에서의
속성이라면 형태, 크기, 색상이나 대상의 특성 등을 생각할 수 있다.
속성열거법(attribute listing)의 진행 순서를 적용한 사례는
표 3과 같다.

표 3. 속성열거법

단계	내용
문제 확인 및 재진술하기	'새로운 우산'을 디자인하기 위한 아이디어 찾기
속성 열거하기	손으로 들고 다닌다. 비올 때 필요하다. 방수가 된다. 모양이 일정하다.
각 속성을 새롭게 결합하거나 수정하기	손으로 들고 다닌다. 꼭 손으로 들고 다녀야 하나? / 몸이나 물건에 부착시킨다면? 비올 때 필요하다. 비가 오지 않을 때도 사용할 수 있을까? / 실내에서 사용할 수 없나? 방수가 된다. 기능을 추가할 수 없을까? / 자외선을 차단할 수 있을까? 모양이 일정하다. 다른 모양으로 만들면 어떨까? / 비를 맞지 않으면서 시야를 확보할 수 있을까?
생성된 아이디어의 실행 가능성 검토하기	가방에 달린 우산을 스케치해 보고 검토해 보자. 양산과 우산을 동시에 사용 가능한지 생각해 보자. 자외선을 차단할 수 있는 원리를 찾아보자. 꽃 모양이나 사각형 모양 등으로 종이우산을 먼저 만들어 보자.

강제연결법

강제연결법(forced connection method)은 서로 관계가 없어 보이는 어떤 사물이나 아이디어를 강제로 연결시켜 봄으로써 새로운 아이디어를 생성하는 기법이다. 표 4는 관계가 없는 사물이나 아이디어를 나열하고 이를 강제로 연결 지어 새로운 아이디어를 적도록 한 사례이다.

표 4. 강제연결법

순서	1	2	3	연결짓기
1	냉장고	유리		냉장고를 유리와 같이 속이 보이도록 하는 물질로 만들기
2	냉장고	유리	전화	투명하게 속이 보이면서 전화 기능이 있는 냉장고
3	냉장고	액자		액자처럼 벽에 붙일 수 있는 냉장고 혹은 문이 액자처럼 보일 수 있는 냉장고
4	냉장고	정수기		문에 정수 기능을 내방시킨 냉장고
5	냉장고	메모판		냉장고에 수납된 내용물의 양과 구입 시기를 쉽게 기록할 수 있고 유효 기간을 알려 주는 냉장고
6	냉장고	오디오		사용자가 직접 녹음을 하고 문을 여닫을 때마다 다양한 멘트나 음악을 들려 주는 냉장고

시네틱스

시네틱스(synetics)는 고든(William Gordon)이 창안한
기법이다. 그는 오랜 연구 결과 천재나 대발명가들의 사고에는
'유추(analogy)'라는 공통점이 있다는 사실을 발견했다. 그리고
이러한 사고를 촉진하는 시네틱스 기법을 창안했다. 시네틱스는
주어진 문제를 분석할 때 유추를 통해 친숙한 것을 낯선 것으로
전환하거나 낯선 것을 친숙하게 전환해 보도록 하는 방법이다.
이 기법은 이미 잘 알려진 사실을 유추를 통해 새로운 이해를 키우고
창의적 문제 해결을 돕는 데에 목적이 있다. 시네틱스 기법에
사용되는 유추는 다음의 네 가지가 있다.

직접적 유추(direct analogy)

주어진 문제를 전혀 다른 사물이나 현상에 객관적으로 직접 비교하는
방법으로, 예를 들면 '전화기'는 사람의 '귀'의 구조를 유추해 만든 것이다.

의인적 유추(personal analogy)

'개인적 유추'라고도 한다. 자신이 주어진 문제의 일부라고 생각하고
스스로를 해결해야 할 대상이 되었다고 상상하면서 의인화하여 새로운
아이디어를 유추하는 방법이다. 예를 들어 '선이 있는 전화기는 움직이며
통화하기 불편하다'라는 문제를 해결할 경우, 자신이 직접 '전화기'가
되었다고 상상하면서 아이디어를 생각해 내는 것이다.

상징적 유추(symbolic analogy)

어떤 대상의 추상적인 원리나 특성이 되는 상징을 유추하는 방법이다.
두 개의 서로 모순되거나 반대되는 상징을 하나의 의미로 형성하게 함으로써
새로운 의미를 만들어 내는 것이다. 대표적인 예로 사람의 특성 중에서
자신의 노력으로 문제를 극복하지 않고 다른 사람이 갖고 있는 능력에
의존해 해결하려는 현상을 '신데렐라'라는 동화 속 인물성격의 상징을 통해
'신데렐라 콤플렉스'라는 새로운 의미를 만든 사례가 있다.

환상적 유추(fantasy analogy)

문제를 해결하기 위해 현실적인 면보다는 환상적인 면을 상상하도록
유추하는 방법이다. 예를 들어 '선이 있는 전화기는 움직이면서 통화하기
불편하다'라는 문제를 해결하기 위해 '전화기를 들고 다니다가 전화를
걸거나 받을 수 있다면' 하는 아이디어가 떠오르고 거기에서 '휴대폰'이라는
제품을 만들어 낼 수 있었다.

시네틱스의 진행 과정과 적용 사례를 '환경 오염'에 대한
문제를 놓고 살펴보자.

표 5. 시네틱스

진행 과정	내용		
문제 진술 및 분석	오염되고 있는 지구의 환경 문제를 어떻게 개선할 수 있을까?		
탐색	**유추의 종류**	**유추 내용**	
	직접적 유추	오염된 지구를 병이 든 몸과 직접 비교해 본다. '우리가 병이 났을 때 치료를 하기 위해 어떻게 하는가'를 생각해 보게 함으로써 오염된 지구의 환경 문제 해결 방법을 알아보게 한다.	
	의인적 유추	나 자신이 더러운 '쓰레기' 또는 더러운 '물'이나 '공기'가 되었다고 가정한다. 어떻게 해서 더러워졌는지, 그리고 어떻게 하면 깨끗해질 수 있는지를 유추해 보도록 한다.	
	상징적 유추	지구상의 '온실 효과'에 대한 대책을 비닐을 씌워 놓은 '온실'이라는 공간에 비유해 해결해 보도록 한다.	
	환상적 유추	'공기 오염'을 마치 지구 주위를 여러 가지 알 수 없는 '외계인'들이 떠돌고 있는 상황으로 상상하여 해결해 보도록 한다.	
유추의 정교화			
정교화한 유추와 주어진 문제와의 결합			
실제에 적용			

마인드맵

마인드맵(mind map)은 영국의 심리학자인 부전(Tony Buzan)이
핵심 개념들 간의 상호 관련성이나 통합성을 좀 더 시각적으로
일목요연하게 표현함으로써 창의적인 사고를 유도하기 위해
만든 것이다. 아이디어를 주제별로 묶어서 선으로 연결 지으면서
방사적으로 표현하는데, 이때 아이디어들은 다른 색상과 상징적
형태로 표현하여 아이디어들 간의 관계를 쉽게 파악할 수 있도록
한다. 이 방법은 잠재적인 아이디어를 짧은 시간에 발상해 내기 위해
많은 정보를 집약하여 전체적인 내용을 일목요연하게 보여 줄 수
있다. 마인드맵의 진행 과정은 다음과 같다.

중심 이미지 표현

먼저 주제를 종이 중앙에 함축적으로 나타낸다. 중심 이미지는 함축적인
단어, 상징화한 그림이나 아이콘 등으로 표현하고 채색을 하여
주제를 가장 효과적으로 시각화하면서 상상력을 자극할 수 있도록 한다.

주가지

중심 이미지로부터 연결된 가지를 주가지라고 한다. 중심 이미지 쪽
주가지는 굵게 표시하고 그 위에는 핵심 단어를 기재한다.

부가지

부가지는 주가지보다 작게 표현하며 그 안에 핵심단어, 기호, 그림 등으로
표현해도 된다. 양쪽 뇌의 기능을 사용함으로써 효과를 높이기 위함이다.
생각이 계속 이어짐에 따라 부가지를 계속 그려 나간다.

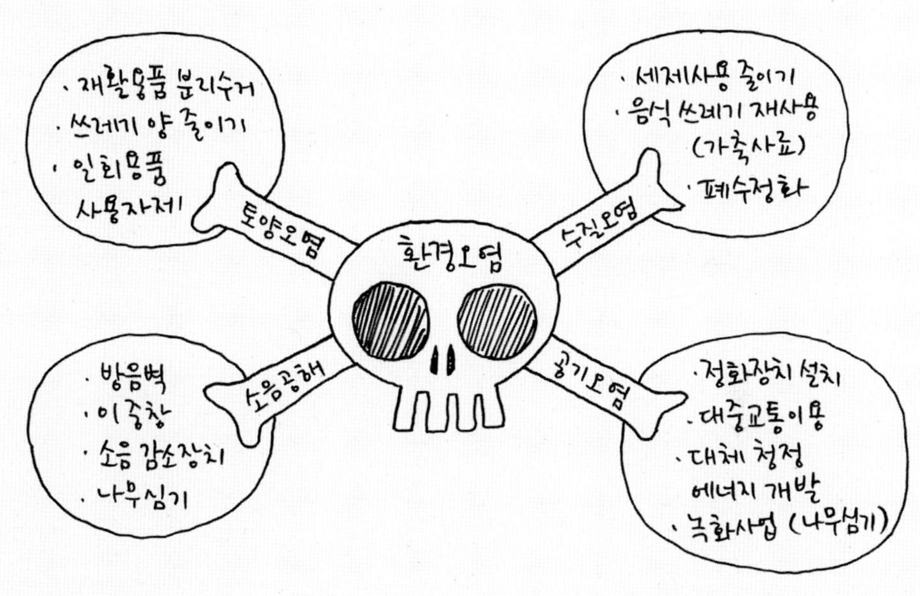

그림 4. 환경 오염 해결 방안을 위한 마인드맵

여러 가지 창의성 사고 기법 가운데 한두 가지의 적용 계획을 세우고 실천해 보자.

실천 결과는 어떠했으며 흥미가 느껴졌는가?

스스로의 사고력이 증진된 증거가 보이는가?

맺음글

우리는 일반적으로 조형 작업을 할 때 주제가 주어지면
관련 자료들을 수집한다. 학문적으로 이것을 '선행 연구'라고 한다.
예를 들면 발표되었거나 시판된 조형물 또는 디자인을 찾아보기도
하고, 시행 기술을 찾아서 구조와 원리를 이해하고자 한다. 그러나
대체로 우리는 어렵게 찾은 자료들을 자신의 조형 작업에 적용하기
위하여 분석하는 과정에서 막막해 한다. 즉, 창의적 콘셉트(조형
방향)를 추출하는 과정에서 어려움에 봉착하는 것이다.

앞에서 제시한 창의성 사고 기법들은 혼자보다는
여럿이서 같은 주제를 토론하고 생각하는 것이 더욱 효과적이다.
소개된 모든 기법들을 다 활용할 필요는 없다. 자신에게 잘 맞는
방법, 그리고 주어진 주제에 가장 유용한 방법 몇 개를 찾아
실험해 보면 된다. 같은 문제를 수행해야 하는 동료 3~5명이
한 조를 이루어 토론해 보자. 여기에서 추출된 아이디어 기록을
공유하고 그 아이디어들을 실현시키기에 유익할 정보들을 자료로
찾으면 된다. 다시 말해 조사할 자료의 범위를 축소하여 놓은 다음,
좁고 깊게 고찰하는 것이 유익하다는 뜻이다. 그리고 텍스트로
구성된 아이디어를 조형물로 전환하는 스케치가 또한 필요하다.

2

관찰과 표현

관찰 과정

조형을 기획하고 다루는 경험의 첫 걸음은 '관찰'에서 시작된다.
관찰하면서 다루고자 하는 창의적 조형 수행 과정은 다음과 같다.

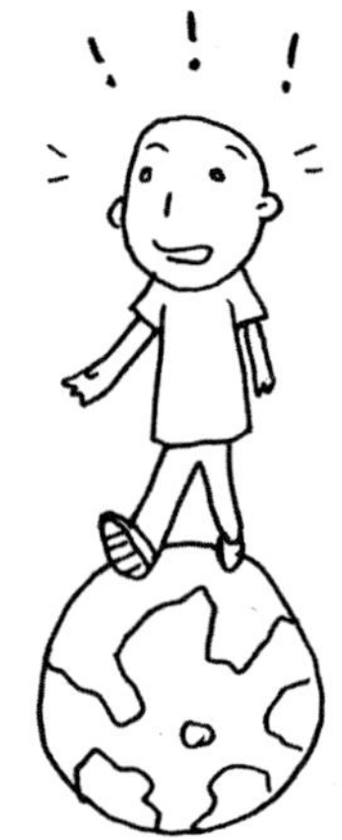

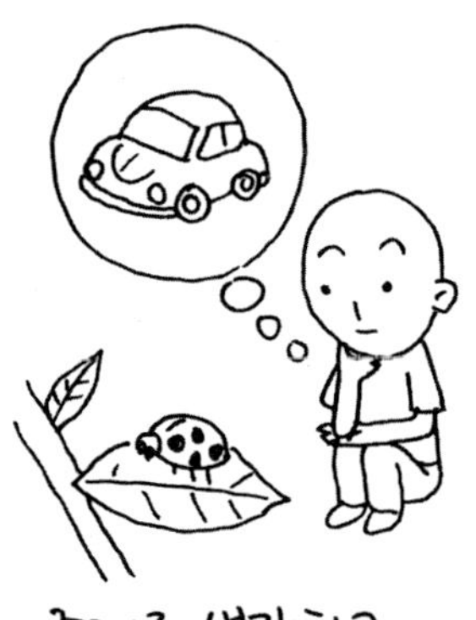

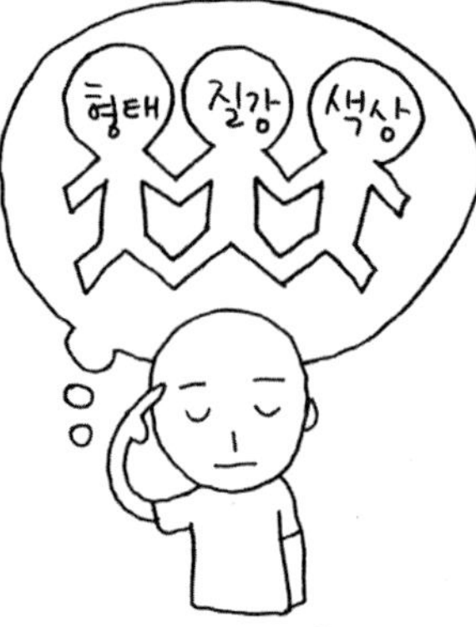

2009년도 한성대학교 1학년을 대상으로 한 제1학기 '제품디자인 기초 실습'이라는 과목에서 진행한 과정들을 중심으로 구성된 내용이다. 총 수강 인원은 21명이었다. 제품디자인(product design)에 입문하는 학생들에게 디자인 전개 과정을 체험시키는 것이 일차 목표였으며, 그 결과물이 입체로 형상화되었다. 조형을 위한 발상과 기획에는 여러 방법이 있으나, 여기에서는 필자가 수행하는 발상법을 다루고자 한다.

그림 1. **관찰과 경험 축적**

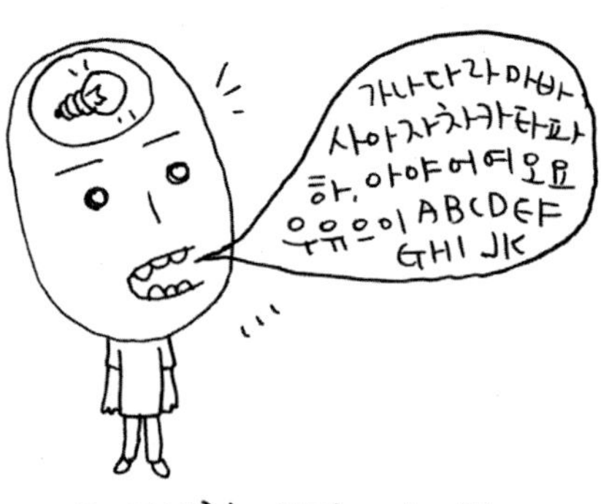

1 —
인터넷 검색을 통하여 자료를
수집하는 방법은 시간을 절약하고
육체적으로 덜 피로한 장점이
있다. 그러나 조형 활동에서
필요한 자료는 모니터로
검증할 수 없는 경우가 많다.
직접 오감을 동원한 '경험'을
체득하는 것이 바람직하다.
그렇다고 무작정 돌아다녀서는
안 된다. 관심이 가는, 그리고
계획을 세워 영감을 받을 수 있는
장소들을 찾는 것이 좋다.
예를 들어 전시회나 박람회 같은
행사, 시장, 백화점, 상가의
쇼윈도, 연극, 인디밴드의
공연과 같은 장소에서도
좋은 감각을 만들어 갈 수 있다.

2 —
인터페이스의 발생은 컴퓨터의
입력과 출력 장치를 의미한다.
인터페이스를 설계한다는 것은
바로 이러한 입력과
출력 장치를 설계한다는 것이다.
조형 작업에 비추어 보면
이 개념은 어떤 물상이
가지고 있는 느낌을 사람이
보거나 만졌을 때 전달되는
보편적인 정보를 뜻한다.

3 —
시각적인 의사 전달 수단을
말한다. 디자이너이자 교육자인
화가 케페스(Gyorgy Kepes)는
그의 저서 『시각언어』(1944)에서
새로운 조형 원리를 설명했는데,
시각언어란 시각에 호소하고
의사를 소통하는 언어라고
정의했다. 조형 예술, 영화,
사진, 텔레비전 등 시각언어는
인간의 시각을 통한 생활이나
경험을 재현한 것으로,
내용을 구성하는 각 요소들이
시각언어로 이루어진다.

- 시간을 할애하여 세상 밖을 많이 돌아다닌다.[1]
- 사람들 생활 속의 사물들을 관찰하고 생각한다.
- 조형 활동 과정에서 주제로 생각하고 있는 것과 가까운 사물들을 만져 보고 그 특성을 파악한다.
- 이 특성들은 형태, 질감, 색상 등의 조형요소에서 찾을 수 있다.
- 보이고 만져지는 이미지들과 언어와의 관계를 생각한다.

사물의 시각적 이미지와 언어와의 관계

먼저 주제를 정한다. 그리고 그 주제에 맞는 대상을 찾는다.
이때 생활 주변에 흔하게 존재하는 사물들을 관찰하고 그 느낌을
일반 언어로 표기한 후, 그 언어를 다시 조형물로 구성해 간다.
조형이란 생활 속에 존재하는 것이며 그 발상과 아이디어의 전개
역시 삶의 주변에서 시작하는 것이 의미 있기 때문이다.

우리 주변에 존재하는 많은 사물이나 아직 가공되지 않은
소재에는 각 물상이 지니는 느낌이 있다. 가령 나사, 못, 철판과 같은
금속에는 차갑고 날카롭다는 느낌이, 목재에는 따뜻한 느낌이,
실크 같은 천에는 부드러운 느낌이 있다. 이 느낌들은 직접
그 물상을 만져 보지 않아도 삶의 경험에서 그것이 어떠하다는
보편적인 경험, 즉 촉각적 인터페이스(interface)[2]에서 온 것들이다.
경험으로 알고 있는 촉감을 시각적 느낌으로 전환하면 '딱딱하다',
'부드럽다'라는 일반 언어를 눈으로 볼 수 있는 '시각언어(visual
language)[3] 또는 '조형언어'로 표현할 수 있다.

한국기초조형학회의 창립선언문에는 시각언어의 의미를
다음과 같이 밝힌다.

기초조형(基礎造形)은 조형 예술 전반의 형상과 추상, 구성과 운동의
본질이며 원리이다. 조형 예술의 역사를 통해 인간은 빛과 색, 선과 형,
공간과 구성, 운동과 물질 등이 시각적 조건을 실험해 왔다. 이 조건들은
단지 예술적인 자기표현의 기술적 차원을 넘어 시각적인 문화 패턴과
사회적 언어 체계를 결정하는 시대정신의 반영이었다.

우리가 눈으로 보고 무엇을 연상할 때, 그 연상을 일반 언어로
전환하여 기억하고 전달하는 경우가 많다. 반대로 언어를 보편성이
있는 조형물로 전환하여 표현할 수도 있다. 이 언어는 개인의 독특한
감성이 포함되기도 하지만 더 많은 경우 공감대를 형성하기 위한
보편성을 지니게 된다.

필자는 조형에서의 '기초'라는 의미를 '가장 기본이 되는
사고'라고 생각한다. 여기에서 '사고'란 조형을 다루는 사람의
생각과 의식을 뜻하며 이것은 표현 기법과 기교에 우선한다.
깊이 있는 사고에서 좋은 조형물이 나오는 것은 당연하다. 더 나아가
조형 작가나 디자이너의 기본적 사고는 조형 방법에 이어져 그들의
스타일과 조형관을 형성하여 최종적으로 철학이라는 심연으로
이어질 수 있다. 따라서 '기초조형'이라는 의미는 조형 과정에 입문한
초보 단계에 소용되는 개념을 뜻하지 않는다. '가장 기본이 되는
사고'는 조형을 다루는 사람 모두가 계속 고민하고 만들어 가야 하는
필수요소이다.

표현을 위한 이미지 형성

다음은 '한국적 조형미를 찾고 반영해 보는 것'을 주제로
서로 상반된 느낌의 언어(일반 형용사)들을 조형물로 표현하기
위한 과정이다.

주제 분석: 한국적 조형미

많은 예술가들과 디자이너들이 한국의 특성과 아름다움을 담아낸
조형물을 제작하고 싶어 한다. 그러나 좀처럼 쉽지만은 않은
문제이다. 이러한 과제는 조형물 표면에 한국적 특성이 직접적으로
보여지는 시도도 있지만 조형물 안에 담겨 있는 은유적인 간접적
표현이 더 효과적이다. 그런데 이 간접적이고 조형물에 내재된
특성의 구상과 표현이 보다 어려운 해결 문제로 다가온다. 우선
한국적 조형미란 무엇인가 파악해야 하겠다. 한국적 아름다움을
이해하기 위하여 한국인의 정체성을 나타내는 보편적 가치로서의
미(美)를 찾아가야 한다.

계원대학교 예술디자인대학 총장 김영기는 한국적 스타일과
미를 다음과 같이 정의했다. '직언보다는 은유를, 채워진 것보다는
비워진 것을, 막혀 있는 것보다는 여유를, 잡다한 것보다는
담백한 것을, 얕음보다는 깊음을, 인위적인 것보다는 무심한 것을,
붙잡힘보다는 자유로움을, 강함보다는 부드러움을, [중략]
물질적인 것보다는 정신적인 길을 걸어가는 생활 문화의
도(道)를 인간의 자기완성이라고 생각하며 행동하는 것이 우리의
스타일이다.' 이 말은 매우 철학적이고 추상적인 가치를 내포하고
있는데, 미학적 관점이 큰 영향을 주었음을 알 수 있다. 한국에
오랜 세월 체류했던 인문학자 안드레 에카트르(Andre Eckardt)는
한국의 미를 '유연함에 숨겨진 고전적 조화, 단순미와 소박한
아름다움'이라고 정의했다. 화가이며 미술사학자였던 근원(近園)
김용준은 '담백하고 청아한 멋, 그리고 소규모의 깨끗한 맛'이라고
표현했고, 숭실대학교 철학과 교수이자 총장을 역임했던 조요한은
'비균제성'과 '자연순응성'이라는 두 개의 축으로 한국의 미를
규정했다. 그는 비균제성을 신나면 규칙을 무시하면서 도취하는
기질과 연관 지었다. 물론 섬세한 기교와 정성들인 완벽에 가까운
작품들이 있음을 간과하지 않았으나 균제성보다는 비균제성이
더욱 우세하다고 보았다.

　　　　이처럼 여러 이론가들이 말하는 한국미의 특징은 소박하고
자연스러운 아름다움이라는 두 가지 각도로 집약된다. 이는
강렬하고 긴장감이 흐르는 것에 반대되는 '부드럽고 편안한
느낌'을 의미한다.

다음 과정은 문제를 해결해 가는 사례이다. 특정 주제에 대한
의미상의 단어들을 나열해 보고 그 느낌이 적절하게 표현될 수 있는
조형 요소들을 찾아가는 과정으로, 크게 형태[4], 질감, 색상으로
구분하여 전개했다.

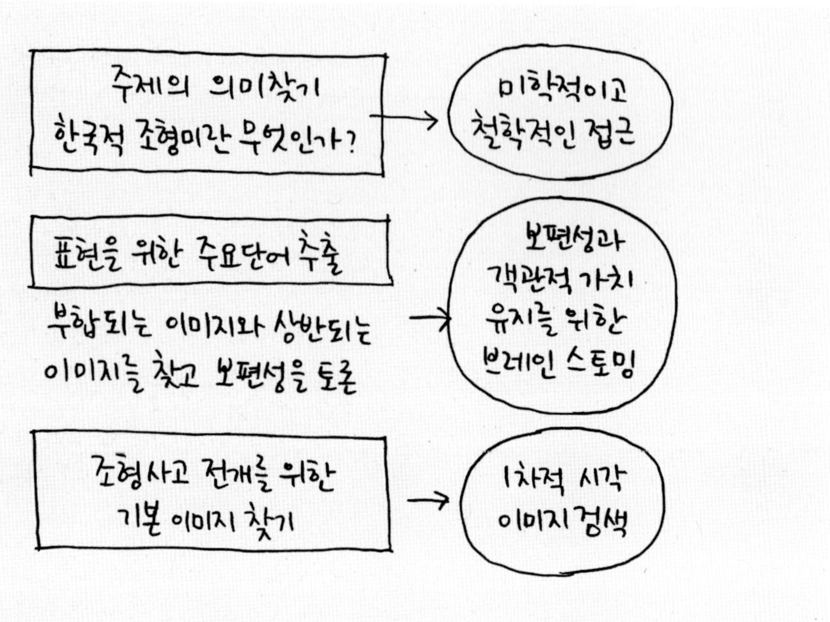

그림 2. 발상 전개의 1차 과정

표 1. 형태와 질감 그리고 색채의 세 가지 상반된 주제어

자연스러운
소박한
부드러운
관조적이고 탈기교적 성격의 여유로운 느낌(조형 작업의 목표)
정교한
강한
날카로운
계산되고 계획되어진 성격의 긴장된 느낌(배제하여야 할 느낌들)

한국적 조형미를 고찰하면서 몇 개의 축약된 단어들로 그 개념을 압축했다. '자연스러운', '소박한' 그리고 '부드러운'이 그것이다. 이 언어에 부합하는 시각적 이미지를 찾는 하나의 방법으로서 이 세 단어에 상반되는 반대 어휘를 간추렸다. '정교한', '강한', '날카로운'이 그것인데, 이러한 느낌의 이미지들을 배제하면서 찾으면 좀 더 정확한 이미지에 접근할 수 있다.

눈으로 보이는 현상의 표현만이 조형 세계의 전부는 아니다. 때로는 어떤 물상이 담고 있는 의미, 그리고 조형 작업자가 전달하고자 하는 직접적이거나 간접적인 의미와 같이 눈에 보이지는 않지만 느낌으로 전달되는 비시각적인 요소도 조형의 표현 대상이 된다. 따라서 각 주요 주제어가 파생시킬 수 있는 단어들과 그 의미상의 느낌을 생각해야 한다. 그림 3은 주요 단어에서 파생되는 형용사들을 열거하고 그 느낌의 정도에 따라 묶음으로 구성한 것이다. 많은 단어 중에서 표현 가능성에 대한 암시(impact)가 연결되는 단어 몇 가지를 선택하여 다음 과정으로 연결시킨다.

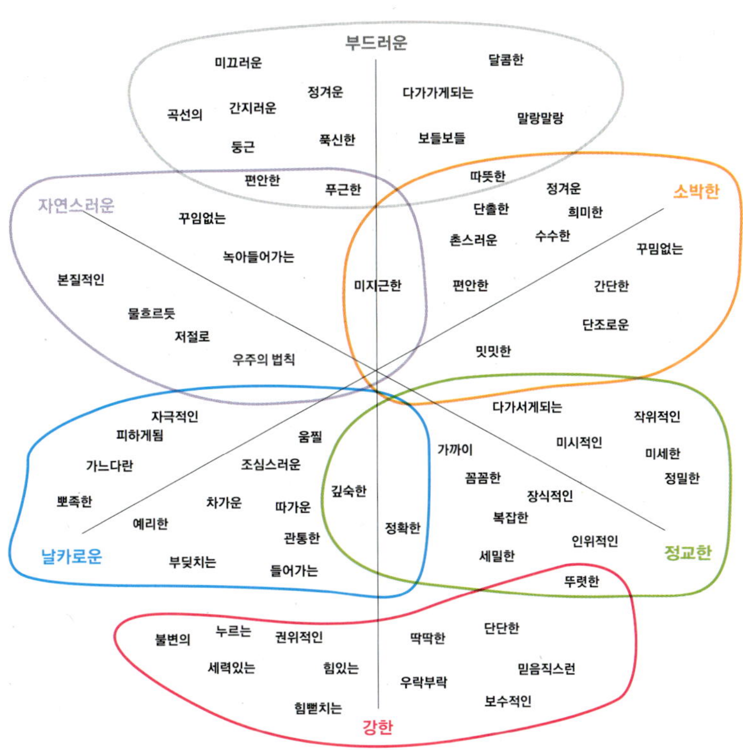

그림 3. **형용사맵**

다음 과정에서는 형용사의 느낌에 근접한 형상들을 찾아서 배치해
보았다. 언어와 시각적 이미지가 일치하는지 확인해 보기 위한
연습 과정이다. 특히 형태와 질감이 해당 형용사와 어울리는가에
중점을 두어야 연습의 효과가 있다.

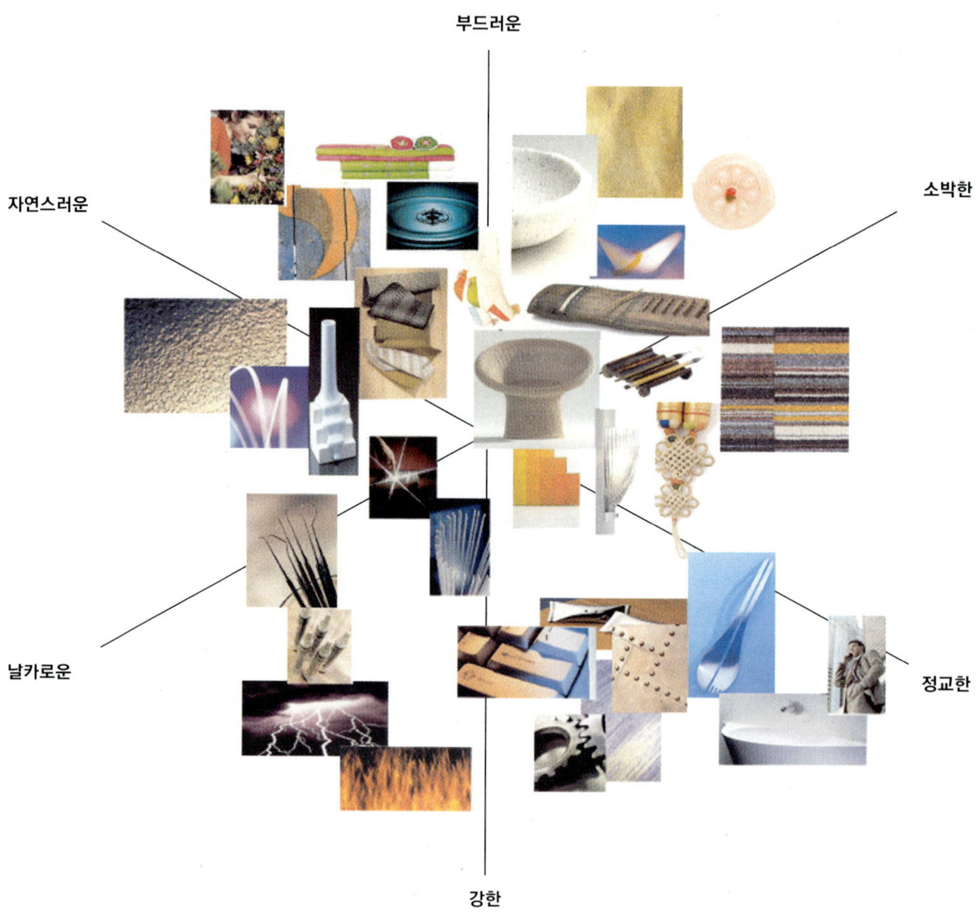

그림 4. **형태와 질감의 이미지맵**

형태와 질감 연습 다음에는 색상에서 느껴지는 이미지가
주장하고 싶은 표현과 일치하는지를 확인하고 찾아가는 과정을
연습했다. 그림 5와 같이 각각의 색이 갖고 있는 보편적 특성을
언어의 축 위에 배치한다. 이 과정에서는 작업자 자신의 주관적
해석이 필요한데 배치에 대한 설득력 있는 근거를 제시하기 위해
찾아 놓은 이미지들을 대입해 보는 것도 좋다. 이와 같이 물상의
분석을 마치면 조형물 제작을 위한 발상의 방향이 설정된다.
다음 과정으로는 현존하는 조형물 중 6개의 언어와 근접한 대상을
찾아보고 그 표현 방식과 전달되는 느낌을 비교한다. 이 과정은
일종의 사례 연구이며 자신의 조형물 제작을 위한 발상 전개에
구체적 도움을 준다. 6개의 형용사 축에 가까운 느낌을 갖고 있는
물상을 찾아보고 맵상에 배치해 본다. 이때 객관적 공감을
형성할 수 있는 선택이 중요하다. 배치 과정에서 각 물상의 형태와
질감이 갖는 고유한 특성을 관찰하여 조형물 제작을 위한 발상의
기초로 삼는다.

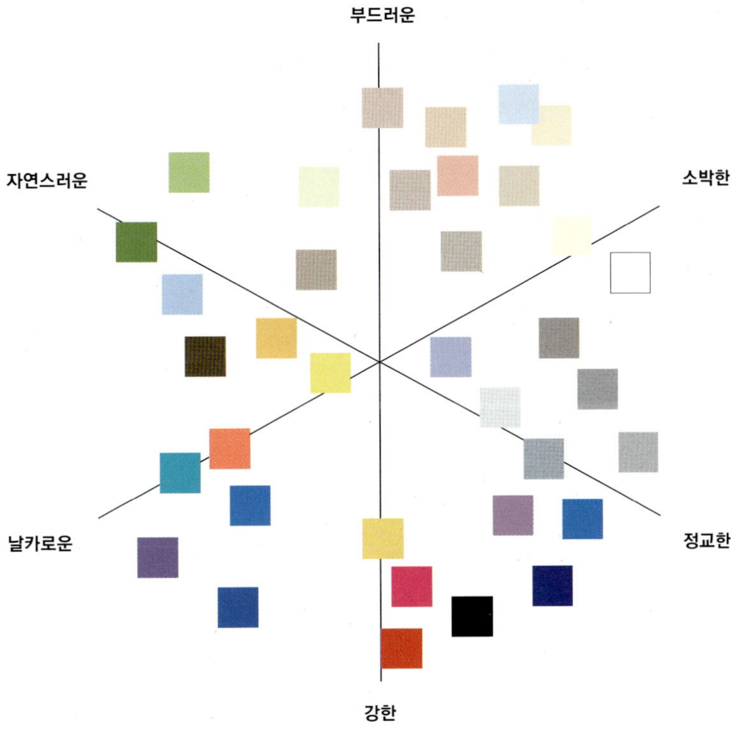

그림 5. **색상맵**

그림 6의 학생들이 찾아 토론한 이미지들은 평범한 우리들의
일상이다. 이처럼 조형 작업의 대상들은 우리의 일상과 경험에서
많은 소재를 찾을 수 있다. 디자인평론가 최범은 일상과 경험에서
자연스럽게 형성된 버내큘러(vernacular)에 관하여 다음과 같이
말했다. "나는 세계적인 디자인보다는 안방 디자인, 가정적인
디자인, 골목적인 디자인, 동네적인 디자인, 지역적인 디자인이
좋다." 그의 이론에 따르면 디자인문화란 '경험된 디자인'이라 할 수
있다. 이는 디자인 조형 작업이 전혀 새로운 것을 제시하기보다는
일상에서 경험된 물리적, 정서적 암시를 반영하는 것으로,
디자인문화는 제도와 버내큘러의 결합이며 디자이너는 두 가지
측면에서 디자인문화와 관련을 맺는다. 하나는 디자이너 자신이
대중의 한 사람으로서 디자인문화를 경험하는 주체라는 것이고,
다른 하나는 디자이너가 자신의 디자인 작업에서 대중의 디자인
경험을 바탕으로 인코딩하거나 특정한 경험을 이끌어 내기 위해
노력하는 것이다.

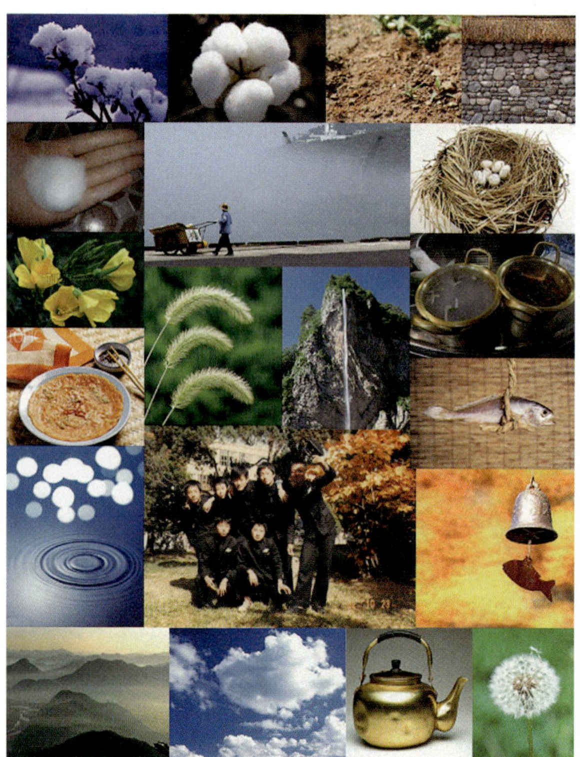

그림 6. **주제에 따른 이미지 찾기**

조형 제작을 위한 재료

앞에서 다룬 사례 관찰에서 아래와 같은 특성 정리를 할 수 있다.
구체적 조형물 구상을 위해 표현해야 할 대상의 주된 목표를
설정한다.

표 2. 형태, 질감, 색상의 느낌 비교정리

한국의 미적 요소	서구의 미적 요소
소박성	정밀성
탈기교성	극단의 기교성
자연성	기하학적 간결성
소박한	정교한
자연스러운	강한
부드러운	날카로운

아래 그림 7은 표현해야 할 주요 언어들을 염두에 두고 표현의
요소가 될 수 있는 소재들을 수집했다. 대상물들은 서울의
D종합시장과 N시장을 돌아다니며 생각하고 있는 추상적 이미지와
부합되는 소재들을 견본으로 구입했다. 그러나 무엇보다도
일상생활 속 사물들 중에서 조형 소재를 발견하는 것이 중요했기
때문에 철물점과 화방에서도 일부 재료들을 구입했으나 대부분의
조형 소재들은 시장에서 찾도록 했다. 수집한 재료들을 펼쳐 놓고
함께 토론하는 것이 좋다. 주제에 부합되는가 여부를 서로
생각해 볼 수 있고 미처 발견하지 못한 재료들에 대한 정보를
교환할 수 있기 때문이다.

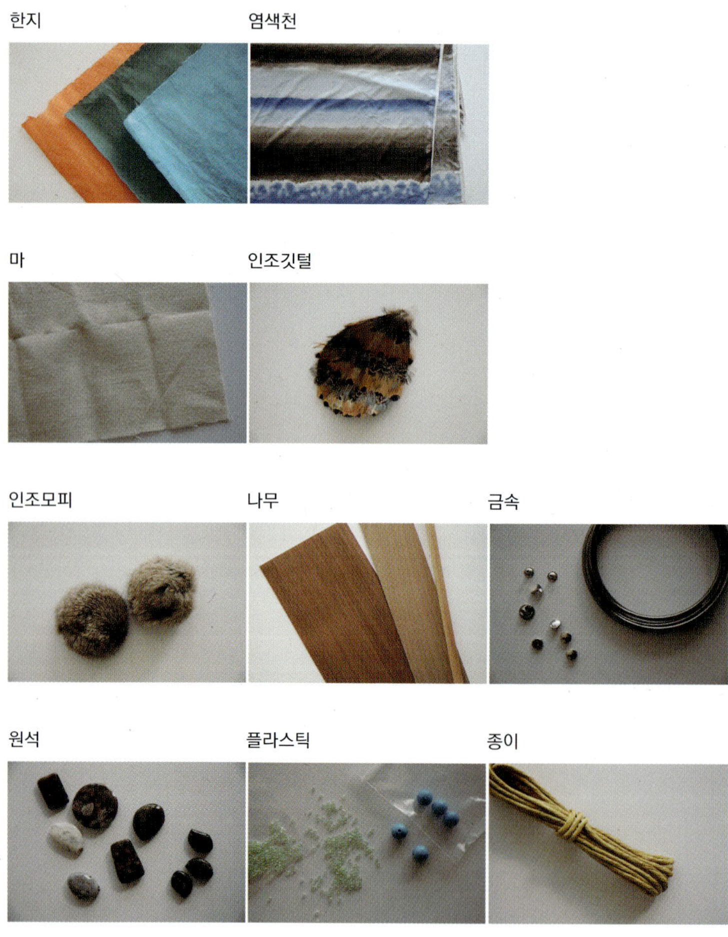

그림 7. **소재들**

평면 소재로 한지, 마, 염색된 천 등 소박한 느낌을 갖는 대상을
수집했다. 염색이 된 천 중에는 한국적 정서를 반영하여 한국화
기법을 차용한 상품이 있으며, 마나 모시 등 다양한 질감의 천들도
있다. 인조깃털과 인조모피와 같이 자연물에 가까운 재료들도
수집했다. 그림에서 보여지는 것은 인공적으로 1차 가공이 된
소재이지만 조형 소재의 일부로 활용 가치가 높다. 가공이 어려운
원석은 주로 조소의 재료로 사용되고 있다. 그러나 1차 가공이 된
원석을 찾으면 쉽게 활용할 수 있다. 특히 원석이 가지고 있는
자연 그대로의 문양과 색상에 주목하자. 나무의 경우 비교적 흔한
재료로 역시 1차 가공된 재료를 대형 화방에서 구입할 수 있다.
버려진 목재 가구를 해체하거나 목공소에서 원목 조각을 저렴하게
구입해서 나무가 가지고 있는 재료의 특성을 느껴가면서 작업하면
더욱 좋은 조형 연습이 된다. 금속은 판재나 봉 형태의 재료를
구입할 경우 가공하기가 어렵다. 접착하기보다는 용접이 많이
사용되기 때문이다. 그러므로 금속은 가볍고 가공이 쉬운 선재나
1차 가공이 된 단추 등을 이용하여 구멍을 뚫어 엮거나 끼우는
방식으로 조형물을 만들면 쉽다. 생활에 흔한 플라스틱은
가공을 위한 알갱이(뜨거운 물에 넣으면 녹으며 손으로 형상을
빚을 수 있는) 형태로 생산되는 것도 있으며, 장식용 액세서리
제작을 위해 1차 가공된 재미있는 소재가 많이 있다. 종이는
평면재로만 존재하지 않는다. 그림과 같이 엮여서 꼬인 선재도
다양한 생상과 질감을 갖고 생산되며, 지점토와 같은 덩어리도
있으므로 종이의 특성을 잘 관찰하여 자신의 조형 작업에
적절한 종이를 선택하면 좋다.

한국적 조형미를 자연스러운, 부드러운, 소박함의 세 가지 단어를 기준으로
가장 가깝다고 느껴지는 이미지들을 찾아 토론하자. 각자의 수집 정보와 의견을
교환하는 과정에서 한국의 보편적인 아름다움을 논의한다. 이때 제작할
조형물의 분위기와 목표를 생각하라.

추상적 이미지를 구체적인 조형 소재로 전환하는 과정을 연습한다.
사물들을 관찰하면서 조형물에 적용이 적합한 소재를 찾는다. 또한 형태와
특히 질감의 특성•이 본래의 조형 목적에 부합하는가를 생각하며 찾는다.

•
요하네스 이텐(Johannes Itten)은 재료와 질감의 체험을 강조하는 교육을 시행했다. 그는 저서 『바우하우스에서의 나의 기초 과정, 디자인과 형태(Mein Vorkurs am Bauhaus. Grstaltungs und Formenlehre)』(1963)에서 교육 과정을 다음과 같이 설명했다. '바우하우스에서의 기초과정에서 재료와 질감을 다루는 연습 과제가 나의 흥미를 자극했다. 수많은 재료에 대한 목록을 작성하고, 학생들에게 이들 재료의 시각적, 촉각적 느낌을 기록하게 했다. 그러나 재료가 갖는 고유한 성질은 실제로 만져 보고 체험되어야 한다. 학생들은 그들의 감각을 키우고 활용하기 위해 많은 재료를 만져 보고 그려 보아야 했다. 이러한 일련의 탐구 행위는 실물이 없어도 그들 자신의 개인적 감각 능력으로 질감을 표현할 수 있을 때까지 지속되어야 한다.' 이텐이 강조한 물성 파악과 촉각적 느낌의 체험은 오늘날에도 역시 중요하다. 컴퓨터에 정보 검색과 조형 작업을 의지하는 시간이 점차 많아지는 현실에서 체험이 경험으로 이어지는 과정이 반드시 지켜져야 한다.

조형 요소와 원리를 배합한 스케치 과정

조형의 요소와 원리를 고려하여 화면에 조형물의 위치를 배치해
본다. 점, 선과 면의 요소들의 배치를 통하여 각각의 관계 형성을
연습한다. 손으로 그리는 스케치는 컴퓨터에 많이 의존하는
현재에도 매우 유용하다. 아이디어를 전개시켜 가면서 생각의
변화를 시각적으로 확인하는 과정은 조형 작업에서 중요하게
다루어져야 할 부분이다.

독일의 바우하우스(Bauhaus)가 현대 조형교육과 조형적
사고(思考)에 끼친 영향은 대단하다. 바우하우스의 조형 철학을
21세기에 적용하기에는 다소 낡은 사상으로 생각되기 쉽지만,
다양한 시도가 결국 바우하우스에서 사색적으로 검증했던
조형 원리에서 크게 벗어나지 않음을 알면 바우하우스의 커다란
영향력에 감탄하지 않을 수 없다. 바우하우스는 교육기관 이름이자
많은 사람들의 '활동의 합체'였다. 그들 중 칸딘스키(Wassily
Kandinsky)는 생명체들이 갖는 에너지의 원천을 조형 작업의
기반으로 삼았다. 그가 1922년부터 바우하우스에서 수행한 교육에
근거하여 저술한 '점·선·면'은 하나의 고전이면서도 현재까지 조형의
원리를 연습하고 이해하는 데 도움이 되는 내용을 갖추고 있다.

사례 1.

선은 점의 움직임에서 생겨나며 점이
움직여 나간 흔적이라고 칸딘스키는 말했다.
또한 그는 선이 긴장과 방향을 유발한다고
했는데, 긴장감을 완화하고 방향성이
하나의 방향을 연속적으로 가리키지 않도록
타원의 선을 형성하여 다시 원점으로
돌아와 회전하는 의미를 표현하고자 했다.
동시에 주제어의 부드러움과 자연을
표현하고 있다.

→

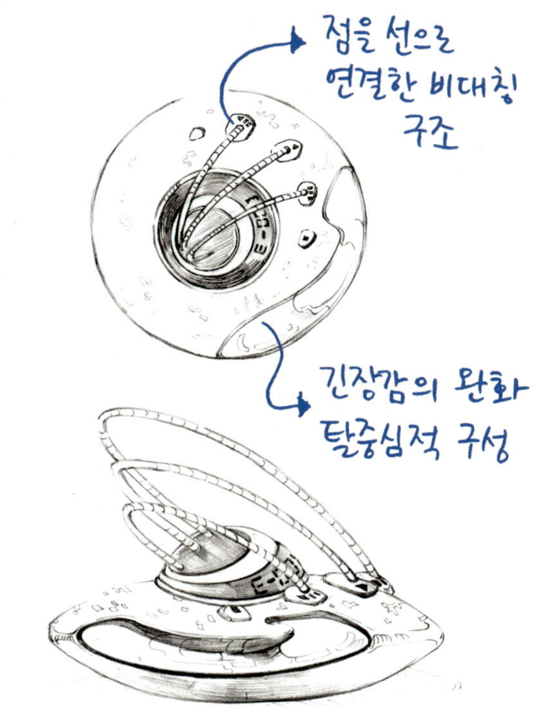

사례 2.

왼쪽 하단에서 시작하여 오른쪽으로
상승하다가 굽이치며 원의 형태로
말려 올라가는 선은 상승 시 발생했던
긴장을 풀어 준다. 그 선은 점의 생성에서
멈추게 되는데 그 점에서는 새로운
면(젓가락형태)이 생성하면서 하나의
'강조'를 이룬다.

↲

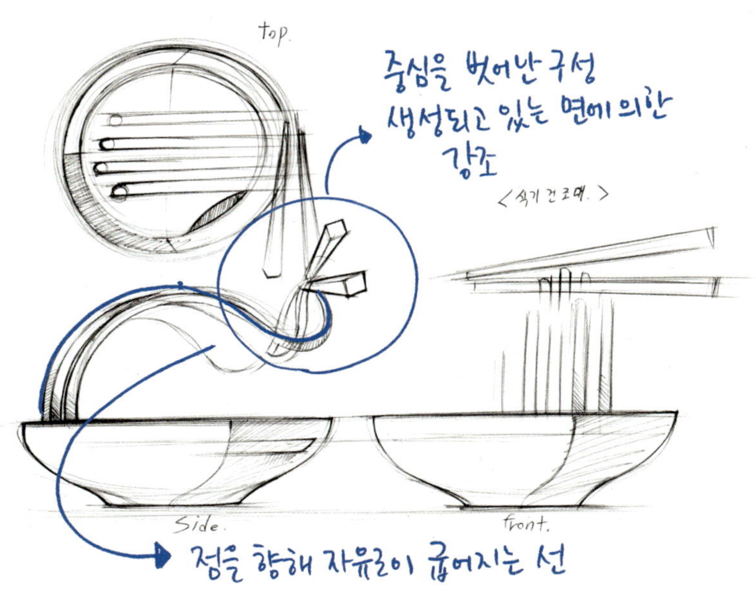

면의 분할에 중점을 두어 스케지한 것이다.
'중량감'의 형성이 안정적 상태로 이어지게
됨을 이해했으나 다소 지루해질 수 있어서
변화와 약간의 동세를 부여하는 방향으로
진행되었다. 이것은 평면적 성격의
면 분할 연습이다.

→

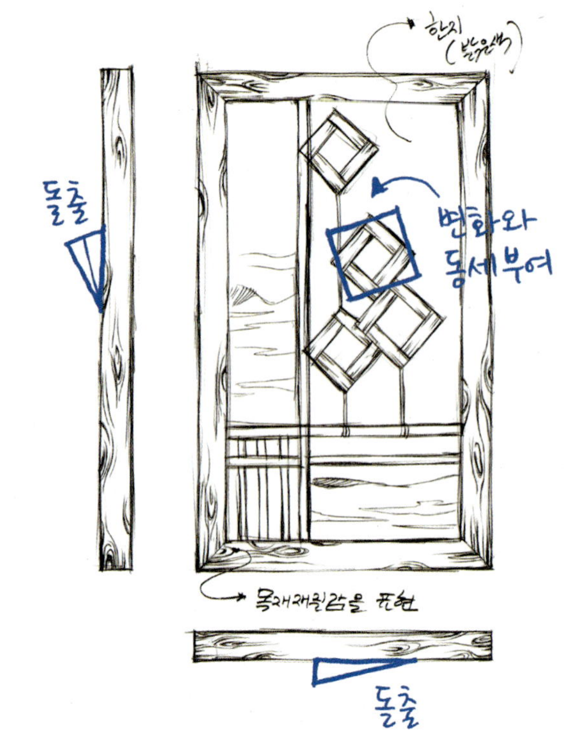

사례 4.

분할된 정사각형의 면속에 또 하나의 면이
육면체를 이루는 공간감을 형성하기 위한
연습이다. 안쪽의 육면체를 가느다란
선을 따라 공중에 고정시킴으로써 중량감의
이탈을 시도했으며, 입체물을 다른 각도로
돌려 보았을 때의 시각적 느낌이 각기 다르게
형성되도록 했다. 칸딘스키의 경우 공간과
물질 간의 관계에서 대조(contrast)를
표현하면서 '우주적'이라는 용어를 사용했다.

↘

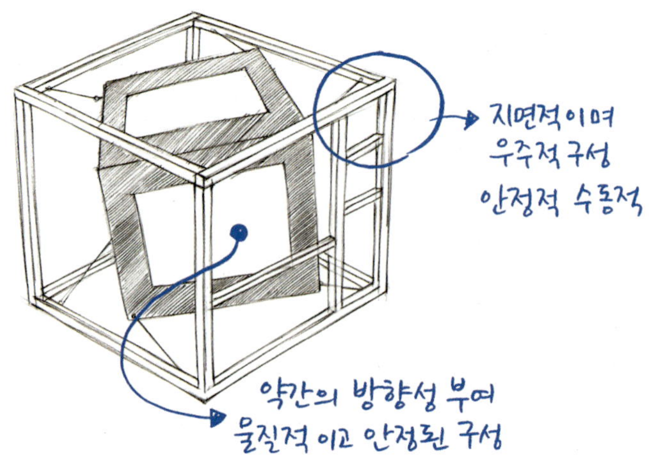

사례 5.

곡선이 갖는 여러 이미지 가운데
여유와 부드러운 감성을 표현하고자 했다.
청자의 곡선은 수반된 좋은 의미가 많지만
조형물로 재구성하여 표현하기에
많은 어려움이 있었다.

→

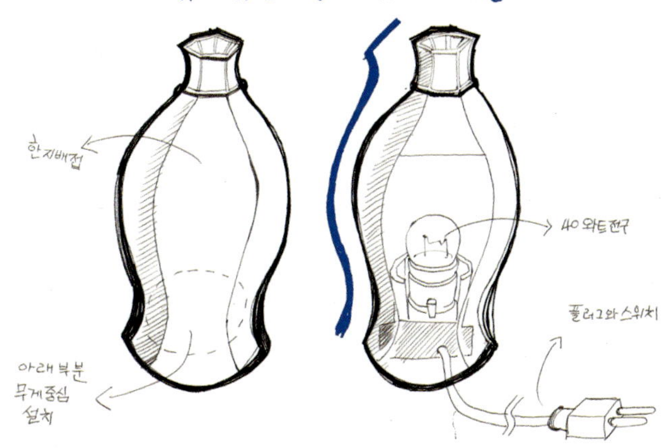

사례 6.

규칙적인 일정한 리듬은 수동적이고
자연스러운 기분을 형성한다. 반면
각도를 유지하며 상승하고 있는 선은
긴장과 방향성을 준다.

↳

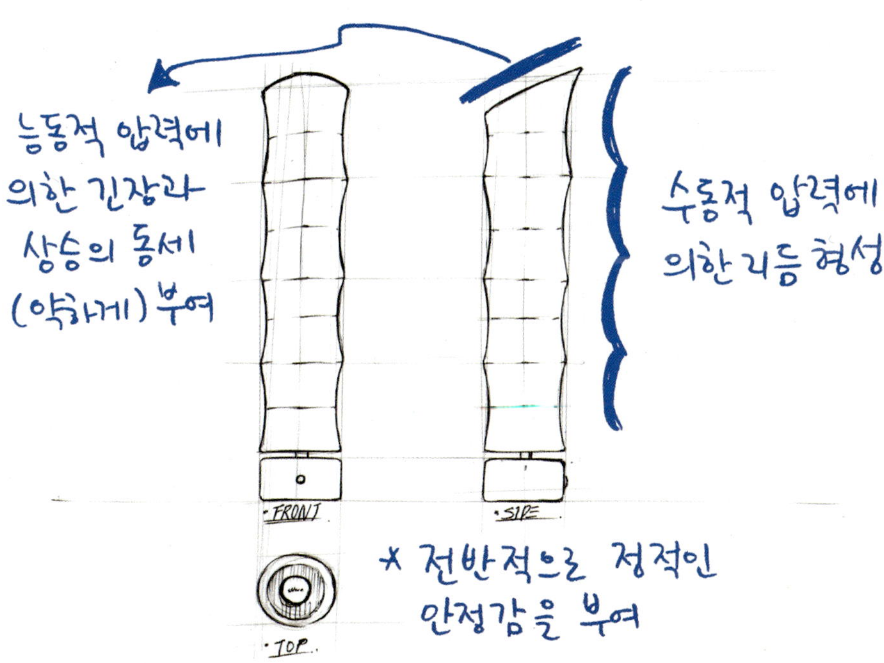

<u>**표현과 의미 부여**</u>

제작해야 할 입체 조형물을 구상하며 최종 스케치에 착수한다.
이때 각 부분의 재료와 제작 공정 등을 생각해 가면서 스케치한다.
구상이 상당히 구체화되었을 시점이므로 세부적인 묘사가 요구되는
경우도 있다. 정면에서 바라볼 때 위에서 내려다보았을 때를
상상하여 스케치하는데, 입체물 제작을 위한 기본적인 형태 감각
배양에 도움이 된다. 제작한 입체물은 부분적으로 기능을 생각하며
목적을 부여한 제품 형태를 띠고 있으나 기초 과정에서 진행한
것이므로 제품으로서의 기능보다는 시각적인 형상이 주제에
부합되었는가의 여부와 조형적 특성에 무게를 두어 진행한다.

조형 요소와 원리를 배합한 과정에서 보여지는 스케치는
조형의 요소와 원리들을 고려하며 진행한 것이고, 여기에서
보여지는 스케치는 입체물 제작을 위한 것으로, 제작 도면의
성격을 지니고 있다.

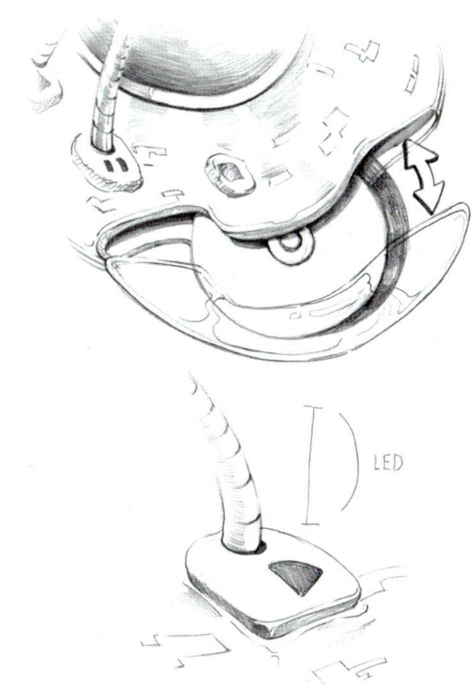

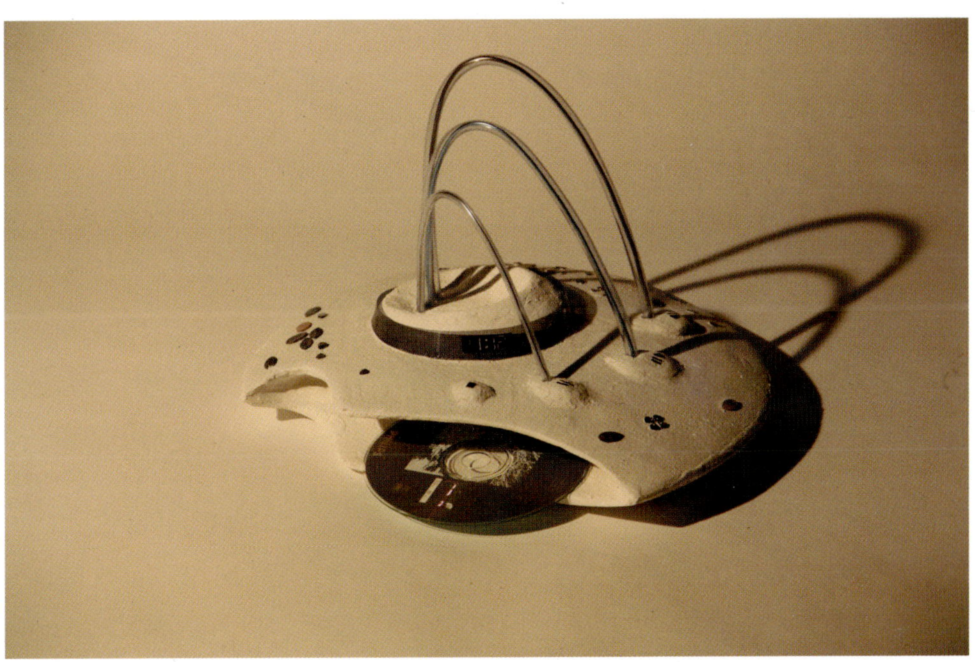

그림 8. **랩탑컴퓨터**

누르고 접시 탈거.
<그릇 하단부>
수분 배출구.
나무재질.
건조대.
구리 外 금속재질
+ 반사
고정판.
플라스틱.
본체.
일반그릇.
(플라스틱)
식기지지대.
수분

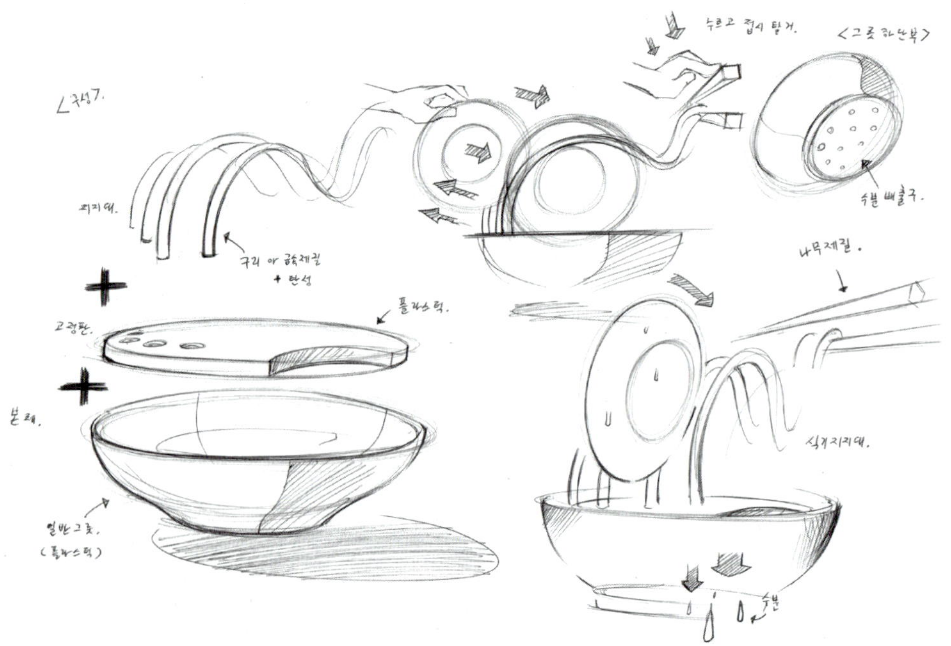

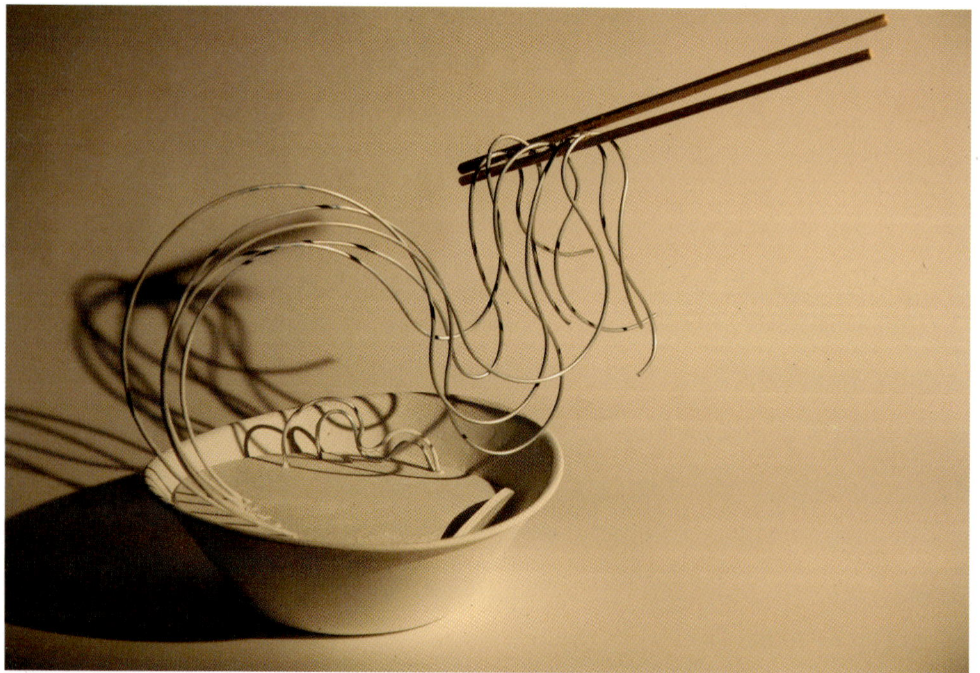

그림 9. **식기세척기**

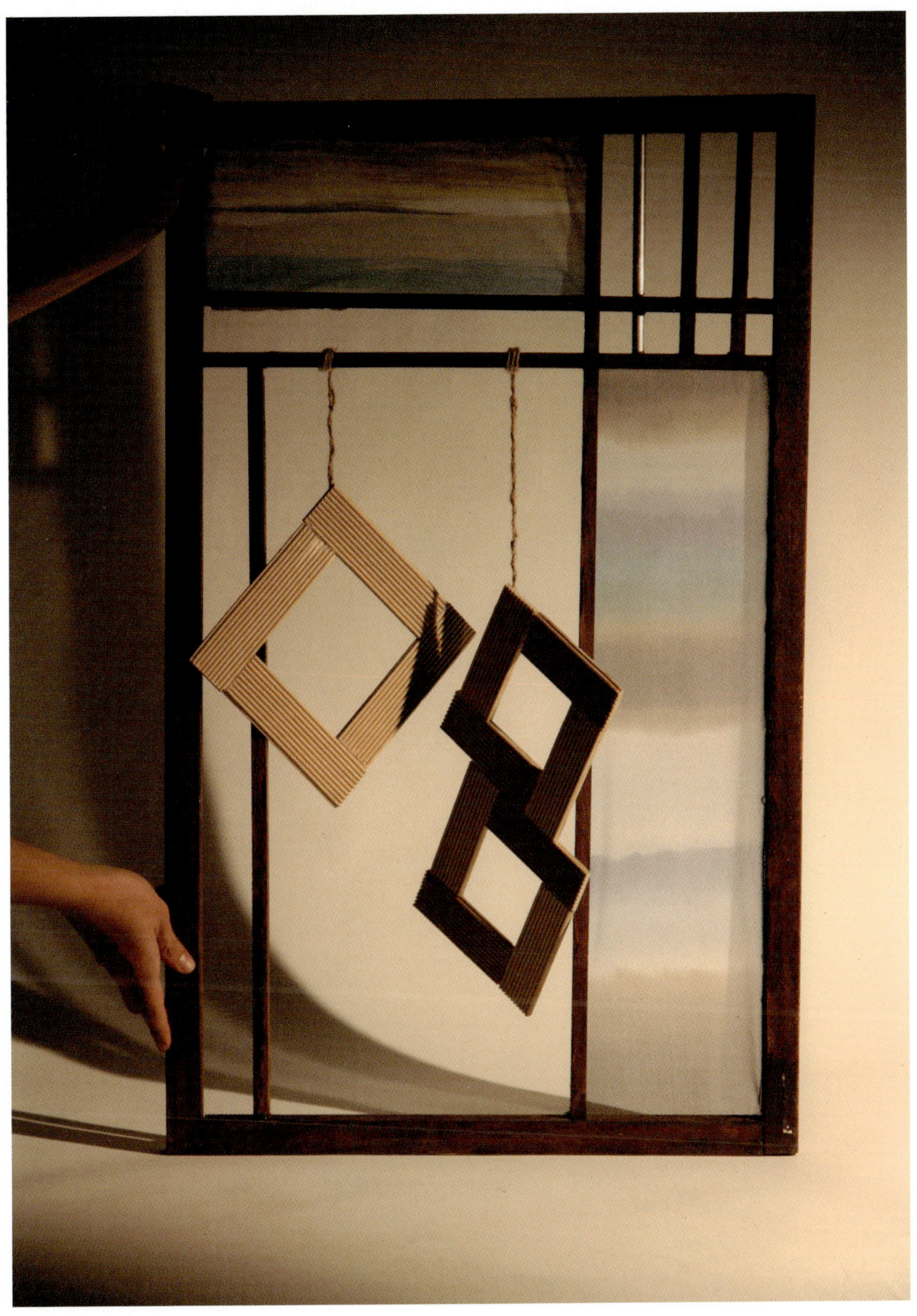

그림 10. 도어가 있는 전자제품을 위한 실험

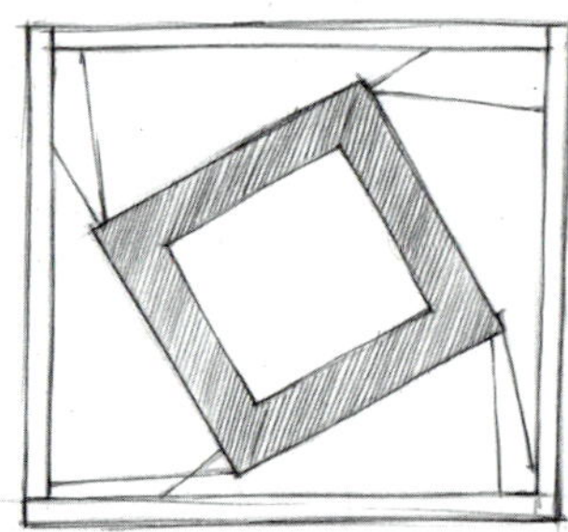

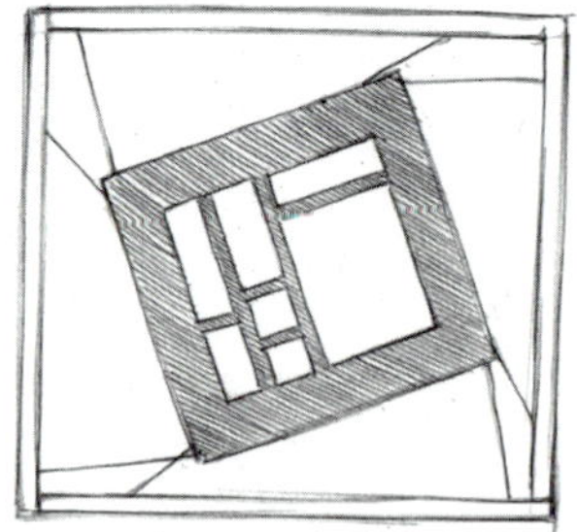

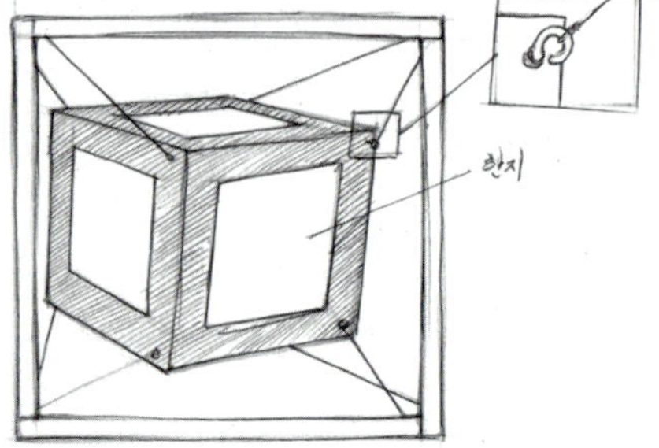

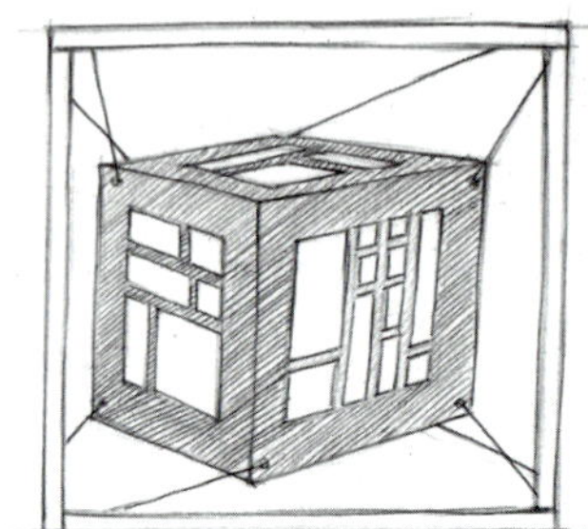

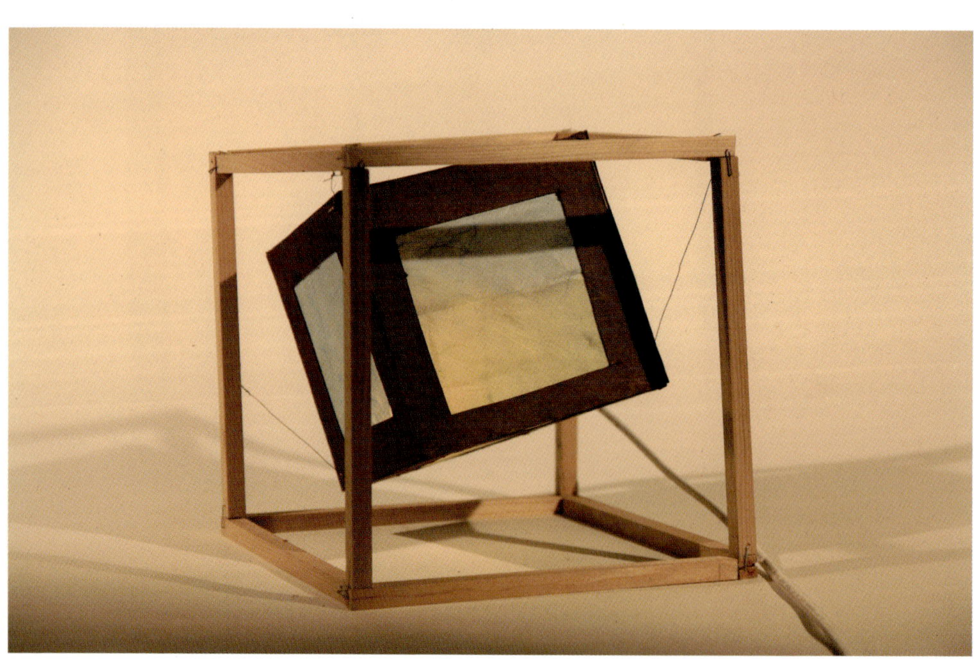

그림 11. **조명**

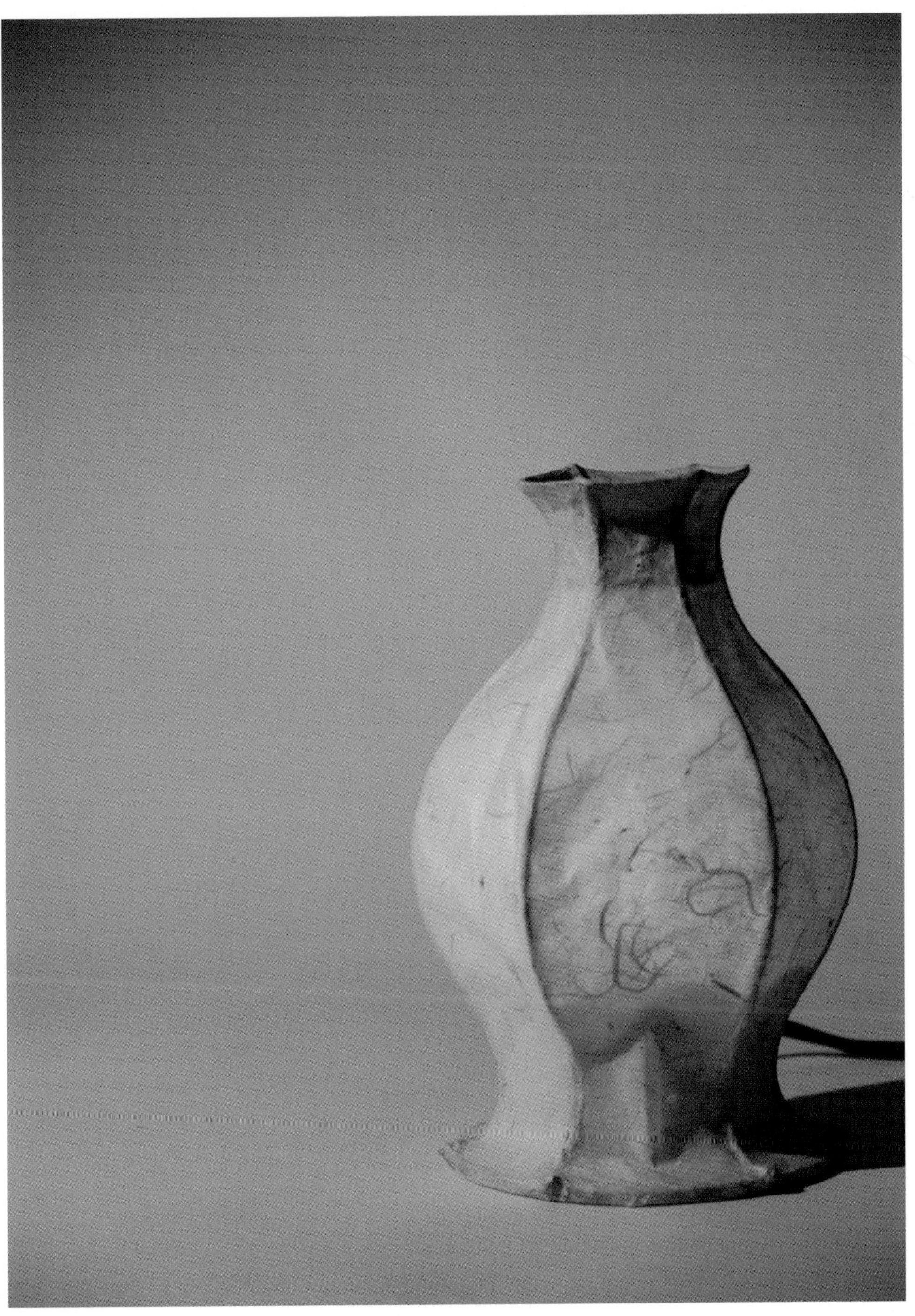

그림 12. **조명**

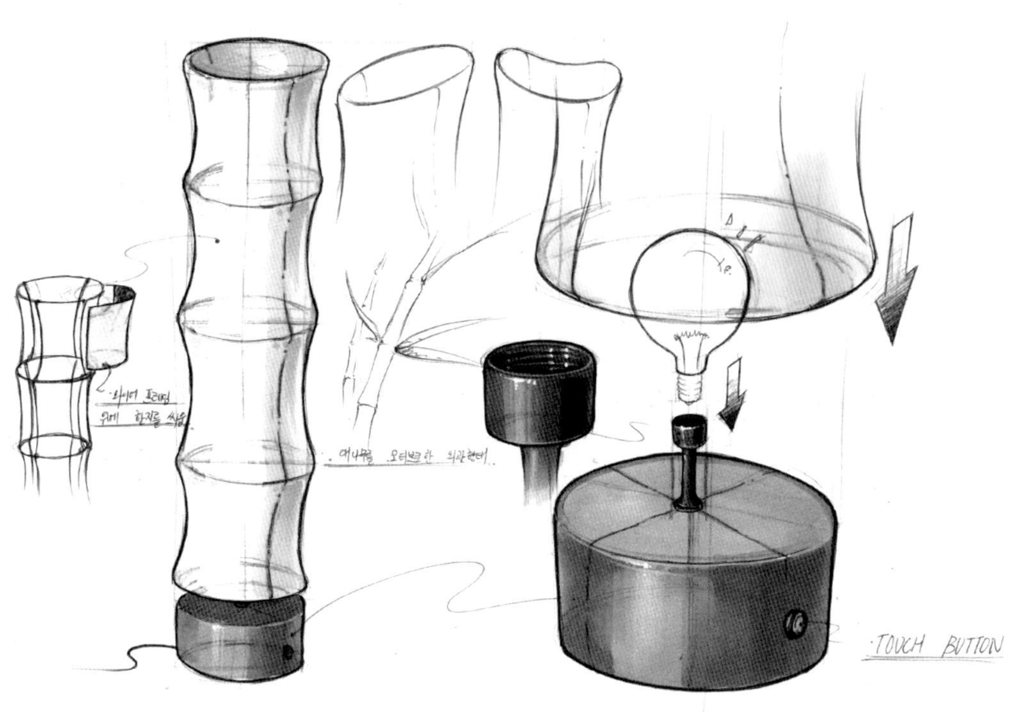

그림 13. 조형의 상징성과 구조를 고려한 조명

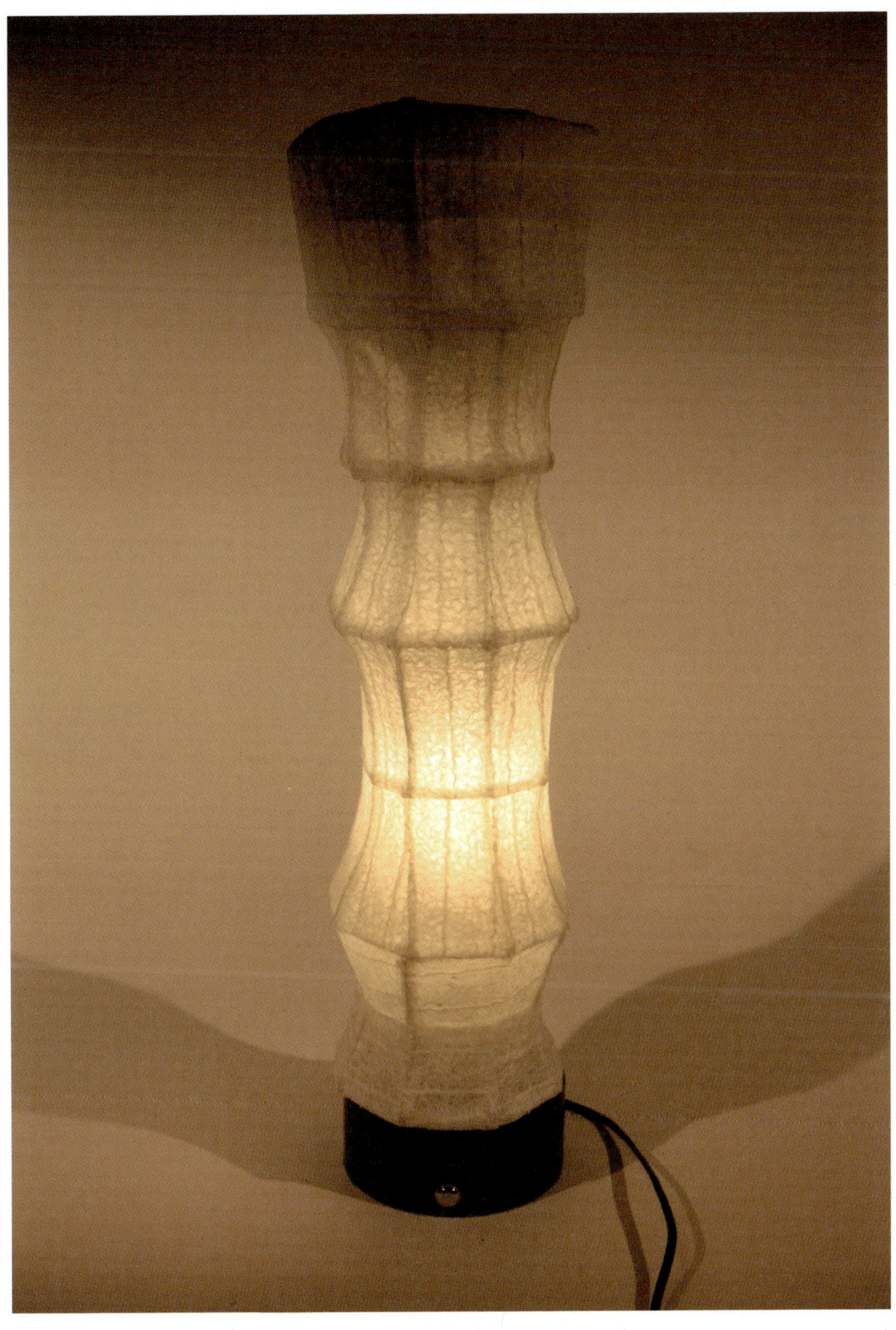

우리는 조형 작업을 할 때 눈에 보이는 기교가 조형의 전부가
아니라는 확신을 가지고 조형의 주제가 갖는 '본질'과 그 '의미'를
파악하고 표현하고자 노력해야 한다. 조형물은 표면적인 효과에서
그치는 것이 아니라 좀 더 깊이 있는 그리고 의미 있는 철학이
담겨져야 한다. 정보화 사회인 현 시대 속에서 빠른 속도로
공유되는 정보로 인해 '기법'은 독점하여 오래 간직하기가 어렵다.
그러므로 깊이 있는 '철학'과 '사색'적인 사고방식을 배양하는 것이
중요하다. 다른 관점에서 생각해 보면 이것이 조형을 다루는
사람들, 즉 디자이너들의 '기초적인 사상'이라고 말하고 싶다.

한국은 경제협력개발기구(OECD)에서 선진국으로
분류하는 나라 중 하나이다. 선진국이 갖는 책임과 의무는
함께 나누고 서로 도와주는 넓은 마음이라고 생각한다.
첨단 IT기술에 눈부신 디자인이 어우러진 제품을 만들고자
당연히 고민해야 하는 한편, 베풀고 같이 즐거워할 수 있는
조형적 사고도 갖추어야 할 때가 왔다. 그런 뜻에서 한국적
조형미의 본질은 '나누고 함께하는 개념'이라 할 수 있다.

3

창의적으로 생각하고 시각화 하기

오늘날 우리는 넘쳐나는 지식과 정보의 홍수 속에서 살고 있다.
많은 정보들은 교육 분야에서도 변화하는 미래에 유기적으로
대응할 수 있다. 교육에서 무엇보다 강조하고 있는 것은 각 분야의
새로운 지식을 융합하는 창의적 교육[1]의 중요성이나. 주어진 지식을
습득하는 데에 머무는 것이 아니라 어떻게 창의적으로 생각하는지
다양한 방법을 이해하는 것은 미술이나 디자인을 포함한 예술을
위한 핵심이 된다.

어떻게 하면 창의적으로 생각할 수 있을까. 창의적으로
생각하기 위해서는 주어진 문제나 상황을 논리적으로 분석하는
사고에서 출발하는 것이 중요하다. 느낌과 직관 또한 창의적 사고에
매우 중요한 요소로 기여한다. 느낌과 직관은 애매하고 불확실하기
때문에 믿을 수 없는 것이라고 생각할 수 있으나 유연하고 자유로운
사고는 오히려 창의적이고 합리적인 생각을 자극하고 끌어내는
원천이 된다. 누구나 늘 해 오던 사고에서 벗어나기는 쉽지 않다.
또한 경험하지 못하고 느끼지 못한 것을 확실히 인식하거나
예측하는 것도 어렵다. 따라서 보고 느끼고 경험하지 않고서
창의적으로 생각한다는 것은 불가능하다.

형상화

형상화[2]란 어떤 사물을 상상 속에서 그려 낼 수 있는 능력으로서,
사물이나 현상을 있는 그대로 재현하는 것은 물론 감각적인 연상,
추상 능력까지도 포함한다. 예를 들면 복잡한 계산식을 그림으로
연상해서 눈으로 본다든지 음악을 듣고 이미지를 머릿속에
떠올리며 마음의 눈으로 본다든지 하는 것들이다. 많은 발명가와
과학자, 화가들이 비범한 형상화 능력을 보여 주었는데, 형상화라는
것은 시각적 형상화를 비롯하여 청각, 촉각, 후각, 미각, 몸의 전체
감각에서 이루어진다. 그리고 이러한 감각이나 경험적 느낌, 내적인
상상력이 결합하여 창의적인 생각의 핵심이 된다.

— 1
모든 분야의 새로운 지식을
융합하는 교육은 일반적으로
학제적 교육(interdisciplinary
education), 융합 교육(fusion
education), 통합 교육
(integral education)으로
통용된다.

— 2
형상화(形象化)란 사고나
느낌 등을 일정한 의도에 따라
지각할 수 있는 구체적인 형체를
창조하는 것이다. 여기에는
시각적 형태, 청각적 형태, 촉각적
형태, 후각적 형태, 미각적 형태
등이 있을 수 있다.

마음의 눈으로 보기

우리는 눈을 통해서뿐만 아니라 마음으로도 볼 수 있으며, 손으로만
그림을 그리지 않고 마음으로도 그릴 수 있다. 예를 들면 아침에
일어나서 집을 나오기까지를 마음의 눈으로 그려 보거나 조금 전에
만났던 사람의 생김새, 옷과 신발, 움직임 등을 영화를 보는 것처럼
마음의 눈으로 그려 본다. 창의적으로 생각한다는 것은 논리적
사고에 앞서 감각적이고 직관적으로 느끼는 데서 출발한다.
느끼는 것은 시각과 청각, 촉각을 비롯하여 미각과 후각과 같은
모든 감각을 통해 이루어진다.

이렇게 모든 감각적 이미지를 동원하여 이미지를 떠올린다.
사과를 상상할 때는 동그란 생김새와 만질 때의 단단하고 매끄러운
감촉, 달콤한 냄새와 맛까지도 그려 본다. 콘서트나 뮤지컬을 상상할
때는 가장 좋아하는 노래나 음악의 선율뿐 아니라 무대의 열정과
관객들의 열광, 조명이나 광기 어린 분위기까지도 몸으로 느끼면서
떠올려 본다. 그 외에도 캠핑이나 여행에서의 캠프파이어를 했던
기억, 나무 타는 소리와 냄새, 해질녘의 분위기나 따뜻한 온기,
한여름 바닷가의 풍경 등을 마음의 눈으로 그려 본다.

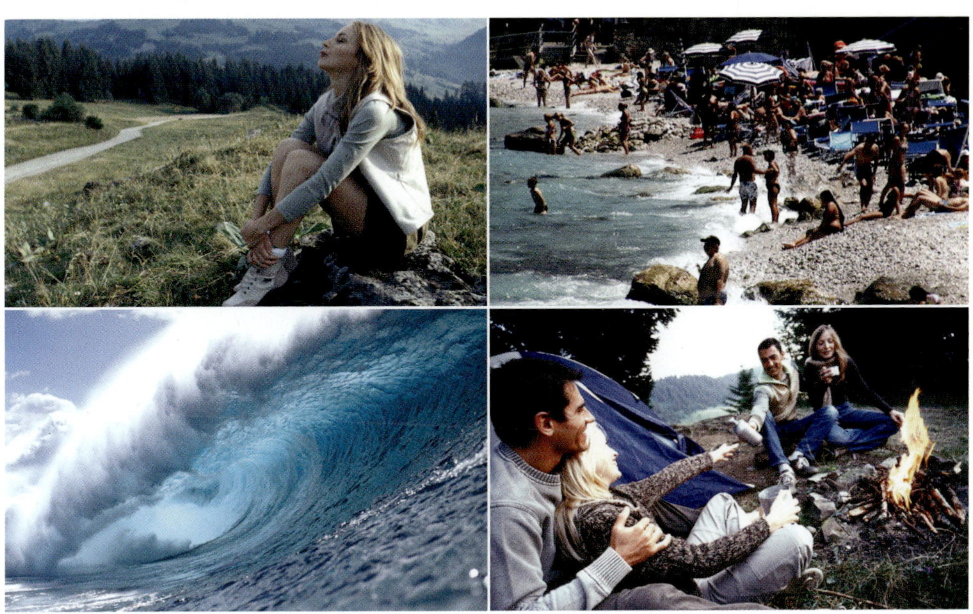

그림 1. **직관적인 느낌과 감각으로 상상하기**

우리는 시간적 공간적으로 존재하지 않는 미래나 우주의 어떤 곳을
상상할 수 있다. 또는 인간이 탄생하기 이전의 세계나 새로운 미지의
세계를 상상해 볼 수 있다. 본 적도 가본 적도 없는 곳을 마음의
눈으로 보고 느끼는 것이다. 이렇듯 상상은 새로운 것을 창조하는
원천이 된다. 그리고 그 상상은 100년 후 미래의 세계로 이어져
새로운 교통수단이나 제품디자인, 패션이나 식생활에 이르기까지
다양한 것들을 떠올릴 수 있게 한다.

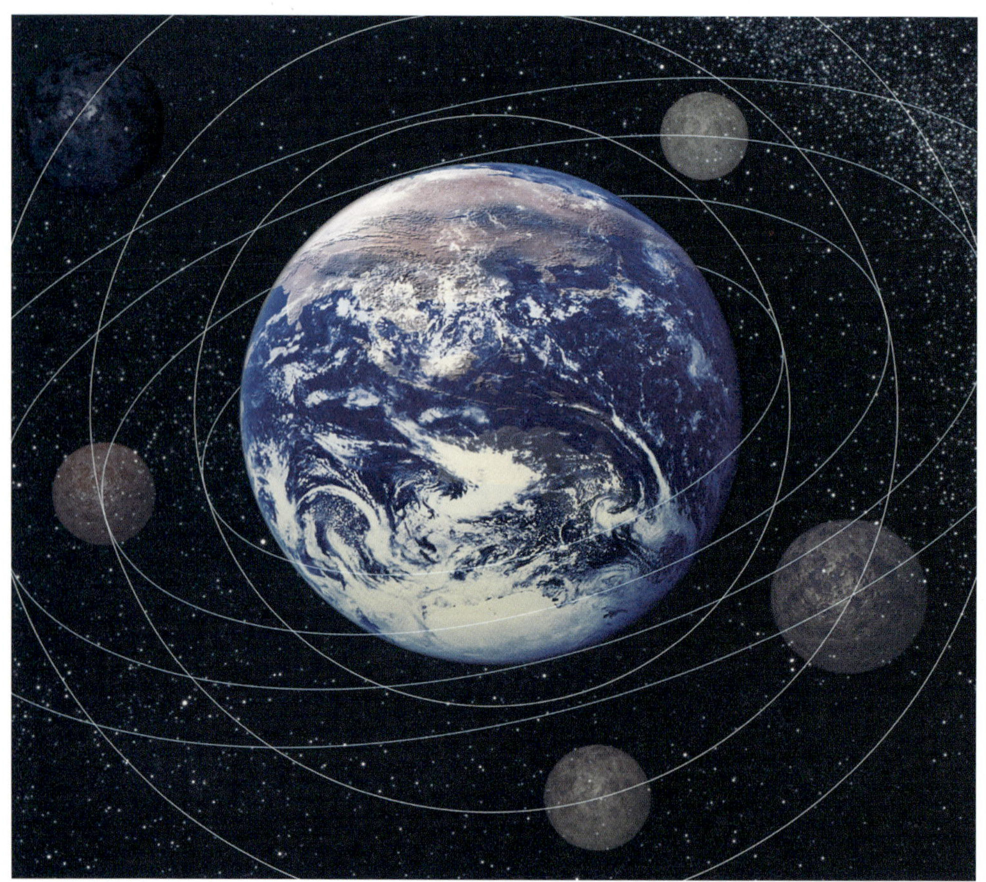

그림 2. **보이지 않는 세계 상상하기**

형상 찾기

무심코 지나쳤던 물건이나 쌓여진 벽돌더미에서도 재미있는
형상이나 의미 있는 패턴을 발견할 수도 있고, 하늘에 떠 있는
구름 속에서 토끼나 강아지, 사람 모습을 발견할 수도 있다.
또는 무심코 지나쳤던 바닷가나 강가의 작은 돌들을 관찰하면서
모양이나 색, 질감을 느끼며 지난 수백 년의 시간의 흔적을
엿볼 수도 있다. 이처럼 평범한 것에서 새로운 것을 찾으려는
노력이나 보이지 않는 곳에서 의미를 보려고 시도하는 과정이 때론
무의미한 것처럼 생각될 수 있지만, 이것은 창의적으로
생각하기 위한 하나의 중요한 방법이다.

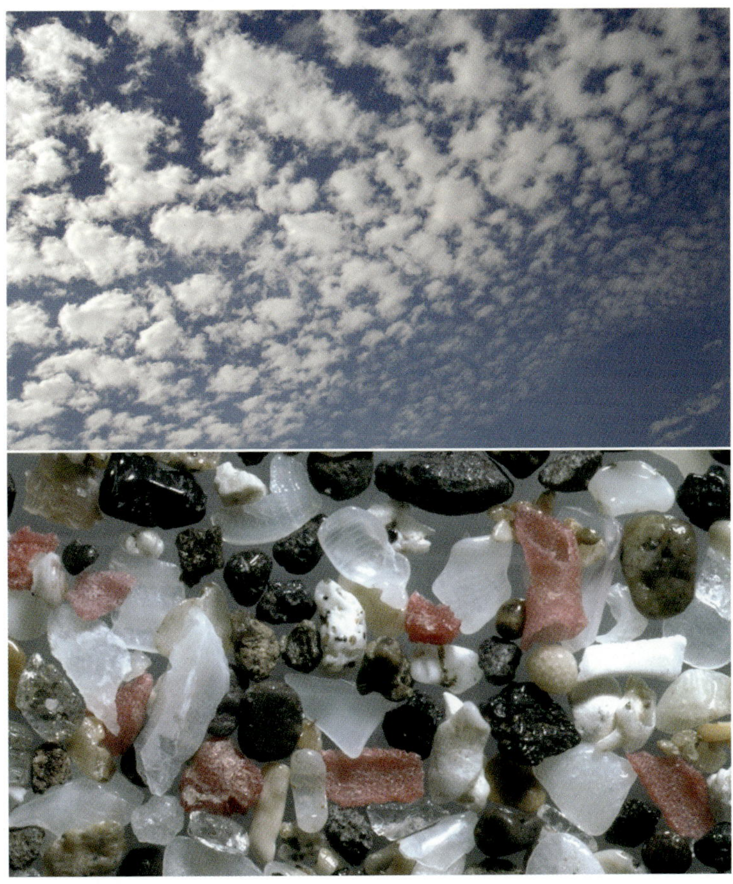

그림 3. **평범한 일상에서 형상 찾기**

무의미한 것에서 뭔가 의미가 있는 것을 찾아내거나 또는 나름대로 의미를
부여할 수 있다. 버려진 쓰레기에서 하나하나 소중한 물건을 찾아내듯이 아무런
의미 없는 낙서 속에서 사물의 형상이나 상징, 기하학적 형태 등의 의미를 찾아낸다.

A4 종이에 연필이나 펜으로 의미 없는 낙서를 한다. 무엇을 그릴까 생각하거나
많은 시간을 들여 그리는 것이 아니라 아무런 대상이나 소재를 알 수 없는 무의미한
선이 되도록 한다. 가로나 세로 방향에 관계없이 1분 안에 마음대로 선을 그리되,
한 방향으로만 움직이거나 계획된 것 같은 느낌이 들지 않도록 한다. 눈을 감거나
오른손 또는 왼손을 사용할 수도 있다.

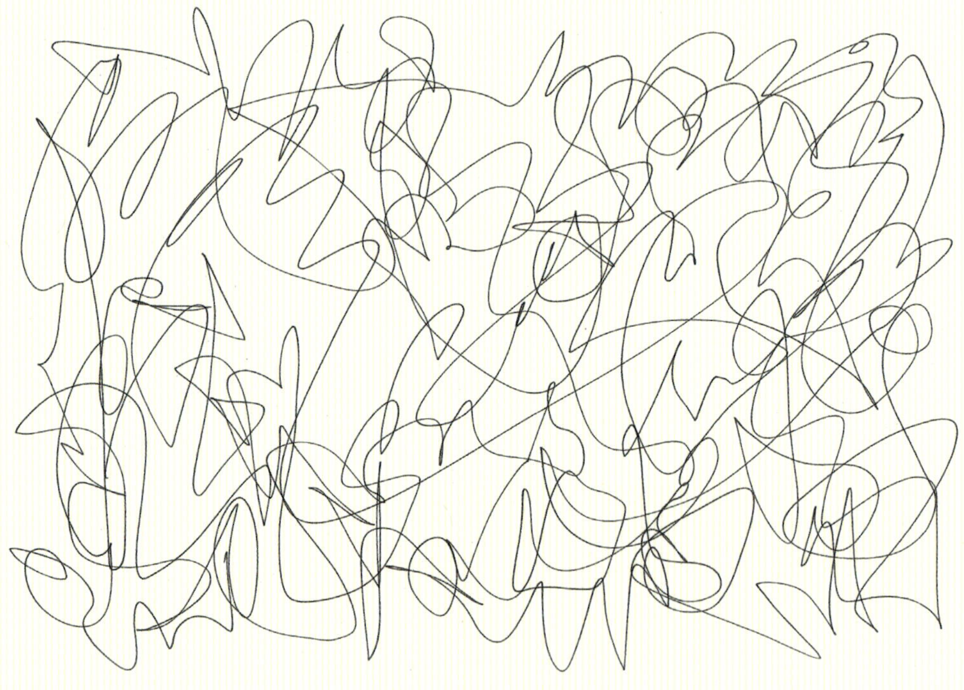

그림 4. **낙서에서 형상 찾기**

완성되었다면 그려진 낙서를 자세히 관찰하면서 섬세하고 작은 부분에서부터
화면을 가로지르는 커다란 선들에 이르기까지 우리가 인식할 수 있는 많은 형상들을
찾아내도록 한다. 이때 기존의 틀에서 벗어나 유연한 자세로 생각한다는 것은
쉽지 않지만 여러 각도에서 새로운 시각과 접근 방법을 시도해 볼 필요가 있다.
이러한 형상들은 보는 사람에 따라 달라질 수 있으며, 종이를 옆으로 돌리거나
거꾸로 돌리면서 새로운 형상을 찾을 수도 있다.

그림 5를 보면 새, 나비, 강아지와 같은 동물의 형상, 식물의 열매, 음계, 하트,
사람의 얼굴 등 인식할 수 있는 모양을 연상시키는 다양한 형상들을 찾을 수 있다.
이와 같이 처음에는 아무런 의미를 찾을 수 없었던 선들에서도 자세히 관찰하고
여러 가능성을 찾다보면 하나 둘씩 새로운 형태가 발견되는 것을 볼 수 있다.

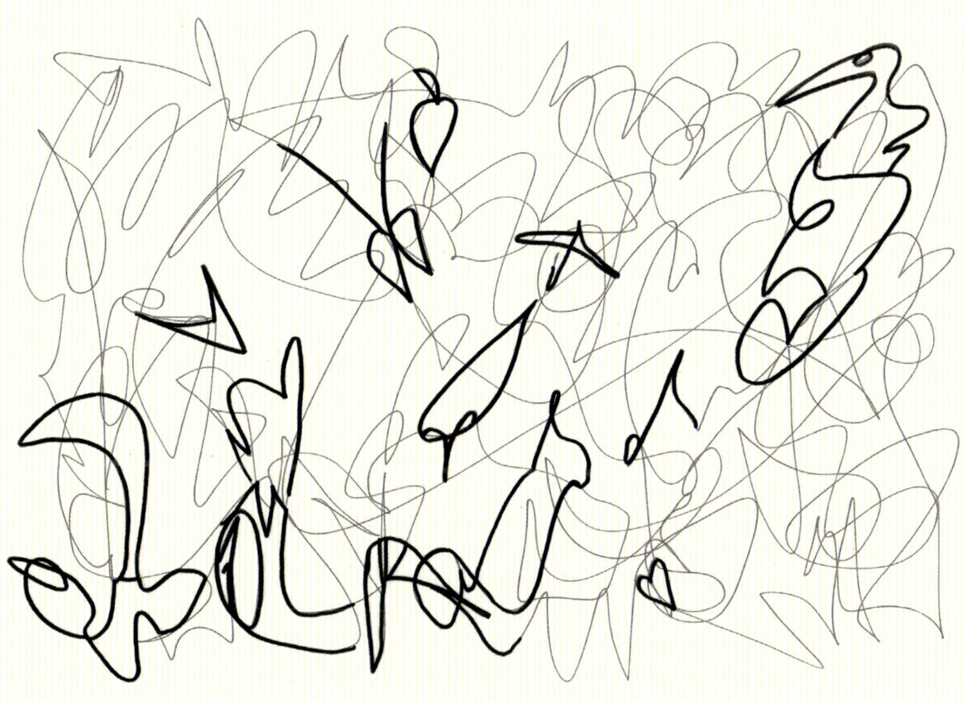

그림 5. **낙서에서 찾은 형상들**

다음 그림 6에는 9개의 점이 있다. 이것을 가지고 몇 가지 문제를 해결해 보자.
첫째, 종이에서 펜을 떼지 않고 하나의 직선만 사용해서 모든 점을 다 지나도록
연결할 수 있는지를 생각한다. 둘째, 종이에서 펜을 떼지 않고 3개의 직선으로 9개의
모든 점들을 지나가게 할 수 있는지를 생각한다. 셋째, 역시 종이에서 펜을 떼지 않고
4개의 직선을 사용하여 9개의 점을 모두 지나가도록 할 수 있는지를 생각한다.

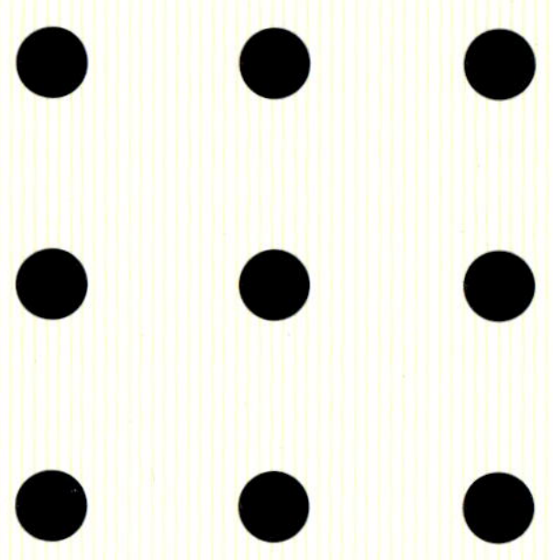

그림 6. **9개의 점**

많은 사람들이 이러한 문제를 두고 불가능하다고 생각한다. 대부분의 사람들은
직선이 점들의 바깥으로 나가면 안 된다고 가정하거나 또는 이 직선들이 반드시
점의 중심을 지나야 한다고 생각하고 있다. 그러나 이와 같은 일반적인 선입견이나
주어진 상황 안에서만 해결 방법을 찾다보면 답을 찾기 어려운 경우가 많다. 기존의
고정 관념 안에서 생각하기보다는 가능한 모든 상상력을 동원하여 문제의 해결
가능성을 찾아보면 생각보다 쉽게 답을 얻을 수 있다.

그림 6의 첫 번째 문제에 대한 해결 방법 중 하나는, 점을 떼어서 직선 위에 붙여
배열하는 방법이다. 또 다른 방법으로 모든 점들을 원래의 배열 그대로 두고 하나의
굵은 선으로 한번에 덮어 버리는 방법도 생각해 볼 수 있다. 두 번째 문제의
해결 방법은 직선들이 반드시 수평, 수직이나 평행해야 한다거나 점의 중심을 지나야
한다는 고정 관념에서 벗어나는 데 있다. 이러한 고정 관념이나 가정을 역으로
바꾸는 것은 생각하는 영역을 더욱 넓혀 준다. 마지막 세 번째 문제의 해결 방법은
다음 그림과 같이 4개의 직선이 지나도록 배열한다. 사각형의 틀 안에서만 방법을
찾으려고 시도했다면 그 답을 얻지 못했을 것이다. 이처럼 문제의 해결 방법에 대해
정반대 방향이나 다른 측면에서의 접근을 통해 고정 관념에서 벗어나 유연하게
상상하는 것을 가능하게 한다.

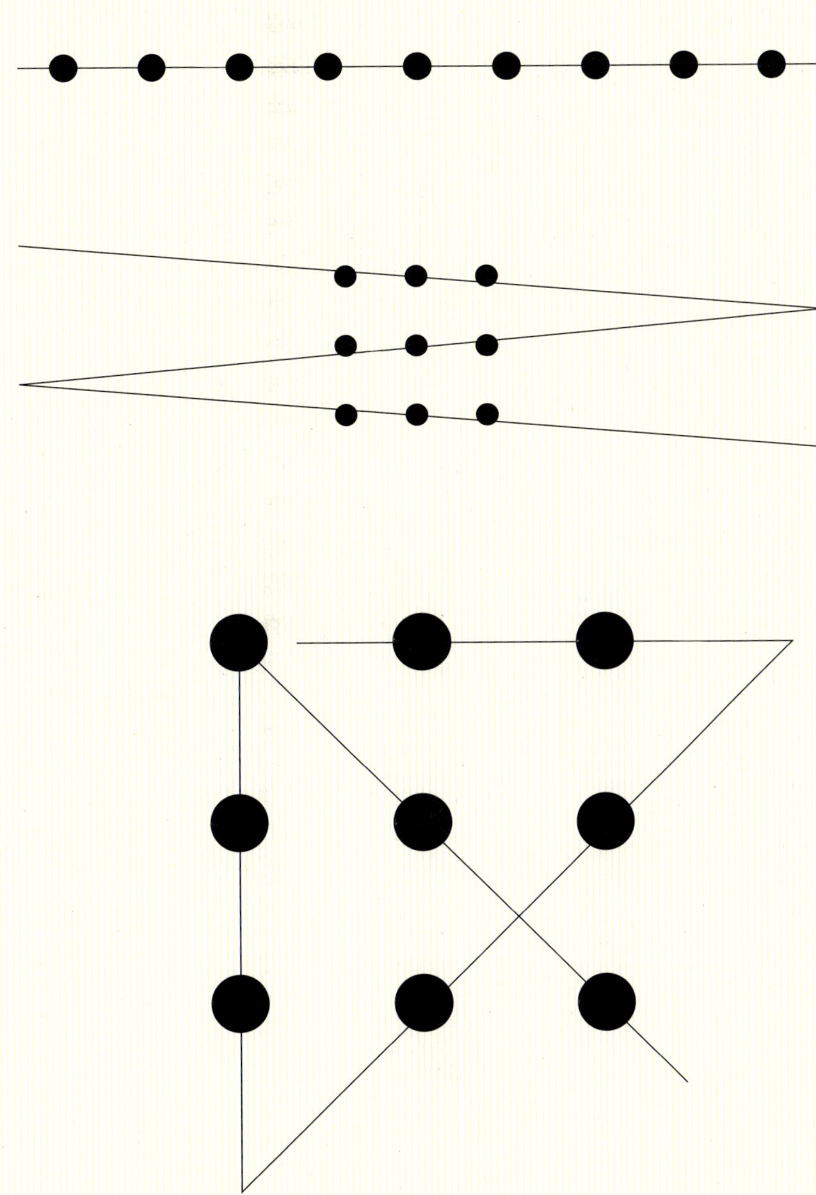

그림 7. **그림 6의 해답**

형태 상상하기

형태를 상상하는 능력은 사람에 따라 다르다. 대부분의 사람들이
마음속으로 형태를 그려 볼 수 있지만, 어떤 사람들의 경우에는
실제로 형태를 그려야만 그것을 이해할 수 있는 사람들도 있다.
일부 사람들 가운데는 뛰어난 형상화 능력을 지닌 사람들이 있다.
이러한 몇몇 사람들은 수학적인 도형이나 음악의 화음을 상상하고
그려 내는 비범한 능력을 갖고 있다.

형태를 상상할 수 있는지 알아보기 위한 여러 가지 방법이
있는데, 우선 눈을 감고 삼각형이나 사각형, 원의 형태를 상상해
본다. 이것이 가능하다면 이번에는 육면체나 구와 같은 입체 형상을
상상해 본다. 자연에 존재하는 모든 대상은 실제로 평면이 아니라
입체이다. 입체적으로 생각한다는 것은 한쪽 모양만이 아니라
앞, 뒤, 옆면과 위, 아래에서 보이는 각각의 모양들을 3차원 영상으로
상상할 수 있다는 것이다.

이것을 가리켜 시각형 사고자(visual thinker)라고 한다.
시각형 사고자에는 세 가지 유형이 있다. 첫째는 눈을 감고 형태를
볼 수 있는 사람, 둘째는 눈을 감지 않고도 형태를 볼 수 있는 사람,
셋째는 형태를 상상하는 것뿐 아니라 색을 바꾸거나 형태의 변형이
가능한 사람이 있다. 그렇다면 다음의 형상들을 그려 보자.

a   눈을 감고 마음속으로 육면체 형태를 상상해 본다.

b   위에서 볼 때는 원형이고 다른 측면에서 볼 때는
        직사각형인 형태를 상상해 본다.

c   위에서 볼 때는 정사각형이고 다른 측면에서 볼 때는
        삼각형인 형태를 상상해 본다.

d   위에서 볼 때는 원형이고 다른 측면에서 볼 때는
        삼각형인 형태를 상상해 본다.

e   위에서 볼 때는 사각형이고 앞뒤에서 볼 때는 삼각형,
        측면에서 볼 때는 사각형인 형태를 상상해 본다.

f   위에서 볼 때는 사각형이고 앞뒤에서 볼 때는 삼각형,
        측면에서 볼 때는 반원인 형태를 상상해 본다.

그림 8과 같은 모양을 머릿속에 그리는 것이 가능하다면 조금씩 더 복잡한 모양을 상상하는 것도 시도해 볼 수 있다. 좀 더 실력이 뛰어난 시각형 사고자들은 형상의 크기나 색깔을 바꾸거나 원근을 조절하면서 상들을 빙빙 돌리거나 별도의 형태들을 결합하거나 일부분을 절단시킬 수도 있다. 그러나 이러한 것들을 상상하는 데 어려움을 느낀다면 연습을 통해 어느 정도 가능해질 수 있다. 즉, 연상하고 재현하고 추상화하는 일련의 형상화 과정을 꾸준히 연습함으로써 이에 대한 이해와 상상 능력을 높일 수 있다.

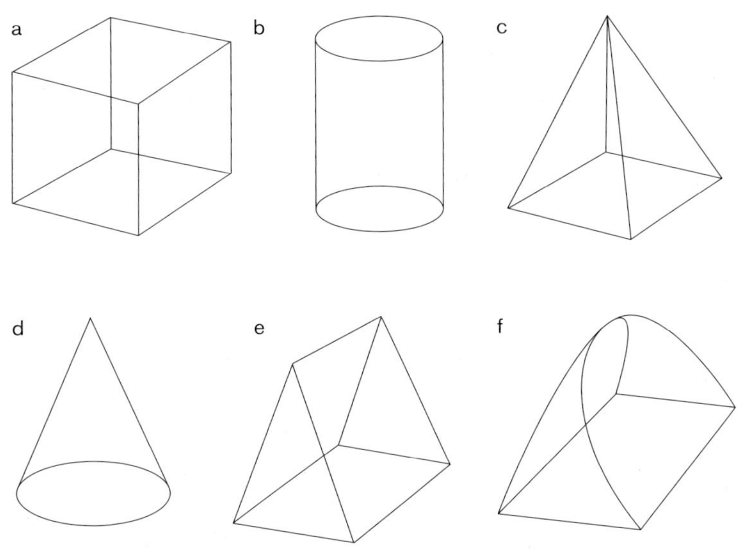

그림 8. **기하학적 형태 상상하기**

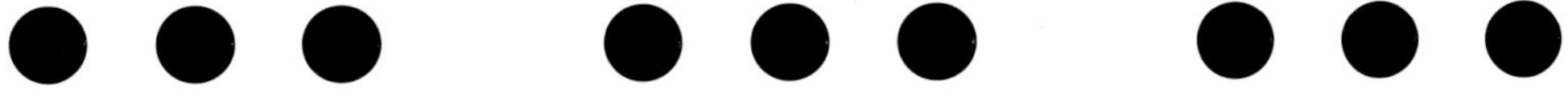

그림 9. **점의 배열과 연관성**

그림 9의 점들을 보고 어떻게 묘사할 수 있을까를 생각해 보자.
9개의 점들은 한 줄로 늘어선 선이라기보다는 각각 3개의 점으로
이루어진 세 그룹의 점들로 보인다. 이렇듯 우리의 관심은 의미 없는
라인으로 보기보다는 뭔가 의미를 갖는 규칙이나 유사한 요소들을
그룹으로 보려는 경향이 있다. 가까이 근접해 있는 것들을 밀접하게
연관시켜 보려는 이러한 성향을 게슈탈트(gestalt) 이론[3]으로도
설명할 수 있다. 게슈탈트 심리학은 사물을 있는 그대로의 형이나
형태로 지각하지 않고, 더욱 단순하고 더욱 규칙적이며 대칭적인
것으로 사물이 지각되는 방식에 대한 인간의 시지각에 대한 원리를
이론적으로 설명하고 있다. 게슈탈트 시지각 이론은 다음과 같이
'집단화의 법칙', '단순화의 법칙', '형상과 배경의 법칙'의 세 가지로
범주화할 수 있다.

— 3
인간의 지각심리학에서 가장 널리
알려진 이론 가운데 하나이다.
게슈탈트는 '형태'라는 의미로서
인간의 지각 성향은 혼란하고
무질서해 보이는 여러 대상들의
자극들을 스스로 정리하고
구조화함으로써 쉽게 지각하려는
성향을 띤다.

집단화의 법칙

게슈탈트 심리학의 창시자인 베르타이머(M. Wertheimer)는
다음과 같은 지각 체계화 법칙을 제시했다.

근접성(proximity)
멀리 떨어져 있는 것보다 거리가 가까운 것끼리 연관시켜
시각적으로 집단화되어 그룹으로 보는 경향이 있다.

유사성(similarity)
색, 크기, 질감 등 어떤 성격이나 개성이 유사한 것끼리 무리를
이루어 하나의 그룹으로 보는 경향이 있다.

폐쇄성(closure)
불완전한 형이나 벌어진 도형들의 그룹들을 완전한 형이나
그룹으로 지각하려는 경향이 있다.

연속성(continuation)
물체나 선이 끊어져 있어도 원래의 진행 방향에 따라 가능한
부드럽게 연속된 것으로 보인다.

공동 운명(uniform destiny)
배열이나 성격이 같은 것끼리 집단화되어 보이는 성질이다.

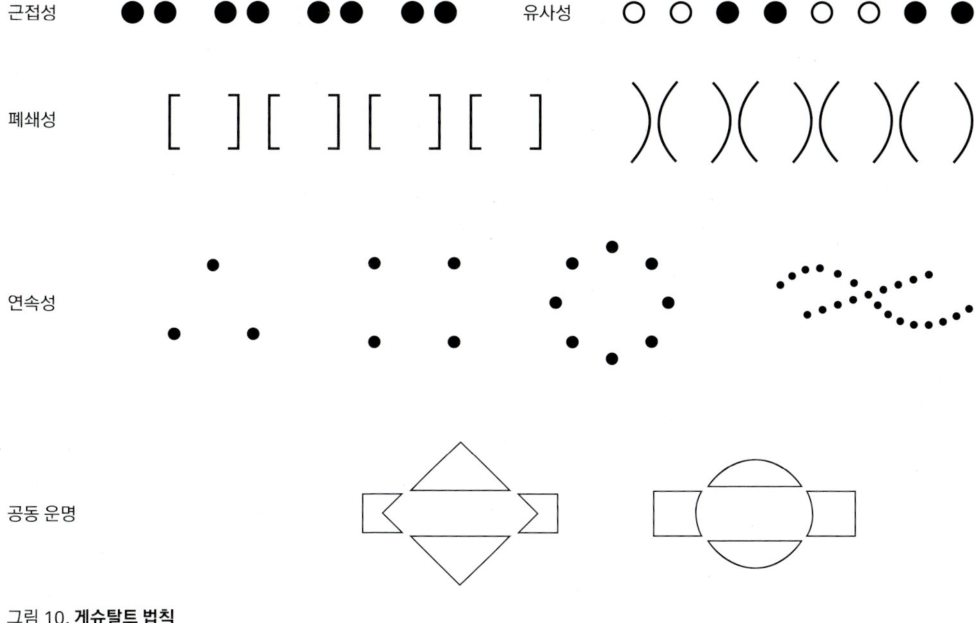

그림 10. **게슈탈트 법칙**

단순화의 법칙

우리가 물체를 볼 때 간결하면서도 '좋은 형태'로 지각하는
특성을 '프레그넌츠(Prägnanz)의 원리'[4]라고 한다. 그림 11에서
a는 규칙적이고 간결하게 인식되기 때문에 입체감이 전혀 없는
평면으로 느껴지며, b, c, d로 갈수록 도형의 불규칙성이 커지면서
점차 입체감이 증가하는 것을 볼 수 있다.

4 —
단순성의 정도를 정확한 방법으로
측정하기 어렵고 충분하고 명확한
검증이나 실험적인 뒷받침이
부족하다는 이유로 비판되는
개념이기도 하다.

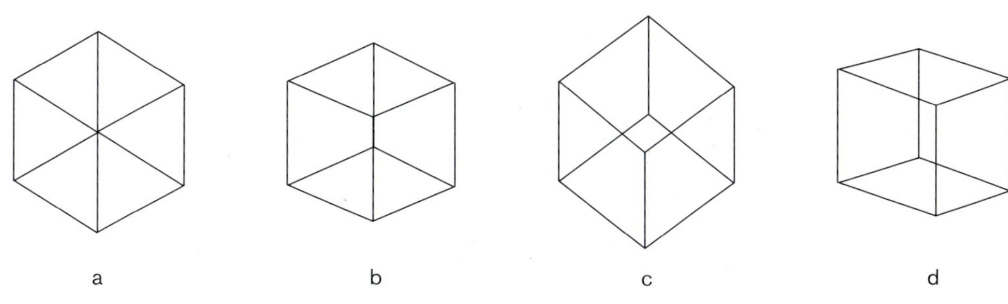

그림 11. **도형의 입체감**

사물의 형태를 본다는 것은 단순히 '본다'는 것이 아니라 형태를
정확히 파악하기 위해서 선택적으로 통찰하는 것이다. 어떤 대상의
윤곽선에 따른 두 영역을 동시에 인식할 수 없다는 것이며, 어떤
물체나 모양으로 보이는 부분을 '형태'로, 그 외의 바탕을 '배경'으로
인식한다. 덴마크의 심리학자 루빈(E. J. Rubin)은 형상과
배경에 대한 몇 가지 경향을 다음과 같이 제시했다.

- 형상은 확실한 형태가 있지만 배경은 그렇지 않게 나타난다.
- 배경은 형상의 배후에 연결되어 있다.
- 형상은 가까이 있는 것처럼 느껴지고 배경은 뒤로 물러나 있다.
- 형상은 배경에 비해 지배적이고 더욱 인상적이며, 잘 기억되고 더 많은 형태로 연상된다.

다음 그림 12에서 두 종류의 수평선을 볼 수 있다. 네모난
바탕을 이루는 선들과 그 안에 마름모 모양을 이루는 선들이다.
선들의 간격이나 굵기는 동일한 상태를 유지하며 살짝 어긋나
있을 뿐이지만, 선들의 배열에 따라 마름모 모양을 이루는 무형의
선은 명확하게 드러나 보인다. 마름모 도형은 실제로 존재하지
않지만 무언가 의미 있는 새로운 형상으로 인식되고 있다. 이처럼
배경과 형상의 간격에 따라 실제 존재하지 않지만 단순하고 안정된
모양으로 보고자 하는 이 윤곽을 '주관적 윤곽'이라고 한다.

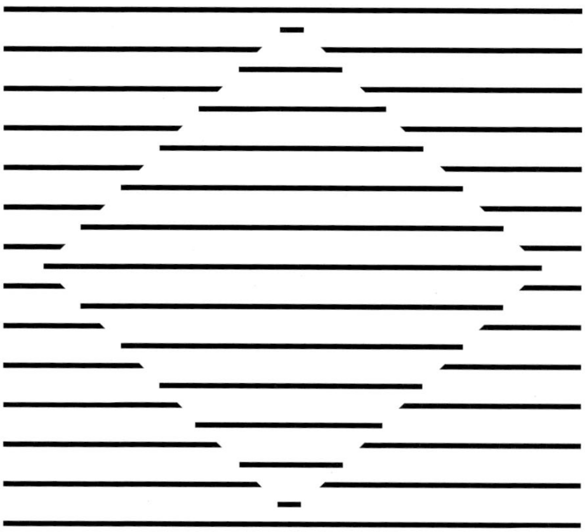

그림 12. **주관적 윤곽**

사물에 대해서 생각하는 방법을 역으로 시도함으로써 생각이나
예술에서 새로운 것을 발견하기도 한다. 그림 13에서 불규칙적인
검은 형상들은 어떤 특별한 의미를 갖지 않는 퍼즐 조각처럼
보인다. 그러나 형상들 사이의 공간인 흰 바탕의 형상에 집중하면
'THINK'라는 익숙한 단어로 인식된다. 사물이나 형상을
다른 방식으로 바라보고 형상이 아닌 바탕에 의미를 둠으로써
이전에 보지 못했던 것을 볼 수 있게 된 것이다. 사물을
바라볼 때 처음에는 그 자체로 인식하도록 시도한다. 그리고
그것을 돌려 보거나 안과 밖을 뒤집어 본다든지 거꾸로 보거나
앞뒤를 바꾸어 보면서 그 대상이 어떻게 변화하는지 살펴볼 수 있다.

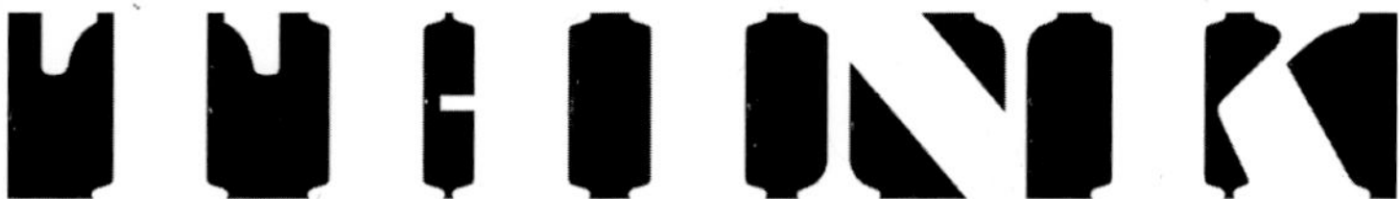

그림 13. **형상과 바탕**

그림 14에서는 검은색의 화살표 4개가 외부로 향해 확장되는 것을
느낄 수 있다. 다른 한편으로 흰색에 집중해서 살펴보면
검은 바탕에 4개의 흰색 화살표가 안쪽을 향하고 있는 것을
발견할 수 있다. 검은 화살표에 집중할 것인지 아니면 반대로
흰 화살표에 집중할 것인지는 개인에 따라서나 상황에 따라
다르게 선택될 수 있다.

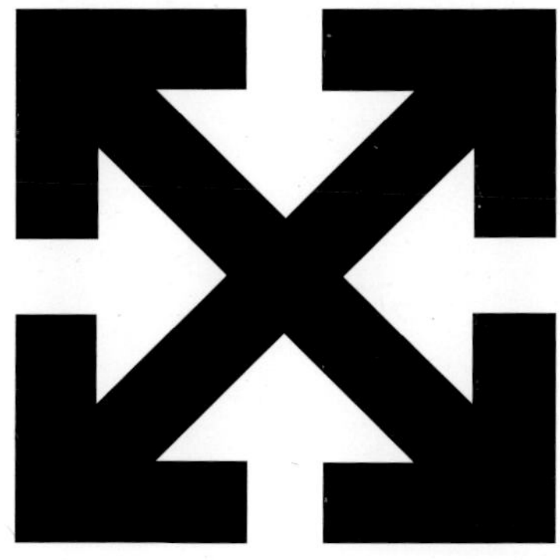

그림 14. **반전 도형**

이처럼 그림과 바탕이 역전하는 도형을 반전 도형이라고 한다. 어느 쪽이
그림이 되는지는 보는 사람의 의도와 경험 등 주관적인 조건에 따라 달라질 수도
있지만, 대체로 다음과 같이 그림이 되기 쉬운 몇 가지의 조건이 있다.

a	**면적이 작다**	좁은 부분이 그림이 되기 쉽다.
b	**둘러싸여 막혀 있다**	넓더라도 그림으로 보인다.
c	**수평수직**	비스듬한 부분보다 수평 수직의 부분이 그림이 되기 쉽다.
d	**평행선**	평행하게 같은 폭을 갖는 부분이 그림이 되기 쉽다.
e	**하부**	윗부분보다 아래 부분이 그림이 되기 쉽다.
f	**볼록형**	오목한 형태보다 볼록한 형태가 그림이 되기 쉽다.
g	**대칭성**	좌우대칭으로 된 부분이 그림이 되기 쉽다.
h	**무늬**	무늬가 있는 부분이 그림이 되기 쉽다.
i	**난색**	푸른색 계열보다 붉은색 계열이 그림이 되기 쉽다.

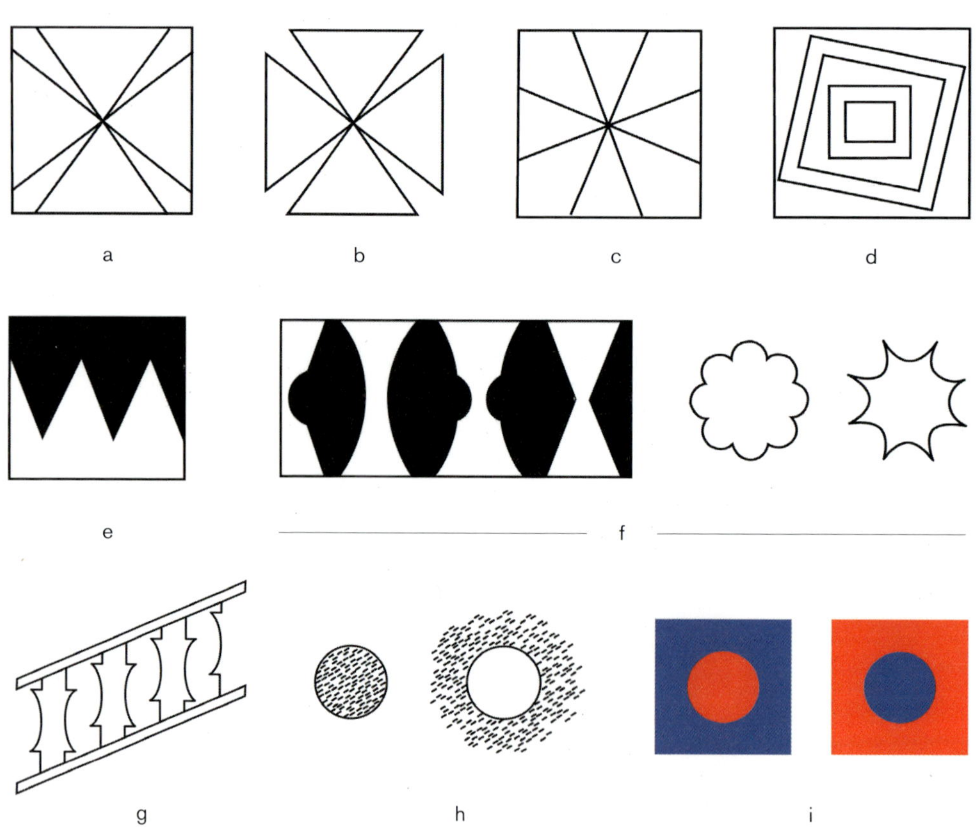

그림 15. **그림이 되기 쉬운 조건**

　　기초조형 Thinking

시각화

보고 느낀 것을 시각화하기 위해서는 직접 체험하고 관찰하고
이를 재현하는 능력이 필요하다. 가령 회화나 음악, 무용, 요리를
하는 방법을 배우기만 하는 것이 아니라 직접 그려 보거나, 듣고,
작곡하고, 시를 쓰거나 요리를 해 본다. 직접 색을 고르고 섞어 보고
칠해 보지 않고는 색을 연상하기 어렵다. 같은 색이라도 농도와
배색에 따라 느낌이 달라지기도 한다. 직접 먹어 보거나
만들어 보지 않고는 요리 재료와 조리법을 듣더라도 완성된 요리의
맛을 떠올리기는 힘들다. 조리법을 알고 있더라도 재료의 신선도나
종류, 조리 시간이나 온도에 따라서도 맛이 달라진다. 체험이나
경험 없이 이미지가 저절로 떠오르기 어렵고, 직관이나 통찰력 없이
강력한 이미지를 빠르게 만들어 낼 수 없다. 이처럼 몸으로 체험하고
느낀 것들을 어떻게 발전시키고 사용해야 할 것인지가 이미지를
시각화하는 창의 행위의 바탕이 된다.

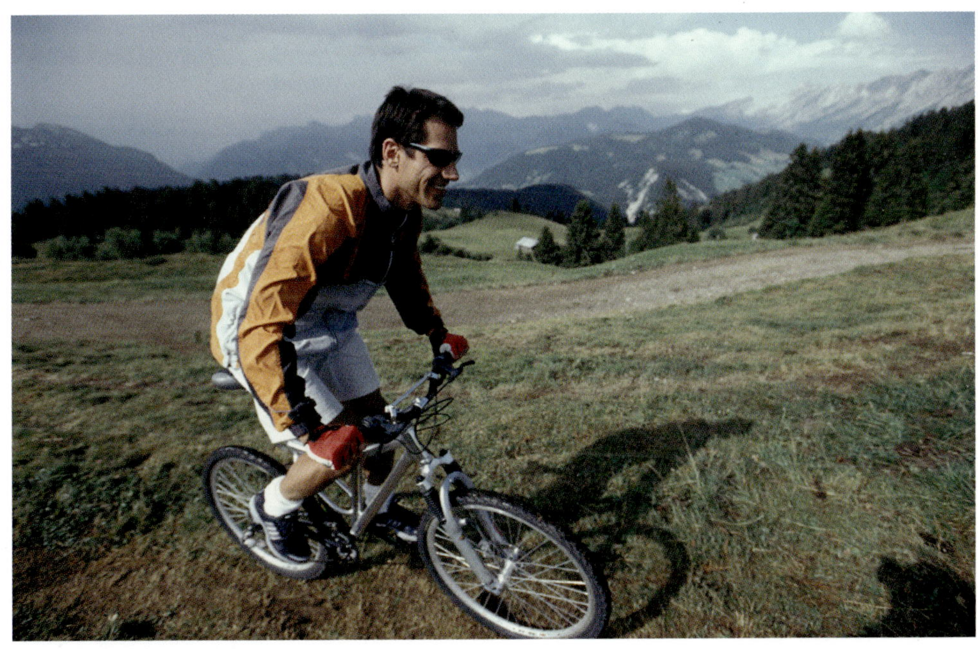

그림 16. **몸으로 체험하고 느끼기**

이미지란 형상, 영상 또는 마음속에 그리는 '심상', 생각 속에서
만들어지는 '형태'를 말하는 것으로서, 미술이나 음악, 무용, 문학,
스포츠와 같은 모든 종류의 예술에서 자주 사용되는 용어이다.
심리학적 용어로는 '머리에 떠오른 것으로서 감각[5]적 성질을 지니는
것'이라 정의되기도 한다. 머릿속에 떠오른 형상이나 이미지를 눈에
보이게 시각화해서 표현하는 것은 창의적으로 생각하는 데
중요한 과정이 된다.

　　　사물을 시각화하여 재현하기 위해서는 우선 사물을 자세히
관찰하는 것이 필요하다. 창의적으로 생각하기 위해 집중하는
관찰력이 요구되기는 하지만 그렇다고 언제나 의식적으로 집중해야
하는 것은 아니다. 아이디어란 문득 떠오르기도 한다. 깊은 사고는
마음이 중립적이고 편안할 때 가능하다. 집중한다는 것은 사물을
서로 다양하고 새로운 방법으로 결합시키도록 해 준다.

　　　레오나르도 다 빈치(Leonardo da Vinci)에게 예술과 과학의
세계는 깊게 관련되어 있었다. 그의 과학에 대한 노트에는 그림들과
이미지와 색채들이 가득 차 있으며, 예술 작품을 위한 스케치북에는
기하학, 인체해부학, 투시도법 등이 그려져 있다. '보는 방법을
배우라'고 했듯이 보고, 깨닫고, 이러한 모든 것들을 연결시키는
것은 예술에서 중요한 핵심이 된다. 주변의 작은 생물체들, 길에
떨어진 나뭇잎 하나도 그냥 보는 것이 아니라 '관찰'을 하자.

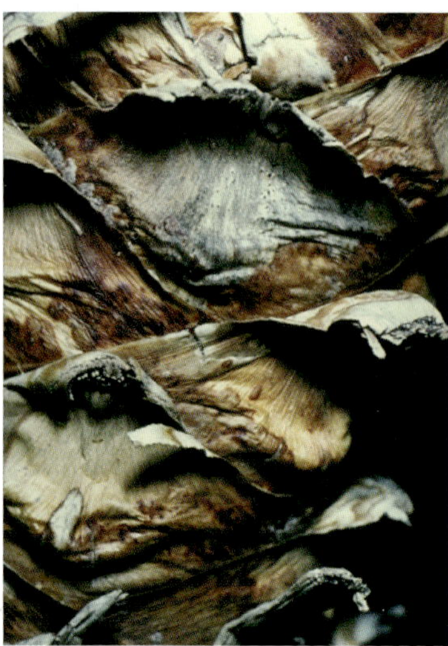
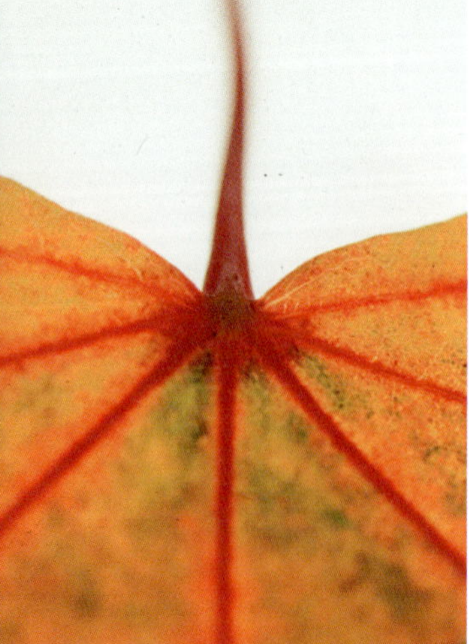

그림 17. **사물을 재현하기 위한 관찰**

생김새를 보고 색을 느끼고, 만져 보고, 냄새나 맛도 볼 수 있다. 기능적이고 경제적인 자연의 형상을 보고 이해하고 깨닫게 되었다면 이것은 사물을 재현하는 능력의 바탕이 된다. 프랑스의 조각가 로댕(Auguste Rodin)은 '나는 아무것도 창작하지 않는다. 나는 재발견한다'고 했다. 즉, 예술이 창작이라기보다는 인식하고 선택하고 결합하는 문제라는 것을 강조하고 있다. 느낌이나 주관적인 생각을 객관적인 것으로 표현하는 방법을 배우기 위해 미술학원에 다니기도 한다. 눈에 보이는 형태나 사물을 드로잉[6]이나 스케치[7]를 통해 표현할 수 있다. 이때 주의할 점은 실물의 형태나 물체의 비율, 묘사적인 특성을 유지하는 것이다. 윤곽선의 모습, 크기, 비례, 표면의 질감[8]이나 특성을 관찰한다. 영국 시인이자 비평가인 허버트 리드(Herbert Read)는 관찰이 '후천적으로 습득할 수 있는 기술'이라고 했다. 관찰이나 집중하는 능력을 타고난 사람도 있지만, 어떻게 관찰하는 것인지를 익히고 노력하는 것은 사물이나 생각을 어떻게 표현할 것인가의 재현 능력과도 밀접한 관계가 있다.

드로잉의 기초는 선으로 이루어진다. 직선과 곡선의 간결하고 복잡함에 따라 강하고 유연한 느낌을 표현할 수 있다. 밝고 어두움을 나타내는 명암이나 질감, 양감, 톤, 깊이감이나 넓이감을 나타내는 공간감과 같은 표현 요소 등을 활용한다. 화면의 구성은 대상물을 화면 위에 적절히 배치시킴으로써 전체의 리듬, 균형, 조화, 변화, 통일, 비례, 율동, 강조 등의 조형 원리[9]로 이루어진다. 보고 재현하는 능력이 때로는 반복적이고 획일화될 수 있다는 점에서 창의성이 결여된 기술로 인식되기도 하지만, 사물을 관찰하고 이것을 형상화하여 '표현'한다는 점에서 창의적으로 생각하는 방법 가운데 하나가 될 수 있다.

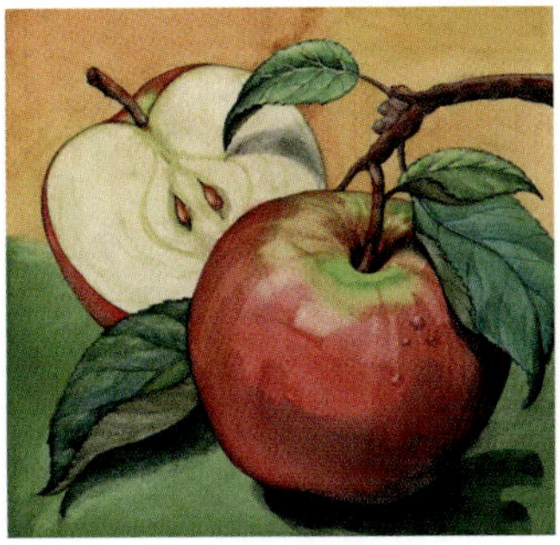

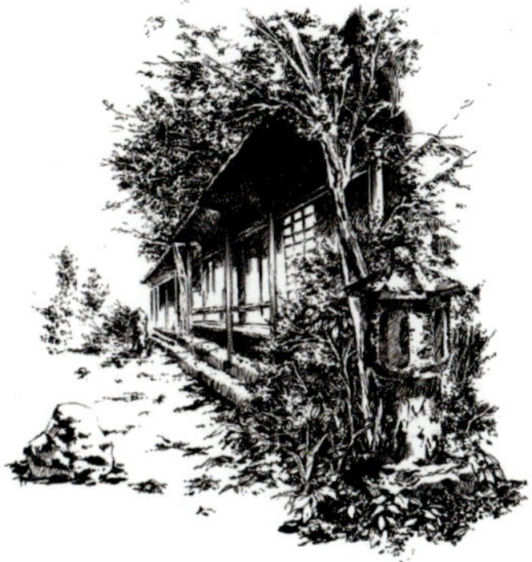

그림 18. **사물 재현해서 표현하기**

이미지에는 지각적(정신적, 심리적) 이미지, 비유적 이미지, 상징적
이미지가 있다. 조형이나 디자인에서 우리가 '이미지'를 말할 때
가장 많이 그리고 가장 흔히 이야기되는 것이 지각적 이미지이다.
비유적 이미지는 전달하고자 하는 내용을 더욱 풍부하게 만들고
상상력의 단서를 제공해 주며, 상징적 이미지는 관념이나 표상을
암시하고 의미를 함축하여 전달한다.

지각적 이미지의 시각화

지각적 이미지에는 형태나 색채, 명암, 움직임 등과 관련된
시각적 이미지와 청각적 이미지, 후각적 이미지, 미각적 이미지,
촉각적[10] 이미지가 포함된다. 눈으로 보고, 손으로 만져 보고, 귀로
듣고, 냄새를 맡는 등의 경험적 단서들을 통해 사물에 대한 인식을
명확히 하고 있는 것이다. 이 다섯 가지 감각은 인간의 지각적
이미지의 원천이 된다. 상상력과 경험에서 인식되는 오감으로서의
지각적 이미지를 시각적으로 어떻게 해석하고 표현할 것인지는
매우 중요하다.

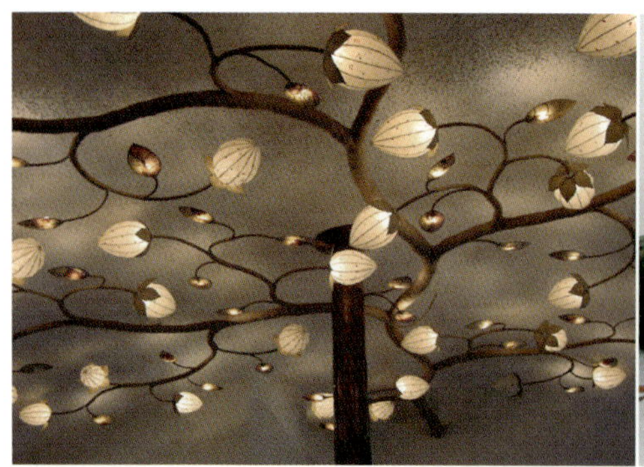
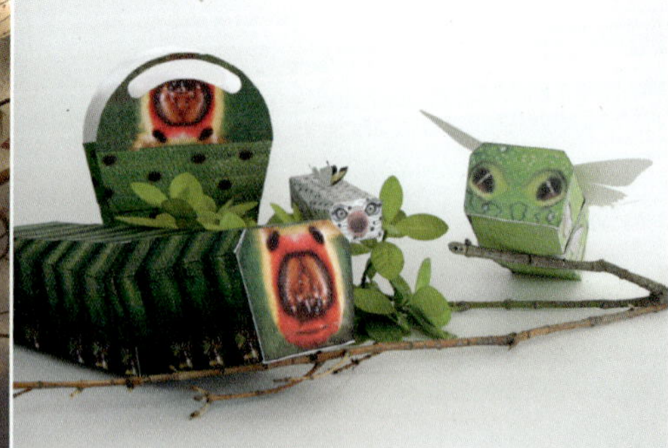

그림 19. **지각적 이미지의 시각화**

기초조형 Thinking 과제

시각적 이미지의 시각화
우리 주변에서 흔히 볼 수 있는 '꽃'을 주제로 하여 시각적 이미지를 보고 느끼고
이것을 입체물인 패키지로 표현한다. 정답을 찾는 과정이 아니라 주어진 주제를
어떻게 접근하고 어떤 방법으로 해결해 나갈 수 있는지 문제 해결 능력을 키우는 것을
목적으로 한다. 꽃을 연상하고 상상할 수 있는 모든 이미지를 떠올려 이를 형상화시켜
본다. 아이디어 스케치를 통해 시각화 과정을 거친 후, 종이를 이용해 접거나 휘거나
칼집을 내는 등 직접 만들어 보면서 형태를 찾아 나간다. 이미지를 입체화시키는
과정에서 여러 번의 시행착오를 거칠 수 있으며 표면의 그래픽 효과를 이용해
시각적으로 흥미 있는 표현을 할 수 있다.

보고 '그리는' 것이 아니라 '만드는' 시각 표현에 중점을 둔다.
한 장의 종이로 제작한다.
결과물은 무언가 내용물을 담을 수 있는 '패키지디자인'이 되도록 한다.
주제를 시각화할 때 반드시 사실적일 필요는 없다.
꽃이라는 주제는 명확히 지각할 수 있어야 한다.

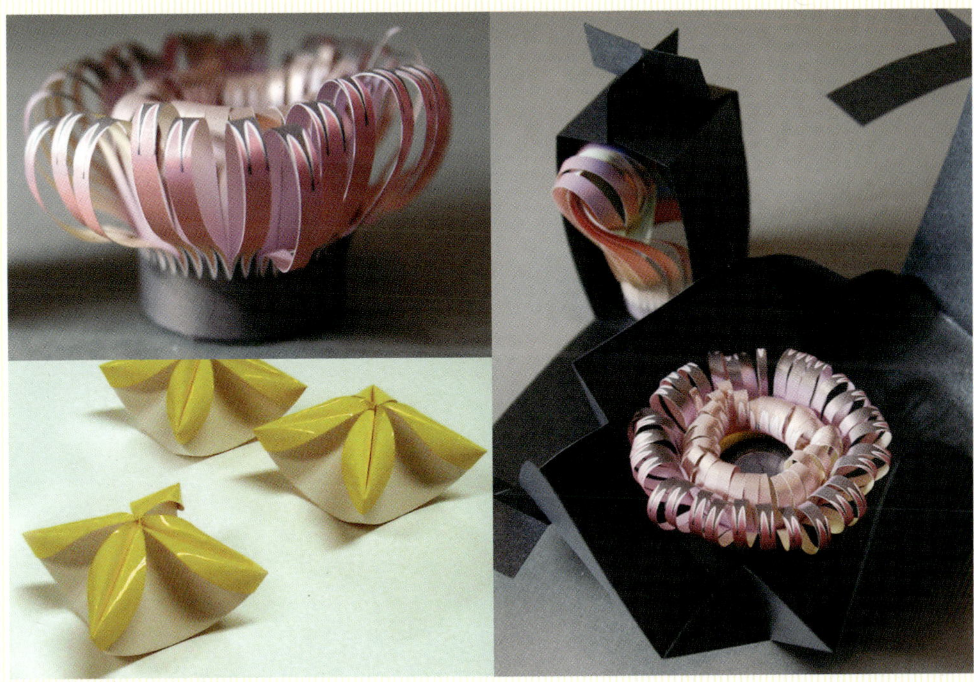

그림 20. **시각적 이미지의 시각화**

청각적 이미지의 시각화

소리라는 청각적 이미지를 눈에 보이도록 시각화해서 표현한다. 이때 감각적
체험에 따라 대상을 얼마나 효과적으로 느끼게 해 주느냐에 초점이 맞추어진다.
감각적 이미지를 시각적으로 표현하기 위해 오감의 하나인 청각을 중심으로
맑거나 경쾌한 느낌, 유리같이 높고 선명하게 울리는 소리 등을 시각적으로 표현한다.
자연에서 들리는 새소리나 물소리 또는 음악이나 노래, 특정한 악기로 소리를
표현할 수도 있다.

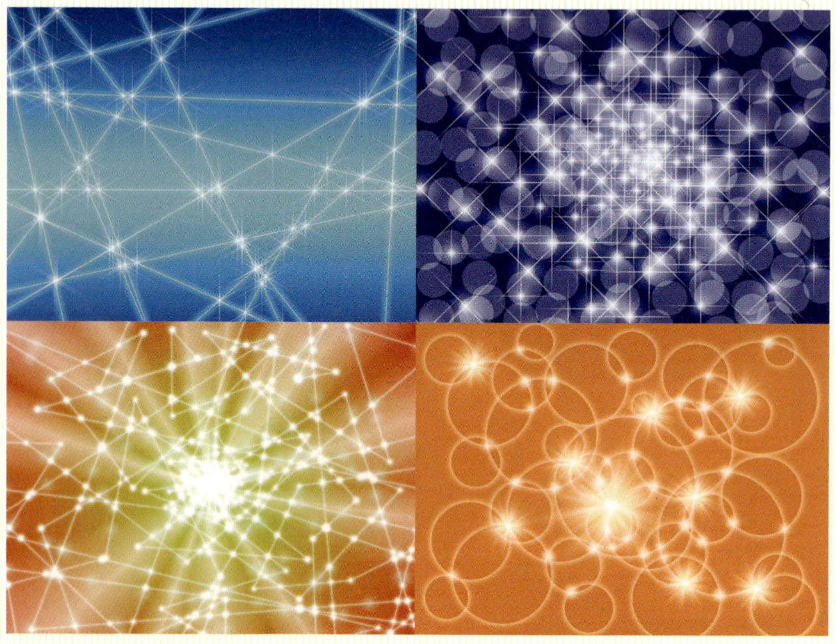

그림 21. **청각적 이미지의 시각화**

촉각적 이미지의 시각화

손의 느낌이란 직접 잡아 보고 느껴 봄으로써 습득한 것이다. 논리적인 접근이 아니라
촉각적인 능력에 의지하여 손의 쥐는 힘과 균형 잡힌 구조에 따른 미학적 느낌으로
형상화한다. 손의 느낌으로 생각하는 방법은 제품의 구조나 형태를 연구하는 데
큰 도움이 된다. 마치 밀가루 반죽이나 찰흙을 만지듯이 느껴지는 자연스럽고 편안한
구조가 되도록 형태를 다듬어간다. 책이나 교과서에 나와 있지 않기 때문에 직접
해 보기 전에는 습득할 기회가 없다. 가장 잡기 편한 느낌을 갖고 형태에 대한 감각을
느끼도록 탐구한다.

물질에 대한 몸의 느낌과 촉감은 기계를 조립하거나 건물을 세우는 데 효과적이다.
육체적 감각, 손의 움직임은 근육과 관계된 것이지만 기본적으로 물질을 만지고
다루는 능력과 관련되어 있다. 어린시절부터 경험하고 몸으로 느끼는 감각은
마음속에 생생하게 기억되어 사고의 도구로 활용한다. 촉각적이고 근육적인 움직임의
경험은 감각 능력을 향상시킴으로써 창의적으로 생각하고 활동하는 데 도움이 된다.

아이디어 단계에서는 찰흙이나 지점토 등을 이용한다.
화이트 폼이나 석고 등의 재료를 사용할 수 있다.
칼이나 줄, 사포 등의 도구의 사용에 익숙해지도록 한다.
어느 각도에서 바라보더라도 자연스럽게 조화를 이루도록 유의한다.
양의 볼륨과 음의 볼륨과의 관계를 살펴보고 균형이 잡히게 한다.
볼륨들이 서로 연관되면서 여백의 비어 있는 공간과도 자연스럽게 조화를 이루도록 한다.

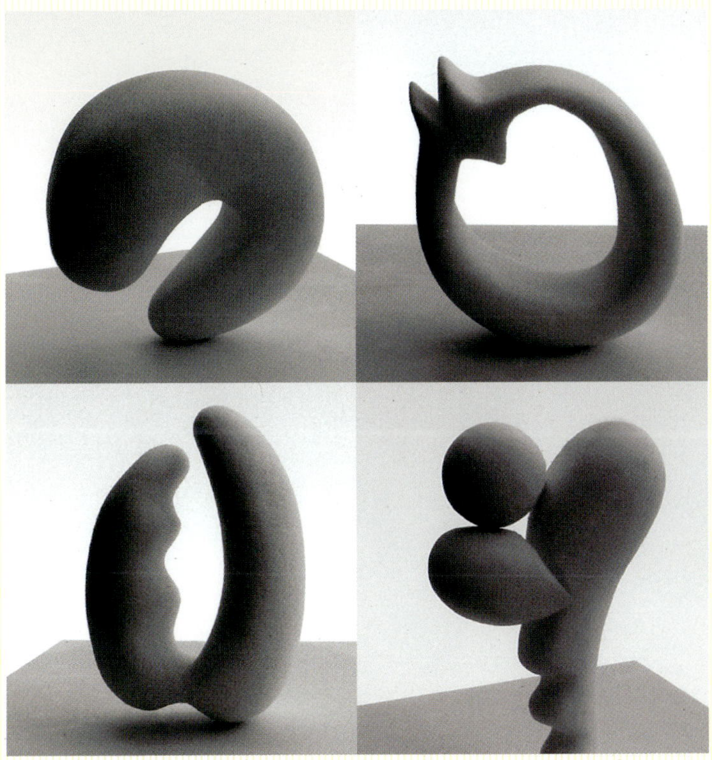

그림 22. **손으로 느끼고 생각하기**

비유적 이미지의 시각화

비유[11]란 전달하고자 하는 내용의 이해를 돕기 위하여 다른 대상이나
내용에 빗대어서 보다 구체적으로 나타내는 표현 방법으로, 어떤
대상의 모양, 성질, 특성, 상태 또는 추상적인 의미나 관념 등을 보다
효과적으로 표현하기 위해 그것과 유사한 다른 대상에 비교하여
표현하는 것이다. '앵두 같은 입술', '단추 구멍 같은 눈', '백옥 같은
피부', '호랑이 같은 선생', '불꽃 같은 열정', '천사 같은 아기'와
같이 우리는 일상생활에서도 많은 비유를 사용하고 있다. 비유는
사물이나 상황을 효과적이고 구체적으로 선명하게 드러나게 하는
방법이다. 즉, 서로 다른 두 사물을 비교하는 방법으로 결합시켜서
구체적인 이해나 인식을 얻는 표현이다. 비유적 이미지란 지각적
이미지와 같이 감각 체험에서 재생된 이미지가 아니라 의미,
개념을 표상하고 있다.

    그림 23은 인간의 희망과 꿈을 거대한 '나무'와 '뿌리'의
형상에 비유해서 표현하고 있다. 그림 <The Tree>에서 '씨앗'의
형상은 '희망'의 싹을 암시하고, 자라나는 큰 희망의 '나무' 안에는
인간의 모습들이 투영되어 있다. 그림 <The Roots>에서 '싹'은
내면으로 깊이 성장하는 '뿌리'를 품고 있으면서 역시 미래의 꿈에
대한 '희망'을 의미하고 있다.

— 11
비유법에는 직유법, 은유법,
의인법, 대유법 등이 있다.

직유법 '쟁반 같은 보름달', '장대
같은 비', '여우같은 여자'처럼
주로 '처럼, 같이, 양, 듯' 따위의
말을 써서 두 사물을 비교시킨다.

은유법 '내 마음은 호수', '죽음은
영원한 휴식'처럼 'A는 B이다'
또는 'B인 A' 형식으로 유추나
암시를 통해 사물이나 관념을
대치하여 표현한다.

의인법 '꿈꾸는 나무', '슬픈 파도',
'변덕스런 날씨'와 같이 사람이
아닌 것을 사람처럼 특성이나
감정을 담아 표현한다.

대유법 '백의민족', '요람에서
무덤까지'와 같이 한 낱말 대신
다른 낱말을 사용하는 표현법을
말한다.

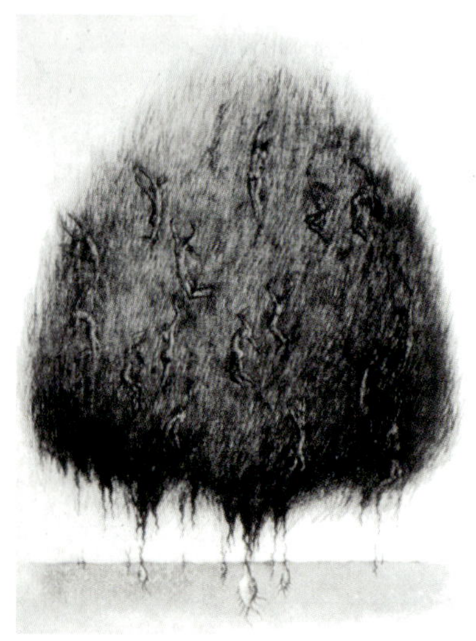

The Tree

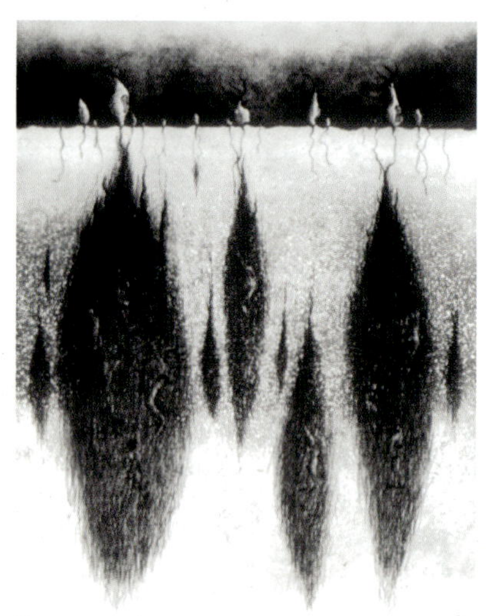

The Roots

그림 23. **비유적 이미지**

비유는 지각적 이미지를 통합하고, 서로 유기적인 관계를 만들어
하나의 개념을 종합적으로 제시해 주는 것이다. 이미지가 그 자체로
끝나는 것이 아니라 그 속에 다른 의미들을 풍부하게 함축하고
있다는 것에 의미가 있다. 그러나 이러한 비유가 일반적이고
습관적으로 사용해 온 비유라면 새롭거나 호기심을 주기는 어렵다.
디자인에서 비유적 이미지는 고정 관념에서 벗어나 새로운 시각과
독창적인 이미지 적용이 필요하다. 비유에는 다음과 같은
특징이 있다.

- 비유는 이질적인 두 사물의 결합 양식으로서 비교를 통해서 관념들을 전달한다.
- 비유의 근거는 두 사물 사이의 유사성 또는 연속성에 있다.
- 이질적인 두 대상 사이에 동일성이나 유사성을 찾아낸다.
- 고정 관념이나 익숙한 비유가 아닌 새롭고 독창적인 인식을 담는다.
- 독창적이고 구체적인 인식을 선명하고 구체적으로 쉽게 표현한다.
- 풍부한 의미를 암시한다.
- 시각적 충격을 주도록 한다.

타성에 젖은 관습적인 자세와 태도에서 벗어나 사물에서 발견하지
못했던 미지의 부분을 찾아내고 제시하는 것은, 낯익은 것
안에서 새로운 것을 발견할 수 있듯이 보는 이로 하여금 시각적
충격과 경이감을 준다. 비유를 이루는 원관념과 보조관념의
결합이 상식적인 수준이거나 너무 낯익어서 진부한 것이라면
충격과 경이감을 줄 수 없다. 아래 그림에서는 축구공을 마이크에
비유하거나 동물 캐릭터를 휴지상자에 비유하고 있다.

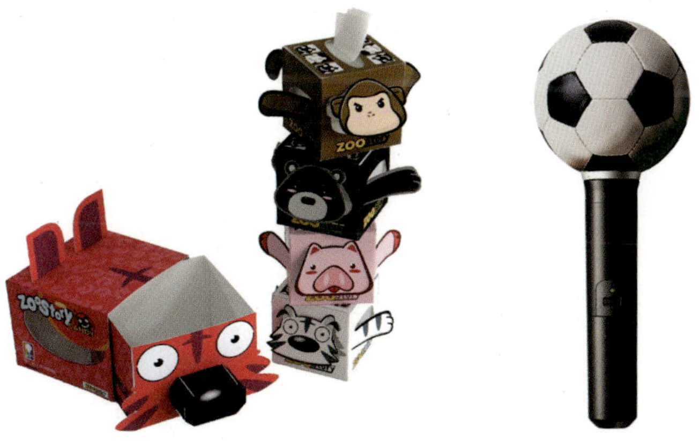

그림 24. **이질적인 두 사물의 결합**

기초조형 Thinking 과제

비유적 이미지의 시각화 1

동물의 이미지에서 비유적 이미지를 추출하여 평면화, 그래픽화, 시각화해서
표현한다. 고정 관념에서 벗어나 새로운 비유적 접근을 시도해 본다. 시각적으로
흥미롭고 호기심을 자극할 수 있도록 재미있게 표현한다.

시각적으로 익숙한 기존의 비유 형식이 아닌 낯설고 새로운 비유가 되도록 한다.
동물의 이미지는 형상을 인식할 수 있는 범위에서 그래픽적으로 표현한다.
동물의 이미지가 함축적으로 비유되어야 한다.

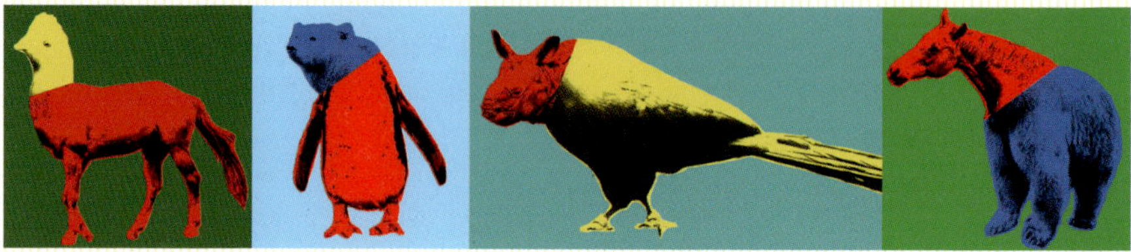

그림 25. **비유적 이미지의 시각화**

비유적 이미지의 시각화 2

눈에 보이지 않는 추상적인 개념 가운데 하나를 대상으로 비유적 이미지를 추출하고
시각화하여 입체적으로 표현한다. 고정 관념에서 벗어나 새로운 비유적 접근을
시도해 본다. 시각적으로 흥미롭고 호기심을 자극할 수 있도록 재미있게 표현한다.

비유는 사유와 감정의 풍경들을 담아 전달함으로써 예술의 세계를 더욱 깊고
풍부하게 만들어 준다. 인간의 내면을 하나의 입체물에 비유하거나 투영하여
표현한다. 인간의 내면세계 또는 마음을 '텅 빈 마음'과 '갇힌 마음'과 같이
언어로 비유해 보고 전달하고자 하는 핵심적인 개념을 함축적인 입체 형상으로
시각화하여 표현한다.

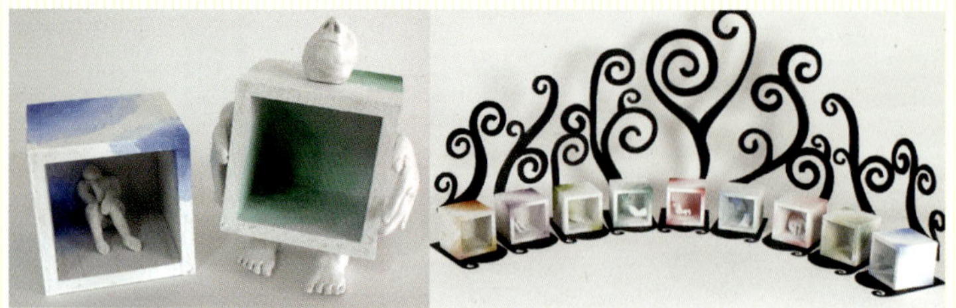

그림 26. **비유적 이미지의 시각화**

은유와 유추적 이미지의 시각화

12 —
은유란 의미의 전이(轉移), 즉
의미의 자리 옮김이란 뜻이다.
아리스토텔레스가 『시학』에서
은유에 대해 '이것만은 남에게서
배울 수 없는 것이며 천재의
표징'이라고 말했듯이 직관과
상상력을 밑바탕에 두고 있다.

은유(metaphor)[12]는 새로운 의미를 창조한다는 것이다.
아리스토텔레스는 은유를 가리켜 '어떤 사물에다 전혀 다른 사물에
속하는 이름을 전이하는 것'이라 했다. 은유는 합리적이고 논리적,
과학적, 객관적인 것이 아니라 디자이너의 직관과 상상력에서
나오는 것이다. 그러나 우리 일상이 고정되고 관습화되는 과정에서
상상력은 무덤덤하고 진부한 것이 될 수 있다. 호기심을 자극하지
못하고 새로움을 주지 못하는 대상으로 보는 것은 흥미를 주지
못한다. 그림 27은 자기 자신의 이미지를 다른 사물의 이미지와
결합하여 은유 기법으로 표현했다.

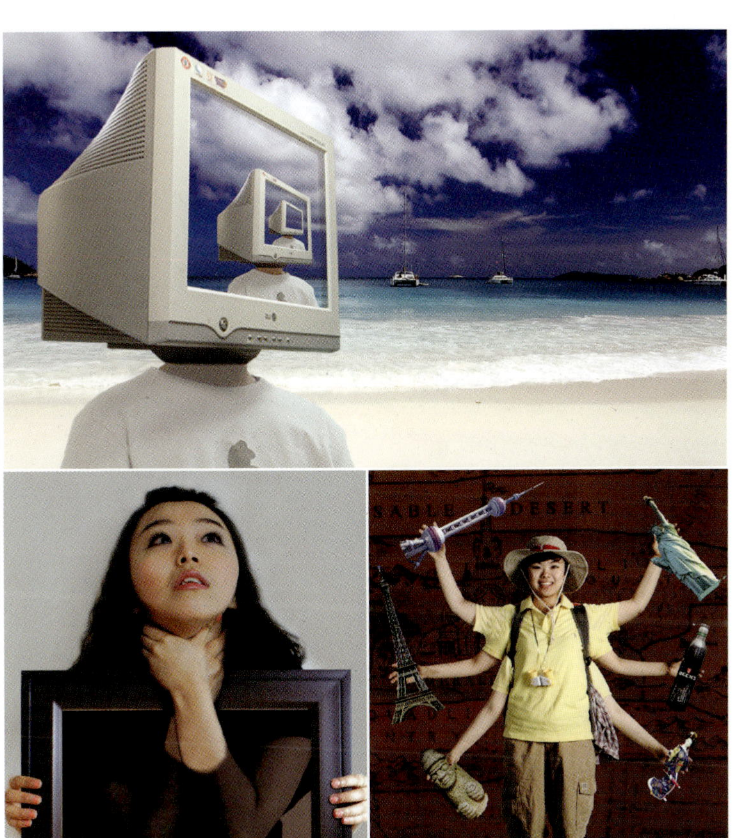

그림 27. **자신의 이미지를 은유적으로 표현**

은유가 '의미를 전이'하는 것이라면, 유추[13]는 어떤 사물이나
현상들 사이에서 형식상 유사한 점이나 관련성이 있음을 인식하고
한쪽에서 볼 수 있는 하나의 성질이 다른 한쪽의 사물에도 있을
것으로 '미루어 추측'하는 것을 의미한다. 유추는 기존의 인식하던
것으로부터 새로운 창의적인 생각이 가능하도록 한다. 하나의
내용이나 유사성을 다른 하나에 관련시켜 해결하는 것으로서,
하나의 모티브가 조합되어 새로운 의미를 갖는 사물을 만들 수도
있다. 뒤집거나 거꾸로 놓거나 대칭적으로 또는 일정한 규칙을
반복함으로써 흥미 있는 시각적 패턴을 만들 수도 있다.

그림 28과 같이 식물이나 동물을 비롯한 자연에서 유추된
제품디자인이나 발명품들은 유추의 결과물이 반영되어 있다고
할 수 있다. 어느 한 형태가 다른 형태로 변화되어 가거나 필요한
변형 과정을 거쳐 새로운 형태로 변화시키는 창의적이며 흥미로운
기술은 디자인 분야에도 활발하게 적용되고 있다.

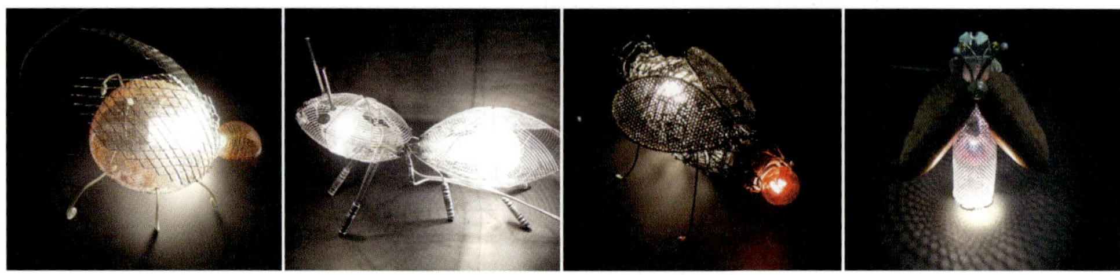

그림 28. **곤충에서 유추된 조명디자인**

이러한 유추는 시각뿐 아니라 청각적인 이미지의 표현에도
가능한데, 단순한 모티브에 하나의 규칙을 적용하여 리듬감을
주도록 만들 수 있다. 예를 들어 화가 에셔(Maurits Cornelis
Escher)의 작품에서는 수학적 개념들과 기하학적 패턴에 따른
규칙적인 평면분할에 의한 음악적 리듬감을 발견할 수 있다.
즉, 음악에서 모티브가 되는 부분은 전체 음악을 예측하게 하고
해석을 확장하면서 추론하는 과정을 가능하게 한다. 패턴을
구성하는 하나의 부분들이 멜로디와 같이 연이어 반복되면서
일정한 간격으로 표현되어 율동감을 표현한다.

기초조형 Thinking 과제

형태의 변화 유추

서로 관련이 없거나 형식상 유사한 점을 발견할 수 없는 2개의 사물의 형태가
일정한 규칙에 따라 변형되면서 연결되도록 한다. 점차 반복되면서 변화되는 형태를
유추하고 표현한다.

선택된 형이나 물체를 변화시키기 위해서는 먼저 구조적이고 물리적인 특성을
관찰하고 이해하는 것이 필요하다. 의미나 모양이 무관하지만 변형 과정에 따라
차츰 유사한 형태를 이루는 과정을 추측해 보고 스케치를 통해 형태가 바뀌는
과정을 연구할 수 있다.

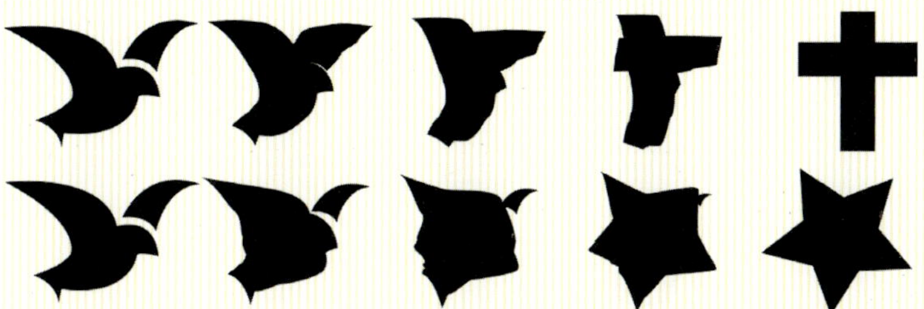

그림 29. **서로 다른 형태의 변화**

시각적 유추

연관이 없는 오브제들의 요소에서 구조나 기능 등 하나의 관련성을 찾아 상상력을
동원하여 결합을 통해 새로운 관계를 제시한다. 서로 연관이 없는 구형 물체들을
대상으로 공통분모가 될 수 있는 의미를 추출한다. 추출된 의미의 유사성을 발견하고
인식하여 표현한다. 기존의 사고에서 벗어난 두 오브제를 결합함으로써 새로운
시각적 표현을 창조해 본다. 둥근 모양의 과일과 공 모양의 연관성을 찾는다. 이들을
시각적으로 연결함으로써 시선을 끌고 임팩트와 흥미를 줄 수 있다. 농구공과 배,
축구공과 멜론, 포켓볼과 사과를 자연스럽게 하나의 이미지로 결합함으로써
흥미로운 시각 효과를 준다.

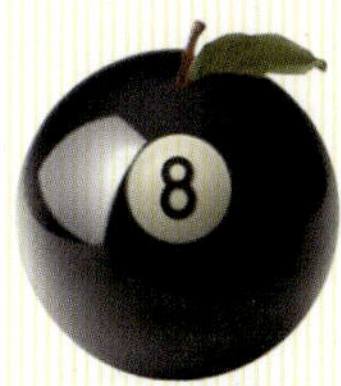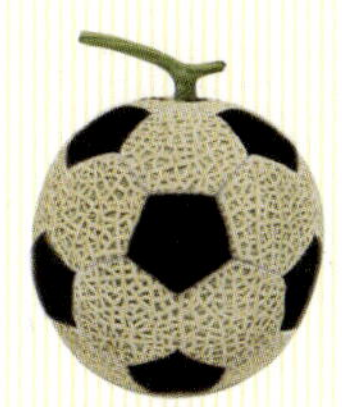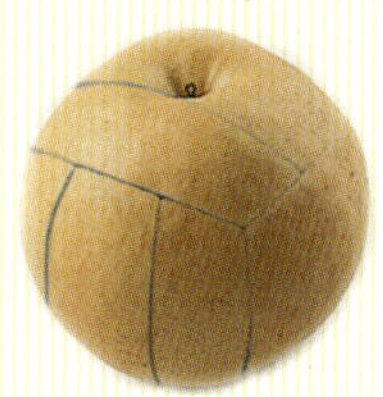

그림 30. **시각적 유추**

은유적 자화상

자신의 이미지를 은유 기법으로 표현한다. 스스로를 바라보던 익숙한 시각에서
벗어나서 이질적이지만 의도하는 바를 '탈'이라는 형식에 적용해서 표현한다.
자신이 생각할 수 있는 특징, 성격, 단점이나 장점, 추구하는 이상이나 감정 등의
모든 연상되는 단어와 이미지를 떠올린다. 본인의 이미지와 가장 잘 부합된
특징적이거나 표현하고자 하는 이미지를 선택하여 은유 기법으로 표현한다.

완성된 작품에서 나의 이미지가 연상되어야 한다.
가능한 모든 재료의 사용이 가능하다.
실제 제작에 앞서 사용할 재료에 스스로 익숙해지도록 해야 한다.
질감 표현과 적절한 색채를 적용하여 흥미로운 이미지를 표현한다.

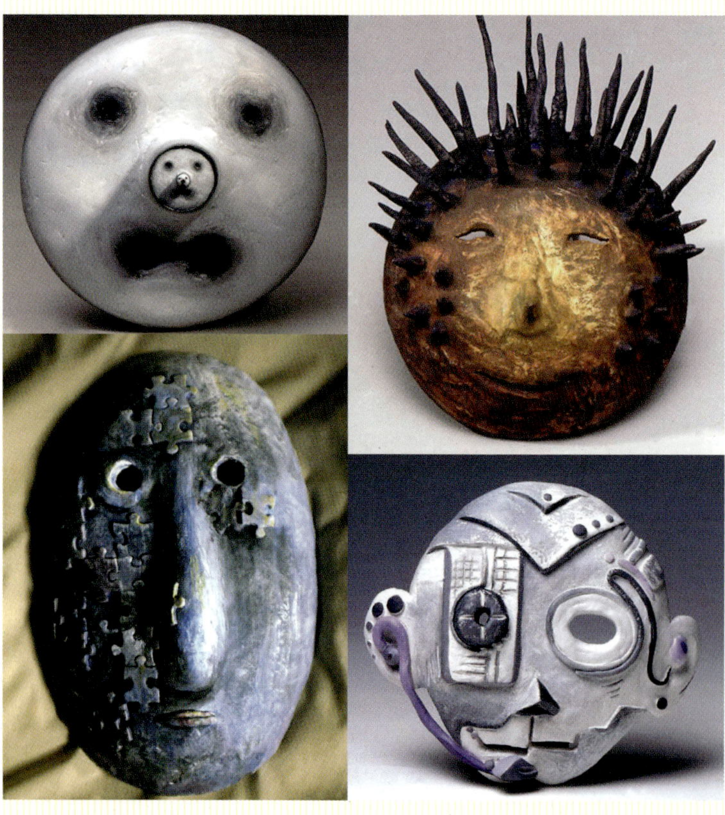

그림 31. **은유적 이미지의 자화상 탈**

상징적 이미지의 시각화

14 —
상징, 즉 심벌이란 그리스어
'symballein'에서 유래한 말로
'조립한다', '짜맞춘다'를 의미한다.
이러한 어원에서 보면
상징이란 기호로서 어떤 것을
대신하는 기능을 한다는 것을
알 수 있다.

상징(symbol)[14]이란 '부호, 증표, 기호'라는 뜻을 갖고 있다. 어떤 것을 상징한다는 것은 불명확하거나 추상적인 사물이나 성질을 가시적이고 명확한 대상으로 치환시키는 것이라고 할 수 있다. 상징은 숨은 뜻이나 관념이 밖으로 드러나는 기호로서 인식되며, 원래의 뜻과 다른 의미로 표상되거나 여러 가지 다른 의미로 해석되기도 한다. 따라서 상징을 통해 만들어지는 상징적 이미지는 강한 암시성을 띠게 된다. 비둘기가 평화의 상징으로 표현되거나 떠오르는 태양은 희망, 십자가는 고난이나 희생을 상징하기도 한다.

상징의 시각화

기존의 상징적 이미지 가운데 하나를 대상으로 이를 시각화하는 다양한 표현 방법을 시도한다. 동일한 심벌이라도 활용 목적과 의도에 따라서 다양한 시각적 표현이 가능하기 때문에 다양하고 흥미로운 표현 기법이 되도록 한다. 하트 모양의 초콜릿을 선물로 준다면 이것은 단지 음식으로서의 초콜릿이 아니라 사랑이라는 추상적인 개념[15]을 명확히 눈에 보이는 것으로 표현한 것이다. 하트 모양을 시각화하는 데도 전달하고자 하는 의도와 표현 기법, 질감 및 색채 등에 따라 다양한 시각 표현이 가능하다.

15 —
추상적 개념(abstract
theoretical concept)이란
구체적 형태가 없는 아이디어나
생각으로서 이러한 개념 역시
구체적 이미지로 표현될 수 있다.

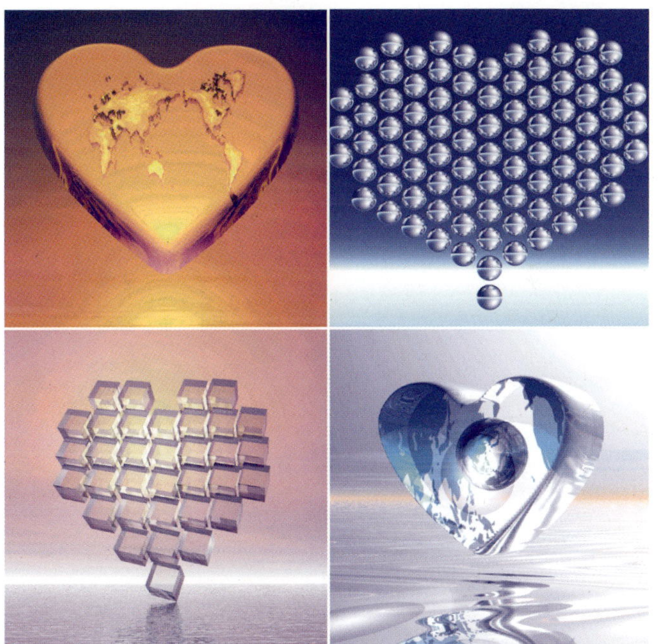

그림 32. **상징적 이미지의 시각화**

언어의 시각화

한글이나 영문과 같은 글자가 의미를 전달하는 글이나 단어가 아니라 하나의
이미지로서 시각화하여 표현한다. 종이 위에 단어를 늘어놓는 것이 아니라 복잡함과
혼란스러움에서 벗어나 불필요한 것들을 골라내어 버리고 주제와 이미지의 전달에
중점을 눈다. 글자를 시각 요소로 사용하여 주제를 정한다. 글자는 한글과 영문 또는
한자나 숫자 등이 된다. 주제는 전달하고자 하는 내용으로서, 좋아하는 시의
한 문장이든지 사물의 한 단어나 추상적인 단어일 수도 있다. 글자는 의미 전달을
위한 것이 아니라 주제를 표현하기 위한 이미지 전달 요소로 작용한다. 단어 조각들이
마치 나뭇잎이 떨어지는 모습이나 바람에 날리는 이미지를 전달하거나 글자들의
특별한 결합으로 단어를 읽어 내도록 할 수도 있다.

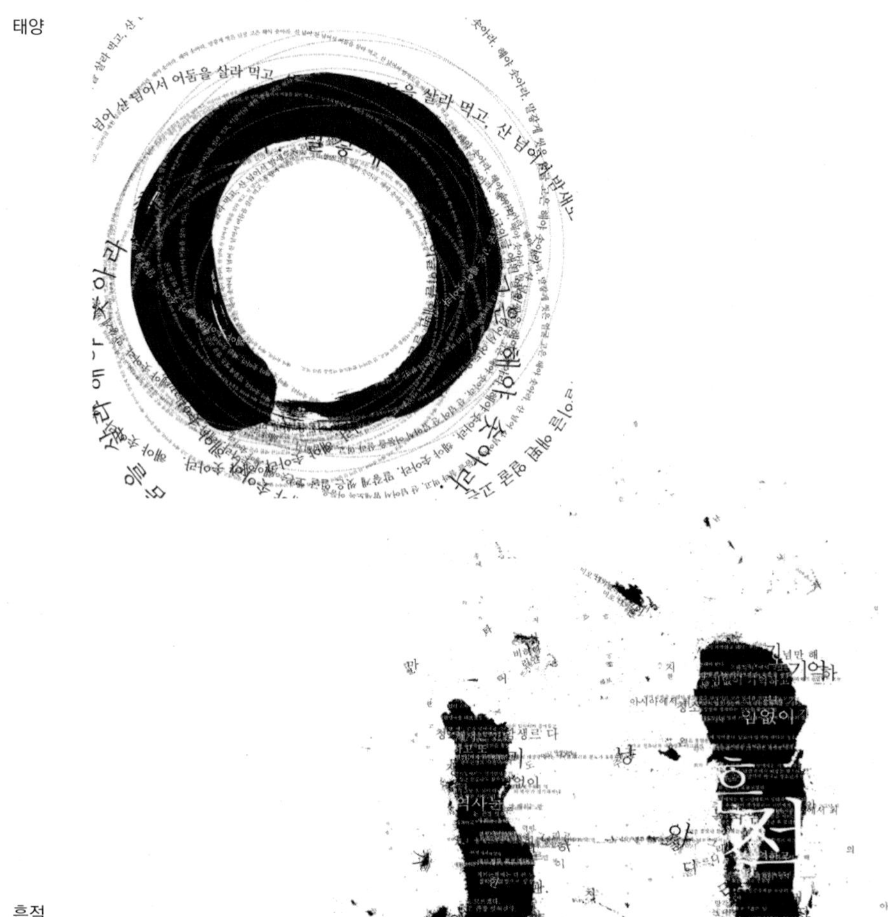

태양

흔적

그림 33. **언어의 시각화**

그림 33에서는 캘리그라피 기법과 한글의 적절한 배치를 통해
각각의 이미지를 표현하고 있다. '태양'에서는 한글 모음의
하나인 'ㅇ'을 태양의 이미지로 표현하고 작은 글자들을 곡선으로
배열함으로써 햇빛이 퍼져 나오는 이미지를 만들고 있다. 그림
'흔적'에서는 바닷가 모래사장에서 바닷물에 밀려왔다가 쓸려간 후
남아 있는 발자국의 흔적과 흩어진 모래 이미지를 표현했다.
　　　상징은 보는 사람들의 상상력에 강한 충격을 주고 유추
작용을 증대시켜 긴장감을 증폭시켜 주는 효과를 기대할 수 있다.

　○ 원관념을 보조관념에 내장시킴으로써 개념과 이미지를 일체화한다.
　○ 애매모호한 이미지들을 하나의 확실한 의미로 표현하는 데 의미의 복합성을 갖는다.
　○ 상징은 원개념을 숨기고 보조개념을 드러내는 양면성이 있다.
　○ 상징의 복합성과 암시성은 긴장감을 준다.

우리 주변에서 상징적인 부호나 기호[16]가 사용된 사례를 찾아볼 수
있다. 그림 34와 같이 신호등이나 교통 사인은 방향을 표시하는
화살표나 자전거도로 표시와 같이 알림 기능을 하기도 하고,
멈춤이나 진입금지 또는 위험을 경고하기도 한다.

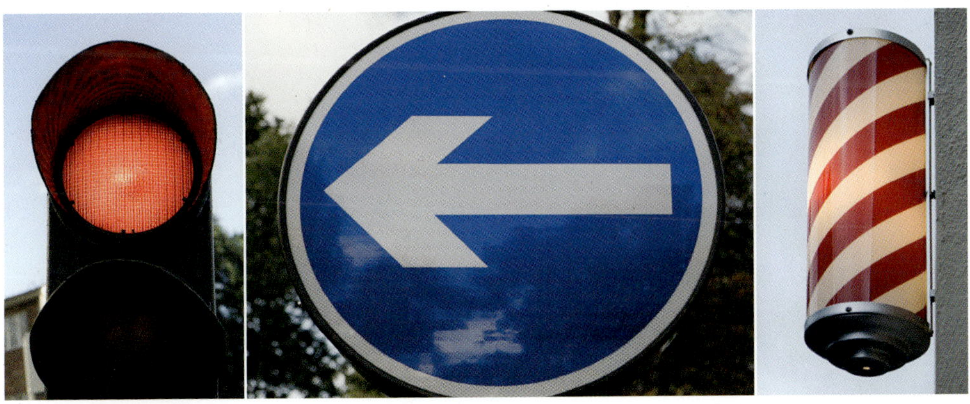

그림 34. **상징성을 갖는 표지판**

목욕탕이나 이발소, 약국과 같은 특정 업소를 상징하기도 하고
남녀 구분을 쉽게 하거나 지도와 같은 정보 매체에 사용되기도
하는 등 일상생활에서 상징적 이미지를 시각화한 사례를 많이
볼 수 있다.

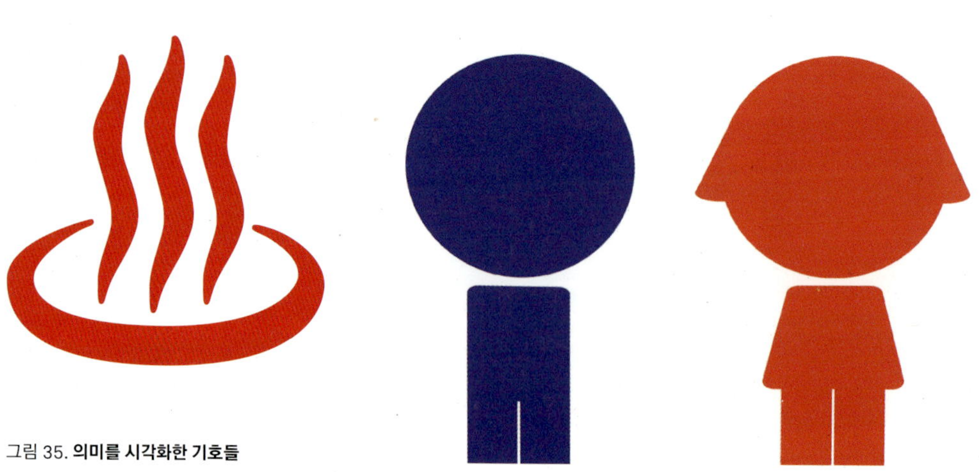

그림 35. **의미를 시각화한 기호들**

기호에는 문자나 표장, 부호 등이 있으며 일정한 내용을
표시하는데, 그림기호인 픽토그램은 사물의 형태를 말과 글이
없이 단순하고 쉽게 전달해 준다. 그림 36과 같이 다양해진
픽토그램의 형태나 표현 방식으로 시선을 끌기도 한다. 그러나
이와 같은 기호 자체는 공유는 할 수 있으나 그 의미는 보는
사람의 개인적 경험이나 상황들에 따라 다르게 받아들여질 수
있다. 따라서 기호는 경우에 따라서는 불완전한 전달 수단이
될 수도 있다.

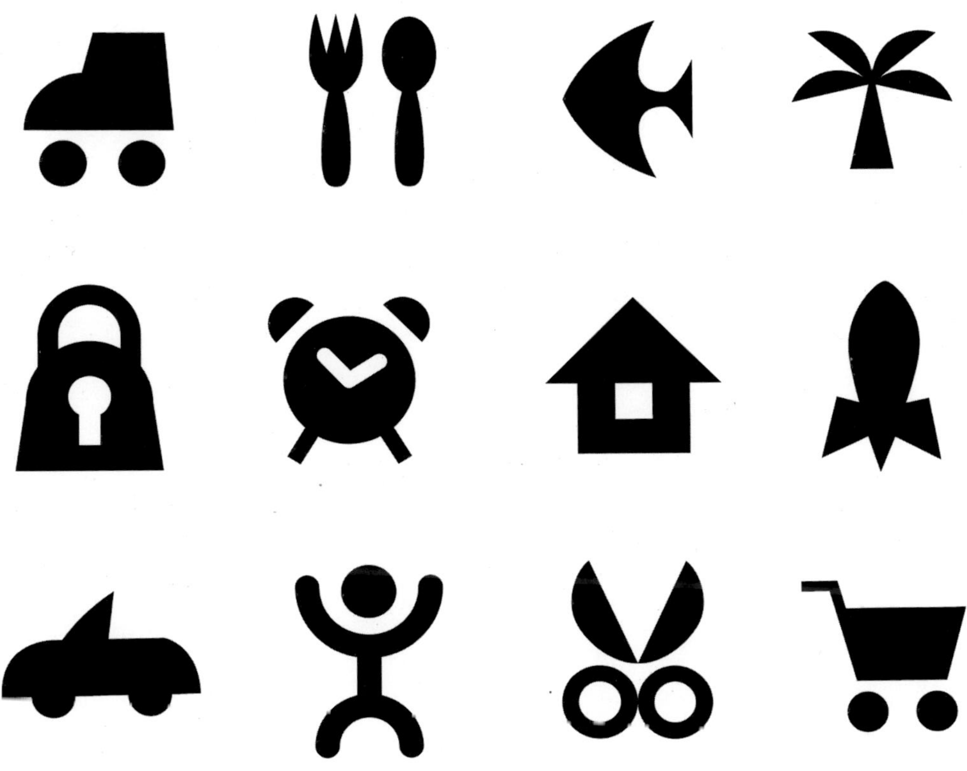

그림 36. **다양한 픽토그램**

추상화

복잡하고 뒤얽힌 것을 단순하고 간결하게 정리하거나
기초 원리를 발견하는 것은 쉬운 일이 아니나. 길고 장황한 문장이나
말로 설명하는 것보다 짧고 명확하게 요약하는 일이 더 어렵다.
추상화는 복잡한 현상을 군더더기 없는 단순한 그림으로
표현한 것이다. 추상화의 본질은 한 가지 특징만 잡아낸 것으로,
형상의 표면적인 부분만 보지 말고 드러나지 않는 사물의 본질이나
특성을 찾아 드러나게 한다. 추상화는 사물의 재현이 아니라
단순화를 통해 새롭고 해석되어 다의적인 통찰과 의미를 전달해야
한다. '추상'이란 용어는 구체적 자극 형태를 단순화된 형태로
표현한다는 의미로 쓰기도 한다. 완전히 비재현적인 형태를 취하는
미술이거나 현실에서 관찰된 형태를 원래대로 표현하기보다
원래 형태와는 상관없이 감상자에게 읽히도록 하는
추상미술(abstract art) 작품들을 보면 시각적인 사실성을
단순화된 양식으로 재현하는 특징을 가지고 있다. 대부분의
작품들은 개개의 사례가 가지고 있는 이미지보다는 대상의
여러 유형과 그것들의 보편적인 의미를 제시한다.
　　　　추상화의 대가인 파블로 피카소(Pablo Ruiz Picasso)의
초기 추상화 작품들을 보면 사물의 모습을 아주 사실적으로
표현했다. 그러나 그림 37과 같이 사실적 형태는 점차 사라지고
주제의 특성을 가장 잘 나타내는 몇 개의 선으로 그림을 그렸다.
추상은 눈에 보이는 것의 영역을 넘어서 보이지 않는 상상의
영역까지 확대될 수 있다. 마르셀 뒤샹(Marcel Duchamp)의 <계단을
내려오는 누드>는 움직이는 대상을 캔버스에 표현하기 위한
혁명적인 추상화 작품의 하나이다. 눈에 보이지 않는 시간과 공간
개념을 포함한 '움직임'을 추상화하여 표현했다.

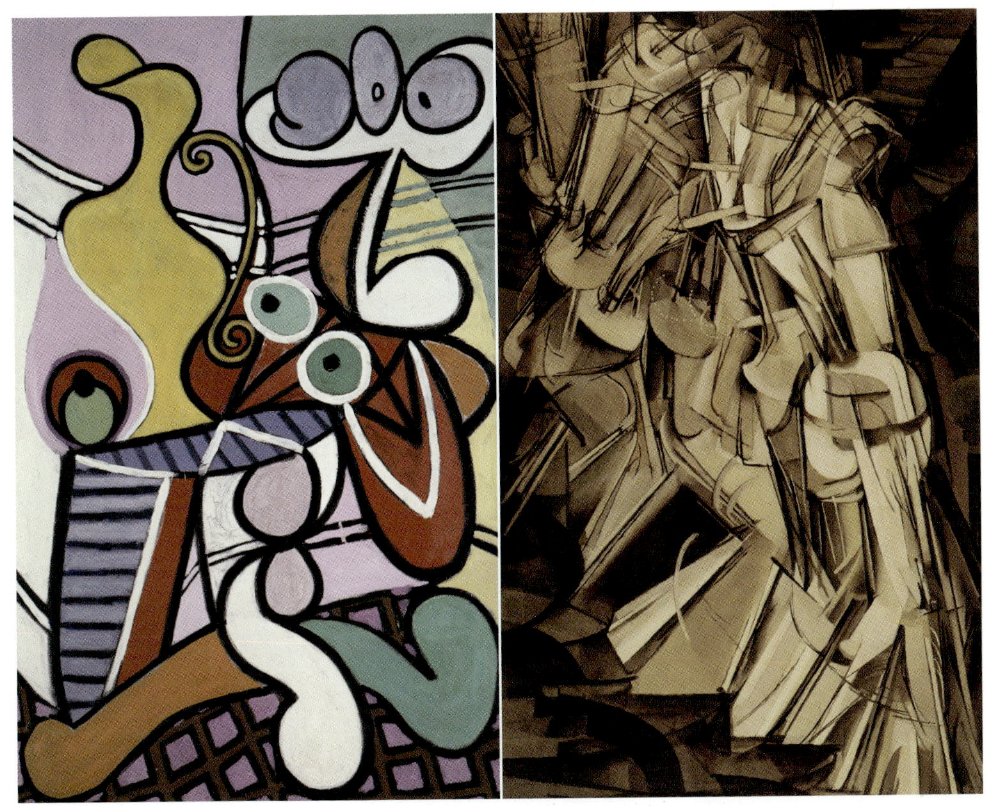

그림 37. 추상화 — 왼쪽: 모자 쓴 여인 / 오른쪽: 계단을 내려오는 누드

추상에 도달하기 위해서는 우선 구체적인 실재에서 시작한다.
사물의 실체를 완전히 이해한 후 불필요한 부분을 골라내어
제거하고 핵심적 의미를 강조한다. 추상화 과정은 화가나 시인,
과학자 등 모든 분야에서 행해질 수 있고 분야 간의 영역에서
상호 작용하기도 한다. 머릿속에 떠오르는 모든 가능성을 열어 놓고
불필요한 것들을 걸러 내고 제거함으로써 가장 중요하고 본질적인
것만 남게 된다. 즉, 추상화하는 방법은 이와 같은 관찰과 생각의
확장, 핵심 개념을 추출하는 과정을 거쳐 이것을 표현하는 과정을
거친다고 할 수 있다.

주제의 특성과 특징을 관찰한다. 이 과정은 추상화의 본질을
찾아내기 위한 기초가 된다. 그림 38과 같이 문득 눈에 띈 나뭇잎
하나를 살펴보자. 앞면은 반짝이며 매끄러운데 뒷면은 거칠고
잎맥이 도드라져 있다. 색은 초록색이며 앞면이 좀 더 진하다.
잎의 한쪽에 갈색으로 퇴색한 부분도 있다. 크기는 손바닥보다
작고 타원형인데 외곽 형상을 자세히 살펴보면 뾰족뾰족한
돌기 모양으로 이루어진다. 중심의 잎맥은 두꺼우며 사방으로
가는 잎맥들이 규칙적으로 나뉘어진다. 이와 같은 생김새뿐 아니라
만져 보거나 냄새나 맛은 어떤지도 볼 수 있다.

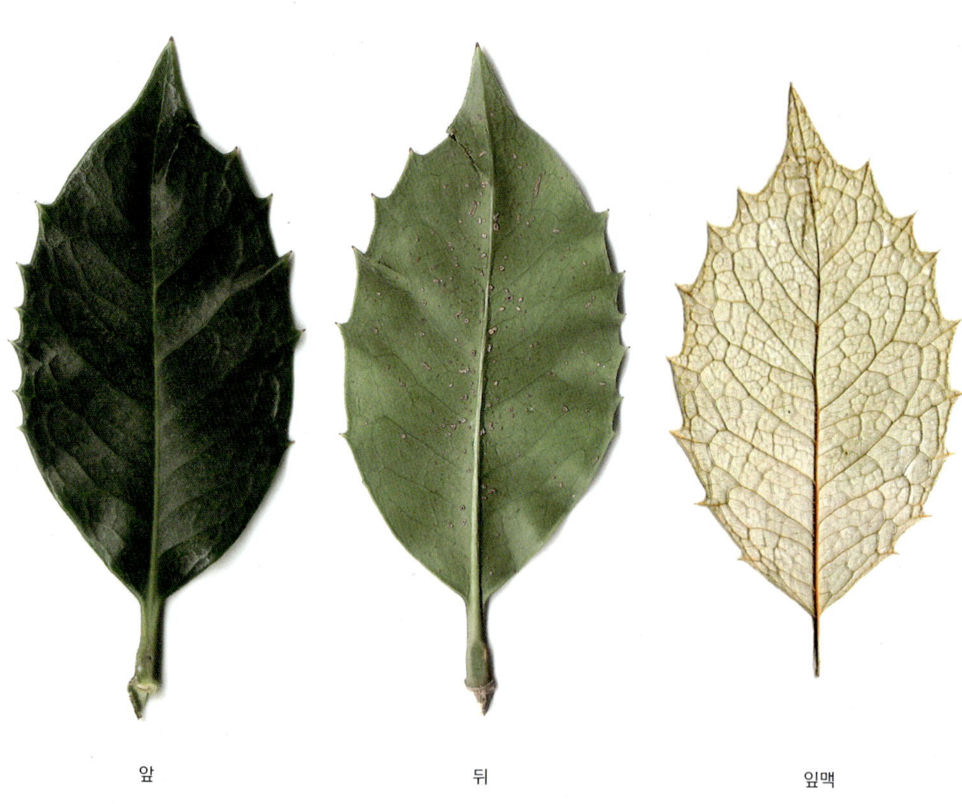

그림 38. **나뭇잎 관찰**

머릿속에 떠오르는 가능한 모든 것들을 생각한다. 나뭇잎을
생각할 때 잎이 나오는 과정이나 씨앗이 어떻게 이곳에 자리를
잡았는지, 토양에서 흡수한 물이 어떻게 식물을 키우는지, 잎이
질 때 떨어지는 풍경이나 낙엽이 밟히는 소리, 열매의 모양이나
뿌리의 생김새, 이 식물에서 더불어 살아가는 곤충이나 버섯들,
가능한 모든 상상력과 이미지를 떠올린다. 생각은 다양한 경험과
폭넓은 지식, 끊임없는 상상에서 발전되어 나아간다. 생각의 범위는
인식할 수 있는 사물이거나 형태가 없는 계절, 느낌이 될 수도 있다.

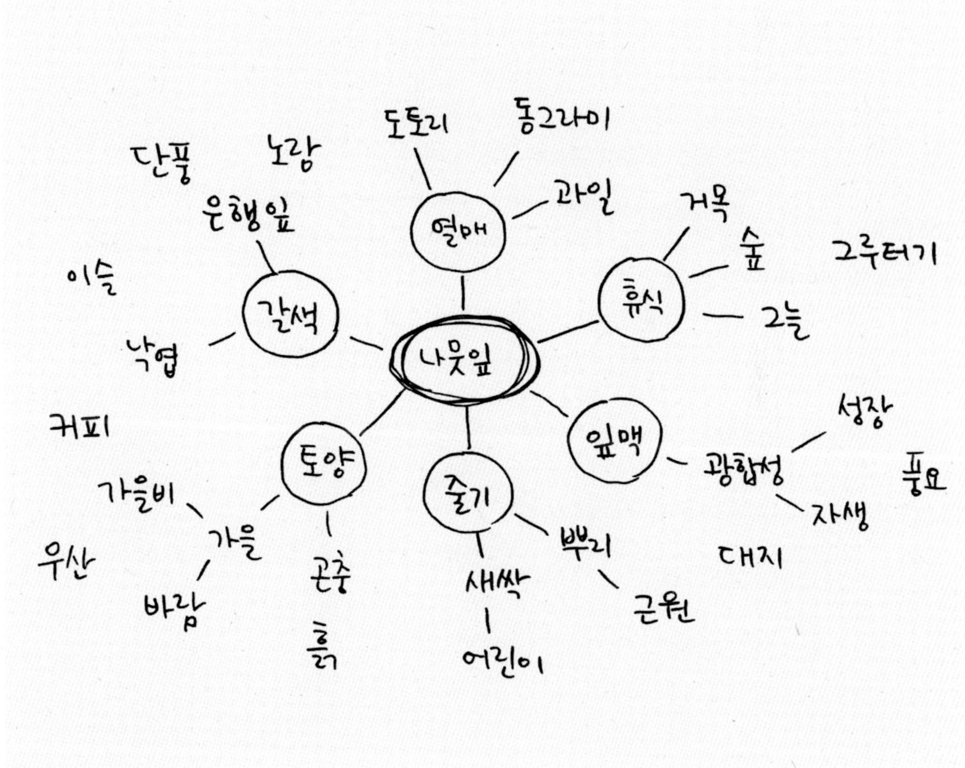

그림 39. **생각의 범위 확장**

개념의 추출

주제를 현실적으로 이해한 후 가능한 모든 상상을 했다면,
이번 과정에서는 불필요한 부분을 골라내어 제거하고 핵심적
의미를 강조한다. 다양한 특징 중에 가장 본질적이라고 생각하는
것을 찾아낸다. 다른 모든 것들은 하나 둘씩 제거해 간다. 결국에는
불필요한 것들은 사라지고 본질만 남게 된다. 여기서 본질이란
사람들의 관점과 생각, 기준에 따라 달라질 수 있기 때문에
정답이란 없다.

표현

시간이나 공간의 거리를 두고 최대한의 가능성을 최소한의 어휘로
전달하는 방법을 생각한다. 추상화를 진행시키는 데에서의 핵심은
하나의 답을 찾기보다는 단순하고 본질적인 진실에 대한 탐색
과정에 있다고 할 수 있다. 관습적인 형식이나 없어도 되는 무의미한
부분을 버리고 전체를 대표하는 포괄적 형상을 표현한다.
　　　　많은 사람들이 추상화를 그린다고 가정했을 때 대부분의
사람들의 그림이 흔하고 비슷비슷한 진부한 추상들이기 쉽다.
예를 들면 하늘을 표현할 경우 파란 하늘과 하얀 구름으로 표현하거나
사람을 표현할 경우 막대기 모양이나 스마일 표정의 머리로 표현한다.
이처럼 습관적으로 그려 온 태양이나 구름, 나무의 형상은 지루하고
평범한 그림처럼 보일 것이다. 피카소와 같은 몇몇 대가의 작품 사례를
보면 추상이란 어떤 대상의 전체를 재현하는 것이 아니라 어떤
일부 특성만을 나타내어 추상화하는 것을 볼 수 있다. 이것은 사물의
화학적 구성이든 촉감이든 소리이든 숫자와 같은 기호로 표현될 수도
있다. 직선과 곡선의 연속체로 표현될 수도 있고 때로는 지나치게
단순하기 때문에 구조를 파악하기도 어렵다.

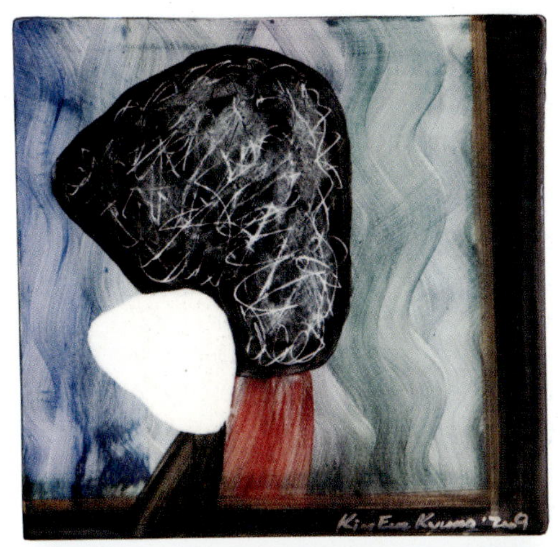

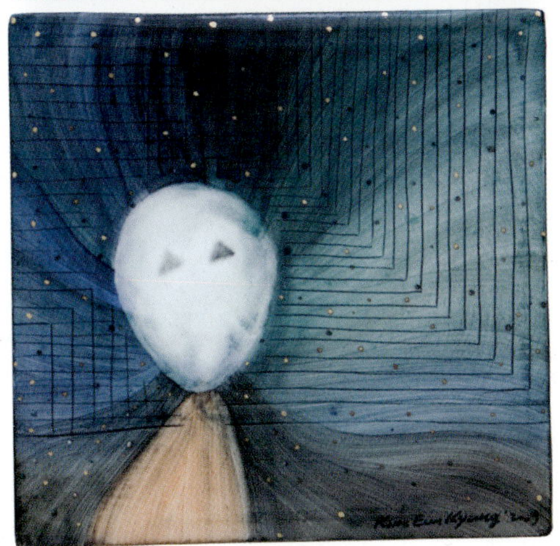
그림 40. **표현 — 위: 자화상 / 아래: 나의 꿈**

그림 40의 <자화상>에서 인물의 형상이나 세부 표현은 대부분
생략되고 단순화되어 있다. <나의 꿈>에서는 '꿈'이라는 눈에
보이지 않는 개념을 작가의 주관적 해석을 통해 선과 색의 표현으로
추상화했다. 이처럼 본래의 형상에서 완전히 벗어나거나 작가의
상상과 개성 있는 표현 방법에 따라 작품의 주제나 의도를 전혀
이해할 수 없을 때도 있다. 우리가 일반적으로 생각하는 범위나
편견에서 식상하게 떠올리는 추상이 아니라 음악이나 춤, 말, 기호,
생물학적 특성까지도 넘나드는 상상력 넘치는 추상을
창조해 내도록 해야 한다.

사물 추상화하기

추상화를 위한 과정을 실습하기 위해 사물을 관찰하고 생각들의 시각적 이미지를
끌어낸다. 오렌지를 주제로 하여 하나의 본질적인 특징을 강조하여 불필요한
요소들을 제거함으로써 추상화의 본질을 이해한다.

사물을 선정하고 추상화하는 과정을 거침으로써 추상화를 '생각하는 방법'의
하나로 활용할 수 있다. 오렌지를 추상화 할 때는 우선 대상이 되는 오렌지를 자세히
관찰하고 완전히 이해하도록 한다. 오렌지의 형태, 질감뿐만 아니라 내부 구조와
생물학적 특징, 맛과 냄새, 자라나는 과정 및 특징과 같은 가능한 모든 관찰과 생각을
떠올린다. 이와 같은 구조나 특징 가운데 한 가지 핵심적인 것을 강조한다.

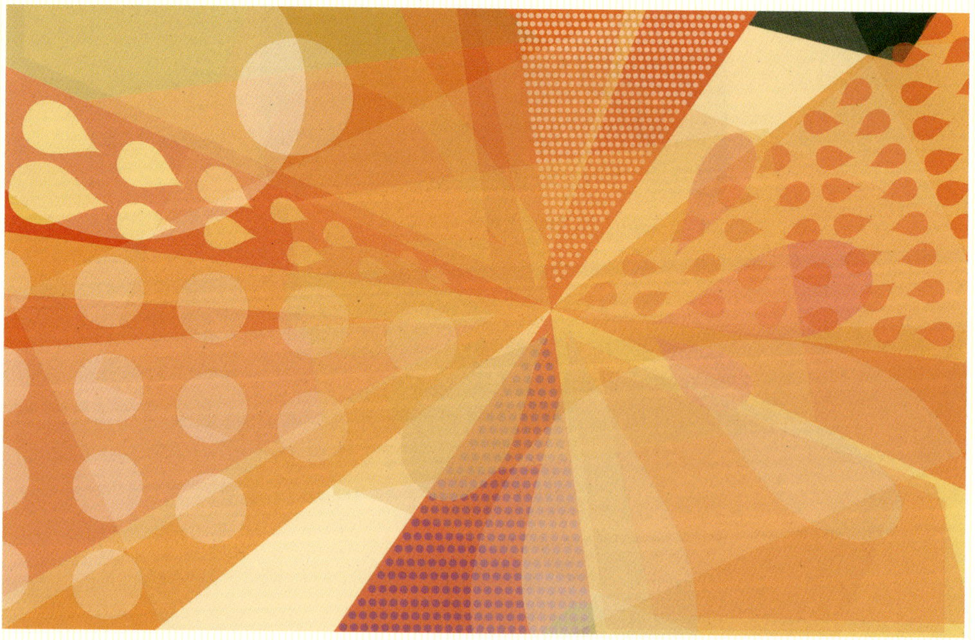

그림 41. **오렌지의 추상화**

동물 추상화하기

동물을 주제로 하여 다양한 특성과 특징을 생각한다. 가장 본질적이라 생각되는 것을
핵심 개념으로 잡아서 단순화하여 표현한다. 간단한 몇 개의 선으로 동물의 외형을
그릴 수 있으며, 몸을 이루는 요소를 제거하고 머리의 특징을 잡아낼 수도 있다.

추상화 과정은 보편적이기 때문에 한 분야의 추상화 과정을 따라해 보고 이해하는 것은
다른 분야에 추상을 적용하는 열쇠가 된다. 동물 가운데 하나를 선택하고 관찰과
충분한 이해를 통해서 대상에 대한 연구를 한다. 피카소나 마티스와 같은 대가들의
추상화 사례를 보면서 영감을 얻을 수 있다. 사물의 복잡한 요소 하나하나를 제거하고
단순화해 나가는 과정에서 수많은 추상 형태가 가능하다는 것을 이해할 수 있다.

고래

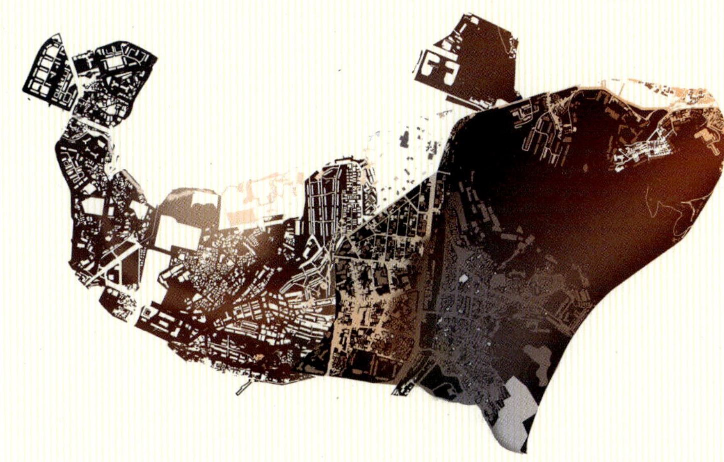

말

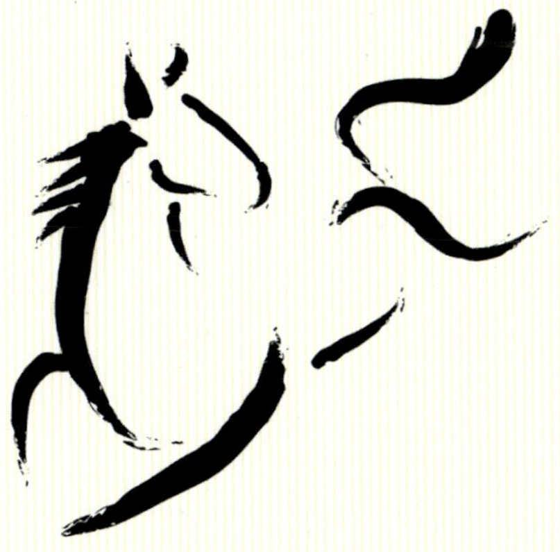

그림 42. **동물의 추상화**

모형이란 작품을 만들기 전에 미리 만들어 보는 본보기로서 실물을
입체적으로 보고 느낄 수 있도록 해 준다. 모형은 눈으로 보기
어렵거나 직접 경험하기 힘든 것을 경험할 수 있도록 시간이나
공간을 압축한 것이라고 할 수 있다. 실제 제작에 앞서 미리 모형,
즉 '입체 스케치'를 해 봄으로써 완성된 작품을 예상하고 확인할
수 있으며, 잘못된 부분을 발견하거나 수정할 수 있다. 너무 작아
눈에 보이지 않는 것을 크게 확대하거나 빌딩이나 비행기처럼
너무 큰 것은 일정한 비율로 축소하기도 한다. 모형 만들기는 많은
영역에서 건축가나 화가, 조각가, 과학자, 의사를 비롯한 사람들에게
생각을 일정한 크기에 담아 제작해 보는 단계를 제공하는 중요한
과정으로서 창의적으로 생각하는 방법 가운데 하나로서 크게
기여하고 있다.

다양한 디자인 분야에서 실제로 완성된 상태를 눈으로
보기 어려운 자동차 엔진의 내부 구조나 인체 골격과 같은 것들을
확인하기 위해 모형으로 만들어 눈으로 볼 수 있다. 건축,
인테리어디자인, 제품디자인의 외형이나 세부 구조를 3차원의
컴퓨터그래픽으로 만들어 보기도 한다. 특히 시간과 노력을
요구하는 큰 규모의 작업을 할 때는 반드시 미리 모형을 제작해
봄으로써, 작품의 제작 과정에서 발생할 수 있는 시행착오를
줄여 주고 결과를 미리 예측할 수 있게 해 준다. 입체 모형을 만드는
것은 평면에서의 작업과는 달리 공간적인 감각과 경험이 요구되며,
일정한 설계가 필요하거나 때에 따라서는 제작상의 시행착오
과정을 거치기도 한다.

기하학 모형 만들기

한 종류의 다각형으로 구성된 기본 입체[17]인 정사면체, 정육면체,
정팔면체, 정십이면체, 정이십면체를 만들어 보고 비교하여, 형태가
변환되는 과정이나 다면체의 구조 관계를 배울 수 있다. 전개도를
접고 만드는 제작 과정을 거치면서 기하학 형태를 경험한다.
다각형의 변화와 3차원 입체의 조형적 형태를 다루는 과정에서
수학적 감각과 기하학적 아름다움을 발견할 수 있다.
한 가지 도형으로 구성된 정다면체의 꼭짓점을 절단하면,

— 17
플라톤의 입체라고 불리는 기본
입체(the 5 regular solids)들은
한 가지의 다각형으로만
이루어지는 기하학적
정입체형(正立體型)으로서,
여기에는 4개의 정삼각형으로
구성된 정사면체, 6개의
정사각형으로 구성된 정육면체,
8개의 정삼각형으로 구성된
정팔면체, 12개의 정오각형으로
구성된 정십이면체, 그리고
20개의 정삼각형으로 이루어진
정이십면체가 있다.

그림 43과 같이 서로 다른 두 가지 이상의 도형으로 구성된
준정다면체[18]가 만들어진다. 부분적 변형을 통해 여러 기하학적
다면체가 어떻게 만들어지고 변화할 수 있는지 경험할 수 있고,
그 외에 복잡하고 새로운 입체물의 제작도 가능하다.

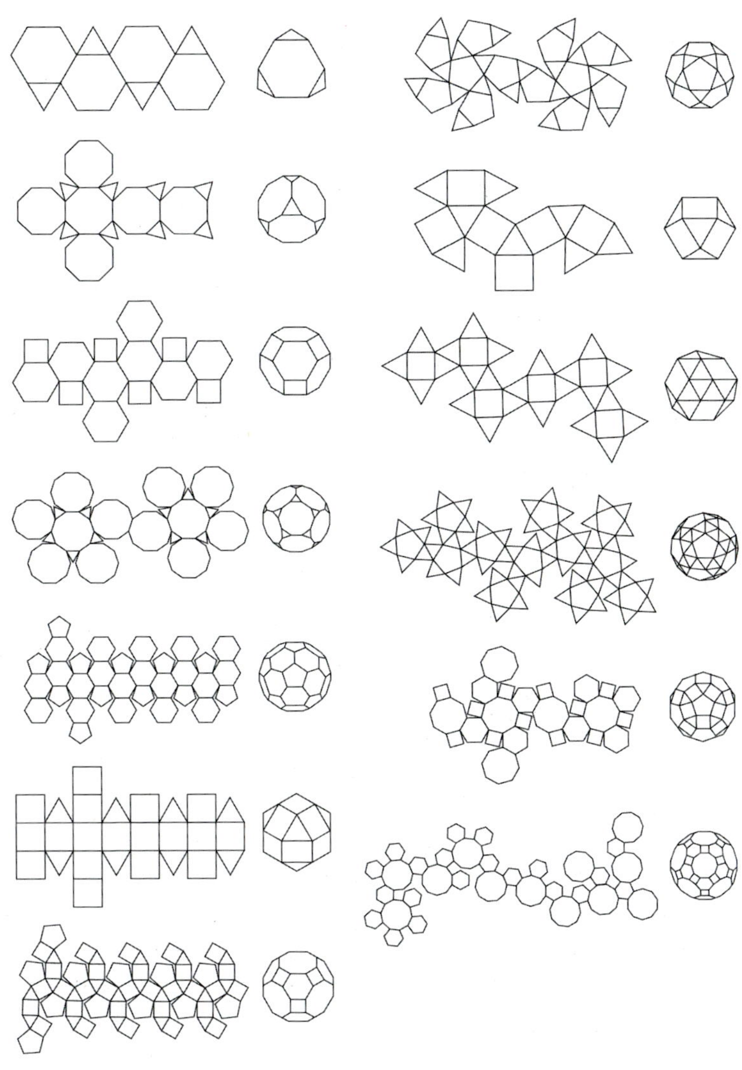

그림 43. **아르키메데스의 입체와 전개도**

기초조형 Thinking 과제

시각적 사고력과 형상화 능력을 바탕으로 기하학 모형을 제작한다. 머릿속에
완성된 모양을 상상하고 실제로 제작해 보면서 구조와 면의 관계를 이해한다.
종이에 기하학 형태의 전개도를 그린 후 오려서 입체로 접는다. 각 면들이 연결되어
한 장의 종이로 결합되도록 제작한다. 기하학 구조들을 연결하거나 부분적 변형을
통해 새로운 입체물의 제작이 가능하다. 조형 작품 자체로도 가능하지만, 적절한
구조의 재질을 선택하여 연필꽂이나 필통, 전등갓 등의 실용적인 제품에 적용할 수도
있다. 일부분을 뚫거나 표면의 그래픽디자인의 변화를 통해서도 새로운 느낌을
표현할 수 있다.

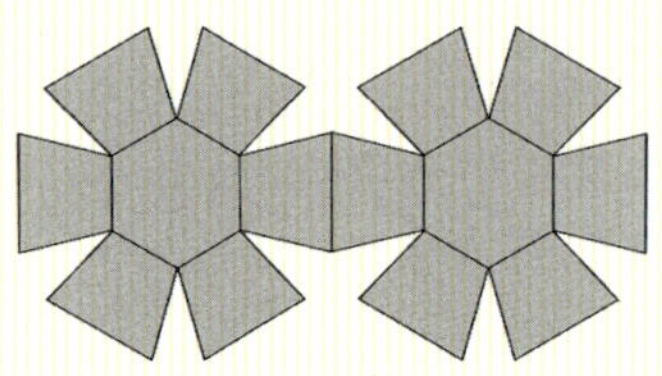
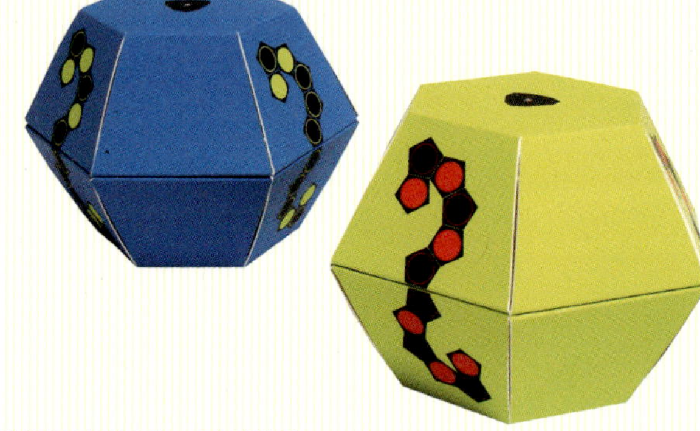

그림 44. **다면체를 이용한 기하학 모형 만들기**

하나의 기하학 구조가 아닌 여러 구조가 결합된 형태의 새로운 조형 작품을
만들 수 있다. 아래 그림은 정육면체, 정팔면체, 정십이면체를 결합하여 흥미로운
조형 작품을 보여 준다. 이와 같이 기하학 도형을 응용한 작품은 단순한 형상과
수학적인 비례의 절제된 이미지, 흥미로운 구조 때문에 조형물뿐 아니라
건축물이나 조형작품, 인테리어디자인 등에서도 많이 활용되고 있다.

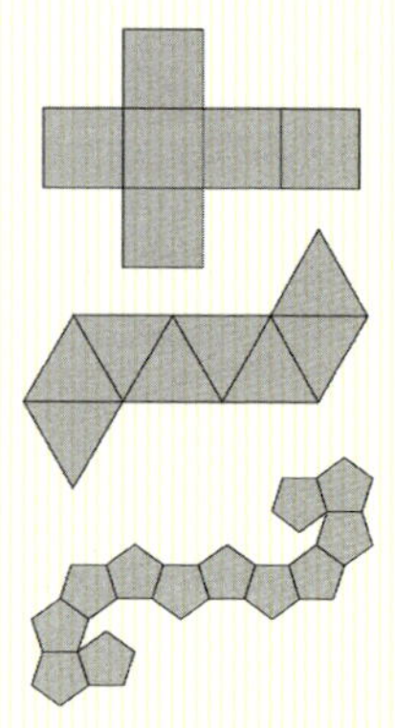
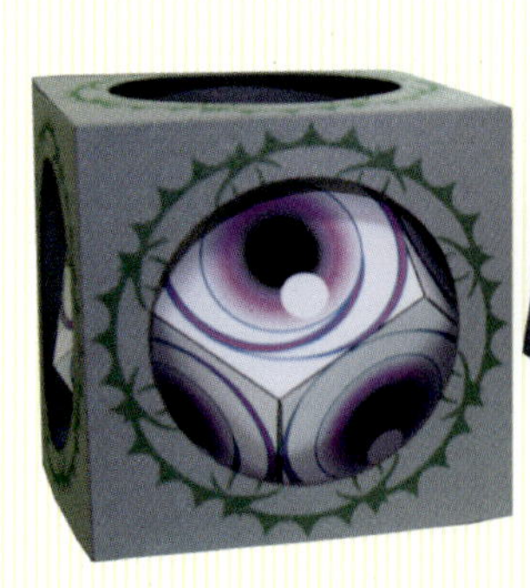
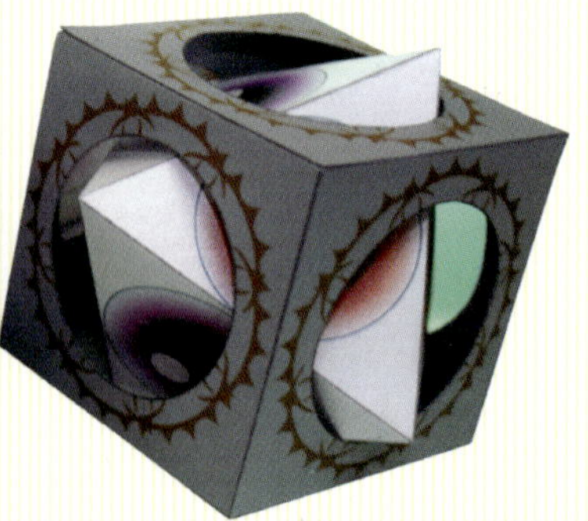

그림 45. **기하학 구조들을 이용한 모형 만들기**

입체 디자인 만들기

2차원이란 높이와 폭을 갖고 있는 평면을 말하며, 3차원이란 높이와 폭, 깊이를 갖는 입체를 말한다. 3차원의 물체를 2차원의 평면에 묘사하기 위한 투영법은 수많은 명칭과 방식들이 있다. 차원적으로 생각한다는 것은 평면에서 부조 또는 3차원 입체로 이동하여 생각하거나 그 역방향으로 생각하는 방법과 관련이 있다.

3차원의 사물의 색채, 크기, 형상을 그대로 2차원 평면에 옮기는 것은 한계가 있기 때문에 주어진 사물의 크기나 비율을 줄이거나 늘리는 등 변형하여 다른 차원의 개념으로 옮겨 개념화시키는 것이다. 원근법[19]의 발달은 3차원을 평면에 표현할 때 나타나는 한계를 극복하면서 공간을 입체적으로 인식하도록 돕는다. 원근법이란 현실감이나 입체감을 강하게 표현하기 위해 사실을 왜곡하고 인간의 시각에서 묘사하기 위한 설득 기법이다. 원근법으로 실제 입체는 왜곡된 형식으로 평면에 투영되지만, 우리는 이것을 바라볼 때 보다 사실적인 것으로 인식한다.

이와 같이 3차원의 입체감과 공간감에 대한 감각과 경험은 입체 조형 작품이나 상품 패키지디자인, 제품디자인, 가구디자인 등의 다양한 입체 디자인 영역에 적용될 수 있다.

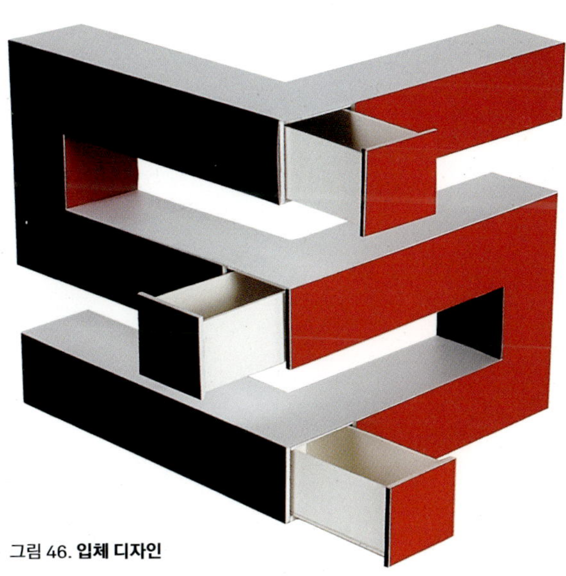

그림 46. **입체 디자인**

끼우기

평면을 입체화시키는 방법의 하나로서 평면의 유니트를 끼우는
것을 생각할 수 있다. 퍼즐이나 조각들을 끼우는 것은 결합하는
방식의 변화에 따라서 다양한 조형 작품의 제작이 가능하다.
퍼즐이란 도형이나 그림, 문자 등의 배열에서 추리하고 판단하여
풀어가는 형식으로서, 분할하고 합성하거나 연상하는 방식을 통해
답을 찾아나간다. 장난감의 퍼즐 조각은 끼우는 위치나 방식을
변화시킴에 따라 자동차나 사람, 동물 등 새로운 형상을
만들 수 있다.

사각형이나 원과 같은 단순한 형태를 가지고 결합하고 끼우는 과정을 거쳐
흥미로운 형태의 구조를 만든다. 상상력을 통해 조립해 보고 모양을 바꿔 가면서
흥미로운 구조와 형태를 만들어 본다.

골판지나 종이를 잘라 만든 단순한 퍼즐도 결합하는 방식에 따라 새로운 형태의
구현이 가능하다. 간단한 구조로 뭔가를 구상하고 실제 만들어 보는 것은
일반적인 그리는 방식으로는 얻을 수 없는 공간과 입체 감각을 키우는 데 기여한다.

원이나 사각형과 같은 단순한 형태만으로도 끼우는 방식에 따라 구조물을 만들 수 있다.
구상적인 형태나 실용성과 기능성을 갖는 입체 디자인 제작이 가능하다.
비구상적인 형상의 조형 작품을 만들 수 있다.
표면에 그래픽디자인을 적용하여 시각적인 흥미를 줄 수 있다.

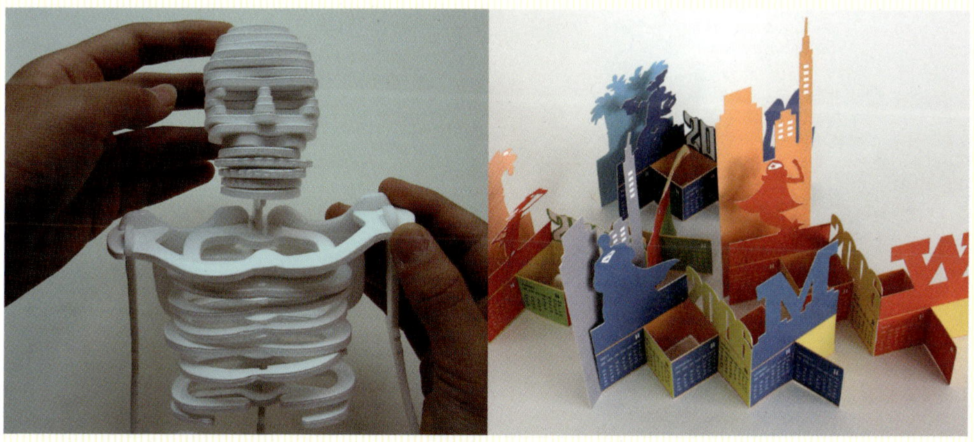

그림 47. **끼우기를 이용한 입체화**

패턴 만들기

패턴(pattern)이란 하나 또는 그 이상의 시각 요소가 일정한 규칙에
따라 결합해서 니다닌 일련의 시각석 형태를 말하는데, 원래의 기본
요소보다 새롭고 의미 있는 작용을 한다. 패턴은 자연이나 사물,
환경 어디에서나 발견할 수 있다. 역사에도 패턴이 있고
인간 생활에도 패턴이 있다. 인지 능력과 기억력을 가진 인간은 지난
과거의 것과 그 결과를 토대로 미래를 유추하기 때문에 자연스럽게
패턴이 형성되고, 이러한 패턴의 규칙성에 따라 역사는 반복되고
있다. 패턴을 만드는 것은 어떤 구조나 기능을 결합하는 것으로,
일관적인 규칙에 따라 조합하거나 반복하는 것이다.
    패턴을 발견하거나 만든다는 것은 관찰과 경험, 지각 과정을
거쳐 새로운 이미지와 아이디어를 발견하도록 하는 데 기여한다.
즉, 패턴을 만든다는 것은 인식하고 해석하고 연상하는 능력과
더불어 앞으로 발생할 일을 예측하는 능력을 키우도록 해 준다는
점에서 창의적으로 생각하는 데 도움이 된다고 할 수 있다.

패턴 발견하기

푸른 하늘에 하얀 구름의 움직임을 바라보고 있으면 새나 토끼,
개와 같은 동물 모양을 찾아낼 수 있다. 흘러가는 구름의 모양은
계속 변화하면서 새로운 형상을 만들어 낸다. 해안선은 자연이 만든
곡선으로 불규칙하고 끝이 없어 보인다. 나뭇결이나 곤충과 같은
자연 속에서 또는 눈에 보이지 않는 미생물에서도 새로운 패턴이
발견될 수 있다.

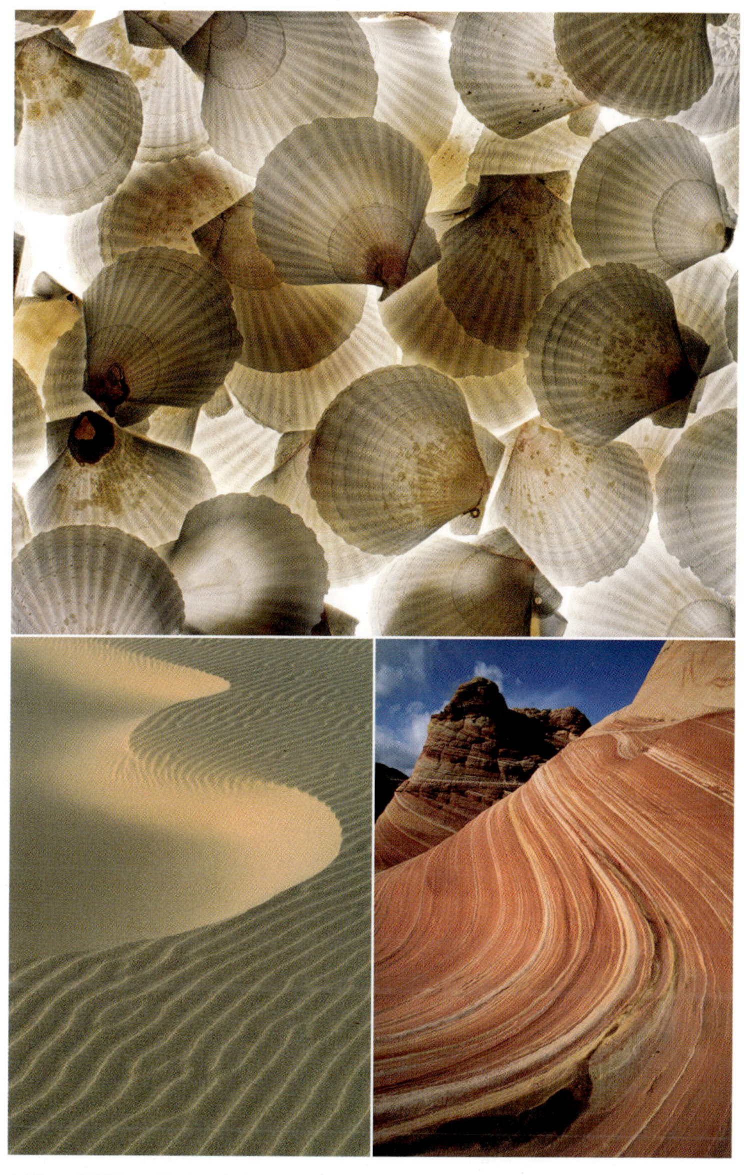

그림 48. **자연에서 만들어진 패턴들**

기초조형 Thinking 과제

자연의 패턴 발견하기

패턴을 발견한다는 것은 특정한 하나의 조각이 아니라 퍼즐을 맞추듯이 조각들과
그 사이의 연관성을 찾는 것을 말한다. 자연의 생명체나 현상들의 무질서 속에서
일정한 규칙 또는 인식할 수 있는 패턴을 찾아낸다. 인식한다는 것은 표현하고
활용하기 위한 중요한 역할을 하게 된다.

자연이나 일상생활에서 일정한 규칙을 찾는다. 식물이나 동물, 자연의 일부나 우리
주변에서 지각될 수 있는 패턴을 발견한다. 패턴은 일정한 틀 안에서 반복되기 때문에
이와 같이 패턴을 발견한다는 것은 앞으로 어떻게 변화될 것인지 그 흐름과 예측이
가능하게 된다.

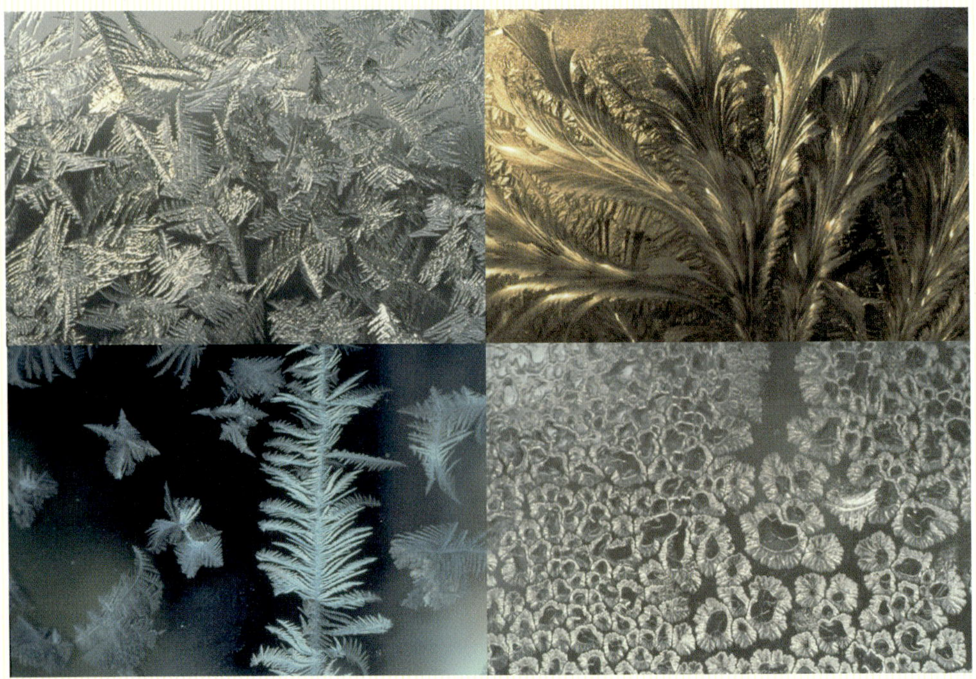

그림 49. **서리 문양 패턴들**

인공의 패턴 발견하기

패턴을 알아낸다는 것은 보고 듣고 느끼는 일이다. 생소한 장소나 사물 또는
무질서 속에서 경험하고 인식할 수 있는 패턴을 찾아낸다. 패턴 인식 능력은
생각하는 범위를 넓혀 주고 예측할 수 있는 능력의 바탕이 된다.

자연물에서와 마찬가지로 학교, 사람이 만든 인공물이나 구조물에서 일정한 규칙과
패턴을 발견한다. 생긴 모양이나 패턴 변화 과정, 색채의 변화에 따라서도 일정한
규칙이 생기고 패턴이 형성된다. 스스로 패턴을 찾아내고 인식함으로써
패턴을 만들고 활용하는 기초가 된다.

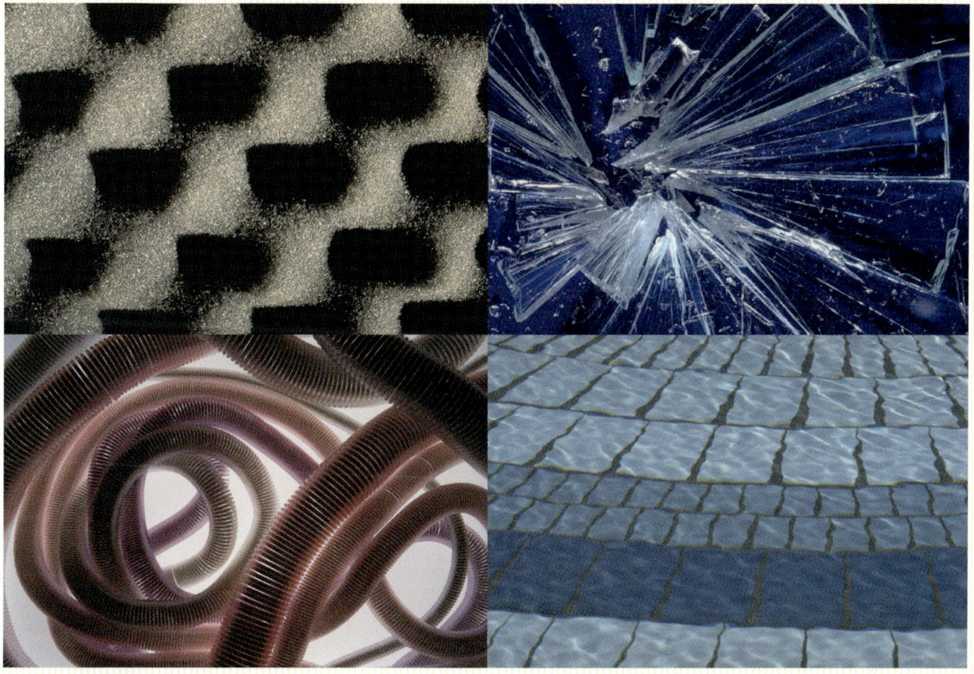

그림 50. **인공 패턴들**

패턴 만들기

패턴을 만드는 것은 어떠한 구조나 현상을 이해하고 패턴을
분해하여 다른 패턴으로 결합하는 과정을 이해함으로써 훈련할 수
있다. 작은 하나의 요소를 일정한 원칙에 따라 반복하는 것만으로도
패턴이 만들어진다. 여기에 다른 요소를 결합하거나 반복하는
방법을 어떻게 변화시키느냐를 통해 독창적이고 혁신적인 새로운
패턴이 만들어진다.

패턴은 미술만이 아니라 과학이나 수학에서도 많이
응용되어 왔다. 원이나 사각형을 가지고도 복잡하고 흥미 있는
패턴 만들기를 시도할 수 있다.

기초조형 Thinking 과제

추상적 패턴 만들기

데칼코마니나 물감 흘리기, 뿌리기, 찍기, 두드리기 등 다양한 미술 표현 기법을 사용하여 흥미로운 추상적 패턴을 만든다. 물감의 종류와 농도에 따라 또는 표현 기법의 변화에 따라 의도된 패턴을 만들거나 의도되지 않는 새로운 시각 효과를 경험할 수 있다.

패턴을 만들기 위해 어떤 이미지를 표현할 것인지 주제를 결정한다. 어떤 느낌으로 이미지를 표현할 것인지 패턴의 형식이나 색채, 표현 방법 등을 정하고, 이것이 실제 적용되고 나타나는지 경험한다. 프로타주(frottage)•나 데칼코마니(decalcomania)••로 생기는 선이나 질감 또는 모양은 보는 사람에 따라 다양한 이미지로 해석이 가능하다. 식물이나 구름에서 하나의 장면을 떠올리거나 풍경을 연상시키거나 그밖에 기이한 형상이나 사람의 얼굴 모습을 떠올릴 수도 있다.

하나의 기법이나 여러 기법의 혼합으로 일정한 패턴을 만들 수도 있다.
예측하지 못한 우연의 효과로 재미있고 흥미로운 표현이 가능하다.
물감의 농도나 투명도에 따라 다양한 이미지가 만들어진다.
바탕의 재질에 따라서 표현 질감이나 효과가 변화한다.

•
나뭇조각이나 나뭇잎, 시멘트 바닥, 기타 요철이 있는 물체에 종이를 대고 색연필, 크레용, 숯 따위로 문질러 거기에 베껴지는 무늬나 효과 따위를 응용한 회화 기법으로, 에른스트(M. Ernst)가 1925년에 처음으로 시도했고 이후 초현실주의자들이 자주 썼다.

••
화면을 밀착시킴으로써 물감의 흐름으로 생기는 우연한 얼룩이나 어긋남의 효과를 이용한 기법이다. 즉, 종이 위에 그림물감을 두껍게 칠하고 반으로 접거나 다른 종이를 덮어 찍어서 대칭적인 무늬를 만드는 회화 기법이다.

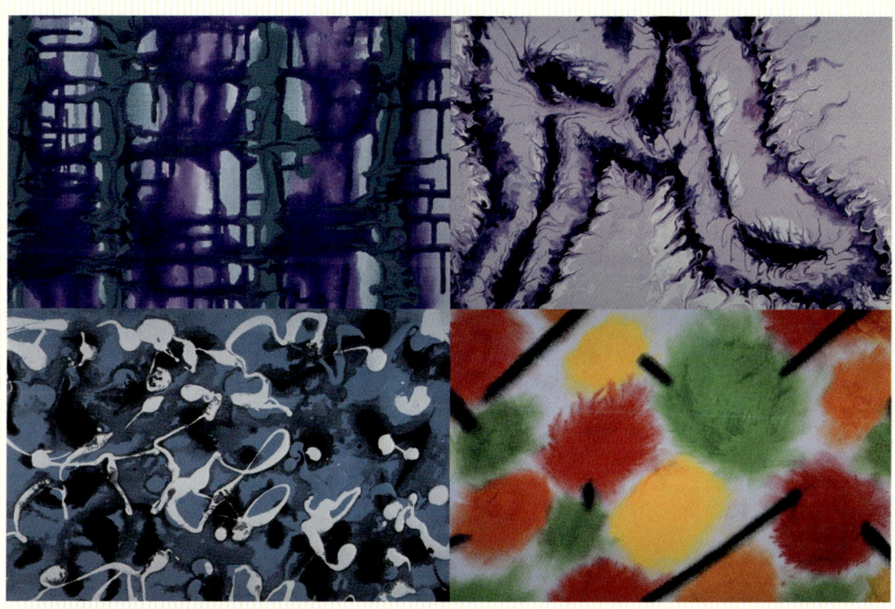

그림 51. **다양한 표현기법으로 패턴 만들기**

기하학적 패턴 만들기

가장 단순한 하나의 기하학적 요소가 무한히 다양한 패턴을 만들 수 있다는 것을
확인하기 위한 기초 실습을 목적으로 한다. 아주 단순한 요소임에도 불구하고 반복과
변화로 재미있는 여러 가지 효과가 만들어질 수 있다. 선이 교차하면서 이루는 무늬와
신기한 시각 효과에 따라 음악을 시각적으로 표현한 듯한 느낌을 줄 수 있다.

직선 또는 곡선의 단순한 선을 요소로 하여 리듬 구조에 따라 일정한 규칙을 정하고
반복을 통한 다양한 이미지의 패턴을 만든다. 이때 선이나 면은 계획된 형식일 수도
있고, 우연에 따른 것일 수도 있다. 단순한 하나의 요소가 적절히 반복되어 타일이나
벽지 등에 활용될 수 있는 수많은 패턴의 흥미로운 시각 효과를 연출할 수 있다.

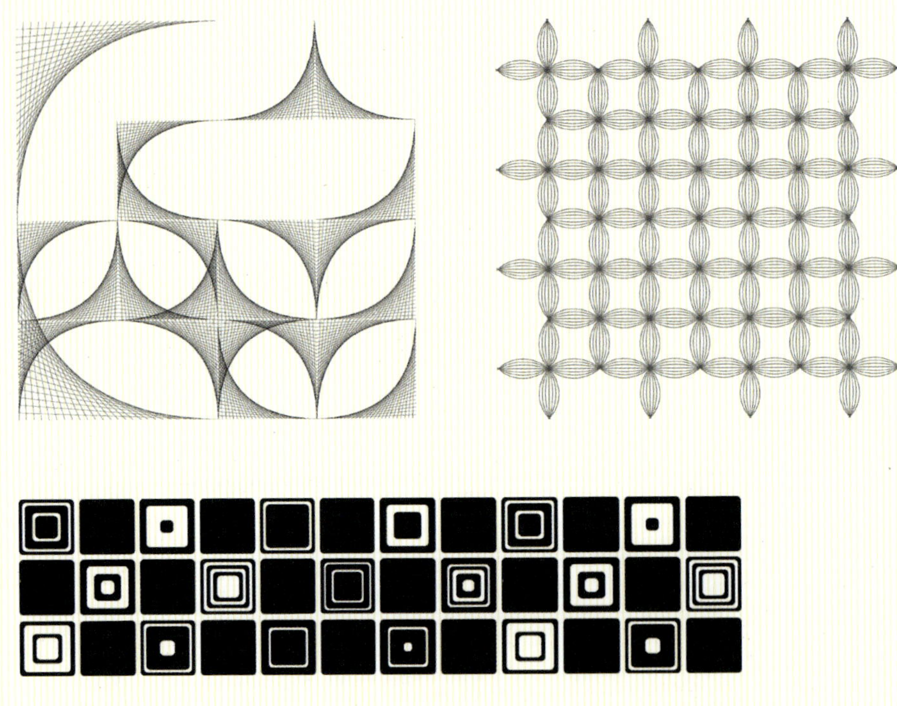

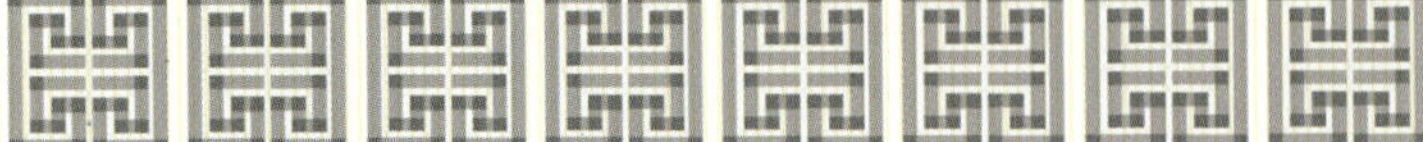

그림 52. **기하학적 패턴 만들기**

이와 같은 단순한 타일 형태의 기하학적 이미지 패턴은 보다 다양한 그래픽 기법을
더함으로써 그림 52와 같이 더욱 심도 있고 변화된 패턴을 만들 수 있다. 하나의
형상이나 특징을 파악하고 단순화시키고 원근감이나 투시 기법, 그림자 효과 등을
가미하면 보다 입체적이고 깊이감 있는 패턴이 만들어진다.

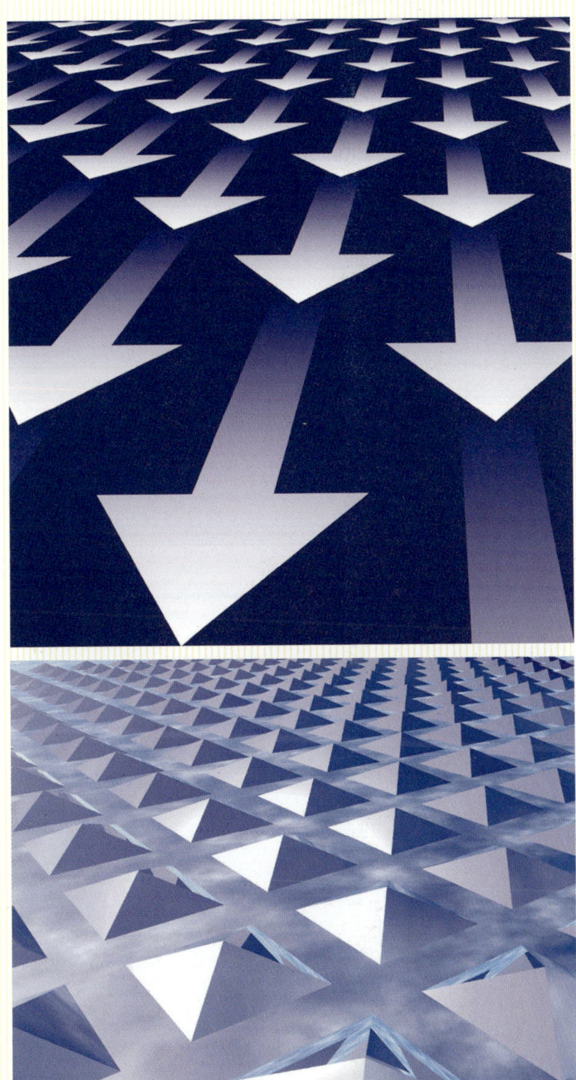

그림 53. **기하학적 패턴의 입체감**

구상적 패턴 만들기

자연에서 발견할 수 있는 생물이나 사물을 선택하여 패턴의 소재로 활용하여
인식할 수 있는 구상적 패턴을 제작한다. 형상의 움직임이나 특징을 파악하고
단순화시키면서 균형과 변화를 이루는 패턴을 만들도록 한다.

우리 주위에서 흔히 볼 수 있는 나비, 구름, 꽃, 들풀과 같은 자연의 창조물을 패턴으로
만들어 본다. 단순하고 간결한 형태의 표현은 주제나 개체의 특성을 드러나도록 하여
본질적인 이미지를 잃지 않도록 주의한다. 이러한 패턴은 벽지나 포장지 또는 상품의
표지나 라벨 등의 디자인 요소로서 활용이 가능하다.

하나의 규칙에 따라 반복을 통한 리듬감을 준다.
모티브의 형상을 명확히 인식할 수 있어야 한다.
일정한 반복적 패턴 안에서 크기나 움직임에 변화를 주도록 한다.

나비 패턴 만들기 

구름 패턴 만들기 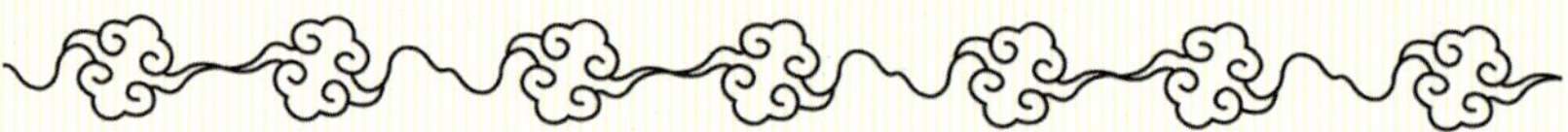

국화 패턴 만들기 

들꽃 패턴 만들기 

그림 54. **구상적 패턴 만들기**

프랙털 패턴

20 —
수학자 만데브로 (Mandel-
brot)는 다양한 모양의
자연현상을 하나의 통일된
관점에서 설명하기 위해
'프랙털' 개념을 사용했다.
프랙털 도형의 특징은
첫째, 정수 차원이 아닌
프랙털 차원을 갖는다는 점과
둘째, 도형의 어느 부분을
확대해도 전체의 모습을
볼 수 있는 자기유사성(self
similarity) 구조라는 것,
셋째, 자기유사성 구조에서
유추할 수 있듯이 그 길이가
무한대라는 점이다.

단순한 작업으로 놀라운 시각 효과를 주는 패턴 만들기의 방법으로
프랙털 패턴(fractal pattern)[20]이 있다. 프랙털은 가장 단순한 작업의
결과로 극단적인 복잡성과 시각적 경이로움을 준다. 단순한 하나의
프랙털 패턴의 반복으로 의외의 흥미 있는 패턴을 만든다. 자연에서
발견할 수 있는 여러 생명체나 현상을 통해서도 관찰할 수 있는데,
나무의 구조나 잎사귀 안에서 발견되기도 하고 폐기관지에서
발견되기도 한다. 우리를 둘러싸고 있는 자연계에서 산이나 구름,
유리 파편, 겨울철 유리창에 얼어붙은 서리와 같은 모양들은
복잡하고 불규칙한 구조로 이루어져 있지만 이들 구조를 자세히
관찰하고 이해하면 패턴의 면적이나 크기에 관계없이 동일한
구조의 프랙털이 적용된 것을 볼 수 있다.

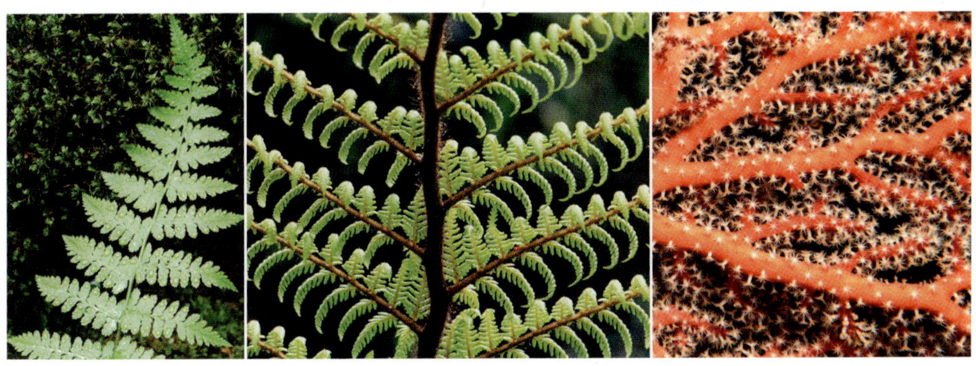

그림 55. **자연에서 발견되는 프랙털 구조들**

그림 55의 고사리와 같은 식물에서 잎사귀의 배열과 크기 변화를
분석해 보면 그 관계에서 닮음 관계가 나타나 있으며, 산호 줄기의
모양에서도 전체와 부분의 비슷한 구조를 갖고 있다. 그 밖에도
번개나 강줄기에서 그 모습은 불규칙하지만, 전체와 지류는 서로
공통적인 프랙털 구조를 갖는다. 이처럼 부분을 확대할 때 전체를
얻을 수 있다는 프랙털의 개념은 그 자체로도 신비로우며, 시각적으로
흥미로운 다양한 패턴을 표현할 수 있다.

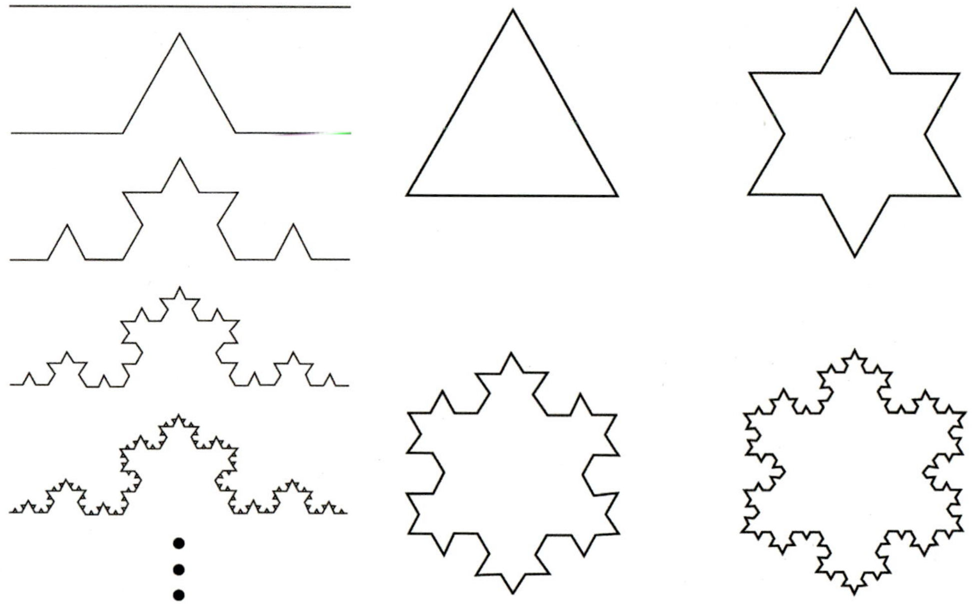

프랙털 도형을 만들 때에는 최초의 직선이나 도형(initiator)이
필요하다. 여기에 프랙털 도형을 만드는 규칙이 주어졌을 때
생긴 도형을 생성자(generator)라고 부른다. 이 생성자를 어떻게
반복하느냐에 따라서 조금씩 다른 프랙털 도형이 만들어진다.

그림 56와 같이 코흐 곡선(koch curve)[21]의 원리를 보면
최초의 선분을 3등분해서 가운데 선분을 위로 들어올려, 동일한
길이의 선분 4개가 만들어진다. 이렇게 해서 생성자는 길이가 원래
선분의 1/3인 선분 4개로 바뀌가며 이 생성자를 축소해 나간다.
이 과정을 무한히 반복하면 코흐 곡선이 얻어진다. 코흐 곡선을
응용해서 코흐 눈송이(koch snowflake)를 그릴 수 있다.
삼각형 부분을 곡선이나 사각형 등 다른 모양으로 바꾸던지
각도를 변화시킴으로써 더욱 다양한 모양의 프랙털 패턴을
제작할 수 있다.

— 21
코흐 곡선은 수학의 곡선으로
가장 처음에 나온 프랙털 도형
가운데 하나로서, 1904년
스웨덴의 수학자 코흐의 논문에서
처음 등장했다. 프랙털 도형은
생성자를 무한히 반복하여
얻어지기 때문에 '무한'을
기하학적으로 나타내는
무한수학을 눈으로
보여 주고 있다.

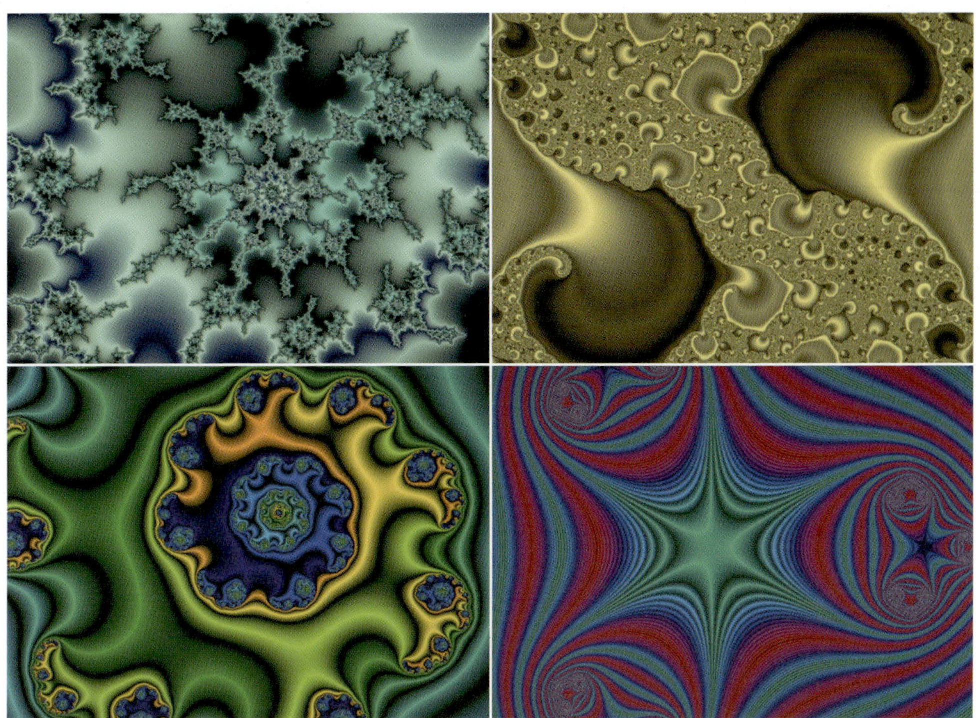

그림 57. **프랙털 패턴**

프랙털은 수학과 과학, 철학, 미학이 결합되어 기존의 예술 형식을 초월한 조형적인 아름다움을 창조한다. 이와 같은 다양한 영역에 대한 이해를 바탕으로 프랙털은 컴퓨터그래픽의 이미지 복제 기술과 창의성의 결합을 통해 '프랙털 아트'[22]라고 불리는 신비한 패턴과 매력적인 무늬에 따라 새로운 예술 행위의 하나로 여겨진다.

예술을 가리켜 무에서 유를 창조하는 것이라기보다는 마음속에
이미 존재하고 있는 감각이나 경험을 구체적인 형이나 형태로
가시화시킨 것이라고도 했다. 창의적으로 생각하는 것 역시 예술과
마찬가지로 기존의 경험이나 감각이 중요하게 작용한다. 특히
생각한 것을 시각화하기 위해서는 대상에 대해 관찰하고 느끼는
것에서 출발하여 이미지를 연상하고 추상화하거나 일정한 패턴을
찾는 등의 방법이 있다. 이 밖에도 다양한 실습 과정을 통하여
감각적 이미지를 시각화하거나 유추하고 상징화하는 방법들이 있다.
이처럼 형상화, 시각화, 입체 모형 만들기, 패턴 만들기와 같이
시각적으로 표현하고 조합하는 과정을 통해서 우리 속에 잠재된
무한한 아이디어를 이끌어 낼 수 있다.

4

색채를 관찰하기

기초조형은 '형태, 색채, 질감'의 조형 요소로 이루어졌다.

조형 요소에 대한 감각, 능력을 향상시키는 첫 단계는
이들 조형 요소를 관찰하는 데에서 시작된다. 관찰이란 중요한
사고 과정의 시작으로 무엇을 얼마나 깊이 있게, 어떻게 보고,
나아가 그 결과를 자신의 조형 능력(형태조형 능력, 색채조형 능력,
질감조형 능력)으로 축적하는 과정이다. 여기에서는 조형 요소 중
색채에 초점을 맞추어 색채와 연관된 관찰 방법을 학습하여
색채조형 능력을 향상시키고자 한다.

모든 관찰은 외부의 객관적 사실 관찰에서 시작하여,
나아가 자신의 내면을 관찰하고 이들을 축적하여 자기만의 조형
능력으로 조직화한다. 그렇기 때문에 먼저 색채의 특징에 관하여
살펴본 다음, 외부(자연계)에서의 색채, 내부(빛에 대한 반응)를
통한 색채, 공동의식(사회문화, 민족적 색채의식)에서의 색채,
개인의식(감정)의 색채 순으로 외부에서 내부로, 대중의식에서
개별의식으로 단계적으로 색을 관찰하고 학습하고자 한다.

색채 감정에 관한 관찰과 경험은 하루 아침에 이루어지지
않는다. 색채와 감정의 관계는 고정적이지 않으며, 감정은
경험의 축적에 따라 더욱 민감하고 섬세해질 수 있다. 따라서
기초조형에서의 색채 조형 능력 향상을 위한 학습은 색채와 감정의
관계에 초점을 맞춘 다양한 관찰과 체험의 축적이라 할 수 있다.

색채[1]를 보다

우리들은 사과를 '빨갛다'고 본다. 혹은 나뭇잎을 '초록'으로 본다.
이와 같이 '색'은 빛이 반사되어 인간의 눈에 '보이는(비치는)'
것으로, 색 자체는 단독으로 존재하지 않는다. 빛이 없으면 색은
없는 것이다. 바꾸어 말하면 인간에게 빛은 색의 전부이며, 빛에는
모든 색이 포함되어 있다고 할 수 있다. 하지만 인간이 그 빛의
파장을 모두 누릴 수 있는 것은 아니다. 빛의 파장에 따라 시각
자극이 바뀜으로써 색을 볼 수 있으나, 인간이 볼 수 있는 빛의
범위는 태양광으로부터 내리쬐는 빛에서 가시광선이라 불리는
아주 좁은 범위의 파장(380~780nm)에 불과하다. 이를 프리즘으로
분광하면 보라에서 빨강에 이르는 무지개 일곱 색이라 불리는 색의
그라데이션이 나타난다. 1704년에 물리학자 뉴턴(Isacc Newton)은
『광학(光學)』에서 색을 이와 같은 빛의 굴절률로 환원함으로써

—— 1
색(色)은 빛을 흡수하고 반사하는
결과로 나타나는 사물의 밝고
어두움이나 빨강, 파랑, 노랑
따위의 물리적 현상 또는 그것을
나타내는 물감 따위의 안료를
뜻한다. 반면에 색채(色彩)는
첫째는 빛깔이고, 둘째는 사물을
표현하거나 그것을 대하는 태도
따위에서 드러나는 일정한
경향이나 성질을 말한다.
색조(色調)라고도 한다.

2 —
독일 최대의 문호이자 철학자,
자연과학 연구자. 25세에
『젊은 베르테르의 슬픔』으로
일약 이름을 드날렸다.
『타우리스섬의 이피게니
(Iphigenie auf Tauris)』,
『에흐몬트(Egmont)』, 과학논문
『식물변태론(植物變態論)』,
『파우스트(Faust)』,
『빌헬름 마이스터의
도제(徒弟)시절(Wilhelm
Meisters Lehrjahre)』,
『서동시집(西東詩集)
(Westöstlicher Divan)』 등을
출간했으며 실러와 함께
독일문학의 황금시대를 이루었다.
뉴턴의 '색이란 빛의 일종'이라는
과학적 객관적 사실에 반격을
가한 저서 『색채론』을 말년에
저술했다.

3 —
컬러디자인을 행하기 위해서는
색채를 정량화하여 기호로서
정확하게 전달해야 한다. 현재
디자인계에서 광범위하게
활용되는 컬러 오더 시스템으로는
먼셀의 표색법이 있다. 먼셀의
표색법에서의 색의 표시법은
색상, 명도, 채도의 3속성에 따라
하나의 색을 표시하는 형태를
따른다. 색상(hue)은 색을
나타내어 빨강, 노랑, 초록, 파랑,
보라의 5색상을 기본으로 한다.
명도(value)는 밝고 어두움을
나타내어 완전 흡수의 이상적
검정을 0, 완전 반사의 이상적
하양을 10으로 하고, 그 사이를
지각적으로 균등하게 10단계로
배열하고 있다. 채도(chroma)는
선명함을 나타내며, 중심에 있는
무채색 기둥에서 멀어짐에 따라
채도치가 높아지고 선명한
색채가 된다.

처음으로 빛을 측정할 수 있는 대상으로 했다.

하지만 독일의 문호 괴테(Johann Wolfgang Goethe)[2]의
『색채론』을 보면, 색은 어디까지나 인간의 시각을 통해 보는
현상이며, 뉴턴이 발견한 인지된 과학적 객관성만으로는
언급할 수 없다고 주장했다. 이를 잘 나타내고 있는 것이 강렬한
색채를 본 뒤에 하얀 종이로 시선을 옮겼을 때 보색이라 불리는
색상환의 정반대에 있는 색이 보이는 '잔상 현상'이나 배경의 색에
따라 같은 색이 달리 보이는 '색채의 동시대비' 등이다. 빨간색을
본 후에는 청록색이, 노란색을 본 후에는 푸른 보라색이 보인다.
병원 수술실의 벽면에는 청록색을 사용하는 게 일반적인데, 이는
수술 시 피의 빨간색의 보색인 청록색이 보색잔상으로 보이는
것을 방지하기 위해서이다. 이 보색 현상은 외부(빛)와 인간의
내부(색각)와의 호응이며, 감각 균형을 위한 자연 조화의 원리인데,
괴테는 이와 같은 색채 현상에 주목하여 3개의 보색들의 대칭으로
이루어진 색상환을 고안했다. 그 의미적인 노랑, 주황, 빨강, 보라,
파랑, 초록으로 구성된 이 색상환은 자연에 근거한 색채 조화 체계라
할 수 있다. 많은 사람들이 이 현상을 눈에 의한 착각이라고 말한다.
그러나 사실 그렇게 '(착각해서) 보이는 것' 자체가 인간에게는
색이 된다. 따라서 색채에 관한 과학적, 객관적 지식을 습득하는
것보다는 보이는 그 색채 사실을 인지하는 것이 더욱 중요하다.
즉, 일상생활에서 접하는 디자인 분야에서 색은 뉴턴과 같이
광학적(물리학적)으로 다가가 계량적으로 취급할 뿐 아니라
괴테의 주장처럼 인간의 신체감각이나 심리에 바탕을 두고
감정적인 면에서 바라보아야 한다. 이와 같은 색채론을
'주관적 색채론'이라 한다.

본 장에서의 목적은 색채의 조형 능력 향상이다.
따라서 색채에 관한 객관적 지식 또는 일반적 색채에 관한 지식
커뮤니케이션 수단으로서 색채를 사용하고 표시하기 위한
단위화[3]와 관련된 지식은 생략한다. 인간의 시각으로 바라본
착시 등을 포함한 인간의 색채, 즉 주관적 색채에 관하여
집중하여 학습해 보도록 한다.

아리스토텔레스, 괴테에서 칸딘스키로

아리스토텔레스(Aristoteles)는 빛과 어둠, 즉 하양과 검정의
혼합에서 색이 탄생했다고 생각했다. 이는 하양과 검정이
병치되거나 중첩되거나 혼합됨으로써 다양한 색이 이루어졌다는
것을 의미한다. 그는 색의 병치 비율이 음악의 화음처럼
아름답다고 생각했다.

이 같은 아리스토텔레스의 빛과 어둠, 하양과 검정의
대치에 관한 사상은 괴테의 색채 이론으로 이어졌다. 괴테는
아리스토텔레스의 빛과 어둠의 사상을 이어받아 '빛에 가장 가까운
색은 노랑, 어둠에 가장 가까운 색은 파랑이다. 나아가 노랑의
농도를 높이면 주황이 되고, 파랑의 명도를 높이면 보라가 된다'고
설명했으며, '명도를 더욱 높이면 가장 고귀한 색인 진홍이 된다'고
색상환을 정의했다. 또한 자신의 저서『색채론』에서 자연계의
보이는 그대로, 즉 잔상, 대비 현상 등 착시까지의 시각적 현실을
그대로 받아들였으며, 문인답게 색채가 인간에게 미치는
감각적, 정신적 작용에 대하여 면밀히 언급했다.

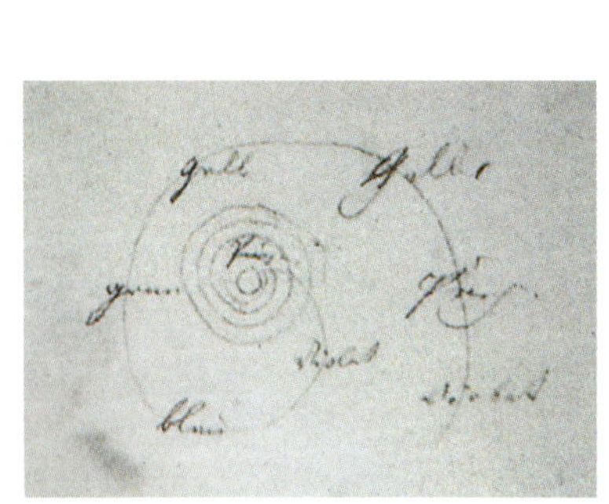
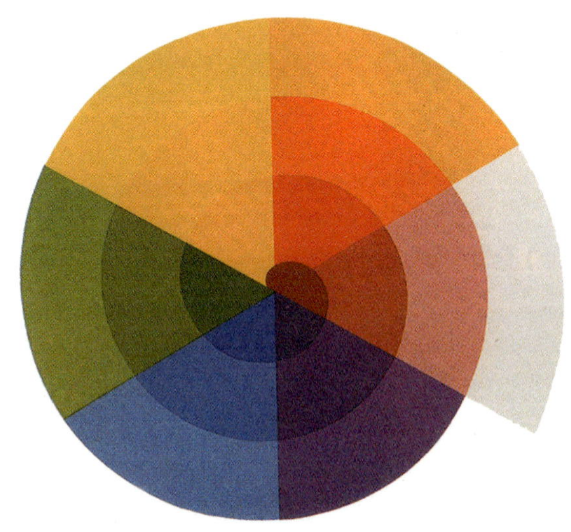

그림 1. **괴테의 나선형을 색채로 표현**

아리스토텔레스에서 괴테를 거친 주관적 색채론을 회화에 반영한 사람이 칸딘스키[4]이다. 괴테의『색채론』이 출간되고 100년 후, 1910년에 칸딘스키는『예술에서의 정신적인 것에 대하여』를 집필했다. 거기에서 그는 '탄생(하양)과 죽음(검정) 사이에 원색과 간색의 생활이 있다'면서, 괴테에게서 이어온 빛과 어둠의 대립 개념을 명확히 구분지었다. 나아가 오늘날 디자인교육과 기초조형교육의 틀을 이룬 데사우 바우하우스에서 색채 다이어그램을 그렸다. 이 다이어그램은 흰색 바로 아래에 노랑이 있고 중앙의 빨강을 사이에 두고 파랑 밑에 검정이 있는데, 괴테의 개념과 같으며 노랑은 하양에 가깝고 파랑은 검정에 가깝다.

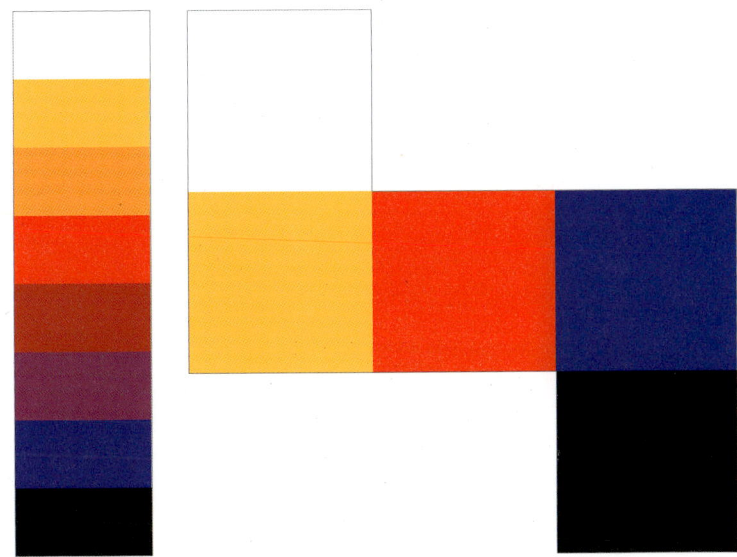

그림 2. **칸딘스키의 컬러 다이아그램**

동시대비

주관적 색채론의 대표적인 현상인 동시대비에 관해 살펴보겠다. 색이 다른 색에 둘러싸여 병치되었을 때 동시에 각각 상대 색과의 관계에서 지각되는 상태를 동시대비(simultaneous contrast)라고 한다. 이 동시대비의 연구는 1800년대에 관찰되기 시작하여 괴테가 주목했으며, 1915–16년에는 독일의 게슈탈트 심리학자에 의해,

그리고 1919년부터 1922년에 걸쳐서는 바우하우스의 예비교육에 영향을 미쳐 요하네스 이텐[5]과 그의 제자 요제프 알베르스(Josef Albers)[6]가 색채의 상호작용을 연구했다.

동시대비에는 색상 동시대비, 명도 동시대비, 채도 동시대비 및 이들의 복합 동시대비 등 다양한 조합 가능성이 많다. 무사시노미술대학 교수였던 가와조에 야스히로(川添 泰宏)의 <하양보다 더 하얀>, <검정보다 더 검은>은 이와 같은 동시대비 현상을 이용한 예술 작품의 좋은 예이다. 물리적으로는 중앙의 정방형과 주변의 정방형은 동일한 하양(검정)이지만, 중앙의 정방형 안의 하양(검정)이 더 희게(검게) 보인다.

하양보다 더 하얀

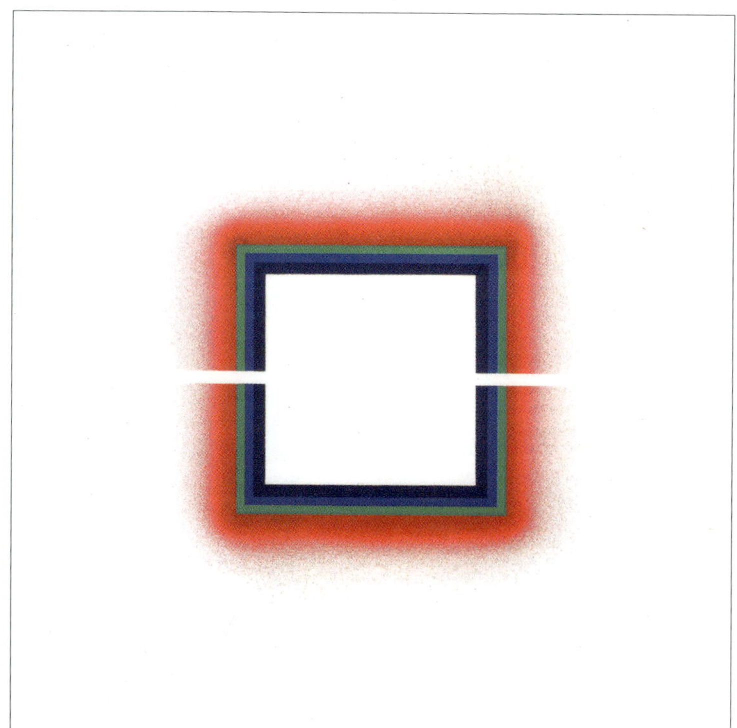

그림 3. **가와조에 야스히로의 동시대비 현상**

검정보다 더 검은

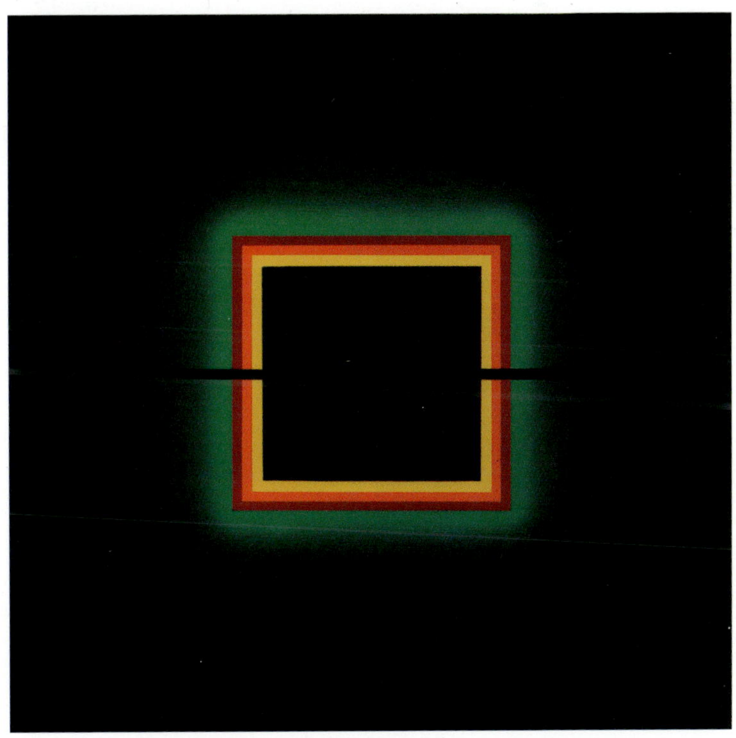

착시를 통한 동시대비

10×20cm인 다른 두 색의 검사장 • 위에 검사장 위를 관통하는 다양한 형태의
유도하는 색을 일부 연결되도록 제작한다. 이때 유도색은 바탕색에 따라 명도, 채도,
색상이 영향을 받아 각각의 바탕색 위의 동일한 유도색이 상이하게 보인다. 또한 이때
배경색인 검사장 색에 따라 위에 놓인 유도장 색이 변화할 뿐 아니라 3색을 쓰면서
2색을 쓴 듯이 보이는 색 관계를 찾는다. 즉, 오른 쪽 배경색 위에 놓인 유도색과
좌측 배경색이 유사해 보이고, 좌측 배경색 위에 놓인 유도색과 우측 배경색이
유사해 보이게 3색 관계를 조정한다.

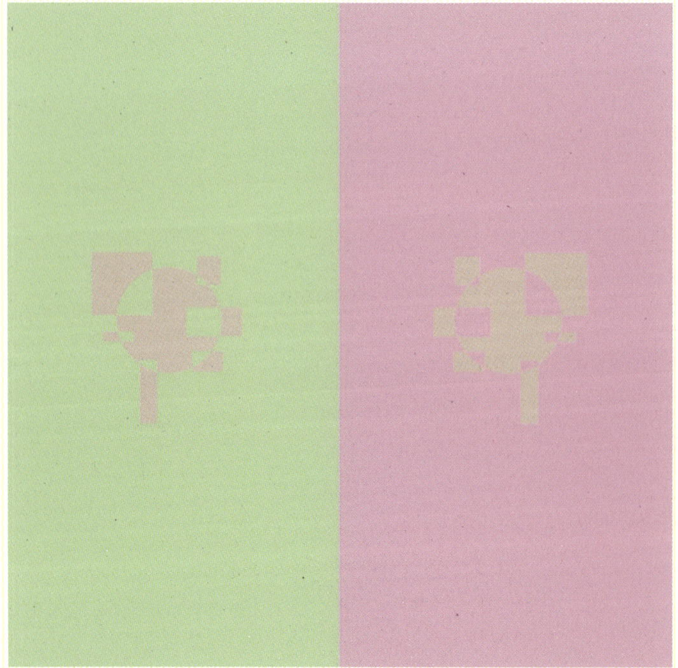

• 한쪽 색에 주목하여 바탕의 색을
검사장(testing field)이라
한다면 바탕색에 따라 변화되는
색을 유도색(inducing
field)이라 한다.

그림 4. **색채 동시대비 현상**

한난대비는 상대색에 따라 색이 달리 보이는 주관적 색채론의
대표적인 예이다. 청색 계통의 색을 한색, 적색 계통의 색을 난색이라
하는데, 본능적이라 생각될 정도로 파랑은 차고 빨강은 따뜻하게
느껴진다. 일반적으로 겨울 내복의 색은 분홍, 빨강 등 적색
계통인데, 이는 심리적으로 더욱 따뜻하게 느끼게 하기 위해서이다.

또한 빨강을 진출색이라 부르고 파랑을 후퇴색이라 부른다.
예를 들어 저녁에 앞차의 브레이크 램프(빨강)가 앞차와의 실제
거리보다 가깝게 느껴지거나 건널목을 걸을 때 같은 거리인데도
파랑 신호등보다 빨강 신호등이 더욱 가깝게 느껴지는 것이
그러하다. 빅토르 바자렐리(Victor Vasarely)[7]의 한난대비를 이용한
추상회화를 보면 색이 지닌 진출과 후퇴가 명확히 보여서 오목함과
볼록함으로 인한 리듬감을 강하게 느낄 수 있다.

또한 적색 계통은 진출색인 동시에 팽창색이며, 청색
계통은 후퇴색인 동시에 수축색이다. 그렇기 때문에 프랑스 국기의
3색상은 빨강의 면적보다 파랑의 면적을 크게 하고 있다. 즉, 가로
세로 비율이 3:2이며 가로의 파랑, 하양, 빨강의 비례가 0.37 : 0.30 :
0.33으로 정해져 있다.

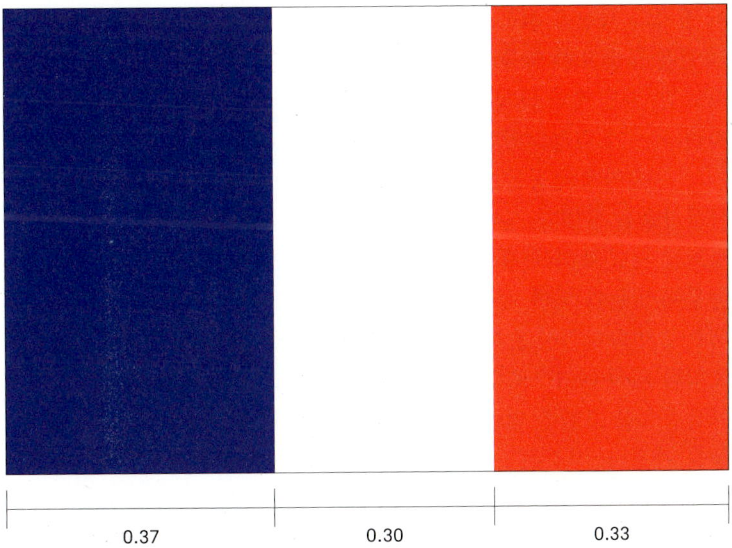

7 —
헝가리 출생, 옵아트 창시자.
의학 공부를 시작했다가 판화와
회화 작업을 했으며,
'시네티즘'이라는 용어를 적용한
작품들의 성향으로 옵아트로
발전시켰다.

그림 5. **프랑스 국기 3색의 비율**

신체 외부(자연계)의 색채를 관찰하기

눈에 보이는 주관적 색채의 체험을 거듭하여 색채조형 능력을
자기화하는 연습을 시작해 보자. 여기에서는 자연환경에서
색채를 관찰하고 자연계에서의 색채 기능과 발색 구조에 관하여
살펴보겠다. 우리는 대개 주변의 세계로부터 자극을 받고
관찰함으로써 표현의 가능성을 배운다. 파울 클레(Paul Klee)[8]는
자신의 저서『조형사고』에서 자연은 우리에게 실로 풍요로운
색채 자극을 제공하고 있기 때문에 자연을 토대로 사고가
유도되고, 그렇기에 자연에 감사하지 않을 수 없다고 밝혔다.

우리들은 새로 돋아나는 여린 연둣빛, 푸르름을 가득 담은
녹색, 황갈색으로 변하는 나뭇잎의 색 변화를 통하여 계절의 도래를
알게 되고, 과일의 색을 보고 맛이 있는지 없는지를 직감적으로
판단한다. 즉, 자연의 색채를 통해 습관적으로 정보를 얻고 있다.
이러한 일상생활과 자연과의 밀접성은 꽃 이름에서 따온 색의 이름,
예를 들어 진달래색, 벚꽃색, 도라지꽃색, 홍매화색, 민들레꽃색 등의
관용색 이름[9]을 봐도 알 수 있다.

프랑스의 생물학자인 라마르크(Jean Baptiste Lamarck)는
『동물철학』에서 '환경의 제 조건은 동물의 형태 및 습성에 영향을
미친다'라고 주장했고, 이 주장에서 '형태는 기능을 따른다'라는
명제가 등장했으며, 건축가 설리번(Louis Henry Sullivan)[10]은
이 명제와 사상을 처음으로 실천했다. 괴테 또한『자연과학론』에서
'자연은 불필요한 일을 하지 않는다'라고 말하고 있다. 이들의 표현에
따르면, 자연계의 색채 또한 기능에 따른 역할을 지니며 그 기능에
따라 색채가 결정되었다고 할 수 있다.

자연계의 동물들은 다양한 신체색을 지니고 있으며 나름의
아름다움을 뽐낸다. 상대를 위협하는 듯한 환경에 대하여 플러스의
정보를 지닌 표식색(광고색) 혹은 경고색이라 불리는 신체색을 지닌
동물이 있는가 하면, 문어, 오징어, 카멜레온처럼 자신을 주위 환경의
색으로 변화시켜서 은폐하는 생물체도 있다. 이들의 색은 그들이
포함한 외적 환경으로부터 몸을 지키기 위함이다.
포유동물을 포함한 많은 동물들이 대지의 색을 닮은 갈색 계통의
등을 가진다. 이것은 자외선의 피해를 피하기 위해 검정에 가까운
갈색의 멜라닌 색소로 이루어져 있기 때문이다. 사슴이나 여우,
너구리 등과 같은 동물들의 복부는 하얀색을 띠는데, 이는
빛을 받는 '등 부분'의 검정과 복부의 그림자가 겹쳐져서

—— 8
스위스 화가. 그의 작품은
표현주의, 입체파, 초현실주의
등 여러 다양한 예술 형태의
영향을 받았다. 1914년
튀니지여행에서 감명을 받아
선명한 색채를 자각하고,
자신만의 독특한 작품 경향을
완성. '빛깔이 나를 갖는다.
나와 색은 일체이다. 나는
화가이다'라고 자각한 바를
일기에 적은 것도 그때의 일이다.
1921년부터 1931년까지는
바우하우스에서 학생들을
가르쳤으며,『자연연구의 길』,
『교육적 스케치북』등 이론적인
저술도 있다.

—— 9
KS산업규격에 근거하여 관용색
이름이 지정되었다. 예를 들어
진달래색의 계통색 이름에 의한
표시는 [해맑은 보라띤 빨강],
색의 3속성에 의한 표시는 [7RP
5/13],CMYK에 의한 표시는
[12/61/20/2]이다.

—— 10
미국의 건축가. 초기
시카고의 오디토리엄빌딩
설계를 시작으로 시카고파의
일원으로 활동했다. 미국을
대표하는 건축가 프랭크
로이드 라이트(Frank Lloyd
Wright)가 그의 제자이다.

사물로서의 입체감이 약해 보이며, 결국 바닥색에 동화되기 쉬워
외적 환경으로부터 쉽게 몸을 숨길 수 있기 때문이다.
이와 같은 동물의 색채는 오랜 진화를 통한 결과이다.

식물의 색

평소에는 의식하지 않았던 자연계의 색을 관찰하고 그 색채를
모아봄으로써 우리는 색채의 미묘한 변화를 인식할 수 있으며,
자연계의 색이 지닌 풍요로움을 재발견할 수 있다. 나무, 식물 등의
잎은 몇몇을 제외하고는 대부분 녹색을 띠고 있다. 식물의 잎은
물과 공기 중의 탄산가스 등의 원료를 사용하여 태양 에너지를
빌려서 전분과 산소를 생산하는 광합성 작용을 하고 있다. 이 잎을
구성하는 것이 엽록소(코로로필)이다. 나무도 빛이 너무 강하면
수분을 증발시켜 세포가 지나치게 더워지지 않게 한다. 잎의 절단면을
현미경으로 관찰해 보면 빛이 지나치게 내리쬘 경우 엽록체는 빛을
피해 세포의 측벽에 나란히 모이며, 한편 빛이 제거되면 엽록체는
조금이라도 빛을 쬐려고 세포벽의 빛이 내리쬐는 측으로 모이는
것을 볼 수 있다. 이것을 보신술(保身術)이라고 하는데, 엽록소의
녹색 자체에는 이와 같은 보신술이 있다. 녹색으로 보인다는 것은
태양의 가시광선에서 빨강과 주황의 파장을 흡수하고 있다는 것이다.
가시광선[11]에서 빨간색 파장이 가장 길고, 낮, 그리고 아침, 저녁에도
비춰지기 때문에 식물의 잎이 녹색을 띠는 것은 가장 오래
빛을 받을 수 있도록 한 것이다. 이것은 단순한 우연의 결과가 아닌
자연에서의 오랜 적응 과정의 결과이다.
　　또한 꽃 색의 화려함은 다음에서 연유한다. 고대기(BC
300~AD 100) 꽃이란 원래 대부분 바람을 통하여 꽃가루를 전달하고
그 색 또한 초록으로 거의 눈에 띄지 않았다. 그러던 것이 식물의
가루받이에 적합하게 곤충이나 새를 끌어들여 색과 형을 경쟁하며
진화하면서 오늘날과 같은 다양한 색의 꽃이 탄생했다. 자연계의
색채는 이처럼 우연이 아닌 필연성과 환경에 따라 이루어졌다는
사실을 알 수 있다.

11 —
태양의 빛은 전자파장이며, 그
전자파장의 극히 일부 범위가
가시광선이다. 인간의
가시광선은 680nm(나노미터,
1nm은 1mm의 100만분의
1)에서 380nm까지로
그 장파장 측에서 단파장 측으로
빨강, 주황, 노랑, 초록, 파랑,
남색, 보라 순으로 나란히 있다.
태양광선이 대기 중을 통과할 때
먼지나 공기분자로 인해 산란을
하게 되면 단파장(청색부분)은
더욱 쉽게 산란한다. 일출과 일몰
시의 붉게 물드는 현상을 예로
들면 아침 해가 뜰 때나 저물
때는 태양의 고도가 낮아서 빛이
대기를 통과하는 거리가 멀기
때문에 단파장인 파란색 부분은
산란으로 없어지고 장파장인
빨간색만이 도달하여 생기는
현상이다.

꽃 하나를 선택하여 한 색 안에 얼마나 다양한 색이 숨어 있는지
자세히 관찰하고 그려 본다. 먼저 그 색의 '패밀리'를 만들어 본다.
다양한 종류의 색의 패밀리가 만들어지면 새로운 색과 마주할 수
있을 것이다.

사례 1. 빨강의 패밀리

1   명암의 그라데이션
    하양과 검정을 섞어 단계적으로 변화시킴
2   빨강의 그라데이션
    하양과 빨강을 섞어 단계적으로 변화시킴
3   1과 2를 섞은 그라데이션
    명암의 그라데이션과 빨강의 그라데이션 각각을 섞음

:   1과 2가 빨강의 패밀리이다.

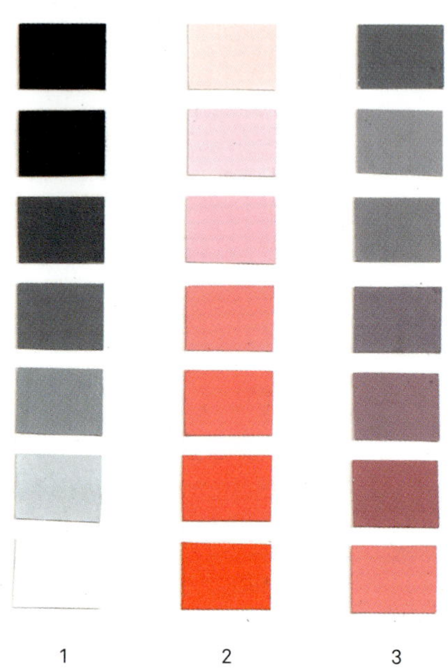

사례 2. 명암에 따른 꽃의 색상

수작업으로 그린 색을 각각 색표로 작성하고, 이 색의
디지털상에서의 CMYK도 찾아본다. 이를 통하여 관찰한 색과
디지털로 표현하는 색과의 관련성을 인식한다.

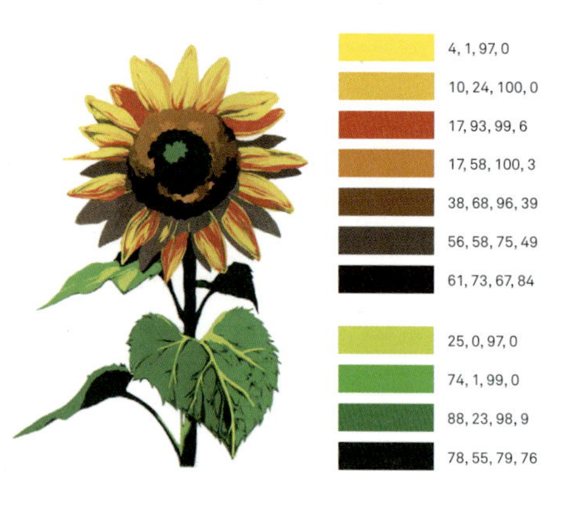

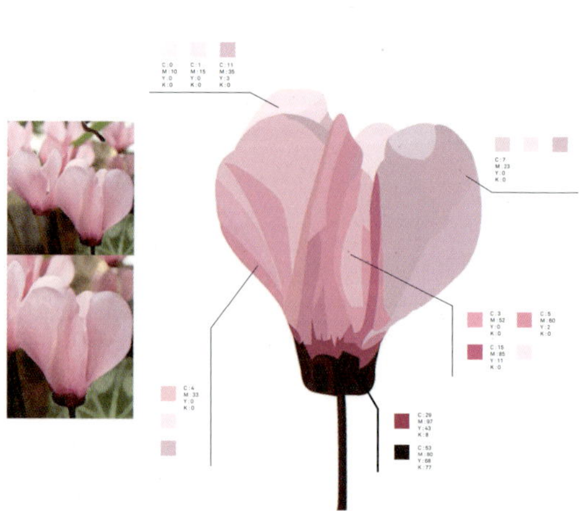

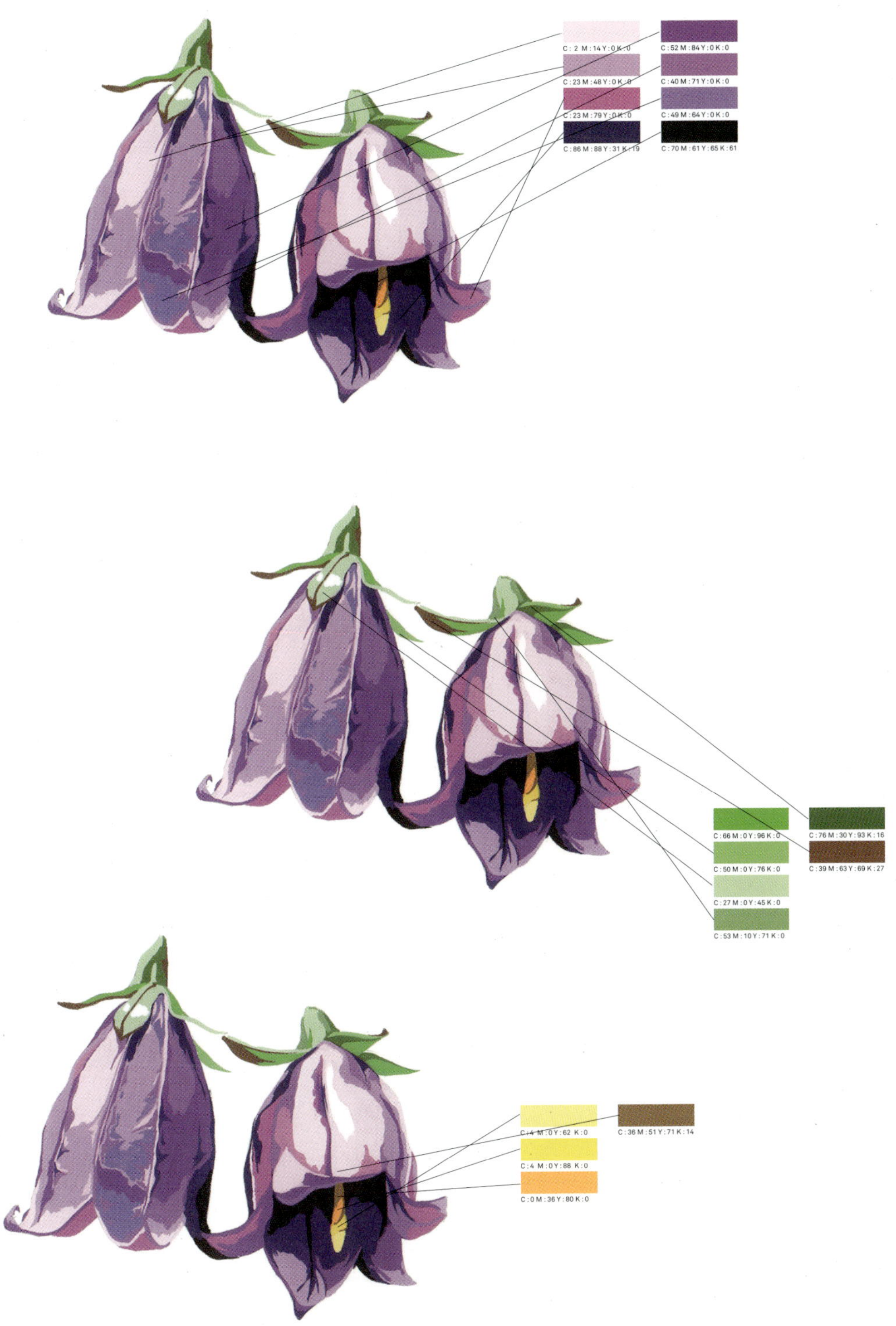

C : 2 M : 14 Y : 0 K : 0
C : 23 M : 48 Y : 0 K : 0
C : 23 M : 79 Y : 0 K : 0
C : 86 M : 88 Y : 31 K : 19
C : 52 M : 84 Y : 0 K : 0
C : 40 M : 71 Y : 0 K : 0
C : 49 M : 64 Y : 0 K : 0
C : 70 M : 61 Y : 65 K : 61
C : 66 M : 0 Y : 96 K : 0
C : 50 M : 0 Y : 76 K : 0
C : 27 M : 0 Y : 45 K : 0
C : 53 M : 10 Y : 71 K : 0
C : 76 M : 30 Y : 93 K : 16
C : 39 M : 63 Y : 69 K : 27
C : 4 M : 0 Y : 62 K : 0
C : 4 M : 0 Y : 88 K : 0
C : 0 M : 36 Y : 80 K : 0
C : 36 M : 51 Y : 71 K : 14

식물의 색에 감정 담기

다음은 색을 통한 감정 전달 학습이다. 자신의 감정을 다른 이에게
전달하려는 시도는 조형 행위에서 가장 기본적인 목적 중 하나이다.
자신의 감정에 상징하는 색채를 우선하면 쉽게 할 수 있을 것이다.
다양한 감정을 표현하는 꽃의 색을 표현해 보자.

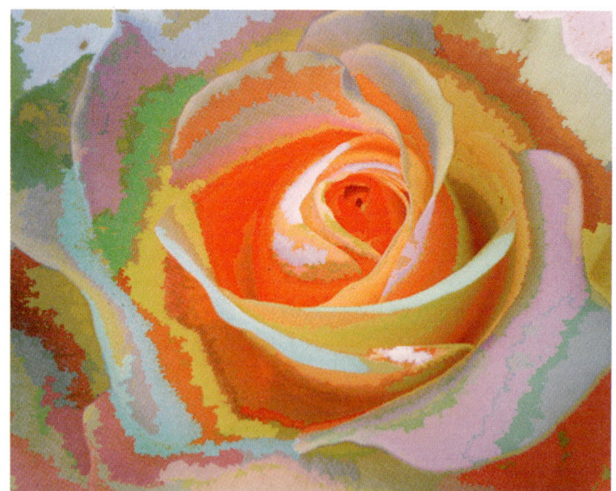

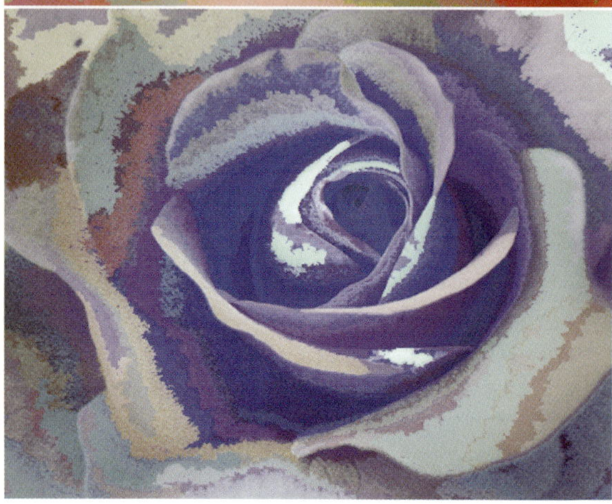

사례 3. 한색, 난색

난색(warm color)계는 말 그대로 따뜻한
느낌을 주는 색으로 빨간색이 대표적이다.
노란색, 오렌지, 단풍색(auburn),
와인색(burgundy), 금색(gold),
밤색(chestnut), 마호가니색(mahogany) 등
색상환 중에서 빨간색에 가까운 색을 가리킨다.
태양의 색이나 불타는 불꽃의 색을 이미지로
하여 따뜻함, 정열, 흥분 등의 느낌을 준다.

한색(cool color)계는 청량감, 시원함을 주는
색으로 파란색이 대표적이다. 푸른색으로
구분되는 대부분의 범위와 푸른빛을 띠는 보라색
또는 푸른색을 띠는 은색(silver) 등 색상환
중에서 청색에 가까운 쪽의 색을 가리킨다.
호수나 바다 등 물과 푸른 하늘을 이미지화시켜
시원함, 차가움, 지성 등을 느끼게 한다.

꽃의 본래 색은 잠시 접어 두고 자신의 감정을 꽃에
중첩시켜 그 감정을 강조하려고 시도해 보자. 이와 같은
체험을 반복하면 조형 행위를 위한 '도구로서의 색채'가
어느새 자신의 것이 될 것이다.

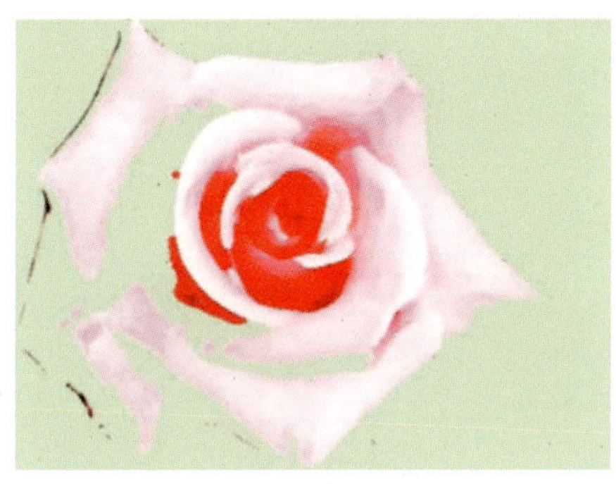

고백을 앞둔 수줍음

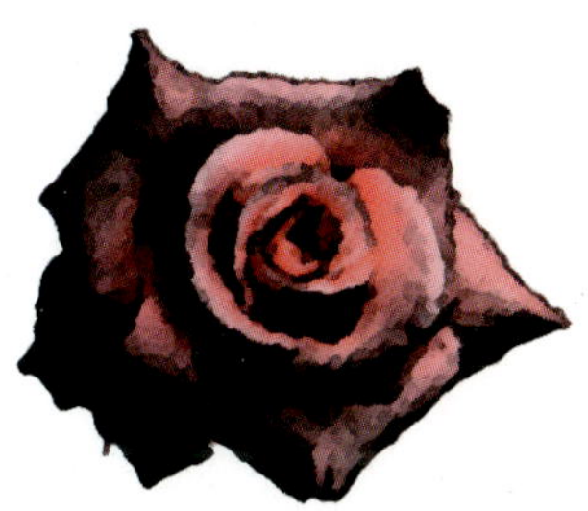

나를 잃어가는 불안감

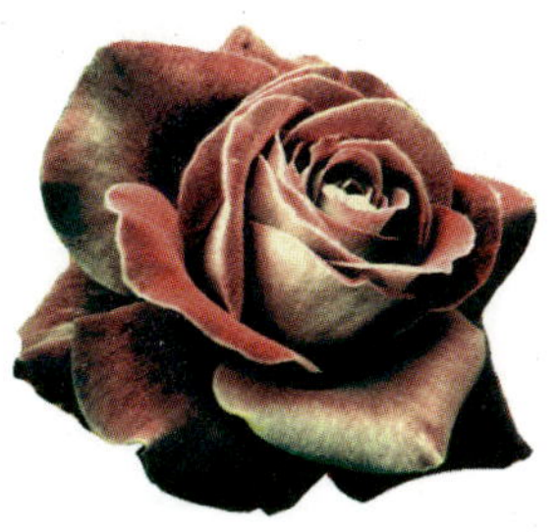

퇴폐적인

색은 사용하는 방법에 따라 그 작용의 효과가 증가될 수 있다. 즉, 같은
빨간색이 정열적으로 혹은 활동적으로 혹은 부정적 의미인 질투, 불행
등으로 느껴질 수 있다. 그렇다면 다양한 도구와 기법을 통해 '색의 힘'을
승가시켜 보자.

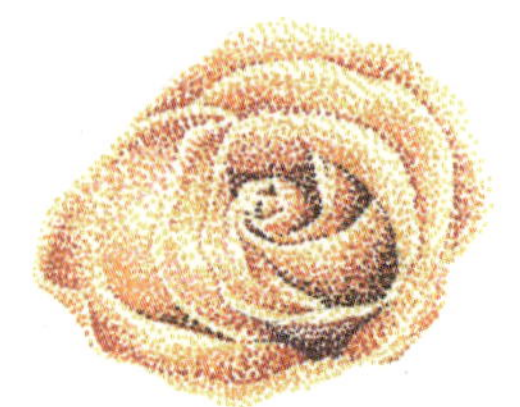

의심

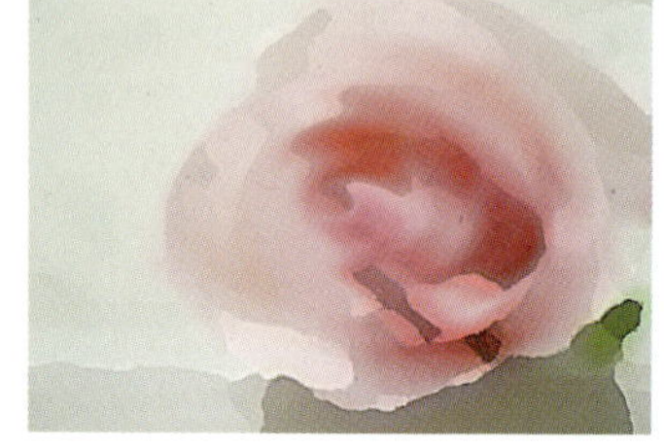

첫사랑

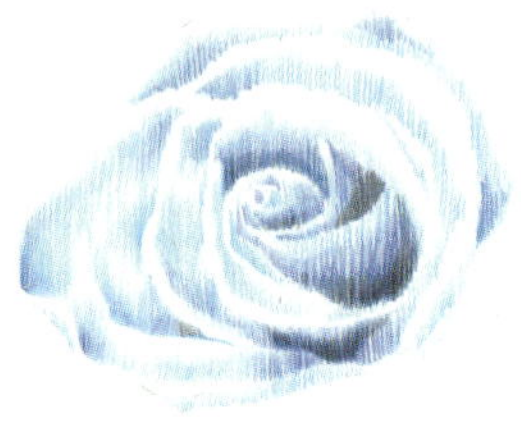

냉정한

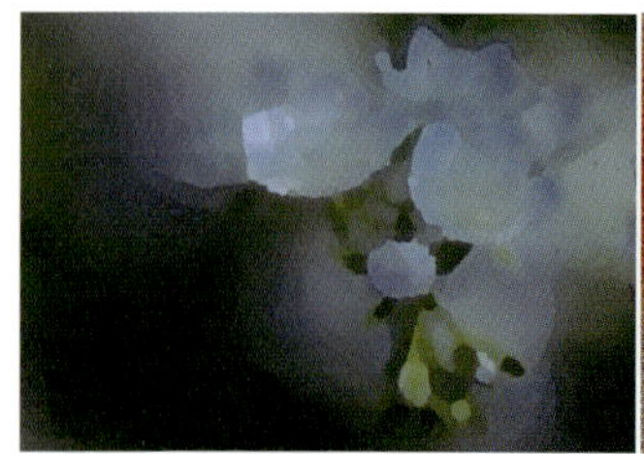

아련한

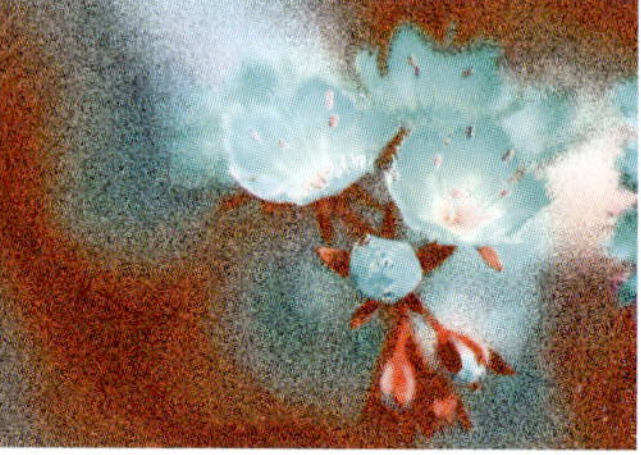

충격적인

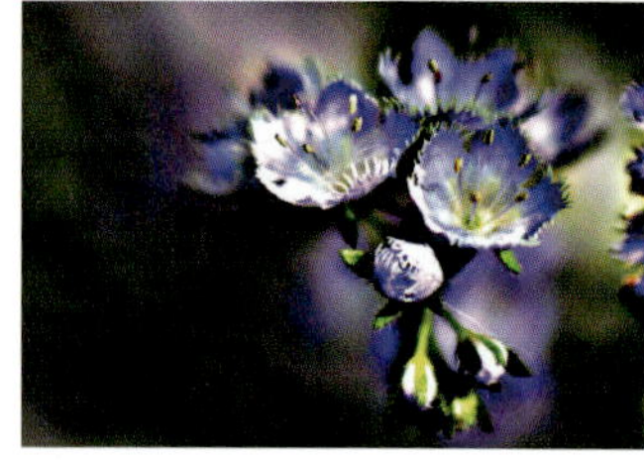

공허한

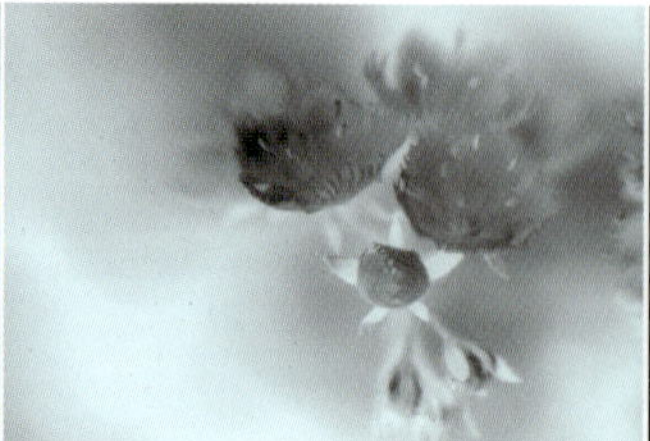

강인한

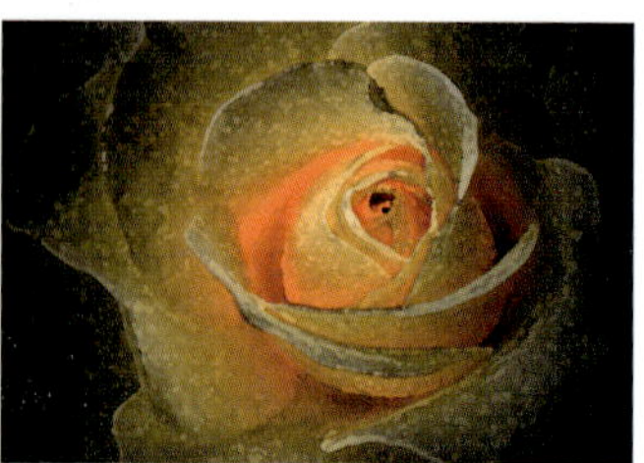

희미해져가는 기억과 추억

기초조형 Thinking 과제

하나의 꽃을 클로즈업하여 우리가 단색으로 알고 있던 색이 빛에 따라 다양한 색으로
보이는 현상을 주의 깊게 관찰하고, 나아가 인간의 감정과 색채의 깊은 관계를
인식하여 꽃의 색을 만들어 보자.

빛이 없는 곳에서 색은 있을 수 없다. 꽃의 색채도 비춰지는 빛으로 결정된다.
예를 들어 우리가 빨갛다고 인식하는 장미도 그 안에는 하양에 가까운 빨강, 검정에
가까운 빨강이 있으며, 나아가 밝은 빨강과 어두운 빨강이 연속적으로 연결되어 있는
것을 볼 수 있다. 오스트발드(Friedrich W. Ostwald)•는 모든 색채가 순색과 흰색과
검은색의 혼합으로 이루어졌고 했다. 즉, 모든 색채는 '흰색 양 + 검은색 양 + 순색 양
= 100'의 관계에 있다는 것이다. 따라서 꽃을 사실적으로 표현하기 위해서는 형태를
그릴 때도 명암으로 분별하는 것이 필수적이며, 동시에 색채로 표현할 때도 명암에
따른 색 분류가 가장 중요하다.

•
독일의 물리화학자, 노벨 화학상
수상자. 색채 연구 분야에서도
괄목할 만한 연구 업적을 지니며,
먼셀의 표색계와 쌍벽을 이루는
오스트발트 표색계를 창시했다.

계절의 색

계절의 색채에 주목하고 풍요로움을 재발견하며, 나아가 색채를
선택하여 모아보자. 모은 색채를 어떤 규성에 따라 정리해 나가면
기존의 색채 체계나 색채의 다양한 법칙이 조형 행위에서
얼마나 중요한 것인지 실감할 수 있다.

　　모으는 방법에는 물리적으로 채집하는 것에서부터
미술도구로 사생하기, 사진으로 촬영하기, 기존의 인쇄물,
데이터에서 선별하기 등 다양한 방법이 있다. 나아가 색상환 등을
참고로 '계획성'을 가지고 재구성해 보자. 색채의 배치(색채의
배색)는 고도의 색채 학습이다.

기초조형 Thinking 과제

이 과제를 수행하는 목적은 자연계의 색채를 관찰하여 색채 조형 능력을 향상한다는
것 이외에 '색채는 형태와 함께 힘을 발휘한다', '색채는 옆에 위치한 색채와
상호관계를 지닌다'라는 색채의 기본적 성질을 확실하게 인식하기 위해서이다.
예를 들어 유행색과 같이 어떤 색채가 매력적이라고 주목되거나 평가되는 경우,
그것은 대부분 그 색채 단독이 아니라 다른 색과의 배합으로서 주목되어 평가되기
때문이다. 따라서 그 색채(배합)를 위의 기본적 성질에서 분석하고 확인해 보는 것이
주요한 학습이라 말할 수 있다.

봄, 여름, 가을, 겨울을 주제로 하나를 선택하여 마인드맵을 작성한다.
마인드맵의 명사를 모티프로 하여 사진을 찍고 트리밍을 하여 색상을 끄집어낸다.
수집한 결과를 토대로 이들 색상을 5-6색으로 압축하여 선택한다.
완성작은 A4 크기로, 가로선 4개, 세로선 6개로 다양한 면 분할을 통한 비례 연습을 한다.
간편한 화구로 색상 배치를 위한 완성작의 1/2로 색상 계획표를 작성한다.
계획표에 맞추어 사진, 이미지를 배치한다.
전체적 이미지를 상승시켜 줄 텍스트나 질감을 추가한다. 또한 면에 변형을 준다.

계절에서의 색 선택과 배치를 통하여 같은 빨간색이라도 색상환을 초월한 풍부한
뉘앙스가 있다는 것을 인식할 수 있고, 나아가 계절별로 빛 강도 차이에 따른
색상 차이를 인식하여 색이 빛으로 만들어지고 활용된다는 것을 재인식할 수 있다.

봄의 이미지 색은 봉오리 지기 시작한 부드러운 꽃봉오리, 피기 시작한 아련한 꽃의 색채, 자라나는 새싹 등 빛에 민감하게 반응하는 주황, 노랑, 연노랑과 같은 노랑을 중심으로 한 색채들이다. 노랑은 구체적으로는 봄의 꽃, 과일을 연상시키고 추상적으로는 햇빛과 연결되는 색채로서 성장, 미숙함 등의 상징이 되는 색이다. 봄을 연상하는 단어는 일반적으로 '부드럽다, 나른하다, 희망차다, 성장, 생명' 등이 있다. 색채 배색에서 미숙, 성장을 느끼게 하기 위해 배치의 연속성을 고려한다. 즉, 명노, 채도를 연속시킬 필요가 있다. 그리고 봄이 지닌 '부드럽다, 화사하다 생명력'이라는 이미지를 표현하기 위해서는 각각의 색상을 밝고 화사한 색채(고명도, 고채도)로 선택하면 좋다.

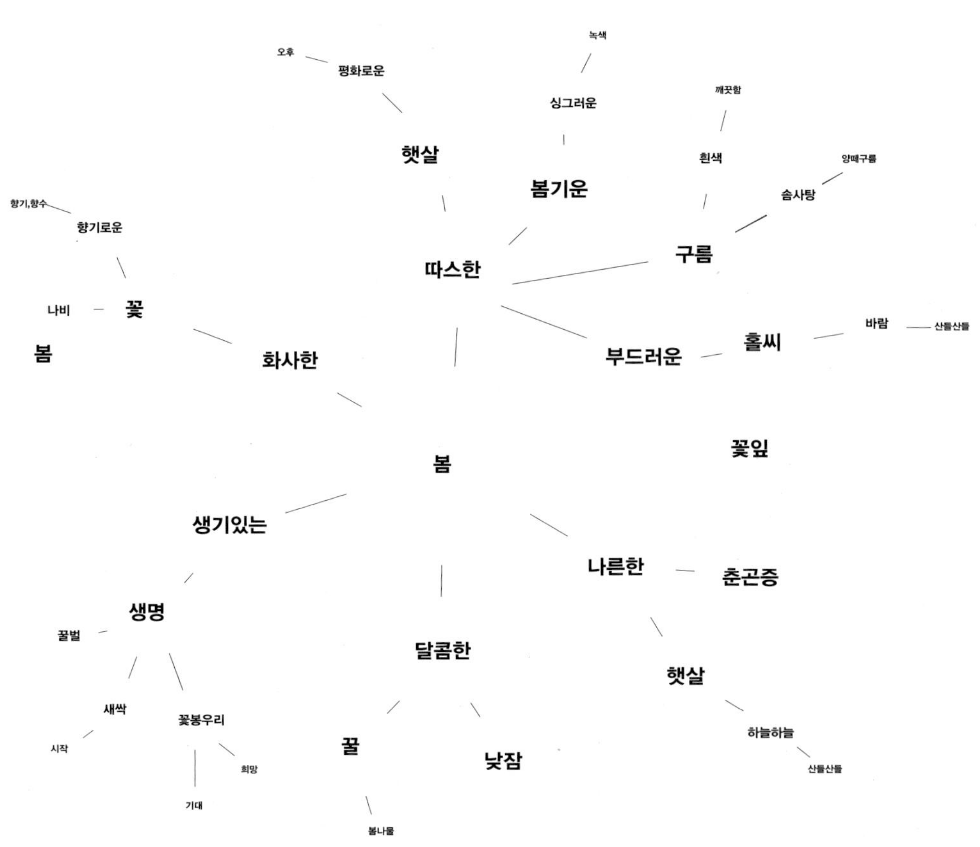

마인드맵

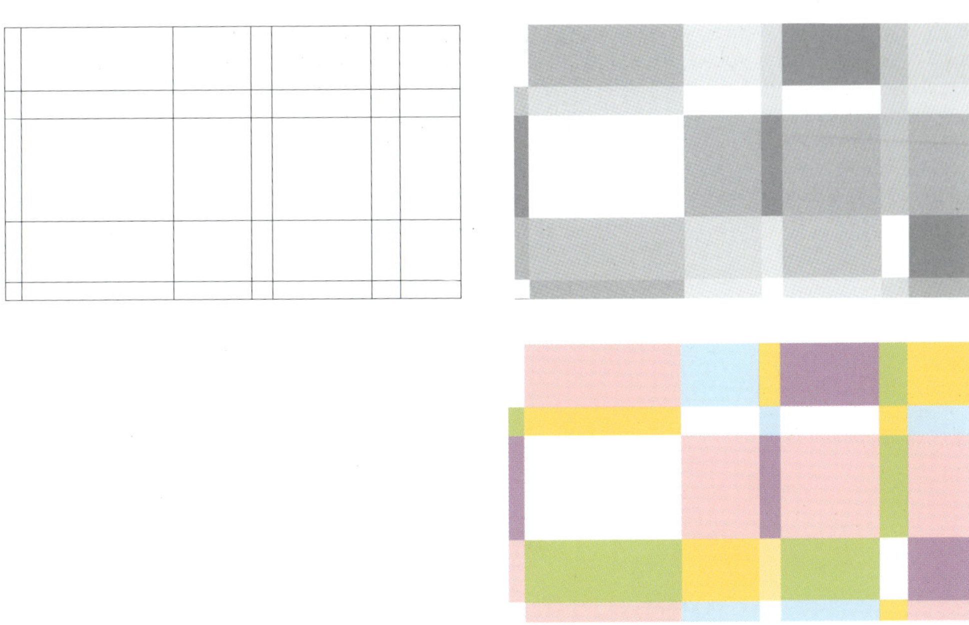

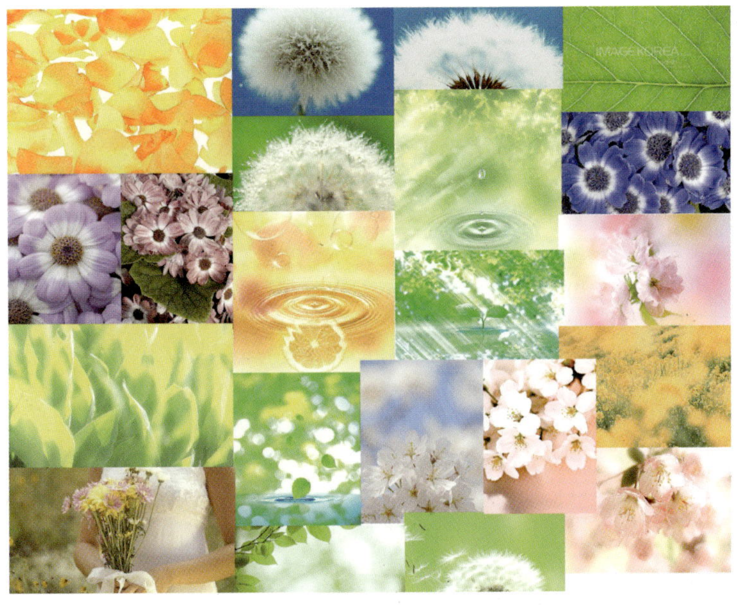

여름을 이미지로 하는 일반적 단어로는 '강하다, 격렬하다,
활발하다, 명쾌하다, 대립하며 경쟁하다, 젊다' 등이 있다.
강렬한 태양이나 활짝 핀 꽃들의 빨강, 주황, 노랑, 이와
대립하는 색상인 나무와 숲의 초록이 여름을 상징하는 색채라
할 수 있다. 이를 위해 색 배치에서 강렬한 태양광선을 떠올리는
선명한 색채와 반대로 어두운 그림자 색채를 대립적으로
사용한다. 선명한 색상끼리 사용할 경우 면적도 고려해야 한다.

색 배치에서는 노란기가 있는 빨강, 붉은기가 있는 노랑, 자주는
밝고 화려한 색조(고명도, 고채도로)로 선택하고, 청록, 초록은
어두운 색소를 선택하며, 강하게 색채대비가 이루어지도록
고려한다. 또 초여름과 한여름의 이미지 색조는 미묘하게
다르기에 이를 구별하여 표현하도록 한다.

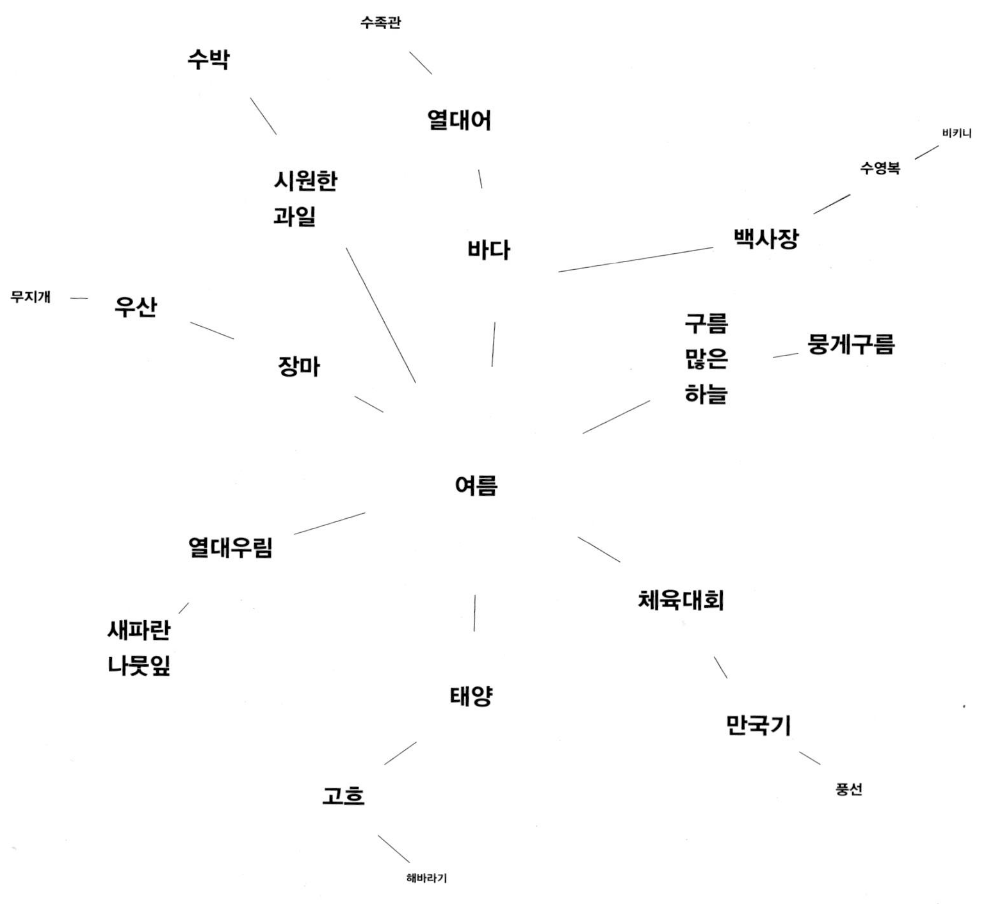

마인드맵

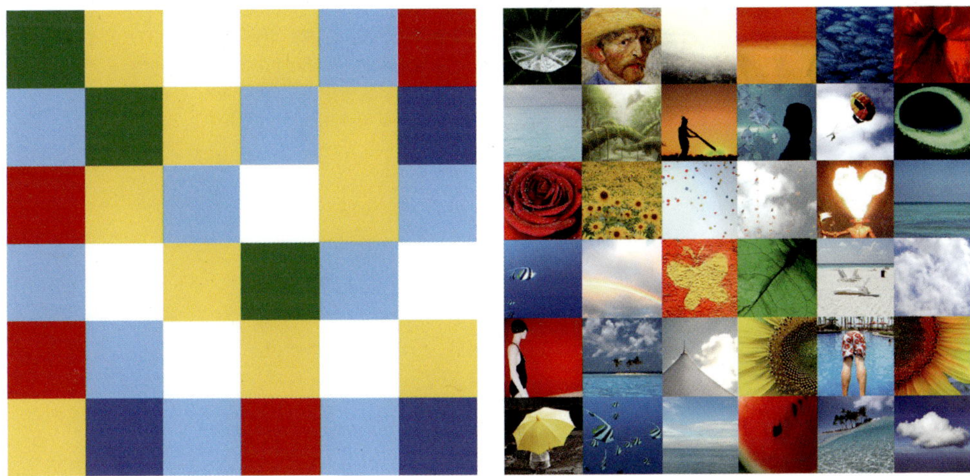

초여름

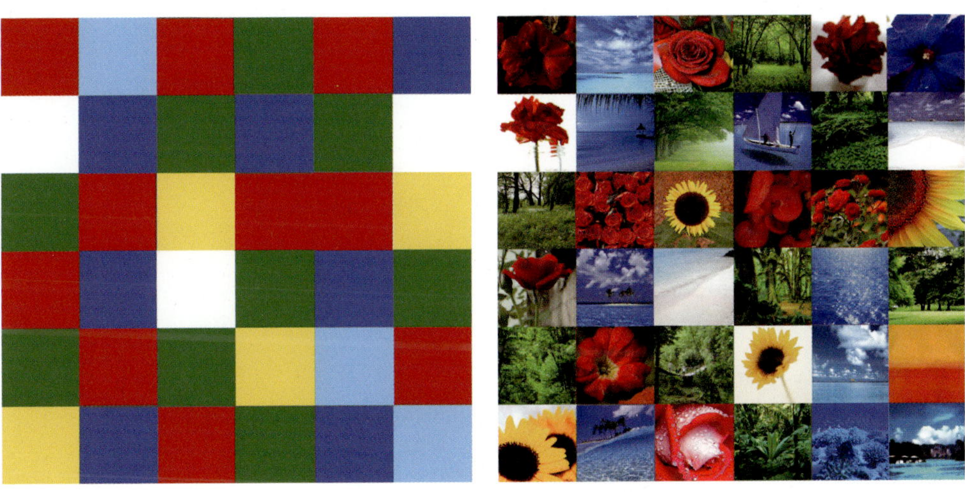

한여름

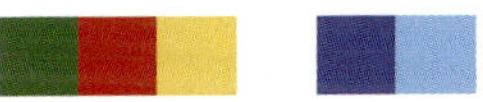

가을을 이미지로 하는 일반적 단어는 '감상적인 외로움, 고독함, 침착함, 차분함, 쓸쓸함' 등이다. 가을을 상징하는 색채는 빨강, 주황, 노랑 등의 낙엽색을 들 수 있다. 이들 색채는 본래 휠빌하고 기분잔 이미지를 주며, 한편 '차분함, 풍요로움, 침착, 쓸쓸함'이라는 느낌을 준다. 따라서 빨강, 주황, 노랑이 지닌 이미지를 역방향으로 전환시키지 않으면 안 된다.

이를 위해서는 어두운 색조의 연속을 선택하는 것(어두운 색조에는 중후, 음침함, 위엄, 엄격함 등의 감정을 불러일으킴)이 중요하다. 또 배치에서 약한 색 내립늘 만들 필요도 있다. 일률적으로 어두운 난색 계통끼리의 배치보다는 적은 양의 반대색으로 화면이 살아날 수 있다. 즉, 전체적으로 저채도의 난색 계통으로 이루어지나 아주 적은 양의 청록색을 사용하면 전체 조화를 이루기 쉽다.

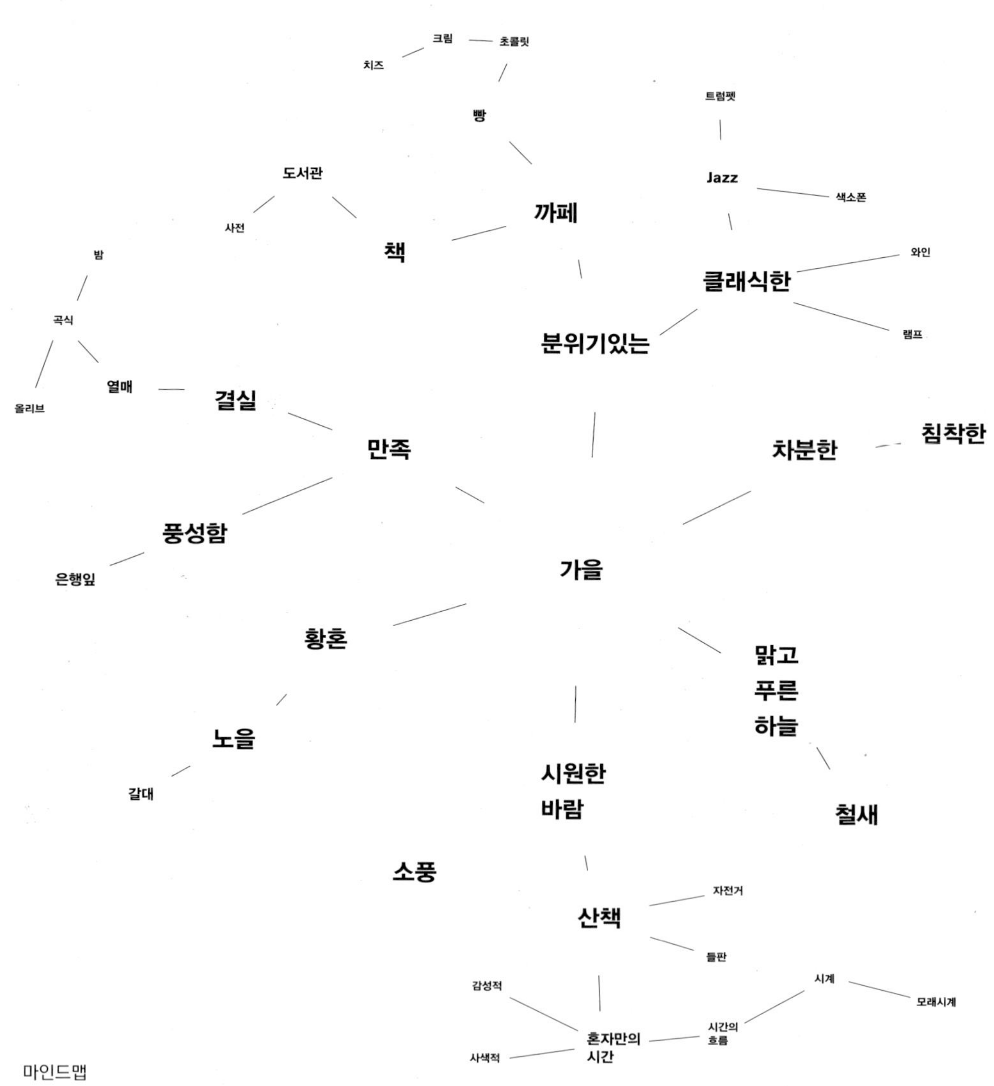

마인드맵

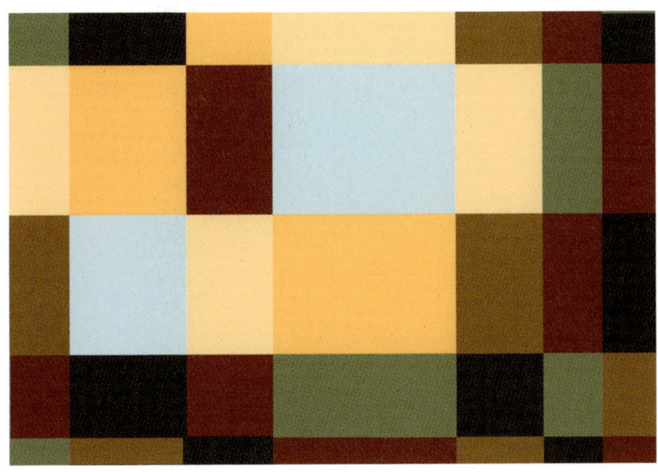

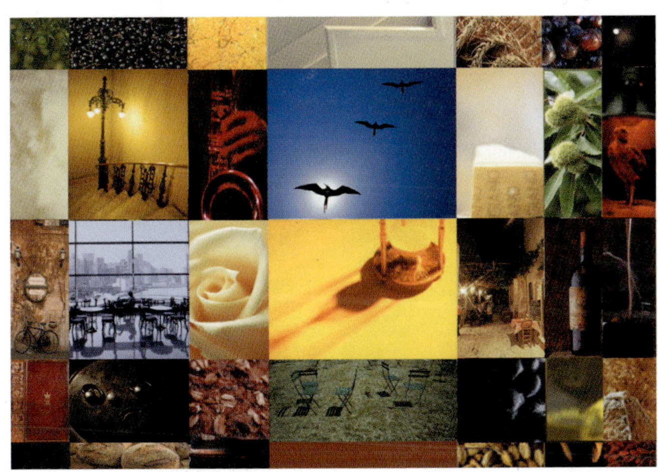

겨울을 이미지로 하는 일반적 단어는 '차가운, 추운, 조용한, 투명한'이다. 그렇기에 파랑, 청녹, 초록 등의 색채로 상징된다. 조용함을 추구한 나머지 단조로위질 수 있기 때문에 오히려 봄을 기다리는 움직임과 빛을 상징하는 색을 조금 사용하는 것이 좋다.

하지만 다음 학생의 예와 같이 마인드맵에서 가족 간의 이벤트를 연상하여 '행복한, 즐거운, 화목한' 등이 추가될 경우에는 난색 계통이 도리어 지배적 색조가 된다. 마인드맵의 명사로 이미지의 형태를, 형용사로는 색채와 분위기 결정에 활용한다. 가장 중요한 사진은 지각법칙(색, 형, 정보가 있으면 다른 부분을 배경으로 보이는 원리)을 응용한다. 또 필요에 따라서는 면을 결합하고 확대해도 좋다.

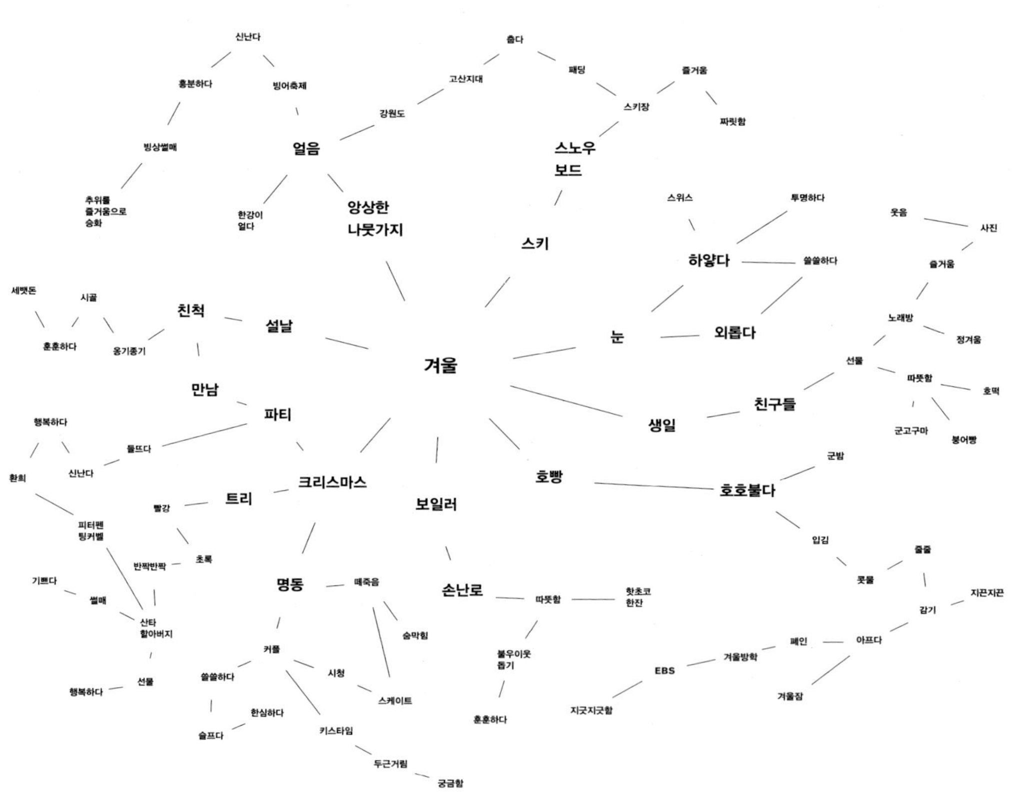

마인드맵

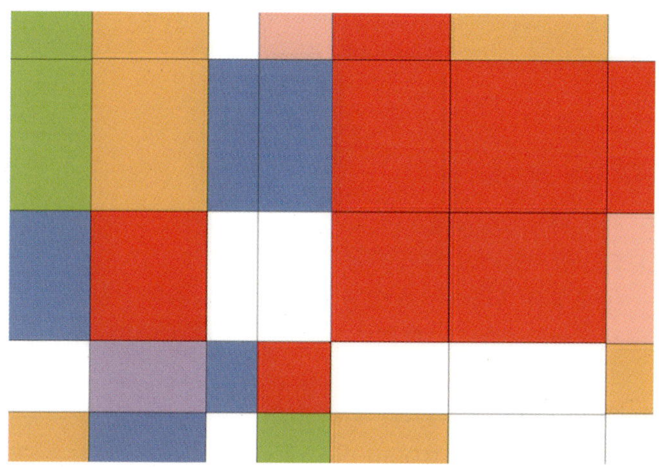

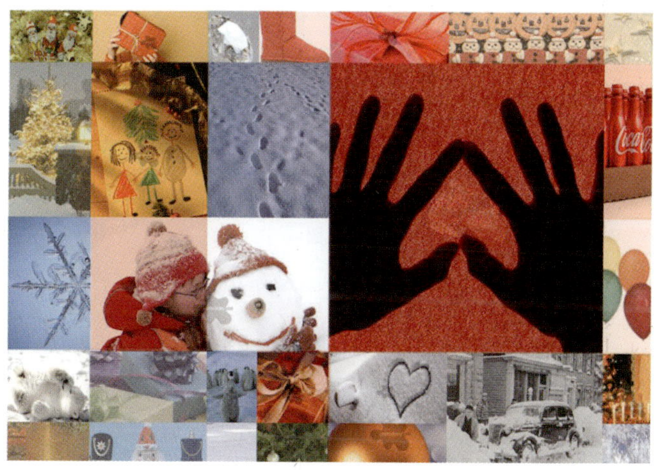

신체 내부(빛, 음악에 대한 반응)의 색채를 관찰하기

이제까지의 학습이 외부 환경의 색채 관찰이었다면, 이제는 눈을
감고 신체 내부의 색, 빛을 관찰하여 표현해 보자.

빛의 반응

앞서 색은 빛이라 설명했다. 빛의 연구는 고대로 거슬러 올라간다.
그리스 학자들은 '빛은 입자인가 파동인가'를 두고 논쟁했다.
20세기에 들어와 빛은 입자이기도 하고 파동이라는 것이
증명되었다. 이와 같이 빛은 과학에서의 연구는 물론 신화, 종교,
철학, 예술 분야에서 특별한 의미를 지니고 있다.

태양이나 태양과 같은 광도의 발광물체를 본 다음 눈을
감으면 보색잔상과는 다른 독특한 애프터 이미지(after image)가
나타난다. 이는 무척 복잡한 양상을 지니고 있는데, 이런 현상을
색의 분방(Flight of color)이라 한다.

색의 분방에도 나름의 질서가 있는데, 이와 관련하여 다양한
실험이 보고되고 있다. 처음에는 원자극의 하얀 애프터 이미지가
보이고, 이어서 색은 파란색으로 다시 흰색으로 변하고, 다음으로
빨간색이 되어 마지막으로 파란색 혹은 녹색으로 끝난다.
또 자극이 백색광인 경우 '흰색 → 초록색 → 회색 → 붉은
보라색 → 파란 보라색 → 파란색'의 순으로 변화한다. 원자극이
태양일 경우에는 여기에 선명한 노란색이 덧붙여 보이는 경우가
많은데, 태양의 애프터 이미지는 보색이 교대로 나타나기에
회귀 도상(recurrent image)이라 이름 붙여지기도 했다. 태양의
애프터 이미지를 더 자세히 관찰하면 애프터 이미지 주변에
반대색(보색)이 빛의 무리(light halom)로 나타나 있고, 그 빛의
무리 주변에서 멀어짐에 따라 미묘한 색채의 변화를 지닌다.

태양의 애프터 이미지 표현하기

자신의 내부, 내적 자연의 색으로 나아가 직접 그 현상을 관찰하고 표현하자. 교실의
창이나 건물 밖에 나가 태양을 2-3초 바라보고, 눈을 감고, 눈덩이 위를 양손바닥으로
감싼다. 이때 주의할 것은 안구를 손가락으로 압박하지 않는 것이다. 안구를
손가락으로 강하게 압박하면 복잡한 패턴이나 다양한 색이 나타나기 때문이다.
또 빛이 투과되는 것을 막기 위하여 머리부터 수건이나 천을 뒤집어쓴다.
이때의 애프터 이미지를 기억하고 이를 표현해 보자.

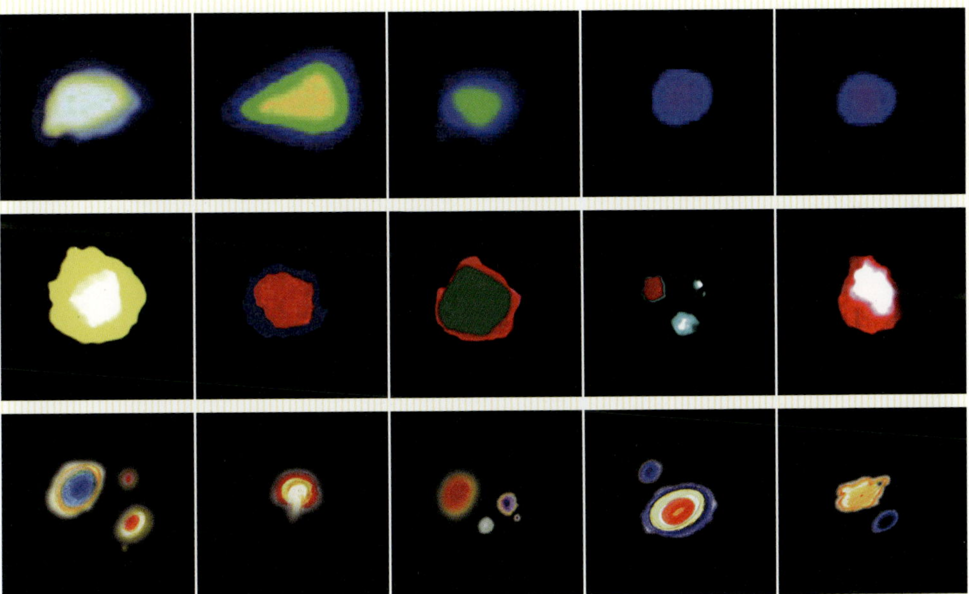

그림 6. 태양의 에프터 이미지 5단계

빛의 표현

다음에는 빛을 내면화하여 자신만의 방법으로 표현해 보자.
예술에서 빛을 색으로 표현, 재현하려는 시도는 무수히 많았다.
인상파, 미래파, 고흐 등의 회화를 보면 빛을 포함한 대기(大氣)가
점으로 부드럽게 확산되듯이 표현되어 있다. 즉, 주로 빛을 작은
색점으로 표현하는 경우가 많다. 오늘날에도 부루스 나우먼(Bruce
Nauman)[12]의 컬러풀한 네온 빛의 표현같이 빛을 색으로 표현하는
것은 조형의 중요한 테마이며, 포스터를 포함한 그래픽디자인,
공간디자인, 심지어 건축디자인 등의 분야에서도 색을 통한
빛의 추구가 시도되고 있다.

여기에서는 다음의 조형 감각 향상 과제를 위해 기하학적
단일 형태와 색의 반복에 따라 빛의 표현으로 한정하여 살펴보겠다.
그리드를 이용한 면 분할로 어떠한 동일형태의 집합을 만들고,
거기에 그라데이션으로 색채를 시스템적으로 배치함으로써
공간으로 확산되는 빛을 표현할 수 있다. 이러한 빛의 표현은
빅토르 바자렐리의 좌우상하대칭인 유니트 구조의 반복에서
잘 볼 수 있다.

바자렐리의 유니트 구조에 따라 사방으로 확산된 구성은
색채에 의한 바탕과 도형의 융화, 면의 확장, 전진후퇴적인 현상을
동반하여 대기나 공간으로 빛이 사방으로 퍼지는 듯한
시각 효과를 발휘한다.

이외에 스위스의 리하르트 로제(Richard Paul Lohse)[13]의
<30개의 배열된 시스템적 컬러>에서, 그리고 하동철의 선의 반복을
통한 빛의 표현에서도 볼 수 있다. 또한 박현주의 입체 작품에서도
이러한 구조적 빛의 작품화를 볼 수 있다.

— 12
세계적 아티스트. 비디오 작업,
네온 조각, 전통적 캐스팅에 의한
조각, 드로잉 등 다양한 매체를
통해 다소 난해한 철학적, 심리적
은유가 풍부한 언어적 작품을
제작했다. 여러 번의 베니스
비엔날레 출품을 거쳐 1999년
제 48회 베니스 비엔날레에서
최고의 영예인 황금사자상을
수상했다.

— 13
구텐베르크 도서 길드, 정치
선전물, 잡지 <건축+주거> 등의
그래픽 작업을 담당한 스위스
출신 그래픽 작가이자 추상회화
아티스트이다.

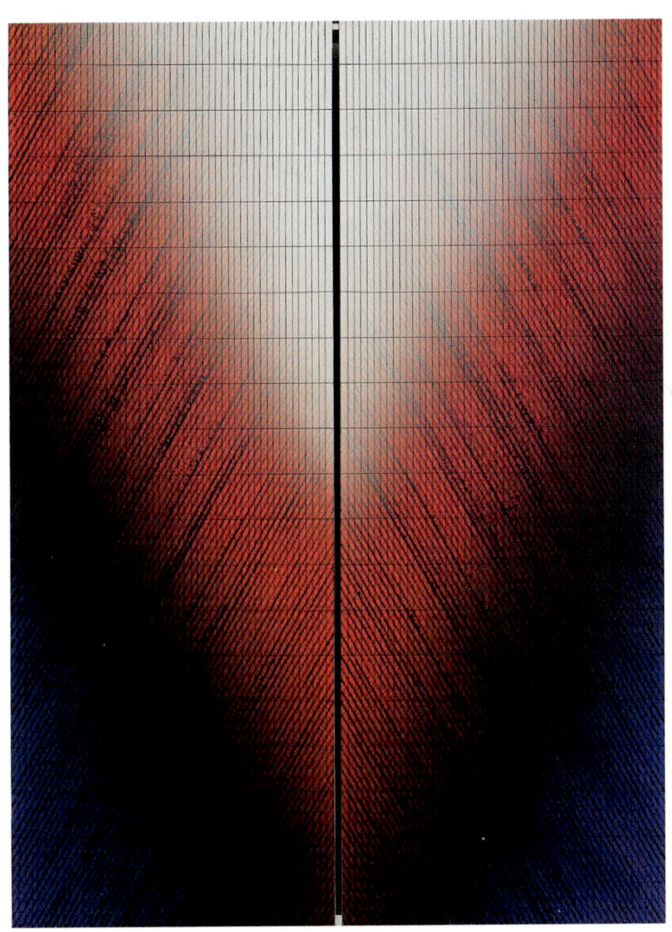

그림 7. 하동철의 빛의 색채 표현 ─ Lo2-29 yang

빛의 작가라 불리는 전 서울대학교 교수 하동철은 정신적인 빛,
영원한 빛, 우주의 빛이라는 테마를 작품에 구현했다. 색으로서의
빛의 분위기를 자아내는 모노톤의 바탕 색조, 그 색조의 감상적
신비함을 통제하는 씨줄과 날줄의 거미망, 거기에 빛의 현시적인
효과를 선으로 재현한 듯한 강한 사선들의 역동성, 그 선들의 무수한
반복 이미지 등이 어울려져 거대한 빛을 표현했다. 그는 '그리는
과정에서 수반되는 우연성을 완전히 배제한, 극히 익명적 수단에
의한 개념의 집적 과정(conceptual process)이었다'고 자신의
조형 의도를 밝히고 있다. 이러한 주관적 빛에 대한 객관적, 즉물적,
이성적 제작 태도는 바자렐리, 로제, 박현주의 작품에서도 공통된다.

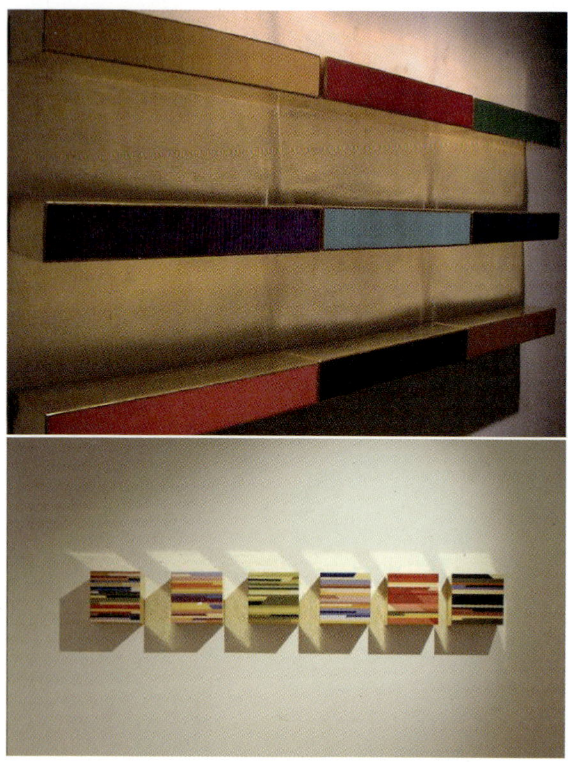

그림 8. **박현주의 빛의 색채 표현** — Inner Light Series 2002-2007

한편 화가 박현주는 흰 공간 속에 큐빅 모양을 반복시켜 빛과
형태의 리듬감을 그려 내면서도 색이 가득한 사각 면을
은은하게 반사시킴으로써 '빛과 색의 놀이'를 보여 준다.
단면 속의 빛과 색의 조합은 공간과의 관계에서 서로 겹쳐지기도
하고 상쇄되기도 하여, 더 많은 이중적인 관계를 만들어 내고 있다.
　　　리하르트 로제의 <30개의 배열된 시스템적 컬러>에서의
테마는 연속적으로 변화시킨 30의 색채를 지닌 수직으로 나열된
연속된 세로줄이다. 이 세로줄은 30회에 걸쳐서 수평방향으로
반복되며, 이때 30열 모두의 색채의 연속 순서는 변하지 않고 있어
색채의 양적인 균등성이란 그의 목표를 달성한다. 색채의 반복을
동시에 행함으로써 무한한 색채의 연속을 이룬 구성을 전개하여
결국 900개의 색채로 이루어졌다. 이 그림은 하나의 자유로운 회화
표현으로 발전된 것이다. 그리하여 색채가 형태보다 우선하면서
색채에 따라서 형태가 완성된 작품이 되었다.

기초조형 Thinking 과제

빛의 표현: 동일형의 반복

앞의 로제의 방법론을 차용하고 나아가 명도의 그라데이션을 더욱 적극적으로
도입함으로써 방법론은 동일하나 그 구성의 콘셉트에 따라 다양한 새로운
빛의 패턴을 생성해 본다.

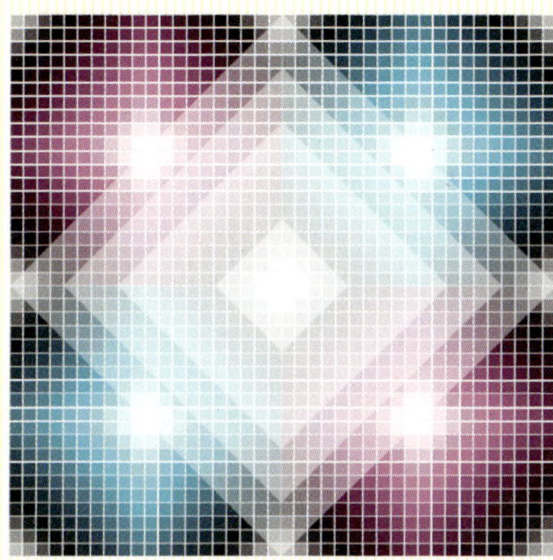

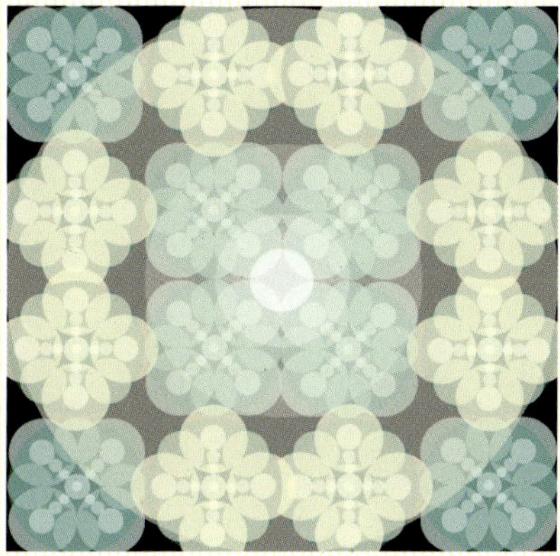

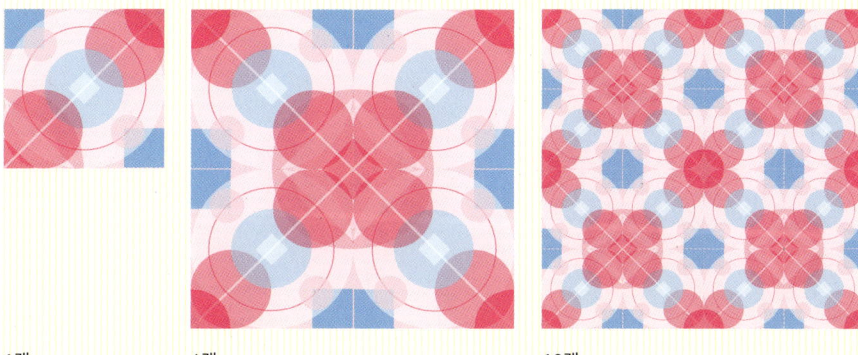

1개   4개   16개

그림 9. **빛의 하모니 1**

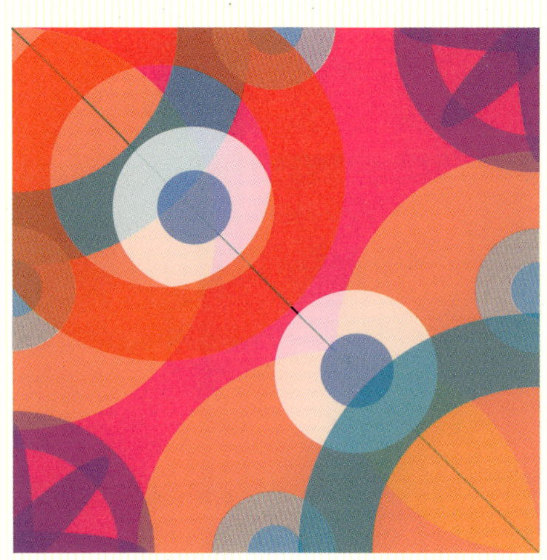

1개

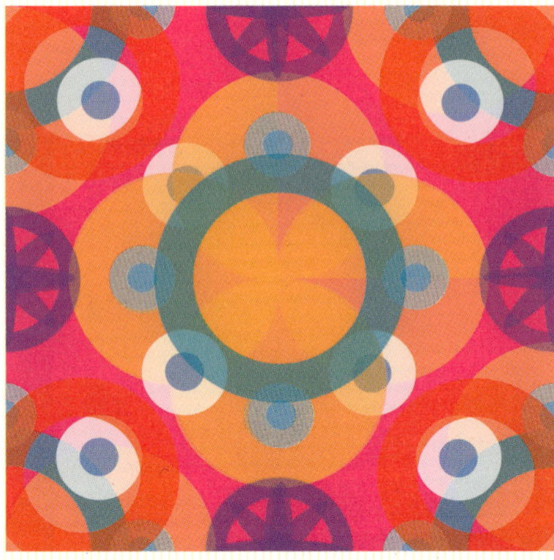

4개

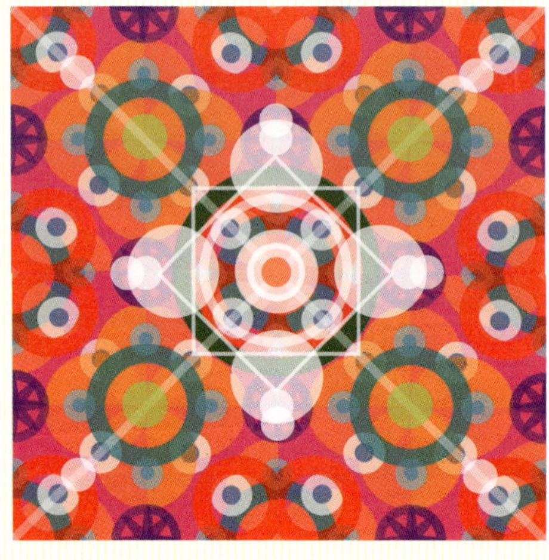

16개

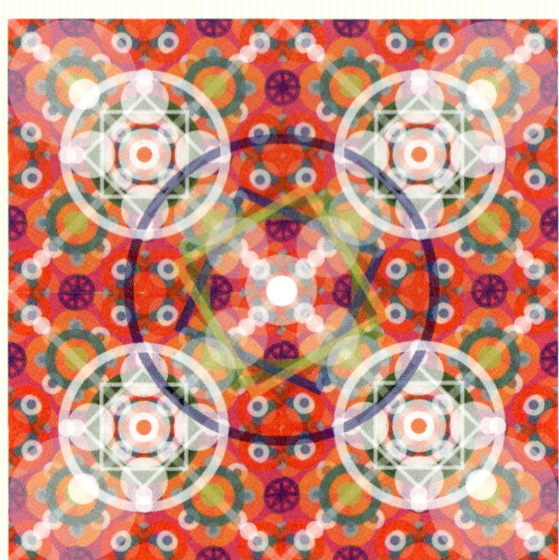

32개

그림 10. **빛의 하모니 2**

색을 통한 음악 반응

신체 내부에서의 반응을 관찰하여 색으로 표현한 것에는 빛 이외에 리듬과 음을 포함하는 음악에 대한 반응을 색채화한 경우가 있다. 우리들의 오감(시각, 청각, 미각, 후각, 촉각)은 하나의 감각 기관이 자극을 받으면, 다른 감각 기관도 마치 자극을 받은 듯이 반응하는 현상이 일어나는데 이를 공감각 현상(synesthetic phenomenon)이라 한다. 특히 색채와 음악의 관계는 음색(tone color)이라는 단어가 있을 정도로 공감각 작용이 일어나기 쉽다.

어떤 음을 들으면 어떤 색이 즉각적으로 연상되는 현상이 있는데, 10명에 1명꼴로 그 정도가 강한 사람이 있다. 그 외 대부분의 사람들은 정도는 약하나 다양한 색지를 책상 위에 두고, 어떤 특정음 혹은 특정 음악을 듣고 이와 느낌이 유사하다고 생각되는 색지를 고를 수 있을 정도로 음악과 색과의 공감각 현상은 보편적이다.

음색이라는 단어가 있듯이 어떤 특정 악기에 대하여 어떤 색을 공감각하는 경우도 있다. 이와 관련하여 칸딘스키는 『추상회화론』에서 악기의 음색에 관하여 다음과 같이 서술했다.

노랑	차츰 높이 울리는 트럼펫의 날카로운 음색
오렌지	튜바(대형나팔로 저음을 내는 관악기)의 팡파레의 음색
빨강	높고 맑은 바이올린의 음색
자주	정열을 띤 중간음에서 저음의 첼로의 음색
보라	오보에의 음색
어두운 보라	바슨(긴 통모양의 목관 악기)의 저음의 음색
하양	정신적으로 음이 없는 상태
초록	부드럽게 연주되는 바이올린의 차분한 중간 톤의 음색
밝은 파랑	플롯
어두운 파랑	첼로. 어두운 청색의 밀도와 깊이를 증가시키면 콘트라베이스의 신기한 음색을 닮아간다. 즉, 깊이와 장엄함이 있는 점에서는 파랑의 음은 파이프 올겐의 저음 부분의 음색에 비유된다.

괴테 역시 친구에게 보내는 편지에서 첼로를 인디고 블루(indigo blue), 바이올린을 울트라 마린(ultramarine), 오보에를 진한 빨강(dark red), 클라리넷을 노랑(yellow), 호른을 보라(violet)에 비유하는 등 음과 색과의 공감각 현상을 표현했다.

특정 개별 악기의 음색이 아니라 작곡된 음악의 전체 인상에 대하여 특정색과 형태를 느끼고 표현한 경우도 있다. 월트 디즈니영화 <판타지아(Fantasia)>[14]가 그 대표적인 예이다. 이 영화는 디자인과 그림, 음악의 융합을 통해 예술적 감흥이 공감각적인 형상으로 나타나 있다는 것을 보여 준다.

음악 전체에 대한 인상은 그 사람의 과거 경험이나 그 외의 많은 요인으로 반드시 일정한 경향이 아닐 수도 있다. 그러나 보편적 경향은 존재한다. 이와 같은 음악과 색채의 공감각을 이용한 포스터 작업을 20여 년간 열중한 사람이 바로 스위스의 요제프 뮐러 브로크만(Josef Müller–Brockmann)[15]이다.

색과 음을 연결시키는 생각은 아리스토텔레스에서 시작하여, 뉴턴을 거쳐 작곡가 스크리아빈(Alexander Scriabin)[16]이 'Luce'라는 컬러 오르간을 연주하는 등 다양한 시도가 있어 왔다. 색으로까지는 연결되지 않았지만 일본의 미디어 아티스트 이와이 도시오(岩井 俊雄)[17]와 야마하가 2006년 공동개발한 시각적 음악 인터페이스 <Tenori–on>은 음악을 빛으로 연주하는 악기로 음악과 빛, 조형을 연결시킨 작품이다.

음악의 색채 표현
요제프 뮐러 브로크만의 포스터를 참고로, 모자르트의 각 기악곡을 듣고
그 음악의 이미지를 색으로 표현해 보자.

클라리넷

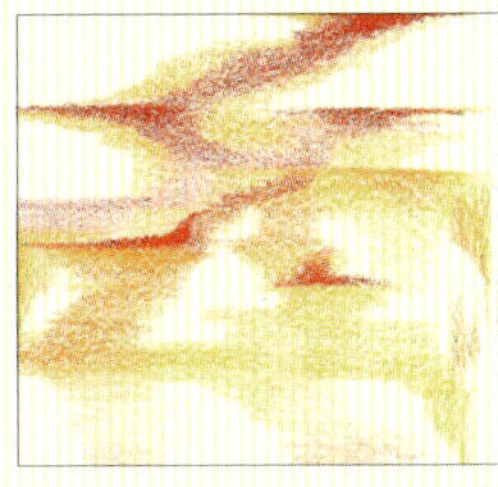
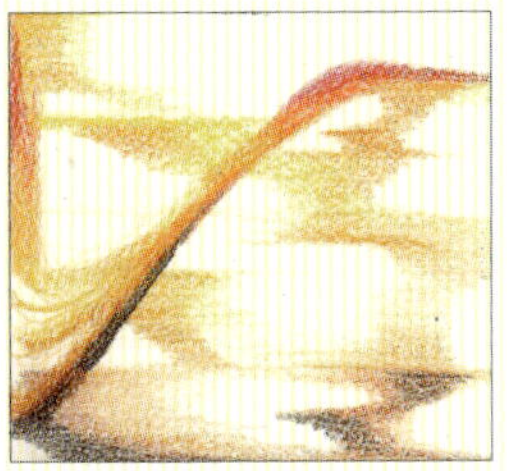

플루트

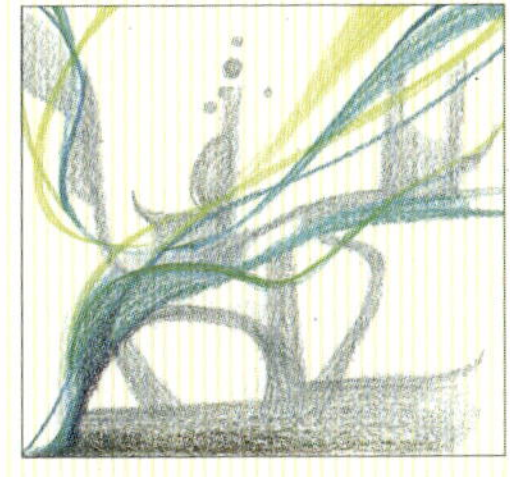

호른

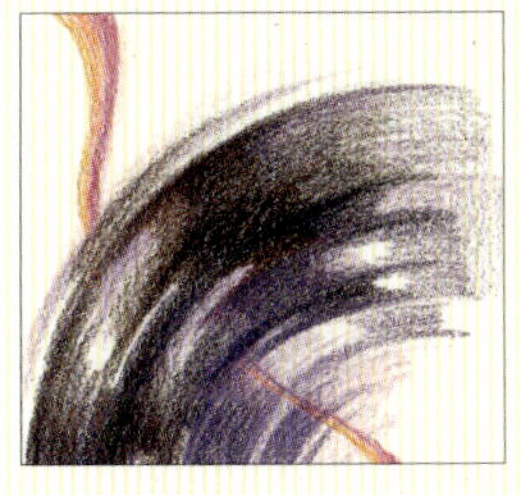
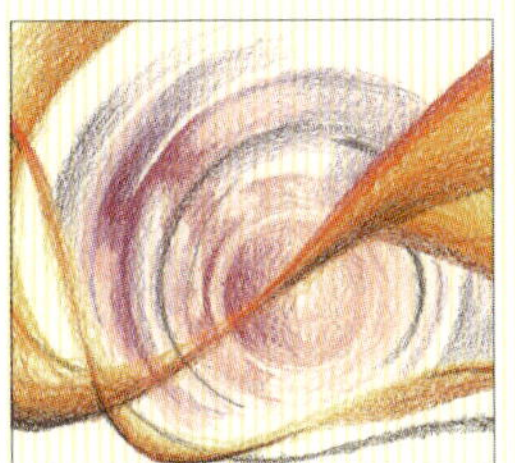

피아노

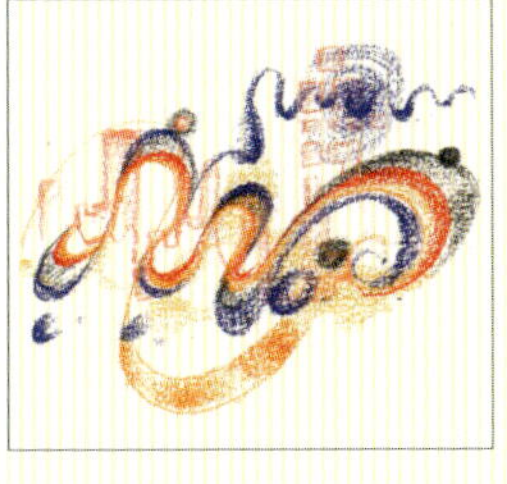
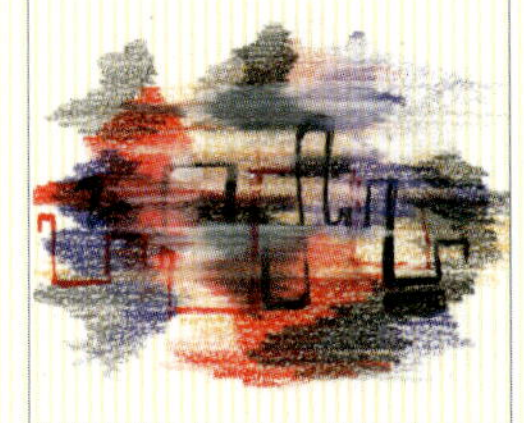
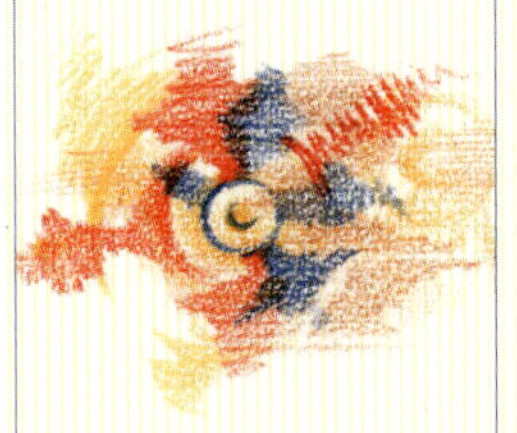

그림 11. 음악 색채 표현 이미지

공동의식의 색채를 관찰하기

색채 감정의 사회문화적 보편성

색의 매력은 언어와는 달라 이지적으로 언급할 수 없다. 그렇기
때문에 우리들의 감정을 깊이 흔들며 매료하는 것이다. 특히 색에는
개인차가 강하게 나타난다. 이 차이는 문화, 민족, 자연환경에 따른
차이로도 나타난다. 이 같은 차이의 생성은 커뮤니케이션에서는
불편하지만 커뮤니케이션을 풍요롭게 하는 특징이기도 하다. 하지만
아무리 색과 그 의미의 연결이 자의적일지라도 어느 정도는 인류
전체에 색과 의미, 감정에 관한 보편성이 존재한다. 이는 자연의
색과 인간의 오랜 역사의 축적을 통해서일 수도 있고, 문화가 키운
전통의 정형화 탓일 수도 있다.

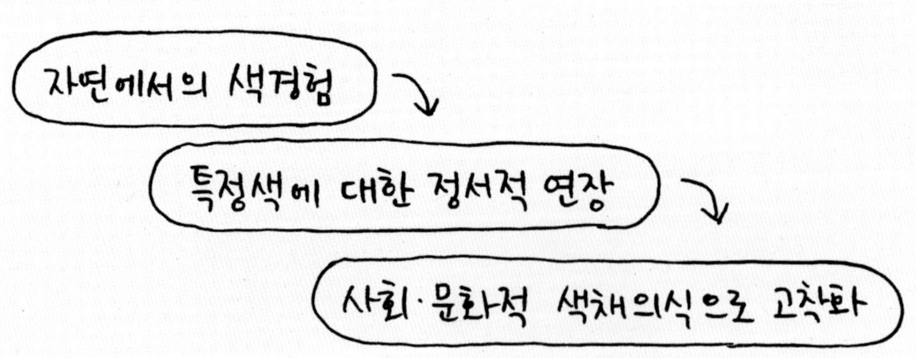

그림 12. **자연에서의 '색 경험'이 사회 문화 관습으로 자리 잡는 경위**

색은 인간이 인종에 상관없이 똑같이 지각할 수 있듯이 생리적인 부분에서는 일치하는 부분이 많다. 하지만 연구를 통해 확인한 결과 환경의 영향도 많이 받는다는 사실을 알게 되었다. 그러므로 디자인이나 색채 설계를 할 때 이러한 공통성과 상이성을 잘 파악하고 활용하면 더 큰 효과를 얻을 수 있을 것이다.

어떠한 색을 좋아하는 것은 다분히 개인적인 취향과 선호에 따른 것이라 주장할 수 있다. 하지만 취향과 선호라 믿으며 무의식적으로 선택되고 일상 속에서 공유되는 많은 것의 이면에는 이미 장기간 광범위하게 진행된 보이지 않은 의도(교육이나 습관, 상식과 편견의 공유를 통해 학습되고 고착되고 되물림된)가 깔려 있는 경우가 많다. 특히 색에 관한 문화적 사회적 환경에서의 영향력은 대단하다. 이를 '핑크'라는 특정색을 예로 살펴보겠다.

특정색 핑크의 경우

핑크, 즉 분홍은 빨강 색채의 변용으로 생성된 색이다. 먼저 빨강은 '생명, 따뜻함, 열정, 감성적, 진취적, 애국심, 혁명'과 같은 긍정적인 이미지와 '상처, 방화, 고통, 광란, 전쟁, 위험, 악마'와 같은 부정적인 이미지를 동시에 갖고 있다. 원래 빨강은 상당히 양면적인 평가를 받는 색이다. 다른 색들도 양면적 평가를 받고는 있지만 선호도에서 하양, 파랑은 '좋아하는 색 순위'에만 꼽히는 것에 비해 빨강은 좋아하는 색과 싫어하는 색에서 모두 꼽힌다.

이러한 빨강이 분홍, 핑크로 변이되어 빨강이 지니고 있는 남성적이고 역동적 속성이 온화하고 순종적인 여성적 느낌으로 전환되었다. 동양에서는 '분홍'하면 복숭아색이나 진달래색으로 불리며 복숭아, 진달래 등이 분홍의 상징이 되어왔다. 한편 서구에서는 rose, cherry pink 등 꽃 이름이 색명으로 사용되고 있다. 정열적이며 적극적인 이미지의 빨강과 비교하면, 분홍은 수동적인 이미지를 지닌다. 분홍의 부드러운 색채는 공격적인 기분을 억제하는 작용이 있으며 신경을 온화하고 부드럽게 하는 작용이 있다.

핑크는 여성적인 이미지를 지니고 있기 때문에 사랑과 같은 달콤함과 여성을 상징하는 색으로 여성적인 공간에 적절하게 사용되고 있다. 즉, 소녀의 침실 등에 많이 사용되며 유아기 여아의 옷이나 유모차의 색으로 선호되고 있다.

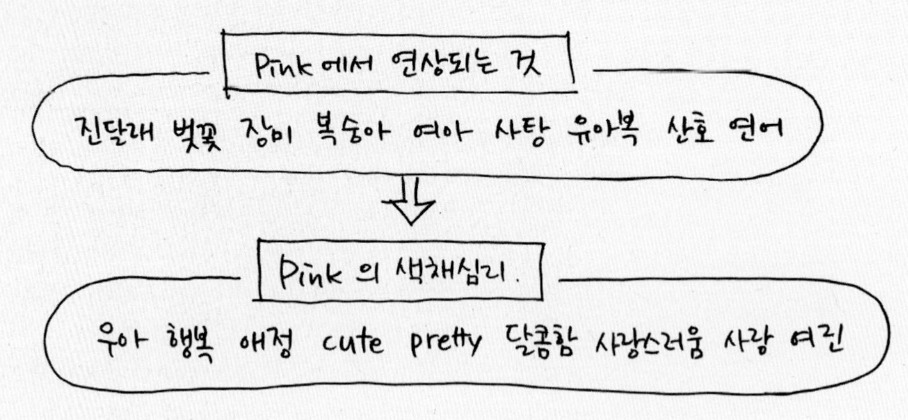

그림 13. **핑크의 연상 단어와 색채 심리**

이처럼 사회 문화적으로 색에 대한 의식을 드러내어
사람들에게 이에 대하여 생각하게 하는 작품과, 문화적 색채
의식을 반전시킴으로써 사람들이 낯설음을 느끼고 다시금
생각하게 하는 작품이 있다. 바로 2개의 <Pink 시리즈>이다.
여자아이의 색으로 인식되는 핑크색을 주제로 한 이
<Pink 시리즈>는 좋은 예가 될 것이다.

　　　　사진작가 윤정미는 사회적 개념으로 규정된 여자아이의
색 pink와 남자아이의 색 blue라는 이분법이 한국뿐 아니라
전 세계 공통의 보편적 현상으로 보고, 이를 시각화하여 <Pink
시리즈>를 제작했다.

　　　　<Pink 시리즈>에는 한 여자아이와 그 아이가 실제
소유하고 있는 무척 많은 양의 핑크색 장난감, 학용품, 의상들로
구성되어 있다. 그 평범한 배열 방식과 시각적 관점에 따라
전달되는 테마 '핑크'는 우리들을 색으로 구분되는 성별의
문제, 사회 전체를 지배하는 색에 대한 통념에 주목시킨다.
이런 성별에 따른 색의 구분은 심지어 아이들이 태어나기 이전,
신생아 용품을 준비할 때 이미 시작되고 이러한 사회적 과정들이
결국 한 사람의 색채 감정, 조형 감각과 심미 인식 전체에 영향을
미치게 된다. 윤정미 작가의 이론에 따르면 초등학교 2–3학년으로
올라가면서 스테레오타입화한 색 선호는 개인적 취향으로
변모한다고 한다.

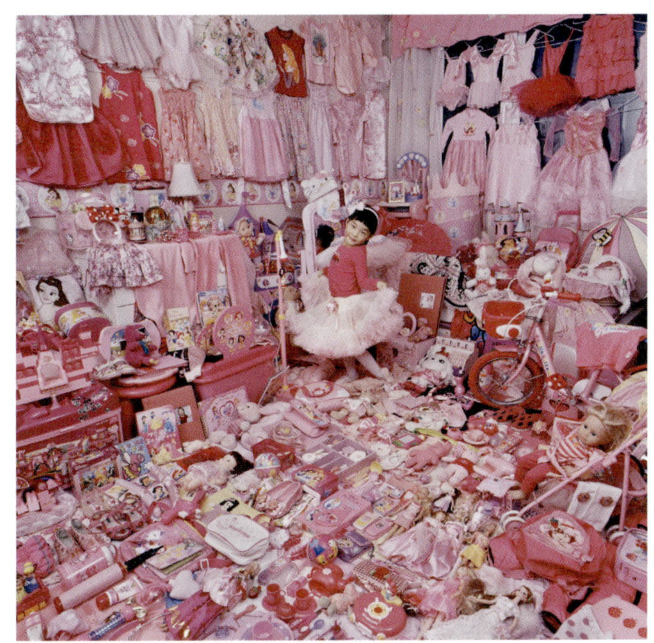

핑크 프로젝트 – 지유와 지유의 핑크색 물건들, 라이트 젯 프리트

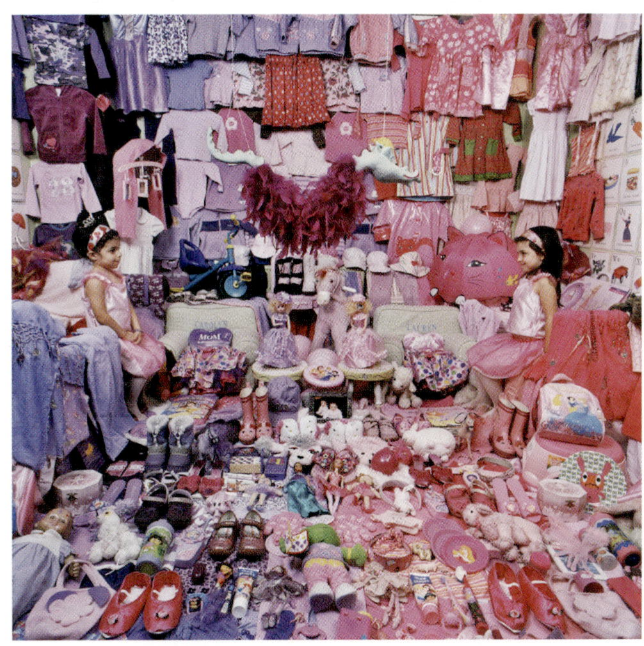

핑크 프로젝트 – 로렌과 캐롤린 그리고 그들의 핑크&보라색 물건들, 라이트 젯 프리트

그림 14. **문화적 색채 고정 관념을 조형화**

반면 본래 있던 색을 분홍색으로 뒤덮으며, 그 틈에서 묘한
불협화음이 새어나오는 작품이 사진작가 김희정의 <Pink
시리즈>이다. 여성스러움은 순수한, 부드러운, 소녀다운 등의
단어로 표현되고, 분홍색과 흰색은 일반적으로 여성적인 색이라
여겨진다. 여성을 단지 순결하고, 고귀하고, 부드러운, 일련의
여성에 대한 고정 관념과 이미지들은 우리는 사회화를 통해
무의식적으로 습득된다. 또한 이런 사회적 관습은 여성과 남성의
성격을 규정하는 사회적 약속으로 자리 잡고 고착화된 여성의
이미지를 재생산해 내고 있다. 김희정은 이와 같이 강요된
아름다움과 여성성을 오브젝트를 통해 반어적으로 표현했다.
그녀가 표현하는 것은 분홍색과 흰색을 지닌 상품이 가진 표면의
기만적 아름다움이다. 부활절에 먹는 병아리 모양의 머시멜로에
씌워진 분홍색, 남자아이의 장난감인 국방색으로 대표되는
'지.아이.조' 피겨에 덧씌워진 분홍색 등 우리의 일상적 색채와
괴리감을 나타내는 분홍색들이다.

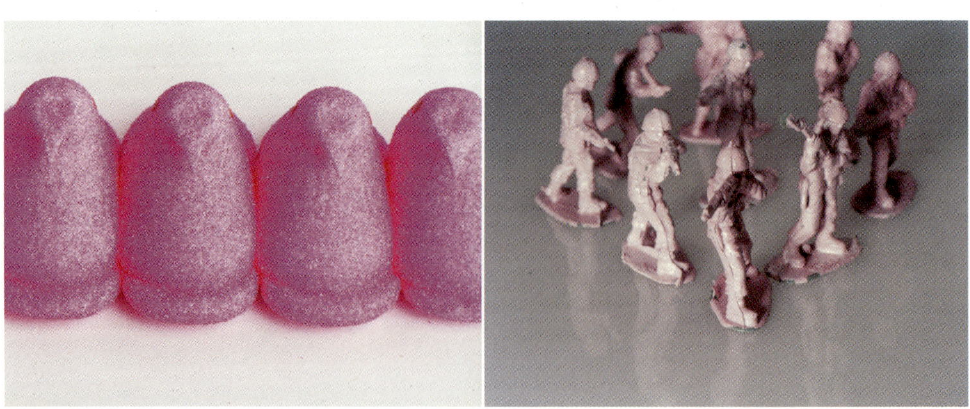

그림 15. 핑크에 대한 문화적 색채 고정 관념을 전복시킨 김희정의 작품

이러한 분홍색에 대한 사회적 통념이 디자인에서는 걸리시
마케팅(girlish marketing)이란 용어와 경향을 탄생시켰다.
이 신조어는 10대 소녀 취향의 소비자를 주요 타깃으로 한 전략으로
그 핵심 전략 중 하나가 '프리티 앤드 핑크(pretty and pink)
전략'이다. 소녀 취향의 만화 캐릭터를 활용하고 제품디자인은
깜찍하게, 그리고 핑크빛을 띠게 하는 것이다. 예를 들면
<금발이 너무해>라는 영화에 등장하는 컴퓨터업체 게이트웨이사의
분홍색 노트북 등이 있다.

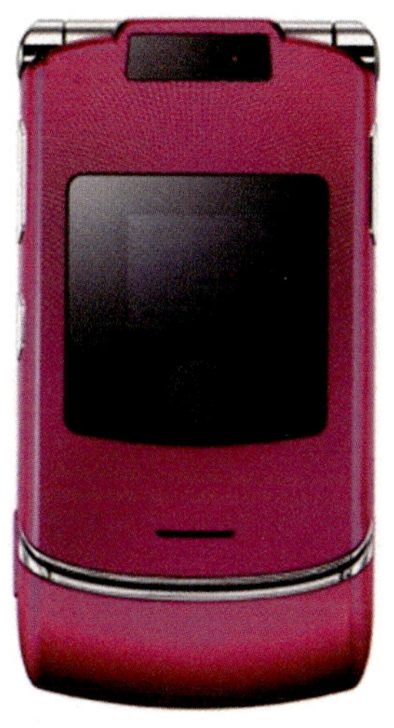
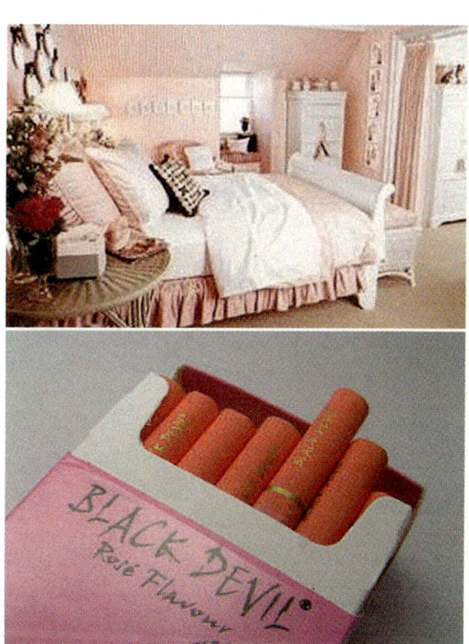

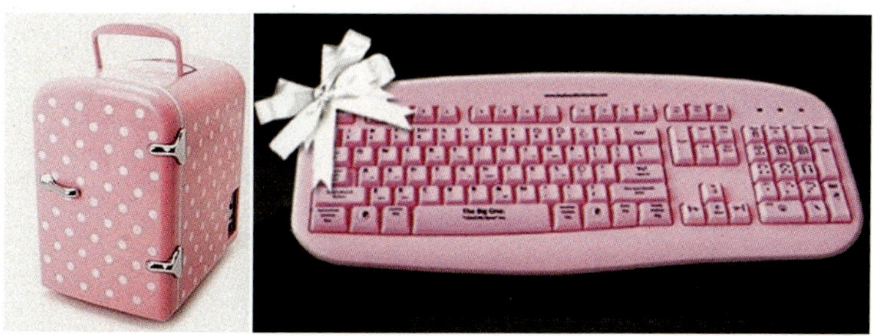

그림 16. **핑크의 문화적 색채고정관념을 이용한 걸리시 마케팅디자인**

개인의식의 색채를 관찰하기

<u>색채 감정의 독자성</u>

색채 감정이란 말 그대로 색채를 통해 일어나는 모든 감정적
효과 현상 또는 결과를 말한다. 또 다른 말로 색채 심리라고도 한다.
색에는 각각의 감정이 있으며 보는 사람에게 심리적인 여러 가지
느낌을 부여한다. 또한 색에 대한 느낌은 많은 사람들이 똑같이
느끼는 색의 이미지, 즉 공통된 부분도 존재하지만 한편으로는
사람 각자에 따라 다르기도 한다. 다시 말해 색채는 어느 정도
문화적 사회적 공통성을 지니기는 하지만 본질적으로는 자기 자신이
실험을 반복함으로써 체험을 통해 독자적으로 축적해 가는 성질이다.
이번에는 색채 감정의 독자성에 관해 살펴보겠다.

기초조형 Thinking 과제

단색에 대한 수집과 정리 – 색채 수집 상자 만들기
디자이너는 책상 앞에 앉아 있다고 아이디어가 탄생하지 않는다. 일상생활에서
디자인 소스가 될 것을 찾아 모아야 하는 데 색도 마찬가지이다. 즉, 색의 수집과
정리가 필요한 것이다.

컴퓨터상에서의 색이란 허상의 색이기에 색채 감각을 예민하게 하기 위해서는
수집 대상을 실제 인쇄물로 정하고, 몇 가지 색을 정하여 마음에 드는 색감을
철저하게 모아본다.

색감이 좋다고 생각한 것은 색지, 포장지, 포스터, 봉투, 우편물 등 특정색을 계속해서
모아 보자. 이를 동색계열 별로 정리하여 상자 안에 담아 본다.

그 결과 일률적으로 빨강이라고 생각했던 색이 얼마나 다양하고 미묘하게 다른지,
실제 경험을 통해 학습하게 되고, 색의 표현 형식이 풍부해져 미묘한 색상차를
구분할 수 있게 된다.

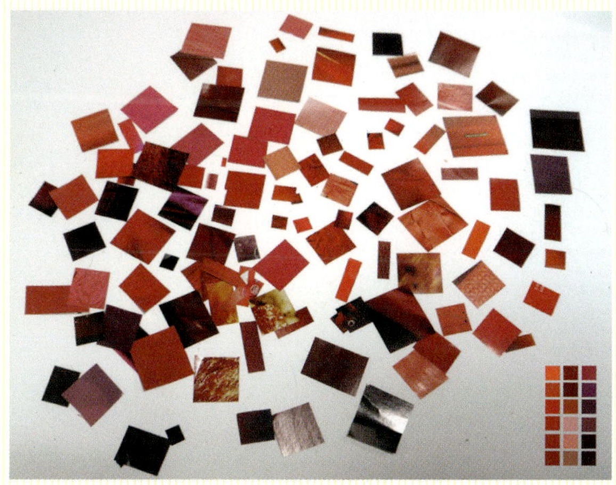
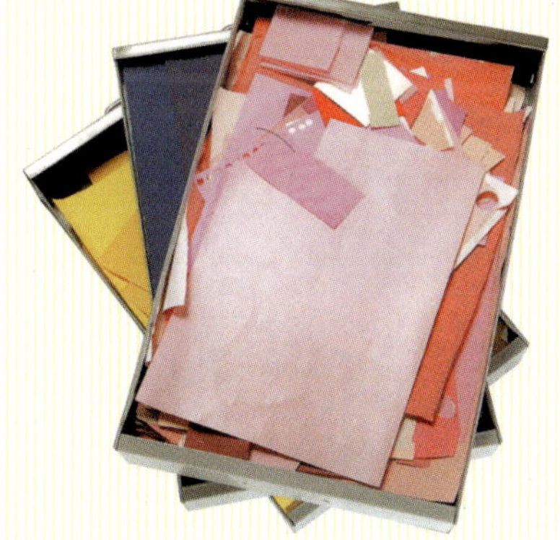

그림 17. **색채 수집 상자**

색채 이미지 스케일을 활용한 색채 감정 학습

우리는 배색을 보면서 감정적으로 '경쾌하다', '세련되었다' 등을
표현하고 느낄 수 있나. 하지만 이 느낌을 자신의 조형에서 재현해야
할 때 곤란한 경우가 많은데, 자신만의 배색 스케치북을 꾸준하게
제작하고 보관하여 필요할 때 사용하면 도움이 된다. 물론 이러한
다양한 감정의 배색을 제시해 주는 책이 있지만, 매번 그 책에
의지할 수도 없으며 내 감각과 정확하게 일치하지 않을 경우도 있다.
또한 사람들은 사용했던 배색만을 고집하는 경향이 있다. 따라서
자신이 직접 수집하고 객관적 잣대로 검토해 봄으로써 자신의
색채 경향을 파악할 수 있고, 새로운 배색을 몸에 익히는 계기가
되어 결국 폭 넓은 배색 감각을 기를 수 있게 된다. 이때 사용되는
색채 이미지 스케일은 배색 이미지 스케일과 언어 이미지 스케일로
나눌 수 있다.

사람들이 색에 갖고 있는 이미지에는 공통의 감각이 있다.
이를 형용사로 나타내 색과의 연결을 연구하여 스케일화한 것이
이미지 스케일이다. WC(warm–cool 따뜻한–차가운), SH(soft–hard
부드러운–딱딱한), CG(clear–greyish 선명한–회색빛이 도는)의
세 가지 심리적 축은 '좋고–싫다' 등의 가치 평가나 민족적 기후적
풍토, 시대 조건에 좌우되지 않는 객관성을 지닌다. 이 심리적 축을
바탕으로 이미지를 정확하게 표현하는 형용사를 100여 단어로
압축 선별하여 스케일상에 배치했다. 나아가 유사한 이미지의
언어를 수합하여 이미지 패턴으로 묶고, 각각에 패션 용어를
바탕으로 '로맨틱', '엘레강스', '다이내믹' 등의 라이프 스타일별
용어를 붙여서 누가 보아도 알기 쉽게 했다. 이것이
언어 이미지 스케일이다.

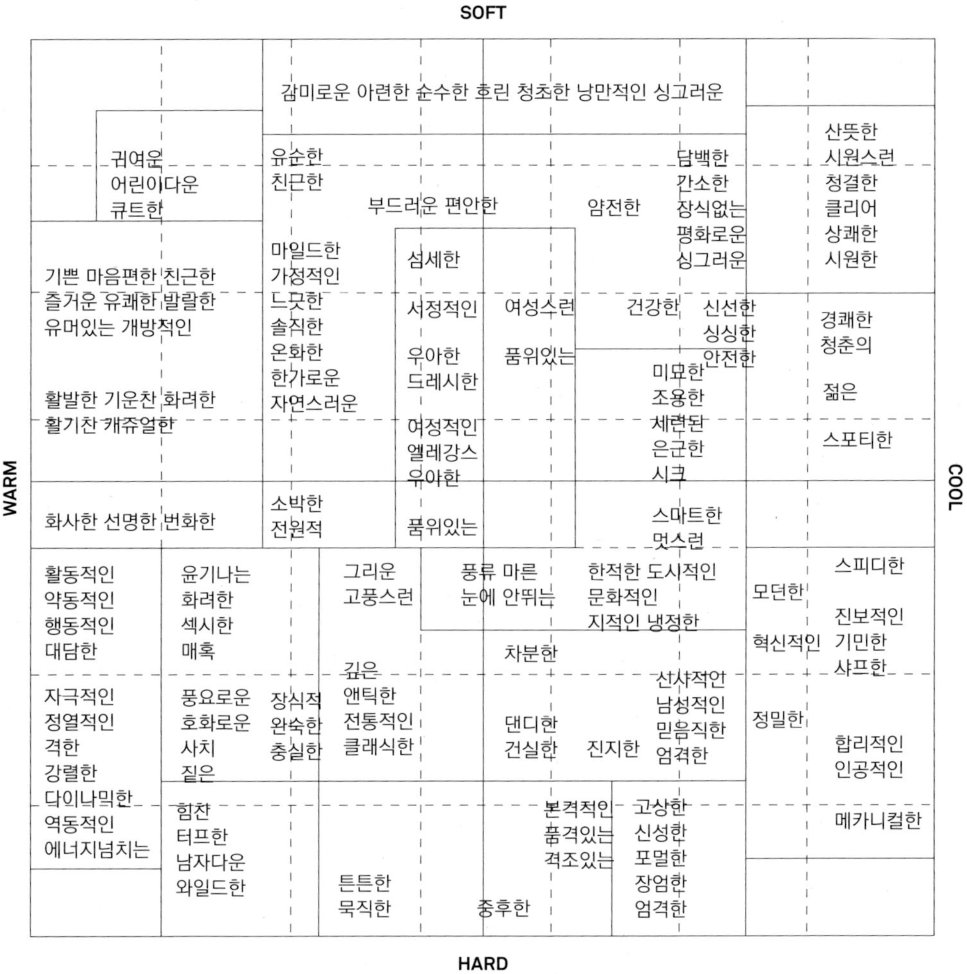

SOFT

감미로운 아련한 순수한 흐린 청초한 낭만적인 싱그러운

귀여운
어린이다운
큐트한

유순한
친근한

부드러운 편안한

암전한

담백한
간소한
장식없는
평화로운
싱그러운

산뜻한
시원스런
청결한
클리어
상쾌한
시원한

기쁜 마음편한 친근한
즐거운 유쾌한 발랄한
유머있는 개방적인

마일드한
가정적인
드맛한
솔직한
온화한
한가로운
자연스러운

섬세한

서정적인

여성스런

품위있는

건강한 신선한
싱싱한
안전한

미묘한
조용한
세련된
은근한
시크

경쾌한
청춘의

젊은

스포티한

우아한
드레시한

활발한 기운찬 화려한
활기찬 캐쥬얼한

여정적인
엘레강스
우아한

WARM   COOL

화사한 선명한 번화한

소박한
전원적

품위있는

스마트한
멋스런

활동적인
약동적인
행동적인
대담한

윤기나는
화려한
섹시한
매혹

그리운
고풍스런

풍류 마른
눈에 안뛰는

한적한 도시적인
문화적인
지적인 냉정한

모던한

혁신적인

스피디한

진보적인
기민한
샤프한

차분한

자극적인
정열적인
격한
강렬한
다이나믹한
역동적인
에너지넘치는

풍요로운
호화로운
사치
짙은

장식적
완숙한
충실한

깊은
앤틱한
전통적인
클래식한

댄디한
건실한

진지한

산샤적안
남성적인
믿음직한
엄격한

정밀한

합리적인
인공적인

함찬
터프한
남자다운
와일드한

튼튼한
묵직한

본격적인
품격있는
격조있는

중후한

고상한
신성한
포멀한
장엄한
엄격한

메카니컬한

HARD

그림 18. 언어 이미지 스케일 1

Romantic SOFT

Pretty

감미로운 아련한 순수한 흐린 청초한 낭만적인 싱그러운

귀여운
어린이다운
큐트한

유순한
친근한

Natural

부드러운 편안한

암전한

담백한
간소한
장식없는
평화로운
싱그러운

산뜻한
시원스런
청결한
클리어
상쾌한
시원한

Clear

마일드한
가정적인
드뭇한
솔직한
온화한
한가로운
자연스러운

섬세한

서정적인

여성스런

건강한

신선한
싱싱한
안전한

경쾌한
청춘의

기쁜 마음편한 친근한
즐거운 유쾌한 발랄한
유머있는 개방적인

Casual

활발한 기운찬 화려한
활기찬 캐쥬얼한

우아한
드레시한

품위있는

Elegance

미묘한
조용한
세련된
은근한
시크

젊은

스포티한

Cool
Casual

여정적인
엘레강스
유아한

WARM   COOL

Chic

화사한 선명한 변화한

소박한
전원적

품위있는

스마트한
멋스런

활동적인
약동적인
행동적인
대담한

윤기나는
화려한
섹시한
매혹

그리운
고풍스런

풍류 마른
눈에 안뛰는

한적한 도시적인
문화적인
지적인 냉정한

모던한

혁신적인

스피디한

진보적인
기민한
샤프한

Dynamic

Gorgeous

classic

차분한

Dandy

Modern

자극적인
정열적인
격한
강렬한
다이나믹한
역동적인
에너지넘치는

풍요로운
호화로운
사치
짙은

장식적
완숙한
충실한

깊은
앤틱한
전통적인
클래식한

댄디한
건실한

진지한

신사적인
남성적인
믿음직한
엄격한

정밀한

합리적인
인공적인

힘찬
터프한
남자다운
와일드한

Classic &
Dandy

본격적인
품격있는
격조있는

고상한
신성한
포멀한
장엄한
엄격한

메카니컬한

튼튼한
묵직한

중후한

Wild   HARD   Formal

그림 19. **언어 이미지 스케일 2**

이 스케일상의 이미지 단어는 각 단어의 위치를 중심으로 이미지가 밖으로 확산되어 차차 약해지는 것을 의미한다. 따라서 그 단어가 위치하는 주변 부분을 포함하여 면으로써 색감을 인식해야 한다.

이런 관점에서 WC / SH에 있는 색(단색, 배색)과 같은 위치에 오는 단어의 이미지는 일치한다. 즉, '배색–이미지 형용사'라는 이미지의 등가 교환 관계가 성립한다. 기존에는 배색을 계량적으로 질서 있게 정리하는 수법이 없었지만 이와 같이 심리적인 수법을 사용하면 무수히 많은 배색의 예를 이미지 스케일상에 정리할 수 있다. 즉, 그림 19의 언어 이미지 스케일을 참고로 하면서 다양한 배색을 WC, SH의 이미지 공간에 위치시킬 수 있다. 나아가 전체 속에서 유사한 배색들을 관련시키면서 'pretty', 'casual' 등의 이미지 패턴으로 정리할 수 있다. 그렇게 함으로써 각각의 배색의 특징도 파악하기 쉬워지고 자신이 원하는 이미지를 더욱 정확하게 표현하고 체크할 수 있게 된다. 또한 한정된 배색 샘플로써 배색 이미지의 전체상을 한눈에 파악할 수가 있다. 이미지 스케일의 공간에 위치된 다양한 배색들은 인접한 배색끼리는 유사한 이미지를 지닌다. 예를 들어 프리티 이미지에서 출발하여 로맨틱한 이미지로 가고, 내추럴, 엘레강스, 시크, 댄디, 모던으로 배색을 옮겨 가면서 조금씩 이미지가 변한 것을 알 수 있다.

광고를 통한 배색 학습 외에 인테리어 페이지, 패션 페이지 등으로 응용해 볼 수 있다. 인쇄매체와 달리 인테리어나 패션일 경우는 소재감이 색채에 미치는 영향이 크기 때문에 그 소재 자체의 색을 모으는 것이 더 바람직하다. 즉, 소재에 따라 빛의 반사와 흡수 정도가 다르기에 같은 색이라도 소재별로 색의 느낌이 다르게 느껴진다.

기초조형 Thinking 과제

**색 조합, 배색에 대한 수집과 정리 –
색채 이미지 스케일을 사용하여 나만의 감정배색 스케치북 제작하기**

다음은 단색뿐 아니라 여러 색의 조합으로 이루어진 배색에 대한 색채 감각 향상을
위한 학습을 하겠다. 앞쪽의 색채 이미지 스케일을 활용하여 과제를 수행하는
동안에 개별 이미지의 배색을 찾아내고, 이미지와 배색의 전체상을 파악하며,
나아가 개개의 이미지와 배색 간의 관련성을 꿰뚫는 안목을 기를 수 있다.

잡지광고에서 도표 이미지 스케일의 라이프 스타일(로맨틱, 프리티, 웜 내추럴,
캐주얼, 다이내믹, 고저스, 와일드, 클래식, 엘레강스, 시크, 쿨 캐주얼, 클리어,
쿨 내추럴, 모던, 댄디, 포멀, 클래식& 댄디)과 라이프 스타일을 연상시키는
형용사들(언어 스케일의 형용사를 참조, 예를 들어 즐겁다, 유머러스하다 등)의
느낌이 나는 페이지를 고른다. 이들 감정을 느끼게 하는 요소는 형태 등
다양한 요소가 있지만 여기서는 색채에 초점을 두고 색에 따라 느낌이 좌우되는
페이지를 선정하도록 한다. 색으로 감정, 향기를 표현하는 향수광고가
색채 학습에 적합하다.

스케치북의 왼쪽 페이지에 해당 페이지 전체를 오려 붙이고, 오른쪽 페이지에
'이미지 형용사'와 그 형용사가 속한 '라이프스타일'을 쓰고, 그리고 그 밑에
잡지에서 오린 주요 색상 4-5개를 오려 붙인다. 이때 반드시 잡지광고에서의 배색
순서와 양을 고려하여 유사하게 한다. 그리고 그 밑에 해당하는 색상을 CMYK로
환산해서 재현한 색상과 CMYK 수치를 붙여놓는다.

이와 같은 각 형용사에 해당하는 배색 찾기를 라이프 스타일별로
10개 정도 제작한다.

이들 각각의 배색을 가지고 종합페이지로 표현한다. 즉, soft-hard, warm-cool로
나누어진 좌표 안에 각 라이프스타일을 참고로 해당 이미지, 해당 배색을
배치해 본다.

해당하는 형용사의 느낌을 재현할 배색을 표현하고자 할 때, 이 스케치북을
사용하여 해당 CMYK 수치 색을 사용한다.

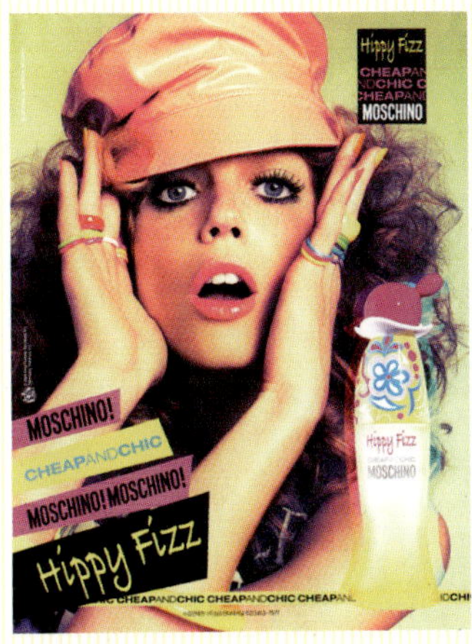

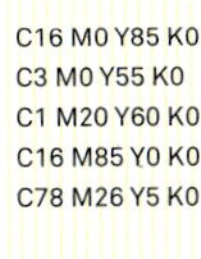

C16 M0 Y85 K0
C3 M0 Y55 K0
C1 M20 Y60 K0
C16 M85 Y0 K0
C78 M26 Y5 K0

활기찬 [캐주얼]

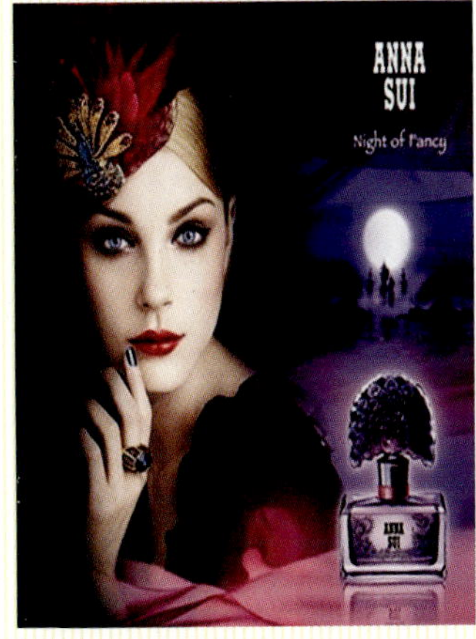
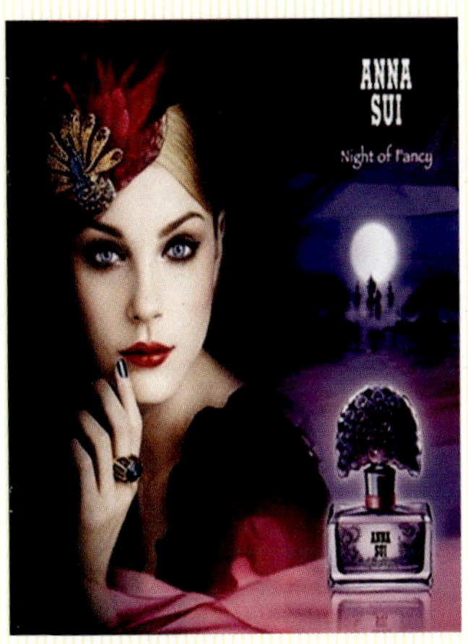

C99 M100 Y8 K3
C2 M10 Y16 K0
C93 M82 Y1 K0
C22 M82 Y2 K0
C54 M77 Y71 K79

품위있는 [엘레강스]

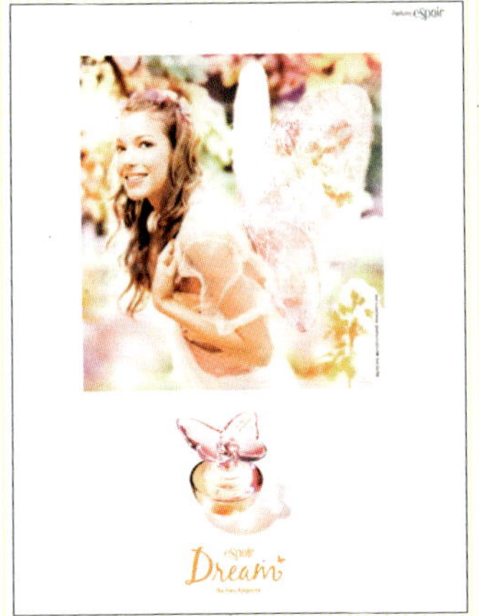

C2 M44 Y0 K0
C11 M93 Y44 K1
C0 M54 Y66 K0
C0 M55 Y100 K0
C11 M0 Y86 K0

감미로운 [로맨틱]

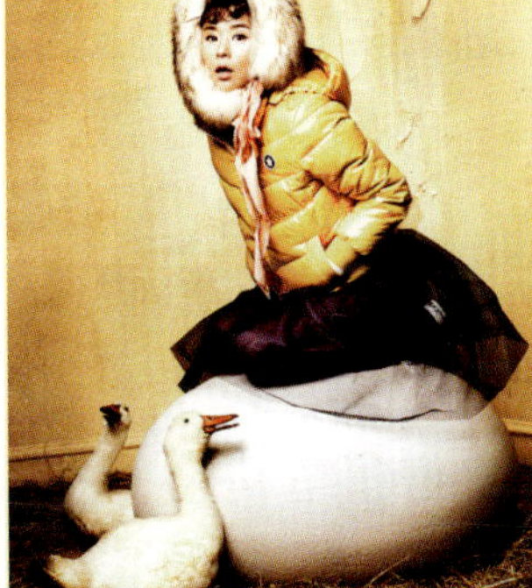

C9 M15 Y74 K0
C6 M0 Y61 K0
C66 M97 Y42 K46
C2 M2 Y7 K0
C45 M76 Y84 K65

풍요로운 [고저스]

그림 20. **색채 스케치북 사례**

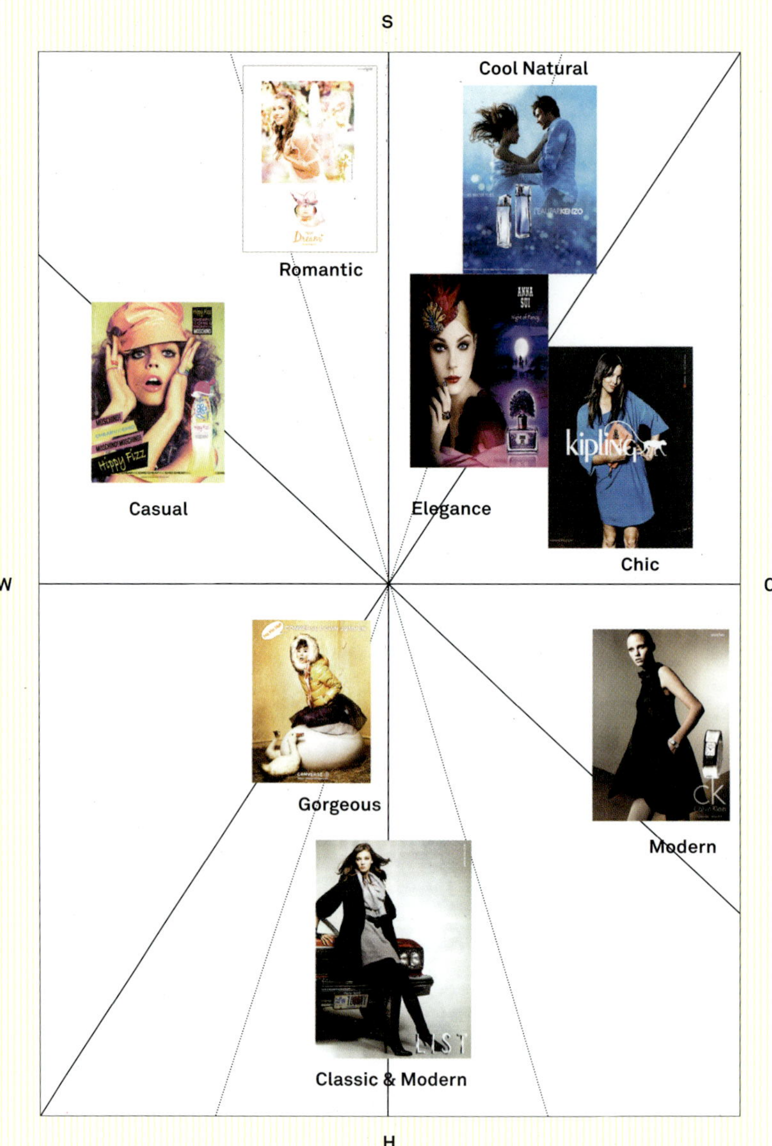

그림 21. **색채 스케치북 종합페이지**

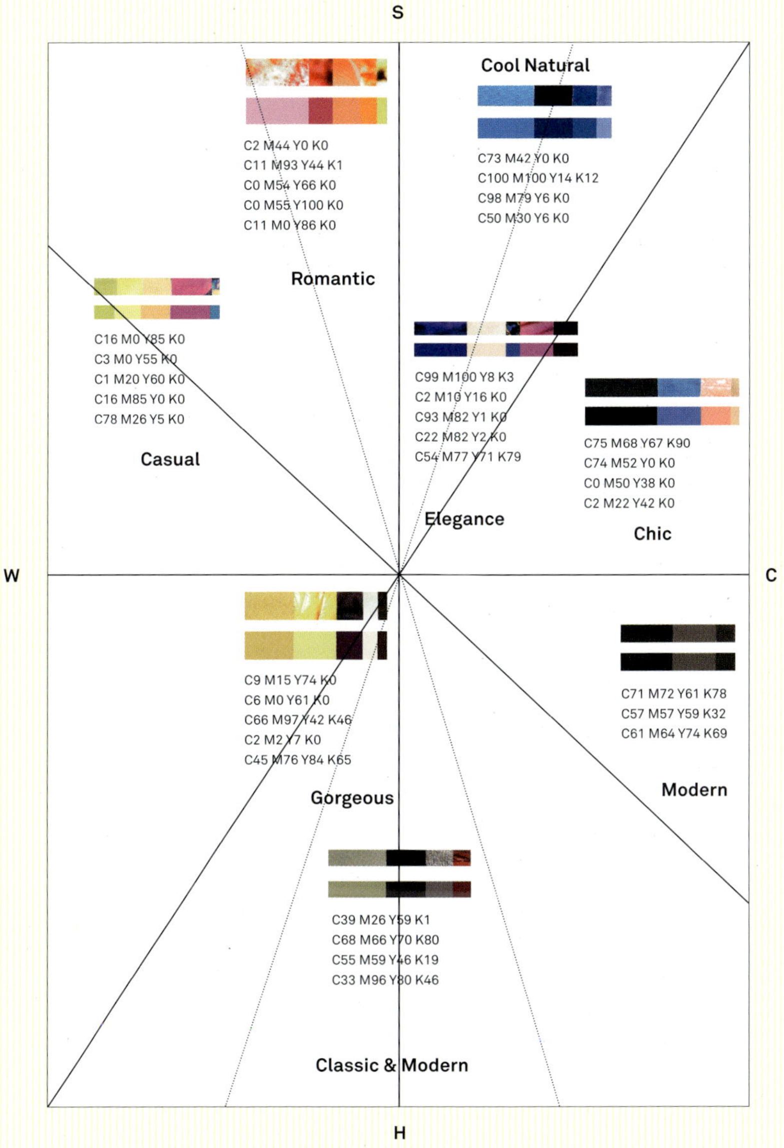

S

Cool Natural

C73 M42 Y0 K0
C100 M100 Y14 K12
C98 M79 Y6 K0
C50 M30 Y6 K0

C2 M44 Y0 K0
C11 M93 Y44 K1
C0 M54 Y66 K0
C0 M55 Y100 K0
C11 M0 Y86 K0

Romantic

C16 M0 Y85 K0
C3 M0 Y55 K0
C1 M20 Y60 K0
C16 M85 Y0 K0
C78 M26 Y5 K0

C99 M100 Y8 K3
C2 M10 Y16 K0
C93 M82 Y1 K0
C22 M82 Y2 K0
C54 M77 Y71 K79

Casual

Elegance

Chic

C75 M68 Y67 K90
C74 M52 Y0 K0
C0 M50 Y38 K0
C2 M22 Y42 K0

W

C

C9 M15 Y74 K0
C6 M0 Y61 K0
C66 M97 Y42 K46
C2 M2 Y7 K0
C45 M76 Y84 K65

C71 M72 Y61 K78
C57 M57 Y59 K32
C61 M64 Y74 K69

Gorgeous

Modern

C39 M26 Y59 K1
C68 M66 Y70 K80
C55 M59 Y46 K19
C33 M96 Y80 K46

Classic & Modern

H

맺음글

기초조형 학습은 디자인 작업 시에 기술적으로 직접적으로
연결되지 않을 수 있으나 기존의 틀로는 파악할 수 없었던 다양한
가능성을 찾을 수 있는 방법을 학습하고 실험하는, 말하자면 조형의
실험장이라 생각한다.

따라서 기초조형 학습이란 1학년이라는 일정기간으로
끝나는 것이 아니다. 전공에 들어가기 전의 'pre' 개념의 수업이 아닌
반복 학습을 통하여 조형 능력과 감각을 축적하고 예민화시키는
과정이다. 즉, 본 과정의 '색채를 관찰하기' 학습을 통한 연습훈련을
꾸준히 하면 각자의 조형 감각을 향상시킬 수 있을 것이다.

디자인은 현실에의 적용인 만큼 시장과의 문제 등 고려하고 관여된 사항이 많아 색채, 형태, 질감 등 기초조형의 요소들을 직접적으로 볼 수 있는 예술작품 위주로 작품 예시를 들었다.
본문에서 언급된 외국 유명작가 작품을 사정으로 싣지 못했으나, 색채학습을 위해서는 반드시 찾아 확인하길 바란다. 작품을 게재해 준 가와조에 교수, 하동철 교수의 유족 하원 교수, 윤정미, 김희정, 박현주 작가에게 감사드린다.

5

느낌의 시각화

지금까지의 디자인교육은 각 개인의 느낌을 어떻게 불어넣느냐의
모색 또는 각 개인의 느낌보다는 조형되어야 하는 외형이나
디자인의 기능적인 면, 경제성, 독창성, 창의성, 생산의 용이성에
집중되어 왔다. 객관적인 방법으로 인간 감성까지도 본질 규명에
주목하는 현대에서, 느낌은 디자인 가치 판단에 중요한 역할로서
새로이 조명될 필요가 있음에도 불구하고 미미하게 부각되어 왔다.
디자인이 소비되고 그 가치가 평가되는 환경 속에서 우리에게
요구되는 것은 개인의 미적 관점, 미적 판단력, 주관적 미의식,
문화 사회적 연계성을 통해 우리의 느낌을 시각화하는 조형 재료와
표현 방법, 조형 요소 및 원리에 대한 학습이다. 여기서 느낌[1]이란
외부 자극에 대한 종합적인 가치를 판단하고 결정하는 각 개인의
주관적 실체로, 디자인을 포함하는 예술의 전 영역에서 중요하게
다루어져야 하는 대상이다.

본 장은 디자인교육 현장에서의 활용을 위해 느낌의
시각화가 이루어질 수 있는 방법으로 구성했으며, 2000년 이후
실제 진행되었던 수업 내용을 중심으로 다루었다. 그 내용을
간략하게 요약해 보면 첫째, 느낌의 시각화에서의 조형미
이해에 대한 학습 방안을 제시한다. 둘째, 각 개인이 가치 있다고
판단하는 주관적인 미적 조형물을 애장품이라고 전제하고
그를 통해 받아들여진 정보에서 외부 세계와의 소통, 사회 문화적인
가치관 등에 대한 개인의 주관적인 입장과 의미를 재탐색하고
이해해 보는 학습을 제안한다. 이를 통해 한 조형물에 대한
각 개인의 느낌을 중심으로 가치관의 다면적인 구성 체계를
이해하는 학습 전개에 중점을 둔다. 셋째, 느낌을 시각화하여
표현하는 활동으로 형태, 색채, 질감의 이해, 재료와 표현 방법의
이해가 종이를 중심으로 전개된다. 여기에서 조형 요소와
원리를 시각적 표현으로 연계하면서 우리의 감각 체계를 중심으로
다양한 발상 방법으로 창의적으로 느낌을 시각화하는 방법을
제시한다. 넷째, 조형에서의 느낌을 커뮤니케이션(시각적 소통)하는
방안을 알아본다. 여기에서는 시각적 분석력, 언어적 사고 비판과
상징 체계의 이해, 기호[2]에 대한 이해를 중심으로 한다.

— 1
느낌의 사전적 의미는 '느끼다'의
'바깥 사물의 영향을 받아
깨달음이 일어나다', '마음이
움직이다'에서 말하는 것처럼
'느끼는 일'이다. 신체 감각이나
마음으로 느끼는 기운이나
감정으로 영어권의 awareness,
feel, perception, sensation,
sense, touch 등의 사전적 의미
해석을 통해서도 외부 자극에
대한 감각 및 인지의 수용 등과
느낌이 깊은 관련을 맺고 있음을
시사한다.

— 2
기호학은 인간의 의사소통에
필요한 청각적, 시각적, 시청각적,
후각적, 동작적 전언들의
내적 구성 요소를 말한다.
디자인 행위 자체가
기호 의미 작용 과정이므로
이러한 관점에서 각종 디자인
방법론에 대한 기호 탐구의
논의가 활발히 이루어지고 있다.

애장품을 통한 조형미 이해

디자인된 결과물은 사회 문화, 경제, 과학의 발달 정도, 사회적인 가치관 변화 등의 시대적 상황을 반영하며 동시대 사람들의 느낌이나 가치가 시각적인 조형언어로 표출되는 시대상을 확인할 수 있는 척도라고 할 수 있다. 조형 결과물에서 미를 느끼는 것은 단지 디자인된 조형의 형태나 만들어진 재료, 표현 방법만이 아니라 특정 대상에서 받는 느낌과 인식이 개개인의 경험과 깊은 관련을 가지기 때문이다. 그러므로 '인상 깊었던 것, 특별한 것, 관심 있는 것'이 자신에게 무엇인지 알아보고, 자신에게 의미 있다고 느낀 정보를 문화 사회적인 환경에서 파악하는 활동이 요구된다.

기초디자인교육에서는 무엇인가를 창출해 내는 표현 활동만이 아니라 개인적이고 주관적인 아름다움에 대한 관점 문제인 조형된 대상에서의 아름다움, 즉 조형미[3]를 느끼는 학습도 검토되어야 한다. 옛 속담에 '자라 보고 놀란 가슴 솥뚜껑 보고 놀란다'라는 말이 있다. 이것은 시각을 통한 외부 자극이 지각 작용에 따라 비로소 개인의 기억이 되는 것이라고 해석할 수 있다. 사물에 대한 기억과 인식은 개인의 경험과 깊은 관련이 있다. 즉, 하나의 사물을 놓고도 동일한 기억이나 느낌으로 남지 않고 달리 인식하는 데에는 개인의 상황이나 경험에 따라 달라지는 것이다. 그러므로 기초디자인교육에서는 개인의 경험을 중시하면서 시각을 이해하고 시각적 판별력을 고를 수 있는 선별력이 강화되어야 한다. 디자인교육에서 필요한 것은 단순히 많이 보는 수동적인 자세보다는 조형된 대상에서 무엇을 인식하고 어떠한 조형적 구성으로 이루어졌는지 파악하는 것이다. 즉, 전체적인 느낌으로 이해하는 능동적 탐구 교육과 실제로 적용시킬 수 있는 방법이 필요하다.

조형미는 수치로 측정될 수 있는 것이 아니다. 따라서 개인의 경험, 기억, 태도 및 상징적 구성 개념 등의 내면 진단을 가능하게 한다. 조형미의 이해하는 방법으로 양적 연구보다 질적 연구 방법을 활용한다. 이는 질적 접근이 복합적이고 정황적인 요인들이 반영되는 개념이나 현상 파악에 더 적합하기 때문이다.

질적 연구는 여러 가지 접근 방법의 차이에도 다음과 같은 공통된 특징을 가진다.

첫째, 질적 연구에서는 자연적인 환경이 자료의 직접적인 근원으로 간주되며, 연구자 자신이 주된 연구 도구이다. 비디오나

3 —
조형미란 '어떤 모습을 입체감 있게 예술적으로 형상하여 표현하는 아름다움'이라고 정의된다. 조형미와 같은 아름다움을 이해하는 과정은 개인적으로 처한 환경이나 경험과 밀접한 관계를 맺으므로 수량으로 파악하기 힘들고 조형미를 받아들이는 인간의 오감에 대한 훈련도 중요하다. 인간의 오감에서 외부로부터 획득하는 정보의 70%가 시각을 통해서고 20%가 청각, 나머지는 미각과 촉각 그리고 후각이다.

녹음기, 노트와 연필 등을 활용하고 연구자가 연구 장소에 직접
참여함으로써 얻게 되는 이해를 전제로 자료가 수집된다. 즉,
상황에 관심이 모아진다. 둘째, 질적 연구는 기술적(descriptive)이다.
질적 언구에서는 일상생활의 현실을 상호 관련된 현상들의
흐름과 같은 것으로 보기 때문에 기술적인 자료의 수집을 시도하며
자세하고 세부적인 기술을 강조한다. 따라서 질적 연구 논문과
보고서는 일화적(episodic)으로 표현되기도 한다. 밖으로 드러나는
행동이나 결과물만이 아니라 내적 상태, 세계관이나 가치, 태도 및
상징적 구성 개념 등에도 관심을 가지고 내면의 상황을 진단할 수
있도록 유의한다. 주관적인 연구, 편견이 게재된 연구, 일화적인
연구 등의 문제점을 제공할 소지가 있고, 특히 현상에 대한
연구자의 해석에서 타당성의 여부가 문제될 수 있다. 이 대안으로
연구 결과를 연구대상자에게 제시하고 그 응답으로 타당성을
확보한다. 셋째, 질적 연구에서는 결과나 산물보다도 과정에 관심을
갖는다. 이것은 과정을 통해서 나타나는 실재의 변화 양상에
주목한다. 넷째, 질적 연구 자료는 귀납적으로 분석하려는 경향이
있다. 순수하게 귀납적인 연구는 자료 수집으로 시작하여
그 자료에서 발견되는 관계들로부터 이론적인 범주들과 명제를
구축한다고 주장한다.

    따라서 질적 연구에서는 연구 전의 가설을 입증하거나
부정하기 위해 자료를 모으지 않는다. 개방적이며 비구조화된
접근 방법을 사용한다. 이것은 사전에 가지는 개념적인 틀보다는
연구 대상자로부터 개념을 도출하는 데 초점을 두기 때문이다.
질적 연구와 양적 연구와의 차이를 보는 시각도 이분법적인
것보다는 두 연구 방법의 공존 가능성에 의미를 두기 때문에
두 방법의 절충적인 활용 방안 또한 고려한다.
    양적 연구와 질적 연구의 차이점을 살펴보면 표 1과 같다.

	양적 연구	질적 연구
기본 가정	객관적 실재	사회적으로 구성된 실재
	연구 방법에 대한 우선권	연구 내용에 대한 우선권
	변인에 대한 측정 및 통제 가능	변인에 대한 통제 불가능
	외부인의 관점	내부인의 관점
목적	일반화	상황성
	예측	해석
	인과 관계 설명	연구대상자의 관점 이해
접근 방법	가설과 이론이 선행 됨	가설과 기초 이론의 발견
	조작, 통제	묘사(기술)
	형식적 도구 사용	도구로서의 연구자
	실험적	자연적
	연역적	귀납적
	요소의 분석	패턴의 탐색
	규준의 탐색	다원성과 복합성의 탐색
	수량화	비 수량화
	추상적 언어	구체적 언어
연구자의 역할	공정성	개인적 관여와 편파성
	객관적 기술	공감적 이해

카테고리 설계

우도 코페르만(Udo Koppelmann)의 <쿤스트 운 운터리히트
(Kunst & Unterricht)>를 보면 디자인의 기능만이 아니라 디자인
자체의 스타일이 그들을 대체하는 표면적 표상으로 인식되고,
주변사람들에게 인정받는 기능으로도 맞춰진다고 기술되어 있다.
이와 같이 우리 주변의 조형된 대상물에서 미를 느끼는 감흥은
개인의 지각 인지와 신체적, 정신적, 사회 문화적인 배경 등에
따라서 주관적인 특성을 보인다. 개인적인 미적 감흥도 거시적으로
보면 각 문화와 사회권의 영향을 받는다. 이것을 인지하면서
조형미를 느낀다는 것은 자신의 표현과 감상 활동의 기반이 되거나
표출구가 된다. 여기에서의 학습 목적은 자신이 평소 아끼는
물건(애장품)을 중심으로 느낌에 대한 실생활 속의 조형미를

이해하는 것이다. 이러한 이해 과정을 통해 사회 문화적인 배경까지
고려한 질적 연구 방법으로 심층적인 학습이 되도록 한다. 애장품은
개인 내면에 담긴 미적 이해를 투사시키고 조형미 이해에 영향을
미친 요인을 밝혀 내는 단서가 된다.

　　질적 연구에서 중요한 것은 연구에 대한 분석, 해석, 그리고
제시이다. 무엇을 분석한다는 것은 수집된 자료에서 의미 있는
형태를 찾아내고 그 의미와 본질을 규명하는 구조를 구성하는
것이다. 또한 애장품이 자신에게 어떤 의미가 있는지 해석하고
그것을 제시하는 데는 자신이 처한 사회적, 지리적, 경제적 상황이나
현상에 대한 서술적 기술이 필요하다.

　　애장품에 담긴 조형미를 이해하기 위하여 카테고리를
설계한다. 개인의 조형미에 대한 내적 변화를 알 수 있도록
기초 카테고리, 심층 카테고리의 두 단계를 마련하여, 수량적으로
잴 수 없는 점을 투사해 볼 수 있도록 한다. 이때 개인 삶에서의
성장 배경과 기억될 만한 경험을 공동되는 카테고리로 묶는 것이
요구되는데, 가능한 자신의 이야기를 많이 하는 것이 좋다.
카테고리를 통하여 수집되는 자료에 대한 분석 과정은 자료 수집과
서로 연결된 구조로, 이 두 과정은 연결되며 반복적, 역동적이다.
질적 연구에서는 자료 수집과 동시에 분석이 수행되기 때문이다.

　　카테고리 설계에서 유의할 점은 첫째, 카테고리의 질문
설계는 일반적이고 넓은 범위의 질문에서 세세하고 좁은 범위로
옮겨 가도록 한다. 둘째, 너무 많은 질문은 주제를 흐릴 수 있으므로
질문을 간략하고 최소화한다. 셋째, 편안하게 자신의 이야기할 수
있는 분위기 제공에 유의한다. 넷째, 언급된 주요 내용들은 분석,
해석할 수 있도록 중요한 핵심 용어들을 기록한다.

　　좀 더 구체적으로 카테고리에 대해 분석해 보도록 하자.

현재 상황에 대한 기초적인 자료 수집을 위한 카테고리로, 각 개인의 생활과 환경 이해 탐색을 목적으로 한다. 이 단계에서는 직업, 성별, 나이, 주거환경, 주거도시의 특징, 인구수 등 개인의 현재 상황을 파악할 수 있는 근거 자료를 확보한다. 개인의 생물학적, 지질학적, 교육학적, 정치 경제적, 건강 등의 지표를 파악하기 위해서는 다음과 같은 질문을 하는 것이 좋다. 이때 요구되는 것이 자신의 사회적 위치 이해와 아울러 애장품(디자인)에 대한 관찰(가격대, 색채, 형태, 재질, 질감 등)에 따른 사실적 서술이다.

첫째, 자신의 삶, 일, 가족, 예를 들어 태어나고 자라온 가족과 친구 소개, 살았던 고장과 학교생활에 대한 주제를 다룬다. 이를 통해 지리적 환경, 교육적 환경, 가족의 인적 구성과 직업, 생활의 정도를 알아본다. 둘째, 현재 가장 많은 시간을 할애하는 장소를 어느 것인지, 또한 이곳에 갈 때의 소지품이나 복장은 어떠한지를 묻는다. 셋째, 애장품을 갖게 된 계기와 기간, 재질, 색채, 형태, 질감, 조화, 대비, 기능 등을 묻는다.

자신을 소개하고 자신의 애장품에 대하여 말해 보자.

이름 _______________________

1. 나는 ________살의 (남/여)이고, 고향은 ________이다.
   현재 내가 거주하는 곳은 ________이다.
2. 나의 고향(또는 거주지)을 소개한다면 ________이다.
3. 나의 가족(직업, 나이, 성별, 종교)을 소개한다면 ________이다.
4. 나의 직업은 ________이다.
5. 나의 소지품 중 가장 좋아하는 것 하나를 선택한다면 ________이다.
6. 이 애장품은 ________하여 갖게(또는 구입) 되었다.
7. 이 애장품을 갖게 된 기간은 ________이다.
8. 이것은 ________재질로 ________색으로 만들어졌다.
9. 나의 애장품에서 눈길을 끄는 것은 ________부분(형태)이고
   특히 ________부분이 조화(대비, 강조)를 이룬다.
10. 이것은 ________ 이유로 상당히 기능적이다.

자료 분석, 해석, 제시를 주요 목적으로 하는 심층 카테고리로,
'애장품이 자신에게 어떤 의미와 가치가 있는가'라는 질문을
제시하여 본인의 내적인 정황과 외적인 요인과 조형미 구성에 대한
사회 문화적 환경 반영을 알아본다.
　　　첫째, 애장품을 처음 가졌을 때 자신의 느낌과 애장품을
사용하면서의 경험, 현재까지도 이것을 아끼는 이유는 무엇인가?
둘째, 자신의 애장품에 대한 주위 반응에 어떠하며, 만약 이에 대한
미적 가치를 미술적 용어로 설명한다면 어떻게 표현할 것인가?
셋째, 애장품에서 느끼는 조형에 대한 미와 가치에 대한
자신에게서의 의미는 무엇인가? 넷째, 애장품에서의
사회 문화적인 좌표는 무엇인가?

애장품은 자신에게 어떤 의미와 가치가 있는가

　　　이름 ________________________

1.　　나의 가족과 고향은 나에게 ________와 같다.
2.　　내가 가장 오래 머물고, 의미 있게 생활하는 공간은 ________이다.
3.　　애장품에서 눈길을 끄는 것은 ________부분이고 이를 보면 ________가 연상된다.
4.　　애장품의 재질은 ________로 만들어져 ________느낌이 든다.
5.　　나의 애장품은 ________색채(선, 면, 질감 등)로 ________느낌이 든다.
6.　　나에게 애장품 ________ 같은 존재이고, 주로 ________로 사용된다.
7.　　나의 친구들도 ________라며, ________ 이유로 나의 애장품을 부러워한다.
8.　　애장품을 보면 ________이 생각나고, 그 이유는 ________ 때문이다.
9.　　동일한 애장품을 가지고 있는 사람을 보면 ________하게 느껴진다.
10.　나의 애장품의 특징을 형용사로 표현한다면 ________이다.

기록과 분석

얼굴을 맞댄 언어나 문자의 전달, 몸짓 등의 직접적인 소통만이 의사소통의
전부는 아니다. 자신의 애장품의 조형미에 대한 기록과 분석을 통해서도
우리는 각 개인이 지닌 다양한 가치를 보여 주고 소통할 수 있다.

기록

먼저 기록에 대해 살펴보자. 앞에서 제시한 두 단계의 카테고리는
녹음이나 녹화, 메모, 스케치 형식 등으로 기록한다. 그림 1과
같이 시각 이미지를 스케치나 사진 등으로 기록하는 방법도 있고,
설명으로써 기록하는 방법도 있다.

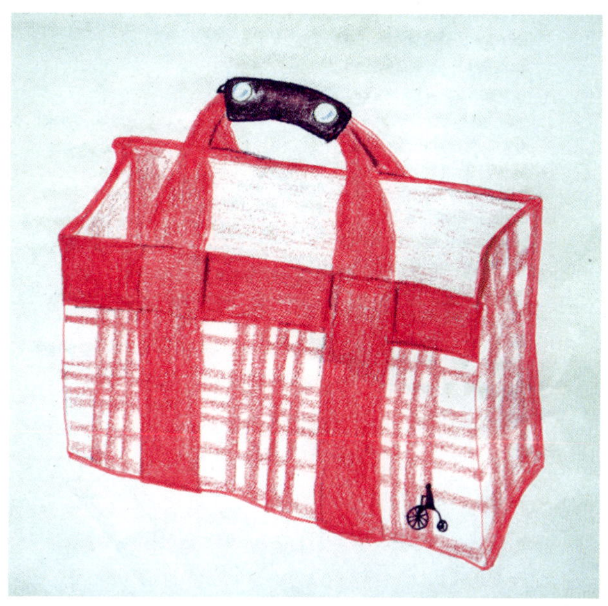

그림 1. 애장품 스케치의 예

다음은 그림 1에 대한 설명의 예이다.

이 가방은 균형이 잘 잡혀 있어요. 책이나 잡다한 소품들이
다 들어가서 좋고 꺼내 쓰기에도 편리해서 정말 좋아요.
짐이 많아 가방이 무거워져도 들고 다니기에 편하게끔 손잡이가
단단하게 매어져 있어요. 직선을 사용한 분홍색이 강조되면서도
바탕의 밝은색과 조화를 이루지요. 가방의 재질도 튼튼하여
정말 많은 물건을 담을 수가 있어요. 단소나 미술용구 등
크기가 다양한 물건들을 안정적으로 담을 수 있어 참 좋지요.
화사한 핑크색을 띠지만 너무 현저하게 튀지 않는 현대적이고
고급스러운 디자인이라 정말 마음에 들었어요.

분석

분석은 각 개인이 제시한 애장품의 조형에서 미적으로 공감하는
부분은 무엇인지, 어떤 부분이 강조되었는지 파악하는 것이다.
분석을 통해 두 단계의 카테고리에서 서술한 용어와 시각 이미지를
알아본다. 즉, 자신의 다양한 가치가 기록된 것(언어 구술, 이미지
스케치 등)을 통하여 투사된다는 점을 전제로 기록에서 어떤 용어와
이미지가 특별히 강조되는지를 분석한다.

용어를 분석하는 것은 특히 조형미를 이해하는 데에
유용하다. 용어에 대한 여러 연구 중 단어의 연상 기법은
1880년대부터 심리학에서 사용되었으며, 제2차 세계 대전
이후부터 마케팅 관련은 물론 아름다움을 느끼는 것에 대한
사회 문화적 조사를 하는 데 사용되고 있다.

분석은 다음 표 2와 같이 형태, 색채, 재질, 표면 처리와
현대적, 미래 지향적, 복고적, 신 문화적으로 분류하여 묶어
볼 수 있다. 앞에서 설명한 그림 1을 살펴보면, 가방 스케치
아랫부분에 특정 브랜드 부분이 주변 바탕색과 다르게 진하게
색상 처리되어 브랜드가 식별하기 좋게 스케치된 점을 볼 수 있다.
이것은 단순히 디자인된 애장품의 형태나 재질, 색채, 기능,
가격만의 문제가 아니라 그 브랜드가 은유하는 사회 문화적인
가치까지 담고 있음을 알 수 있다. 반면 표 2에 서술된 용어의
기록을 통해 자신이 이해하는 애장품에서의 조형에 대한 요소와
애장품의 미적인 구성을 발견할 수 있다. 아울러 기록에서 사용된
형용사[4]는 성질의 상태를 표시하고 있기 때문에, 이를 면밀히
분석하며 본인의 애장품에 대한 내재되고 은유된 가치를 가늠해
볼 수 있다. 예를 들어 그림 1을 그린 학생의 서술 기록에서
조형언어와 무관하게 사용된 형용사를 추려 보면, '독특한',
'현대적', '고급스러운' 등이 있다. 이 형용사로 애장품이 가진
본인만의 가치관을 파악할 수 있다.

— 4
형용사란 사람이나 사물의
성질·상태를 표시하는 품사이다.
'그림씨'라고도 한다. 형용사는
기능상으로 '무엇이 어떠하다'의
'어떠하다' 자리를 채울 수 있는
통사적인 기능을 가지고
있어야 한다. 이와 같이 국어의
형용사는 단독으로 서술어로
쓰일 수 있다는 점에서 영어 등
인도유럽어의 형용사와
차이가 있다

	형태	색채	재질	표면처리
현대적 (modern)	균형이 잘 잡혀 있는, 선명하게 조직되어진, 기술적인 구조	현행의 유행색채, 일정한 색채 범위	고급스러운, 아크릴글라스, 가치 있는, 단단한, 섬세한 재질의	광택이 없는, 반짝이기도 하는, 기술적으로 잘 구성된, 재료 대비적인
미래지향적 (avantgard istisch)	독특한, 괴짜스러운, 큰직하게 구성된, 동시다발적으로 사용될 수 있는 여러 종류의 스타일	대비가 심한, 대담한 조화, 부분적으로 자연스러운 재질의 색채	다듬어지지 않은 재질, 터무니없는 합성소재, 합판재, 산업 처리된 반제품	완성되지 않은 것부터 높은 가치가 있는 것까지의, 만들어지는 과정이 보여지는,
복고적 (klassisch, nostalgisch)	섬세한, 식물문양의, 장식적인, 진지한 구조	광택이 없는, 오래되어 보이는, 대비가 별로 없는, 자연스러운	오래된, 가치 있는 재료 (금, 은, 동, 도자기 재료)	세탁되어 보이는, 어두워 보이는, 수선되어 보이는, 균등하게 보이지 않는 표면처리, 사용한 흔적이 보이는
신문화적인 (subkulturell)	뛰어난 형태를 반대하는	눈에 띄게 현저한, 유행하고 거리가 먼	대부분 눈에 띄게 현저한, 간단한, 비싸 보이지 않는 재료	

형태, 색채, 질감 이해

여기에서는 느낌의 시각화에 영향을 주는 조형 요소를 중심으로 알아본다. 그중에서도 형태를 중점으로 설명하고자 한다.[5]

형태에 대한 심리적 메커니즘의 이해

형태란 구조를 가진 어떤 것을 말하는데 그것은 도형일 수도 있고, 멜로디 또는 동작일 수도 있다. 형태는 영어로 'shape', 독어로 'gestalt', 불어로 'forme'로 번역되는데, 다른 자극을 받아 수용된 것이 우리 내부의 심리적 메커니즘에 따라 하나의 대상으로 인식되는 것을 말한다.

5 —
본 절의 형태에 대한 내용은 필자의 <메타모르포제에 대한 형태 이미지 연구>로 한국콘텐츠학회에서 2009년 발표된 논문을 기초로 한다.

예를 들어 하얀 종이 위에 원을 그리고 이것이 무엇인지 질문한다면
사람들은 사탕이나 동전 등 자기 주변에서 경험했던 그 무엇으로
해석하려고 시도한다. 그에 따라 여러 가지 해석들이 나오게 된다.
이렇듯 '대상이 무엇으로 보이느냐'는 질문에 답하기 위해서는
무엇으로 해석하는지에 대한 과정으로 형태의 특성을 자세히
관찰해야 한다. 그리고 이 과정에서 사물들과 연관 지으며,
그 형태를 해석한다. 만약 전혀 낯선 형태가 제시된다면 이것을
탐색하기 위한 시간과 이 낯선 형태를 그 무엇으로 판단하려는
노력이 추가로 요구될 수 있다. 이때 주의할 점은 익숙한 형태는
빨리 인지되는 반면, 낯선 형태는 많은 시간이 소요되며
보는 관점에 따라 달라질 수도 있다는 점이다.

형태의 인식에 대하여 베르트하이머(M. Wertheimer),
쾰러(W. Koehler), 코프카(K. Koffca)는 심리적 메커니즘을 인간 정신
활동의 기본으로 봤다. 또한 형태는 학습된 것이 아니라 생득적인
것이며, 대뇌의 기능을 반영한다. 우리가 어떤 형태를 보고 이를
어떤 특정한 대상으로 지각하려면 그 대상이 강한 자극을 가지고
있어야 하는 것이 하나의 조건이 된다.

특히 베르트하이머는 우리들이 보는 대상이 물체로
지각되는 것은 무엇인가의 조건에 따라 형으로서의 간추려진
느낌을 가지기 때문이라고 했다. 그는 간추려진 느낌이
어디에서 생기는가를 심리학으로 연구했고, 조건에 해당되는
다섯 가지 요인을 다음과 같이 제시했다. 근접성(proximity),
폐쇄성(closure), 유사성(resemblance), 연속성(good continuation),
단순성(stereospecific symmetry)이 그것이다.

근접성

근접성은 여러 조형의 형태들이 한 공간에 있을 때 서로 근접해 있는
요소들이 하나로 모아져 보이는 것을 말한다. 그림 2처럼 여러
형태로 이루어져 있는 조형에서 가까이에 있는 형태들이 하나로
보이는 것을 가리킨다.

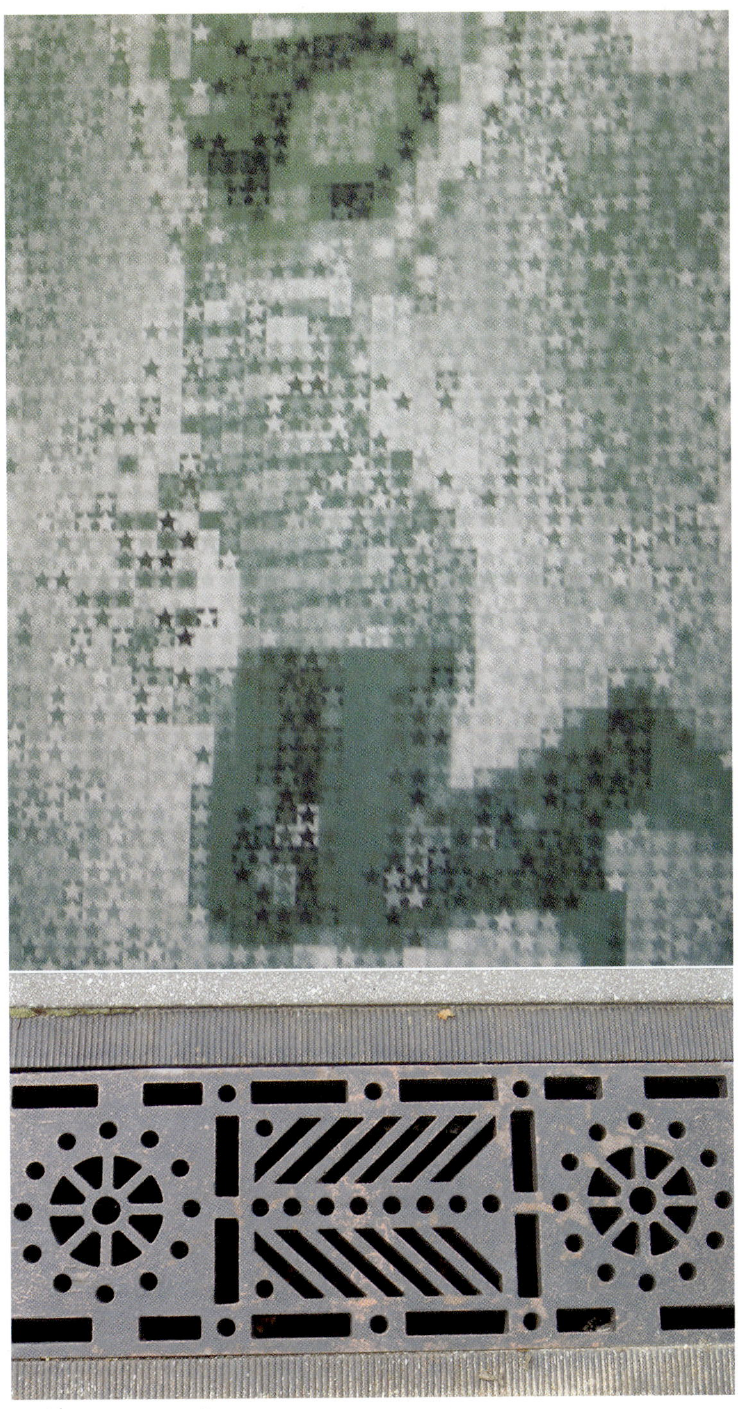

그림 2. 근접성 ― 위: Sisal광고 (로마) / 아래: 배수구 뚜껑 (미국)

폐쇄성

폐쇄성은 한 형태가 윤곽선이 완전히 연결되어 있지 않아도
윤곽이 이어져 닫혀진 상태로 지각되어 일정한 형태로 보이게
되는 것을 말한다. 선으로 이어져 있는 일본 Lala Garden의
간판은 병아리 모양의 형태가 완전히 닫혀져 있지 않았지만
폐쇄된 형태로 인지된다.
　　폐쇄성의 또 한 예로 일본 National Art Center의
타이포그래피를 들 수 있다. 낱개 글자들이 붙어 있지 않고 일정한
간격으로 여백을 주었지만 글을 판독하는 데 전혀 문제가 없다.

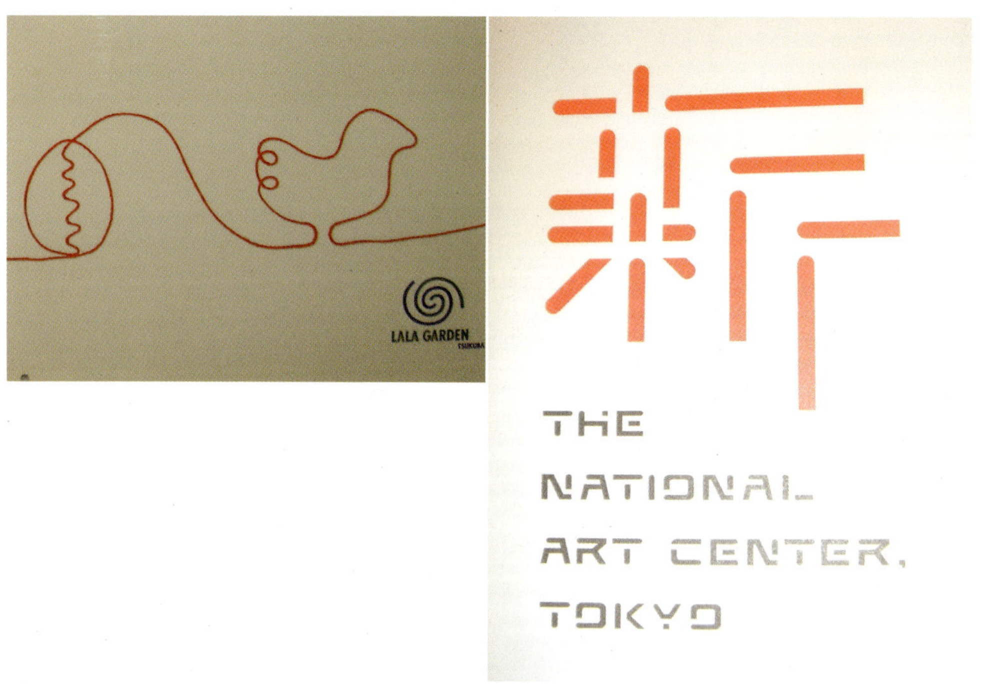

그림 3. **폐쇄성 — 왼쪽: Lala Garden (일본) / 오른쪽: National Art Center (일본)**

유사성

유사성은 비슷한 성질의 형태는 비록 떨어져 있어도 서로 무리지어
한 형태로 보이는 것을 말한다. 비슷한 형태는 같은 형태로 인식하는
경향을 가리킨다. 그림 4의 스퀘어가든에서 보이는 별 형태와
사각의 형태들은 서로 근접해 있지만, 별 형태는 별 형태의 군집으로,
사각은 스케치처럼 사각 형태의 정렬된 모습으로 보여진다.

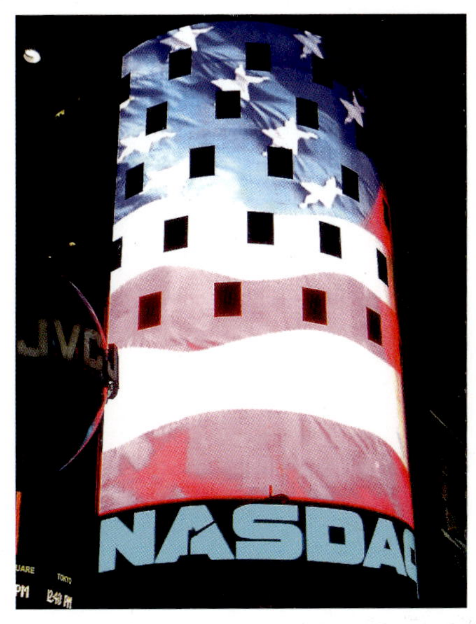

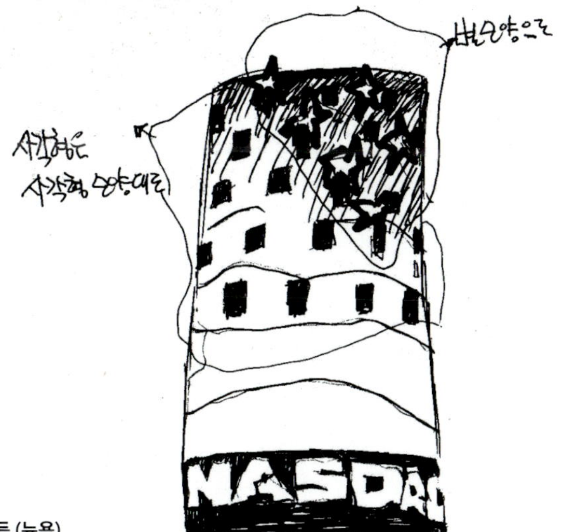

그림 4. 유사성 — 스퀘어가든 (뉴욕)

연속성은 여러 성질의 형태가 방향을 가지고 군집되어 있을 때, 각 성질에 맞춰 같은 방향으로 계속 진행하려는 성질을 말한다. 여러 성질의 형태가 한 공간에 모여 있을 때 각 형태의 방향성에 따라 이미지화하는 데 도움이 된다. 여기서 형태 외의 색채, 명암, 질감 또한 이미지를 구성하는 데 중요한 역할을 한다.

그림 5를 보면 넥타이 고리를 한 방향으로 정해 디스플레이하고 있어 그림에서 보여지고 있지 않아도 같은 방향으로 와이셔츠와 넥타이가 진열되었음을 짐작할 수 있다.

그림 5의 빈탄 또한 나무와 비치파라솔의 배열이 서로 같은 방향성을 가진다. 이를 통해서도 바닷가 풍경이 이러한 방향성에 맞추어 조형되었음을 알 수 있다.

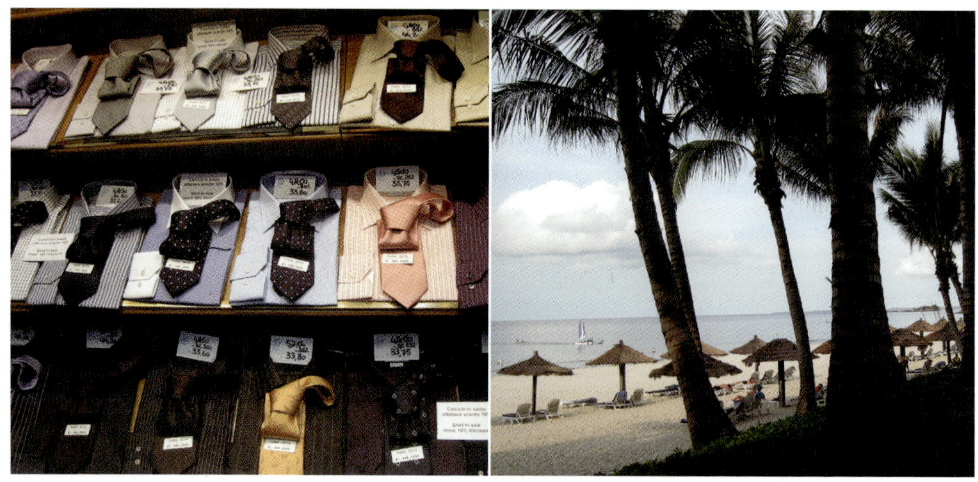

그림 5. **연속성의 예 — 왼쪽: 와이셔츠 디스플레이 (밀라노) / 오른쪽: 빈탄 (인도네시아)**

단순성은 복잡한 형태보다는 단순한 형태가 쉽게 지각될 수 있다는
것을 말한다. 단순한 기하학적 형태인 원, 삼각형, 사각형이
자유 곡선 형태의 복잡한 형태보다는 쉽게 인지되는 것을 의미한다.

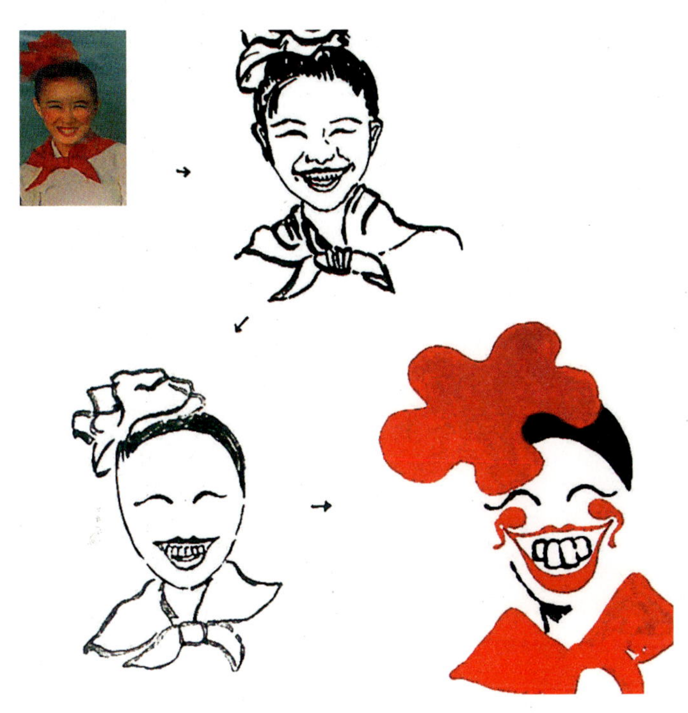

그림 6. **형태의 단순화**

6 —
하나의 색조만을 사용해 만든
이미지나 도안 또는 물체의
윤곽이나 그림자를 말한다.
실루엣은 윤곽 드로잉과
그림자 그림의 발전과 밀접한
관련이 있다. 19세기 중반에
은판사진법과 사진 촬영이
발전하면서 그림자 그림과
실루엣은 일종의 민예가
되었으며, 주로 길 가장자리나
간이식당, 시장 등지에서
뜨내기 미술가들이 만들었다.
때때로 영국의 필 메이(Phil
May)와 같은 풍자화가들이
그림자 그림 양식을 사용했지만,
실루엣 미술의 기본적인 원칙은
주로 20세기에 월트 디즈니
(Walt Disney)와 로테
라이니거(Lotte Reiniger)를
통해 지속되었다.

그림 6처럼 복잡한 형태보다는 단순화되어 있는 형태가 인지하기
쉽다는 점을 고려하여 원형 특징을 골격선(silhouette)[6]으로
표현하면서 형태를 단순화하는 연습을 하도록 한다. 원형의
특징은 단순하면서도 의도적으로 부각시키도록 한다. 이러한
인지적인 형태에 대한 연구의 결과는 대다수가 빨리 이해해야만
하는 시각적인 커뮤니케이션, 예를 들어 국제공항 내의 시설물
안내 표지판, 거리의 도로 표지판, 기업들의 심벌마크,
포스터디자인 등에 유용하다.

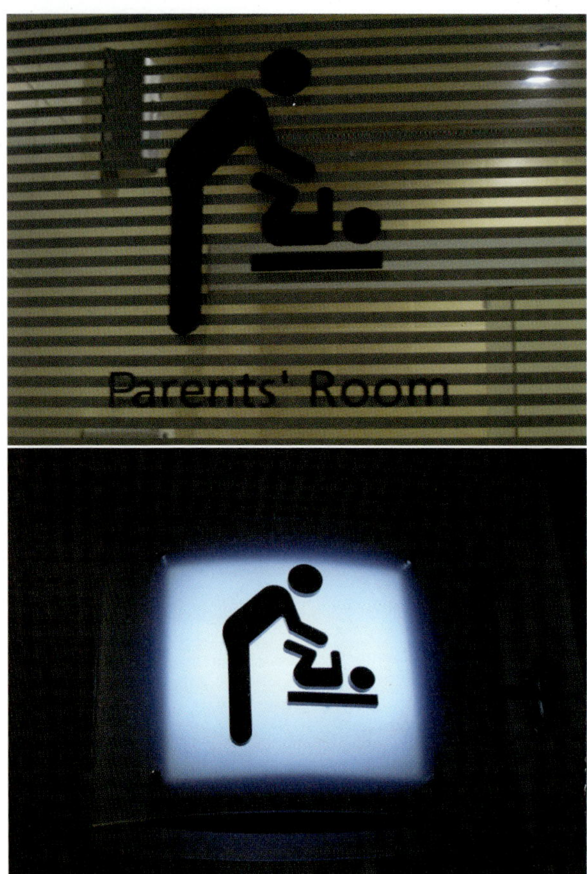

그림 7. **싱가포르 창이 공항의 표지판**

그림 7의 싱가포르 창이 공항의 표지판은 형태가 단순화되어
인지하기 쉬워 그림 이미지만으로도 공간의 용도와 활용을
알 수 있다. 또한 표지판의 푸른 불을 사용 중인 것과 사용하지
않는 것을 알려 주는 의미로, 언어와 문화권이 다른 경우에도
푸른 불이 켜져 있는 것을 통하여 공간 사용에 대해 충분히
이해를 할 수 있다.

이러한 형태가 인지되는 다섯 가지 요인을 바탕으로 그 속성을
이해하면, 커뮤니케이션 디자인의 레이아웃만이 아니라
패션디자인이나 가구디자인, 도시 건축 등의 공간 조형에서도
빠르고 쉽게 전달되는 디자인이 가능해질 것이다.

형태에 대한 느낌의 시각화

형태를 인지하는 것은 자신의 경험은 물론 개개인이 사는
사회 문화의 형태 인지에 밀접한 관계를 맺는다. 형태는 대상에 대한
느낌을 구체적으로 만들어 낸 것으로, 형태에 대한 제시는 사회에서
요구하는 가치와 일치한다고 할 수 있다. 형태조형의 전제 조건은
사람들의 미적 공감대 형성이다. 그러므로 대다수의 사람들에게
미적 공감대를 형성하고 시대를 초월해 그 가치를 인정받은 형태는
문화 원형[7]이 된다.

형태의 인지는 우리 내부의 심리적 메커니즘과 개개인의
경험에 기초하여 이루어진다. 형태를 이루는 요소 중 하나로
점, 선, 면을 들 수 있다. 점, 선, 면의 조형을 연구한 칸딘스키의
작품들은 요소들의 상호 관계를 강조하면서 점, 선, 면이 가지는
고유의 느낌에 주목하고 있다.

여기에서는 형태의 조형적 요소와 우리에게 고유한 느낌을
주는 형태의 특성을 알아보고, 점, 선, 면의 느낌에 대하여 형용사로
표현하면서 형태가 주는 느낌과의 관계를 알아보도록 한다.

표 3. **점, 선, 면**

형태의 요소	형태조형의 이해	학습 방안
점		형태 요소의 가장 기본 요소 연속된 점은 선을 구성 점의 크기에 따른 주목성의 차이
선		굵기와 이루는 형태(직선, 곡선, 자유선)에 따라 다양한 형태(느낌)의 선이 존재 선의 흐름에 따른 방향성 연속된 선은 면을 구성
면		여러 형태의 면(직선, 곡선, 불규칙 선으로 이루어진 면)이 존재 여러 형태의 면에 따른 느낌 내포 연속된 면은 입체를 구성

조형의 시작이라고 할 수 있는 점은 위치만을 가진다.
점으로 화면을 다양하게 조형함으로써 긴장감과 무게감을
알아보고, 점의 위치와 크기에 따른 느낌의 변화를
형용사로 이야기해 본다.

다음 그림 8에서 '왜소한', '느린', '정체된', '빠른', '고독한',
'존재감 없는', '안정된', '위협적인', '진보된' 등의 형용사에
적합한 것이 무엇인지 생각해 보고, 다른 사람과도 이 느낌에 관해
이야기해 본다.

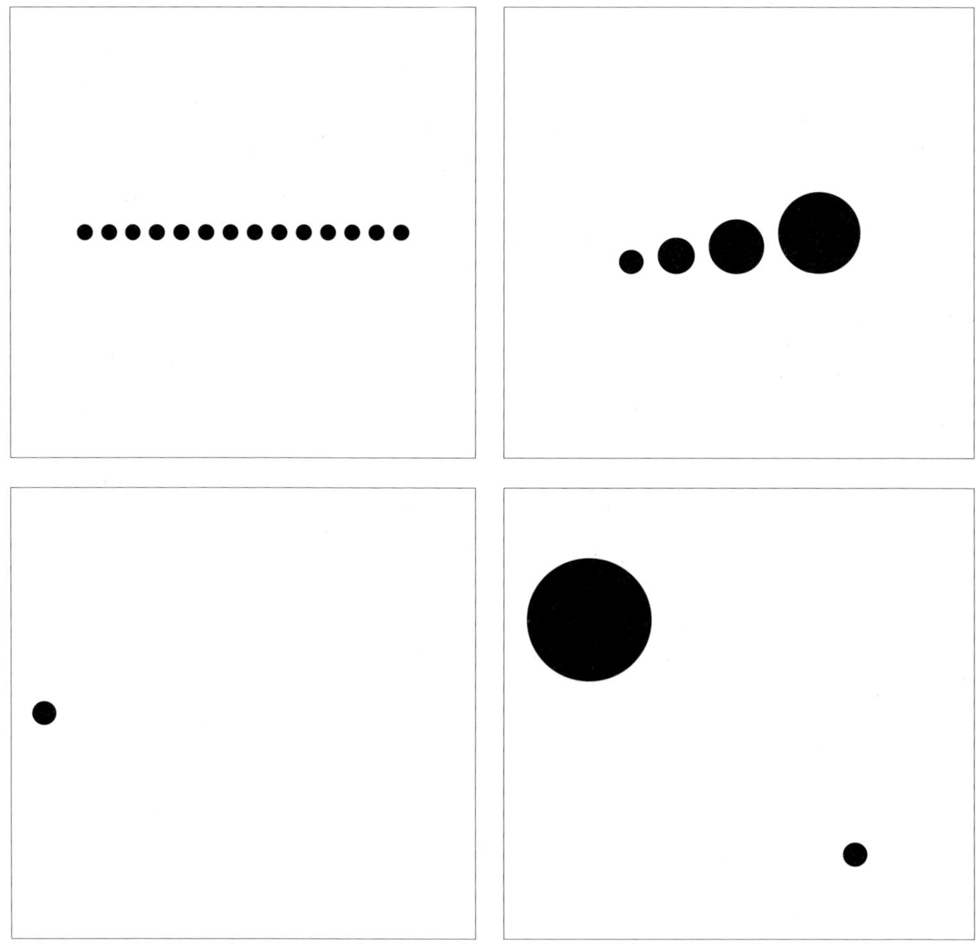

그림 8. **점과 형용사의 관계**

점이 방향을 가지고 한 방향으로 나아가면서 이루어진 것이
선이다. 선은 보는 위치와 고유 형태에 따라 수직선, 수평선, 사선,
나선형, 곡선 등으로 명명된다.

화면을 다양하게 선으로 조형해 보면서 전체 화면에서의
느낌을 살펴보자. 선의 형태, 크기와 위치에 따른 느낌의 변화를
형용사로 이야기한다. 그림 9에서 '식욕을 돋우는', '변화감 있는',
'편안한', '변덕스러운' 등의 형용사에 해당하는 그림이 무엇인지
알아보고 다른 사람과도 이에 대해 이야기를 나눠 본다.

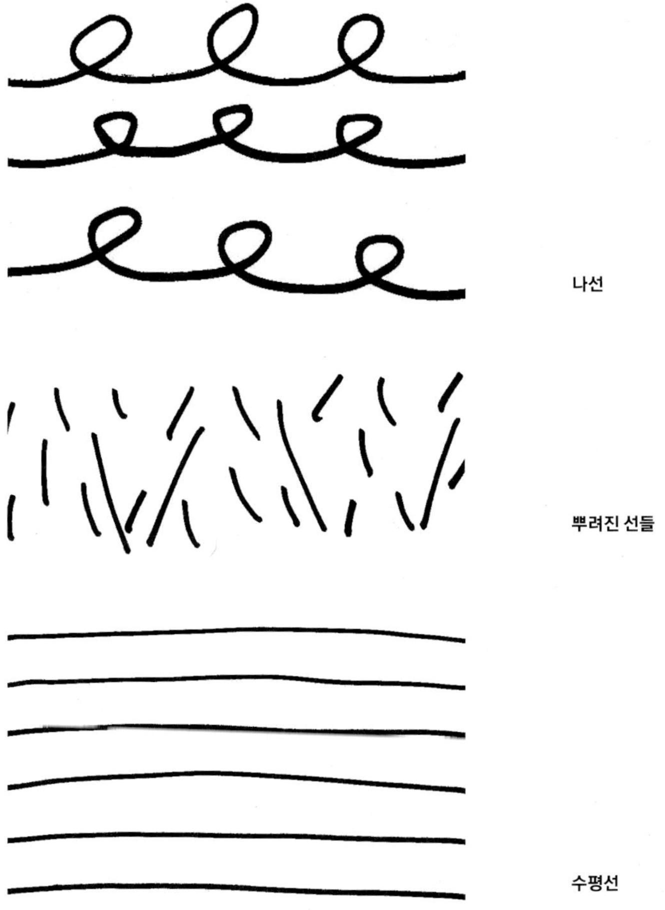

그림 9. **선과 형용사의 관계**

색채, 질감, 크기

색채나 질감, 크기는 미술이라는 한정된 분야가 아니라 화학,
물리학, 심리학 등의 학문의 성격에 따라 학제적(interdisciplinary)[8]
실험의 방법을 개발해 나가며 연구되고 있다. 이를 토대로 미술에서
다루는 연구들은 색채, 질감, 크기 자체가 가지는 고유의 성질과
이에 대한 사람들의 감정 자극 및 효과를 중심으로 한다.

색채

색채는 개인이나 나라 또는 문화권에 따라 차이는 있지만 색채
자체가 가지는 이미지의 보편성과 느낌을 만드는 감성적 요소로
작용된다. 또한 색채가 국가적 지역적 전통과 결부되면 상징이
된다. 예를 들어 검정은 중국에서는 존귀함을 상징하지만 미국이나
유럽에서는 슬픔을 상징한다.
　　　사물을 선택할 때 색채가 가장 큰 영향력을 미치는 것은
우리의 감성을 자극하기 때문이다. 따라서 색채에 대한 느낌 변화가
어떠한지를 이해하는 학습은 중요한 의미를 지닌다. 색채를 통한
느낌의 시각화를 위해서는 색채와 연관된 심리 상태와 색채의
기능을 이해하면서 그에 대한 느낌 등을 학습자의 언어적 표현으로
풍부하게 구사할 수 있어야 한다. 이때 연상이라는 심리적 작용을
이용하여 자신의 경험과 연결시키는데, 이때 연상되는 것은 우리가
흔히 봐 왔던 물체의 색채와 연관이 깊다. 예를 들어서 붉은색의
피나 불은 우리에게 위험함, 매운 맛, 흥분됨의 연상을 주고, 하늘의
색채와 바다의 푸른색은 청량함, 시원함, 안정감 등의 감정을
연상시킨다. 이처럼 색채에 대하여 고유의 느낌을 생각할 수 있는
기회를 제공하고, 이를 통하여 색채의 사회 문화적 의미까지
이해할 수 있도록 한다.

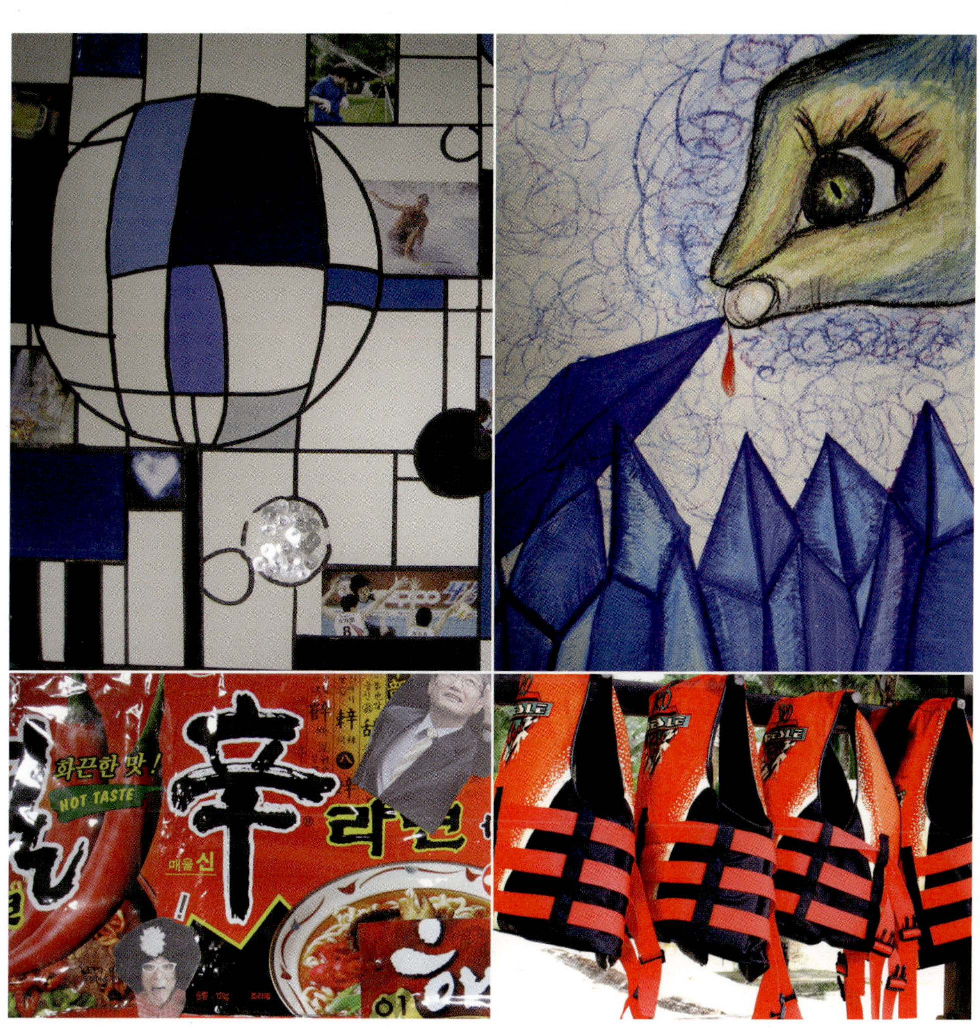

그림 10. **색채의 조형** — 위: 푸른 색채의 조형 / 아래: 붉은 색채의 조형

질감은 물체가 본연으로 구성되어 있는 표면의 성질이다.
만질 수 있는 촉각적 질감과 눈으로 느껴지는 시각적 질감으로
나눌 수 있다. 특히 시각적 질감은 인터넷 등의 다양한 미디어를
통해 직접 만지지 않아도 시각적으로 촉감을 느낄 수 있는
것으로, 조형 학습에서 중요한 의미를 가진다.
　　촉각적인 질감은 1919년 발터 그로피우스(Walter Gropius)가
설립한 독일의 바우하우스에서 처음으로 주목했다. 특히 건축을
조형 예술의 기본으로 보고, 건축과 관련 있는 여러 가지 수공예를
비롯해서 일상생활과 연관이 깊은 디자인을 조형하는 데 주력했던
바우하우스는 '조형 학습에서의 촉각에 대한 중요성'을 일깨웠다.

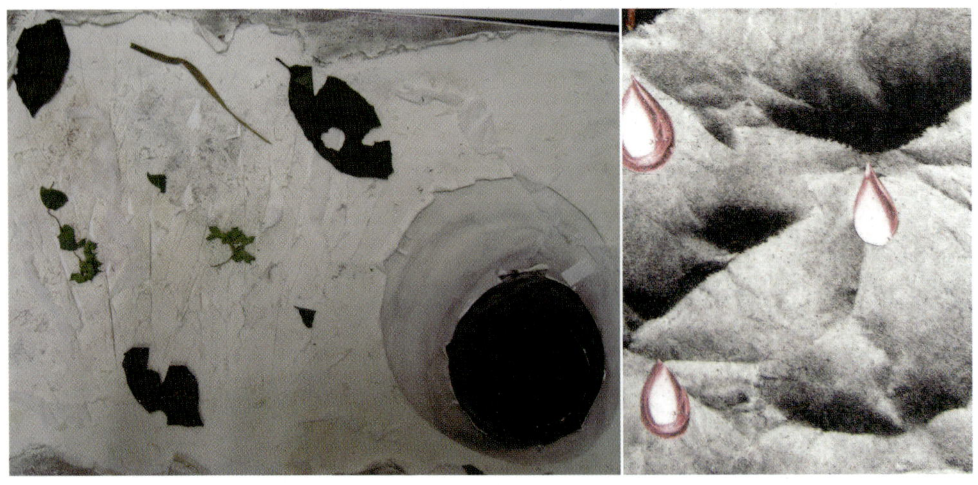

그림 11. **질감의 조형 —— 왼쪽: 촉각적 질감 / 오른쪽: 시각적 질감**

크기

크기는 보는 사람과의 거리와 관계가 있다. 얼마만큼의 간격을 두고
대상을 바라보느냐에 따라 받는 느낌이 차이가 있지만 통상적으로
크면 클수록 강렬하고 깊은 인상을 심어 준다. 이는 생명체가
지니는 생존력과도 깊은 관련이 있다. 예를 들어 상어 떼가 자주
출몰하는 따뜻한 열대 바다에서 잠수부들이 긴 끈으로 자신의
신체 크기를 늘려서 상어보다 크게 보이게 하는데, 이는 상어가
자신보다 우월하다고 생각하고 공격을 하지 않기 때문이라고 한다.
크기가 큰 대상이 사람들의 시선을 끄는 것은 당연하다. 크기에 따른
느낌 표현의 연습을 통하여 조형에서 기초적으로 갖추어야 할
공간 감각을 키울 수 있다.

그림 12와 같이 같은 크기의 그림이지만 대상의 크기에 따른
변화로 인상이 집중될 수 있다.

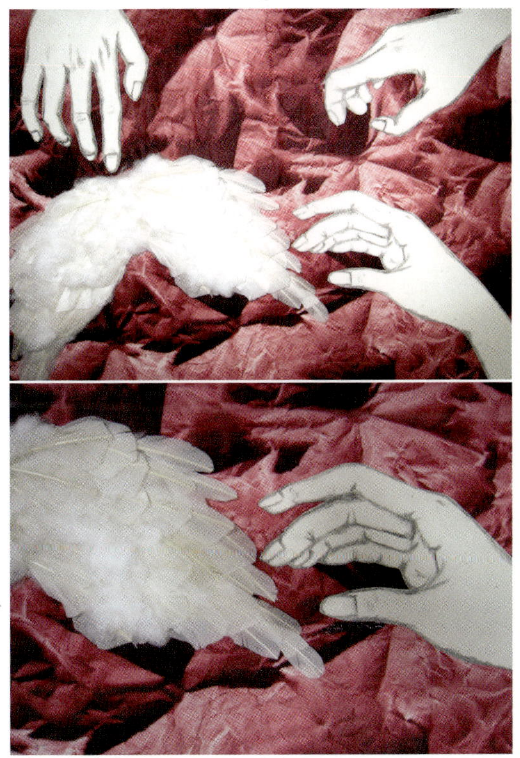

그림 12. **크기의 변화**

재료와 표현 방법의 이해

조형 활동에서 표현의 주체인 재료는 그 자체만으로 고유의
느낌을 줄 뿐만 아니라 자신만의 미적 감각을 창의적으로 구성해
나갈 수 있게 한다. 따라서 느낌의 시각화를 위해서는 재료들에 대한
기본 경험을 바탕으로 새로운 미적 결과를 만들어 낼 수 있는
실험적 태도가 요구된다.

조형에서의 창의성은 무에서 새로운 것이 만들어지는
개념이나 존재가 아니다. 자신만의 관점으로 평범하고 익숙한 것을
낯설게 보면서 지금까지 보지 못했던 조형적 새로움을 알아내고
이를 발전시킬 수 있는 능력을 말한다. 그러므로 각자의 시각에서
지금까지와는 다르게 생각해 보고 실행해 보며, 다른 학문의 영역과
연결시켜 거시적 미시적으로 관찰하여 시각만이 아니라 오감을
활용하여 느껴 보는 것이다. 이렇게 부조화의 면까지 결합시켜
조형의 미를 개성적으로 제시할 수 있는 능력은 창의성의
원동력이 된다.

재료를 중점으로 하는 디자인교육은 특정한 재료의
활용을 통하여 의도하는 이미지나 아이디어를 적합한 시각 구조로
바꿀 수 있고 표현 가능성의 확대를 경험할 수 있으며, 다양한
재료에 따른 미적 변환 과정을 이해할 수 있다. 더불어 재료에 대한
다양한 표현 방법을 탐색함으로써 창의성과 개성을 표현하고
다른 조형예술 작품에서 사용된 재료를 심층적으로 이해할 수 있다.
즉, 가장 중요한 것은 어떤 조형을 만들기 위한 조력자로서의
재료가 아니라 재료 자체의 질감과 느낌이 조형 주체로서 재료의
의미를 이해하는 것이다.

여기에서는 재료에 대한 선입견을 없애고 본질에 대한
의외성과 다양성을 오감을 통해 얻는 것에 주력한다. 그리고
재료와 표현 방법에 대한 경험에 대하여 프로토콜(protocol)[9]을
강조함으로써 자신의 느낌이나 생각을 정리하고 결과를 설명하는
근거를 마련한다.

재료와 표현 방법의 이해를 돕기 위해 여기에서는 종이를
여러 방법으로 관찰하고 표현해 보면서 그 느낌을 기록하고
조형에 대한 창의성을 길러 보자. 그리고 종이라는 대상을 중요한
조형의 재료로 여기고, 현재 종이의 제공된 상태에서 무엇인가
새로움을 느끼려는 적극적인 자세를 갖추고 자신의 느끼는 바를
언어적으로 표현해 보자.

— 9
'직접적 경험이나 지각을
기술하는 진술'로서 20세기에
독일과 미국에서 활약한
과학·언어철학자인 루돌프
카르나프(Rudolf Carnap)가
도입했다. 프로토콜 문장은
특정 관찰자가 특정 시점에서
감각한 것을 기록하는
문장으로 예를 들어 '지금의
푸른 헝겊', '탁자 위에 파란 공이
있다' 등 매우 다양하다.
논리실증주의자들은 이러한
문장은 반박될 수 없으며
다른 복잡한 진술, 특히 과학적
진술을 궁극적으로 정당화하는
것으로 생각했다. 만일 과학적
진술이 일련의 프로토콜 문장과
의미가 동치(同値)라면 그 진술은
참으로 여겨진다. 그러므로
과학은 관찰과 경험을 확고한
기반으로 삼는다.

특징과 다양성

주변에 있는 종이의 다양한 종류를 알아보고 그것을 종류별로
수집하여 붙인 다음, 종이의 종류에 따라 느낌을 기록해 본다.
종이 재질과 특징을 오감으로 느끼고 조형에서의 재료에 대한
타당성을 스스로 타진하도록 한다.

표 4. 종이 종류별 수집과 특징

종류별 수집	특징 묘사
한지	질기고 통기성, 보온성이 뛰어나다. 결이 있으면서 부드럽다. 염색이 쉬우며 가볍다.
신문용지	원료가 대부분 고지이다. 잉크의 흡수가 건조가 빠르다.
중질지	만화,부교재용으로 많이 쓰인다. 원료 중 상당 부분이 고지이고 나머지가 버진펄프이다. 신문용지에 비해 평활도와 백색도가 좋다. 고급 정밀 인쇄에는 적합하지 않다.
백상지	상질지 또는 모조지라고도 한다. 종이의 표면이 매끄럽고 평활도가 뛰어나며 색상이 희고 탄력이 있다. 가장 보편적인 지종이다. 복사지는 백상지의 가정용 버전이다. 단행본 등에 많이 쓰인다.
아트지류	백상지의 표면에 광택 성분을 코팅한 지종이다. 광택이 뛰어나다. 백지상태에서도 반짝이는 아트지와 인쇄한 부분만 반짝이는 매트지 등으로 구분된다. 잡지 등의 사진 인쇄 부분에 쓰인다.
색지	모조지와 거의 비슷한 재료를 사용한다. 펄프에 염료를 넣어 생산해 내는 종이이다. 색모조지라고도 한다.
크라프트지	일반 포장용으로 가장 많이 사용된다. 약간 붉은기가 돈다. 섬유질이 길고 질겨 포장용으로 적합하다.
SC마니라	표면은 백색이고 뒷면은 거무튀튀하고 조금 두껍다. 주로 상자 만드는 데 쓰인다. 마분지라고도 한다.
CCP지	광택이 뛰어나며 인쇄 적성이 좋다. 매끄럽고 고급스럽고 선명한 색상을 표현하는 데 적합하다.
특수지	순수한 코튼 섬유질의 표면 질감을 지니고 있다. 완벽한 색상 재현이 가능하다.

<u>**프로토콜**</u>

종이는 우리의 일상생활에서 흔하게 접하는 것이다. 여기에서는
한 재질의 종이를 대상으로 다양한 방법으로 타진하고 여기에 대한
자신의 느낌을 형용사로 프로토콜한다. 종이는 무언가 미적인
새로움을 발견할 수 있는 대상으로 생각한다. 오감을 적극 활용하여
재질의 진위를 알아야만 하는 보석류나 텍스처[10]의 성격을
알아야 하는 직물류처럼 눈으로, 귀로, 손으로 세밀하게 종이를
진단하고 이에 대한 느낌과 감지되는 관찰 결과를 자신만의
조형적 언어로 정리한다.

조형언어는 '좋다', '나쁘다'의 주관적인 진술이 아니라
형태, 질감, 색채, 균형, 대비 등의 대상에 대한 조형적 상황을
객관적으로 말하는 것이다. 조형적 상황에 대한 느낌은 같은 문화권
사람들에게는 비슷한 느낌을 줄 수 있기 때문에 조형적 언어로
서술한 다음, 주변 다른 사람에게도 같은 의미로 통용되는가를
면밀하게 나누는 것도 필요하다. 여기에서 중요한 것은 익숙하고
평범한 재료인 종이를 새롭게 보도록 유도하면서 새로운 조형미를
발견하도록 하는 것이다.

— 10
시각적, 촉각적으로 느낄 수 있는
재료의 구조와 표면과 관련이
있다. 재료에 따른 재질감을
말하는데 텍스처의 성질은
내부 구조의 자연적인 표출이거나
그것에 수정을 가한 것일수도
있다. 촉각은 시각과 함께
텍스처를 느끼는 데 사용되는
기본적 감각이고 재료 선택과
표면의 가공에 따른 텍스처의
최종 마감된 상태는 사람들에게
의도하는 바대로 느낌을 줄 수
있다는 점을 주시해야 한다.

표 5. **느낌 프로토콜 — 한지**

종류	특징 묘사	형용사의 사용
한지	강인하고 질기지만 부드러우며 불투명한 질감이 있다.	투박스러운
	투박하지만 빛깔이 은근하다.	시골스러운
	채광성이 좋다.	서민적인
	물들이기가 쉬우며, 먹으로 쓰거나 그리기에 좋다.	향토적인
	보온성과 통풍성, 가소성이 좋고 습기 조절력이 있다.	아줌마 같은
	빛에 오래 노출되면 누렇게 변하는 단점이 있지만 오랫동안 사용 가능하다.	비싸지 않은
		손쉬운
		정겨운
		질리지 않는
		한국적인

기능지는 최근 재료 과학의 발달로 새로운 기능을 가진 개발된 특수 용도의 종이를 말한다.

표 6. 종이의 종류에 따른 느낌 프로토콜 ●

종류별 수집	감각을 통한 진단	형용사로 느낌 서술하기
합성지		
수용지		
흡취지		
방청지		
도공지		
향수지		
무진지		
의혁지		
방충지		
불연지		
전기절연지		
전기 도전지		
원적외선 용지		

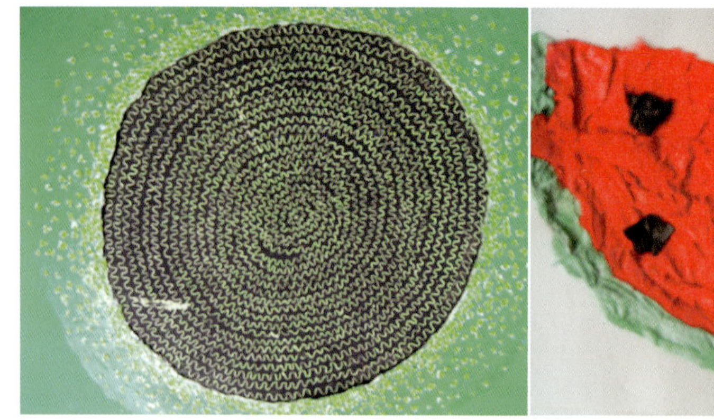

굵어 보거나 비눗방울 터뜨려 보기

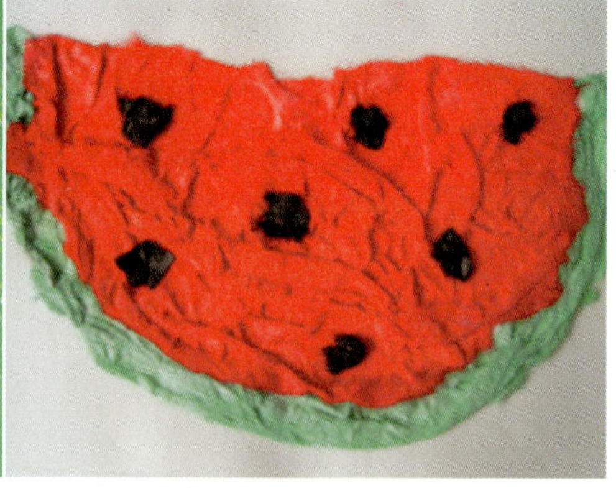

문지르거나 말고 구겨 보기

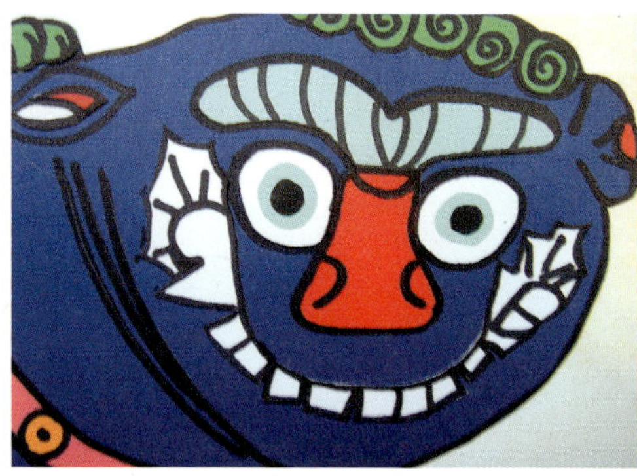

다른 색의 종이로 붙여 연결해 보기

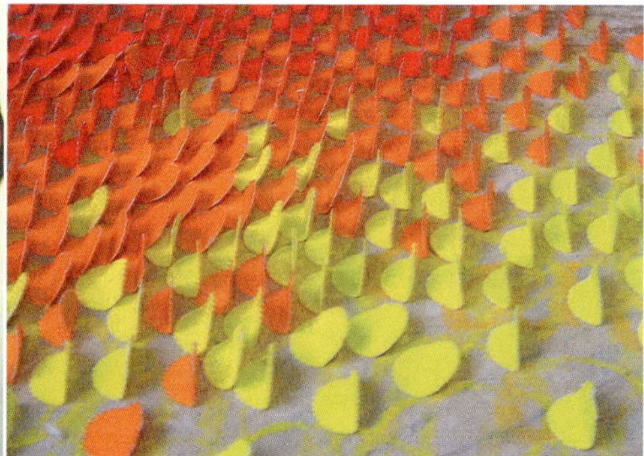

세우거나 겹쳐 쌓아 보기

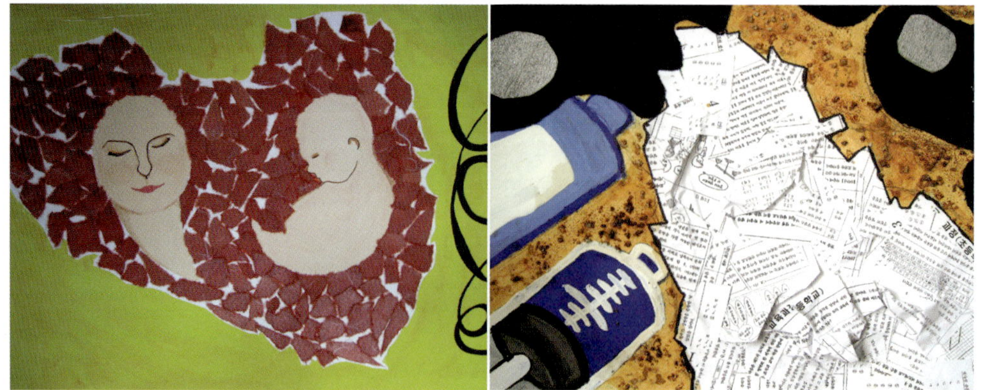

뜯어 붙여 보기, 파헤쳐 보기

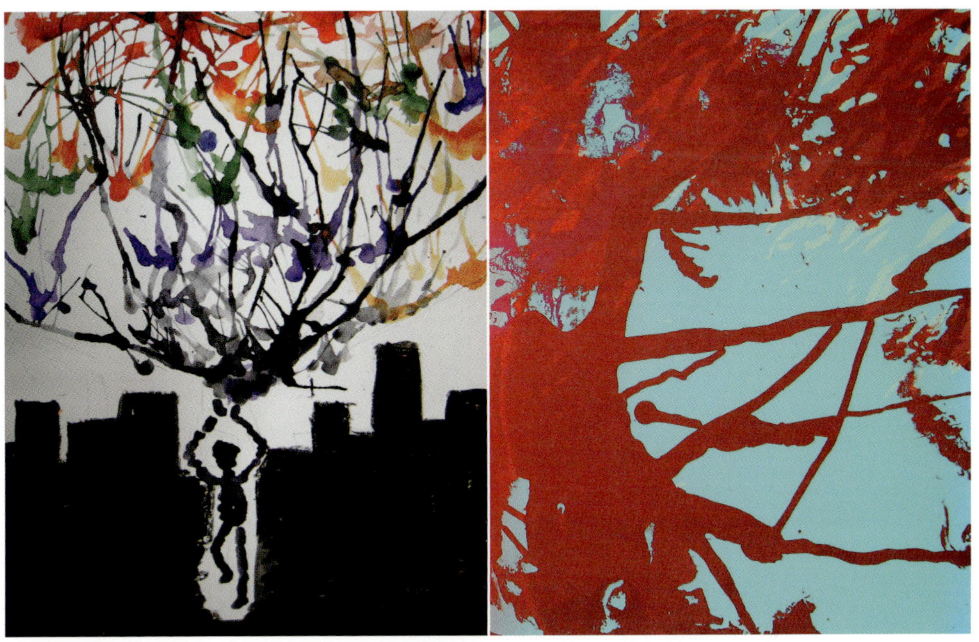

염색해서 물들이거나 코팅해서 입히기, 물감, 먹물 등으로 흘리거나 불기

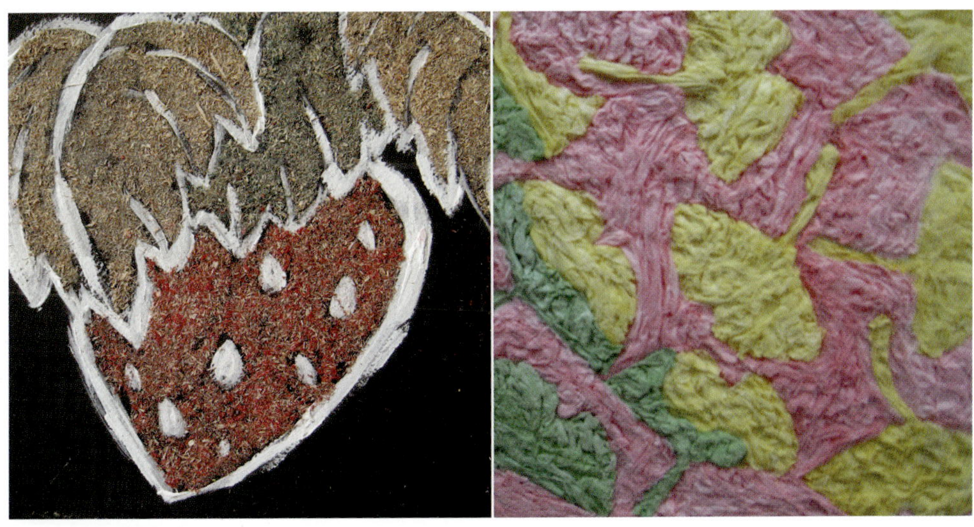

종이 안에 다른 입재를 넣어 채워 보기

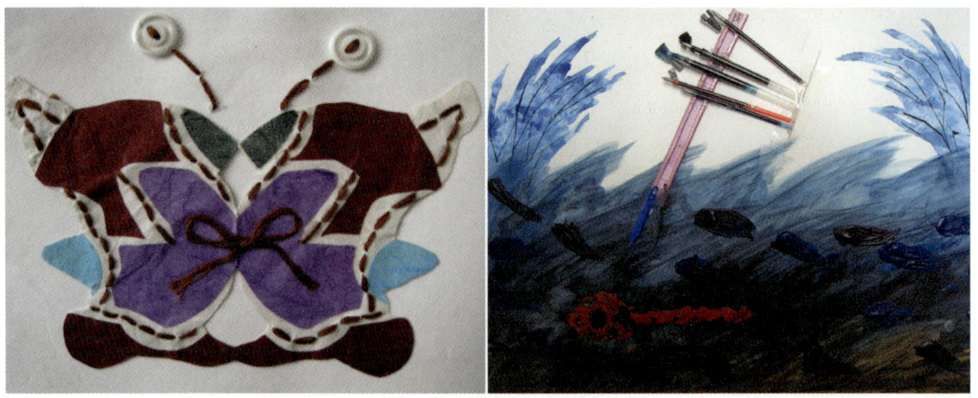

실로 바느질하여 꿰매 보기, 교차하며 붙여 보기

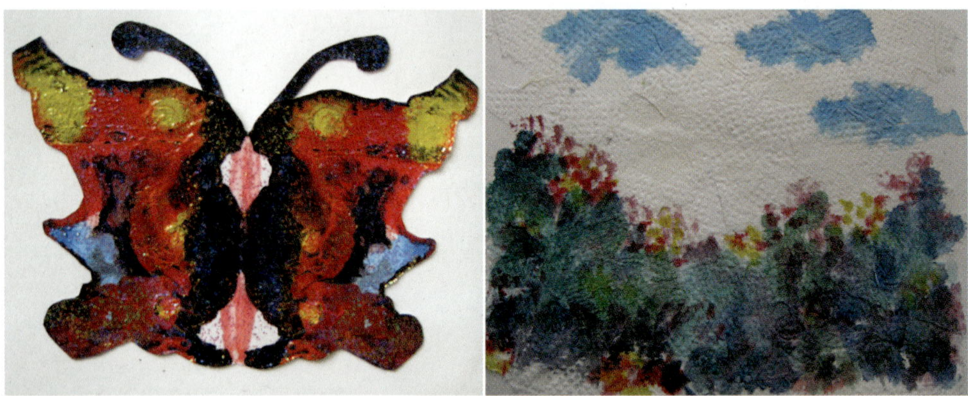

안료나 매니큐어 등으로 질감 표현해 보기

그림 13. **시각과 촉각의 표현 방법**

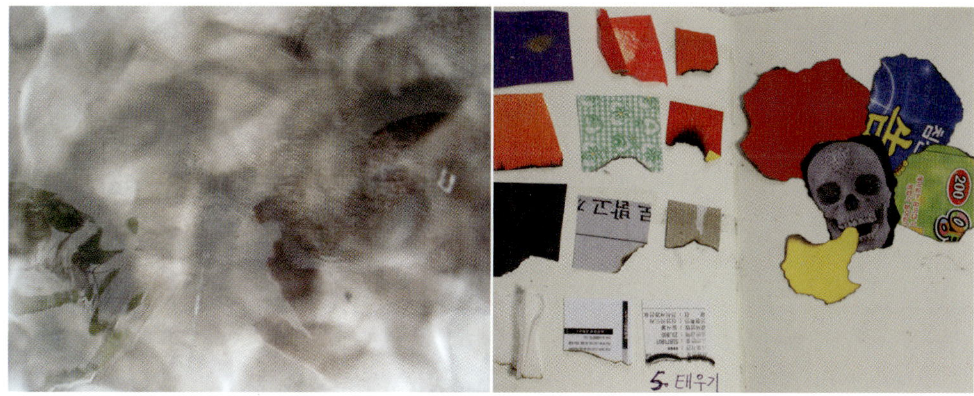

종이 그을리고 태워 보기

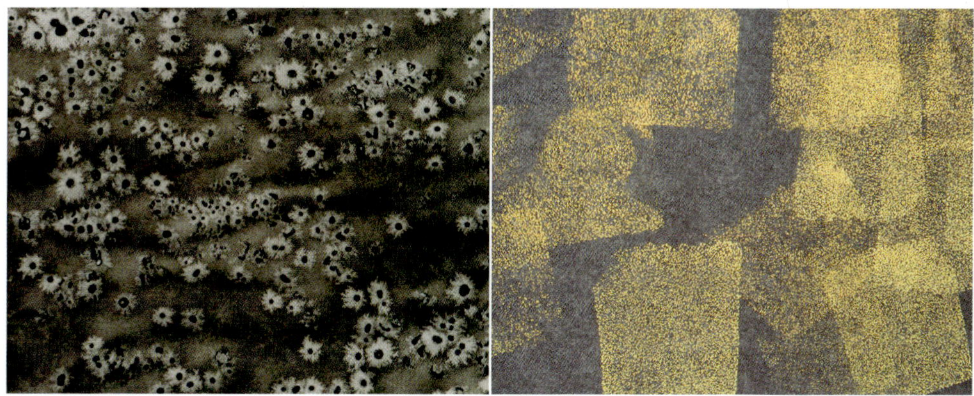

소금, 물감 등을 뿌려 보기

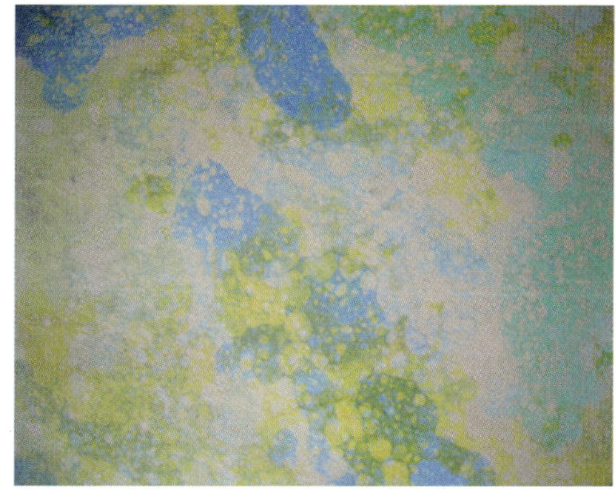

물감에 세제 혼합하여 종이 위에 비눗방울 터트려 보기

그림 14. **후각과 청각의 표현 방법**

사회 문화면에서의 '종이'와 과학적 구조의 탐색

종이는 세상에서 가장 혁신적인 발명이라 할 수 있다. 만약 종이가
없었다면 인류는 지금의 문명을 이룩하지 못했을지도 모른다.
종이가 발명되기 전까지 사람들은 기록을 위해 동물의 뼈나 가죽,
나무껍질, 대나무 등을 이용했다. 그중 파피루스(papyrus)는 지금의
종이와 가장 가까운 필사 도구였다. <후한서>에 따르면 종이는
서기105년 중국 후한(後漢)의 채륜(蔡倫)이 황제에게 바치기 위해
발명했다고 기록되어 있다. 당시 황제였던 화제(和帝)는 그것을
널리 사용하도록 했다. 그로 인해 종이 제조법은 빠른 속도로
중국 전역으로 퍼졌고, 사람들은 그것을 '채후지(蔡侯紙)'라 불렀다.
채륜은 종이의 중요성을 이해하고 그에 관한 정보를 수집 정리하여
체계화시키고 제지법 개발에 공헌한 자로서 역사적으로도
높이 평가되고 있다.

종이라는 단어는 'papyrus'에서 기원했다. 고대의
중국 종이는 주로 뽕나무나 대나무 껍질의 섬유질을 펄프로
걸쭉하게 해서 천 위에 얇게 펴서 말렸다. 751년 이 기술은
이슬람 세계로 알려졌고, 서기 100년 바그다드에서 종이가
생산되기 시작했다. 이것은 다시 스페인으로 전파되고 1238년
카탈루냐(Catalonia)에 최초의 종이 제조소가 세워졌다고
전해졌다. 그 이후 1455년 요하네스 구텐베르크(Johannes
Gutenberg)가 유럽 최초로 활자인쇄술을 발명했다. 이 외에도
1241년 한국에서 모래 주물로 만들어진 금속 활자가 제작되었고,
서기 868년 중국 상좌부 불교의 경전 <삼장>이 13만 장의 목판을
이용해 종이에 인쇄되었다. 이처럼 종이는 15세기 이후 발전한
인쇄술과 함께 지식의 대중화 과정을 주도하여 종교개혁에도
영향을 주었다.

우리나라에서 대대로 내려오는 한지는 자생하는 닥나무의
속껍질인 인피 섬유와 닥 풀로 손으로 떠내어 만들어진
종이이다. 한지는 재료와 공정의 섬세함으로 우리의 사회 문화에
다양한 공적이 있는 재료로 우리나라에 들어온 것은 고구려
소수림왕 때의 372년에 불교의 전래와 함께 이루어진 것으로
알려져 왔으나 낙랑고분에서 출토된 닥종이 뭉치 등으로
미루어 보아 한지의 역사는 1500~1600년의 오랜 역사를 지닌
것으로 추정된다. 닥나무 자체로 만들어지기 때문에 부드럽고
포근한 느낌을 주고, 여러 겹으로 배접하므로 견고하고 단단하여

일상에 필요한 공예품을 조형할 수 있어 장식성과 실용성이
뛰어나다. 또한 가볍고 오래 가며, 운반이 용이하여 전통 한옥의
창문에 창호지로 사용되며 특유의 한국적 공간 미학에
한몫을 한다. 최근에는 전통 문화에 대한 관심과 한지의 우수성이
맞물리면서 원주와 전주를 중심으로 전통문화 체험에 기반을 두며
명맥을 잇고 있다.

표현 방법과 재료와의 다양성을 다음 쪽의 표 7과 같이 정리했다.
종이의 과학적 구조를 살피고 스케치해 보자. 과학적인 도구로
세심하게 관찰하고 나오는 결과를 기록하면서 실험 과정에서
행하여진 결과물에서의 구조에서 조형미를 알아보고 그 느낌을
형용사를 이용하여 함축시켜 본다. 이때 익숙하고 평범한
재료인 종이를 새롭게 보도록 유도하면서 새로운 조형미를
발견하도록 한다.

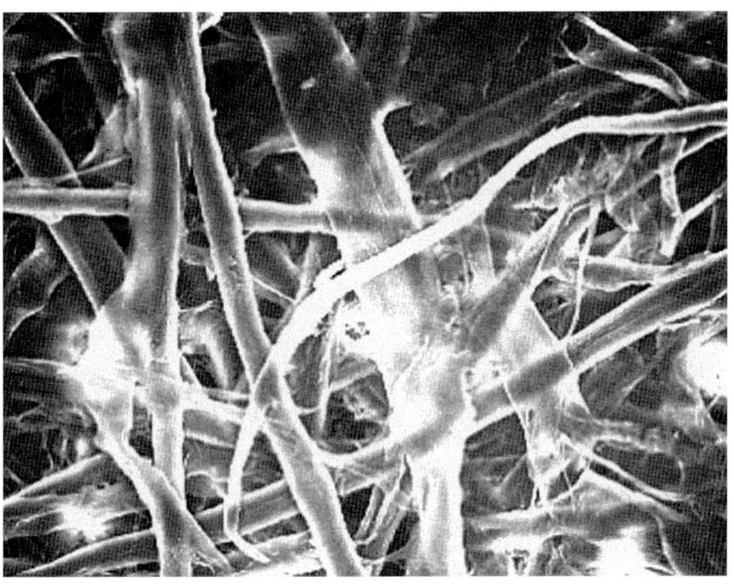

그림 15. **종이의 분자 구조**

표 7. 재료와 표현 방법의 다양성

번호	감각을 통한 진단	형용사로 느낌 서술하기
1	마블링	대야, 마블링용 물감(유화물감, 테레핀유, 린시드), 종이, 천, 고무 장갑, 신문지
2	데칼코마니	종이, 수채물감, 신문지
3	불기	수채용구, 종이, 빨대, 신문지
4	풀 그림	수채용구, 종이, 물풀, 접시, 신문지
5	흘리기	수채용구, 종이, 신문지
6	스크래치	종이, 크레파스, 긁어 낼 수 있는 뾰족한 용구, 신문지
7	물체 찍기	수채용구, 종이, 요철이 있는 물체(감자 등), 신문지
8	콜라주	콜라주 할 재료(잡지, 사진 등) 접착제(풀, 본드 등), 종이
9	모자이크	색종이, 접착제, 종이, 신문지
10	탁본(프로타주)	종이, 연필, 요철 있는 물체
11	먹물+아교 그리기	화선지, 먹물, 물감, 아교, 붓, 스프레이, 접시, 신문지
12	구김	다양한 질감의 종이, 붓, 물감, 먹물 등
13	소금효과	먹물, 수채 용구, 왕소금, 화선지, 신문지
14	화장지(휴지) 효과	화장지, 종이, 물감, 붓, 접착제, 신문지
15	모래 효과	모래, 풀, 본드, 종이, 물감(먹), 붓
16	아크릴로 그리기	아크릴 물감, 종이, 붓
17	석고 바르기의 효과	석고, 물감, 종이, 칼, 붓
18	파스텔 효과	파스텔, 캔트지 등의 화지. 정착제(픽사티브)
19	뿌리기(치솔, 망 이용)	물감, 칫솔 또는 망, 화지
20	촛농 효과	다양한 색의 초, 성냥(라이터), 물감, 화지, 다리미
21	다양한 화지	화장지, 은박지, O.H.P 용지, 광고전단지, 신문지, 화선지, 골판지, 트레팔지, 사포지 등
22	화지 바탕 변화	제소 바르기, 석고 바르기, 아교 바르기, 풀칠 등
23	태우기	초, 성냥, 종이, 풀
24	스탠실	종이, 칼, 물감, 스펀지
25	판화 효과	종이로 하는 판화, 실크스크린, 동판화, 목판화, 고무판화, 석판화
26	자연 재료	곡식류, 견과류, 건조된 꽃잎, 잎사귀, 나무판, 줄기, 모피 및 가죽소재, 진흙, 돌, 접착제, 그리기 도구, 화지
27	털실 및 노끈, 테이프의 활용도	여러 종류와 색상의 털실, 노끈, 테이프 등, 접착제, 그리기 도구, 화지, 가위
28	재활용품의 재료	병마개, 각종 포장지 및 봉지, 빨대, 깡통, 우유팩, 신문지, 스티로폼
29	몽타주	사진, 풀, 종이, 채색용구
30	화장품의 활용	화장에 관계되는 각종의 물품
31	스프레이	금, 은, 적, 청, 녹 등의 스프레이, 화지, 스카치테이프, 가위, 칼
32	컴퓨터의 활용	포토샵 등의 프로그램의 활용, 그림판 활용
33	복사기, 사진기의 활용	사진기, 복사기, 종이, 가위, 풀

커뮤니케이션: 시각적 소통

시각적 분석력

디자인교육에서 주시하고 학습되어야 할 점은 만들어지는
또는 만들어진 대상에 대한 느낌 이해와 그 안에 담겨져 있는
의미 해석[11]과 소통이다. 시각 정보의 독해와 적절한 판단 능력은
시각적 분석력이라 할 수 있는데, 디자인된 대상을 통하여
숨겨진 정보를 이해하고 판단 내릴 수 있는 능력이다. 조형에
숨겨져 있는 정보와 의미를 이해한다는 것은 조형적인 요소, 원리,
예술, 역사, 지리, 과학, 심리학, 인문 사회학 등 그 사물에 대하여
무엇을 알고 있는가에 영향을 받는다. 조형물의 복잡하고(complex)
비조직화(unorganized)되고 비구조화(unstructured)된 데이터가
가치 있고(valuable) 의미 있는(meaningful) 정보로 변해 가는
커뮤니케이션 과정[12]에는 우리가 살아가는 현 시대상을 포함하고
우리의 사회 문화에 대한 가치관 형성과 자부심 등이 담겨 있다.
시각적 분석력을 키우기 위해서는 디자인이 속하는 예술만이
아니라 경제, 문화, 정치, 역사, 과학, 사회문화, 스포츠 등 다방면의
여러 현상에 관심을 가지고 그 방면의 기본적인 앎을
비축해야만 한다.

언어적 사고 비판 능력과 상징체계의 이해 능력

석기시대의 동굴벽화부터 오늘날 웹에서의 팝업 광고[13]까지
시각 이미지는 의미 전달을 기본으로 한다. 즉, 시각적인 경험에
단어들을 적용함으로써 언어를 배우게 되며, 언어를 설명하기
위해서 시각적 이미지를 창조하는데, 언어와 이미지, 즉 현상의
상호 작용이 오늘날 커뮤니케이션의 배경이 된 점을 주목하면서,
시각 이미지에 깃들어 있는 다양한 기호를 읽고 이해할 수 있는
언어적 사고 비판 능력과 상징체계의 이해 능력이 요구된다.
같은 흐름의 이야기에도 학습자에 따라 매우 다양하게 의미가
구성되므로 학습자의 정신 연령이나 신체적 발달 정도, 사회 문화성,
주변 세계와의 경험과 인지 등의 발달 정도와 의미 생성 관계도
고려해야 한다.

11 —
이 장은 임남숙, 시각
디자인교육에서의 감상학습을
위한 <T.V 광고 활용의
콘텐츠(contents) 연구>를
재인용한 것이다.

12 —
사울 칼리너(Saul Carliner)는
물리적 수준, 인지적 수준, 영향적
수준으로 커뮤니케이션 되는
과정을 구분했다.

13 —
특정 웹사이트가 일정한 내용을
만들어 갑자기 만들어지는
새 창을 말하는데 온라인 광고의
일종으로 사용된다.

정보화 환경은 시각 문화의 생산과 소비 관계 구분을 모호하게
만들었다. 따라서 지금의 디자인 학습이 관심을 가져야 할 것은
시각 문화의 소비자와 생산자의 관계이다. 정보화 환경에서의
사이버 공간은 실제로 물상이 세상에 존재하는 것이 아니라 컴퓨터의
네트워크 안에서만 존재하는 것으로, 실제 자연 그대로의 것이
아니라는 의미에서 버추얼(virtual)과 같은 뜻을 가지고 있다.
하지만 사이버라는 용어는 버추얼과 달리 인터넷 등과 같은
환경을 통해서 구축되는 가상의 것을 지칭하는 용도로 사용된다.
이는 가상 현실 문헌에서 많이 쓰이는 접두어로서, 자기통제
시스템에 관한 과학을 뜻하는 사이버네틱스(cybernetics)라는
단어에서 유래한 것이다. 이 용어는 가상 공간의 그 어떤 대상이나
현상을 지칭 보편적인 것으로 사용되며 기술 지향적인 대중문화의
형식이나 현상에도 이 용어가 붙기도 한다. UCC[14]의 출현도
이러한 흐름에서 나오게 되는데, 전자 정보를 만들고 사용하는
환경에서는 면대 면(face to face)의 인간적 접촉의 관계가 아니므로
특정의 소외되는 사회 계층(노년층, 장애인, 외국인 등)까지도
시각적으로 쉽게 소통될 수 있는 시각적 언어 학습이
인성 교육과 함께 병행되어야 한다.

경제, 문화, 종교, 인종, 사회 계층 등과 관계없이 누구나에게
소통될 수 있는 디자인이 되기 위해서는 시각 이미지에서의
다의적일 수 있는 언어 체계를 이해하면서 동 시대에 살고 있는
대중의 인지적 상태 수준까지 가늠할 수 있어야 한다.

— 14
UCC는 사용자가 만든
콘텐츠(User Created
Contents)의 머리글자이다.

본인 경험과 연관 지어 숨겨 있는
의미의 기술과 일반화 시도

본인의 경험과 연관 지어 숨겨져 있는 의미를 기술하는 과정을
통해 느낌과 생각을 심화시킬 수 있다. 사람들은 경험으로 얻은
느낌과 생각을 객관적인 대상으로 심화시키는데, 이 과정으로
미적인 것만이 아니라 현 사회와 문화 전반에 대한 이해도 함께
발달될 수 있다.

사물을 볼 때 경험과 관련지어 경험 속에서 '인상이
깊었던 것', '특별한 것', '관심 있는 것'에 중요한 의미가 주어지므로
분석되는 조형물에서도 이러한 의미에 대하여 분석하고 이해할 수
있도록 한다.

조형물이 어떻게 구성되고 이루어지고 있는지 담겨 있는
메시지를 스토리로서 이해하도록 한다. 또한 이 과정에서 적절하고
풍부한 어휘가 담기도록 하고 본인의 경험과 맞추어 조형물의
시각적 이미지를 상징적인 기호로 찾거나 만들어 낼 수 있도록
한다. 예컨대 상징적 기호로 언어를 들 수 있는데, 조형물의 느낌을
형용사로 정리하면서 조형물에 숨겨져 있는 의미를 알아낼 수 있고
기호화할 수 있다.

특히 일상적이고 대중적인 조형물을 미적인 개념과
통합시키는 데 주요 논점은 체험의 결과 질에 따른 것이므로,
이러한 조형 요소를 가지고 무엇을 이야기하는지 직관적인 느낌과
아울러 자신의 경험을 연관시키도록 한다. 아울러 사용된 조형
요소와 원리를 작품의 의미와 연계시키면서 본인의 느낌과 연관
지어 보고, 하나의 사실에 대한 개인적인 의미를 알아본다. 본인의
주관적인 반응이나 느낌을 서술 후 검토하고 일반화할 수 있도록
보충한다.

시대와 사회, 자신과 주변 사람들의 변화에 따라 민감하게 반응하는
느낌은 외부 자극에 대한 종합적인 가치를 판단하고 결정하는
각 개인의 주관적 실체이다.

본 장에서는 개인적이고 주관적인 아름다움의 관점 문제인
조형된 대상에서의 아름다움, 즉 조형미를 조형 학습의
기반으로 보고, 애장품을 통한 조형미의 이해에 대하여 알아보았다.
그리고 느낌의 시각화 활동을 통하여 일상적으로 대하는 대상에서
'아름다움이나 사회 문화적인 면을 인식하고 찾아보기', '표현하기',
'소통하기'를 전개했다. 이 과정에서 조형에 대한 자신의 느낌을
타진하고 정리하는 것으로 시각적 이미지가 언어로 대치되고
커뮤니케이션(시각적 소통) 활동으로 시각적 분석력, 언어 사고
비판과 상징체계, 기호[15]에 대한 이해 증진을 유도했다. 시각만이
아니라 다양한 감각이 동원되는 표현 재료와 방법에 대한 활동은
호기심 유발, 고정 관념 탈피, 감수성 자극으로 구상 이미지나
아이디어를 적합한 시각 구조로 변형시킬 수 있어 미적 감각 형성에
긍정적 영향을 준다고 확신한다.

조형미는 개인에서 시작되지만 한 개인이 처해 있는 지역,
문화, 정치, 종교, 문화, 사회와 연계되는 대상이다. 따라서 개인의
경험, 기억 가치와 태도 및 상징적 구성 개념 등의 내면 진단이
가능하도록 질적 연구 방법을 활용했다. 질적 연구에서의 문항들에
대한 답을 푸는 과정은 있는 사실에서 가치를 발견해 나가는
과정으로 현실에의 종합적 접근을 형성하는 다양한 인적, 문화적,
과학적으로 얽혀 있는 현대에 꼭 요구되는 능력이다. 조형에 관하여
자신만의 문제를 내고 스스로 답을 구하는 과정에서 디자인의
의미와 가치를 인지할 것을 기대한다.

— 15
기호학은 인간의 의사소통에
필요한 청각적, 시각적, 시청각적,
후각적, 동작적 전언들의
내적 구성 요소를 말한다.
디자인 행위 자체가 기호 의미
작용 과정이므로 이러한 관점에서
각종 디자인 방법론에 대한
기호 탐구의 논의가 활발히
이루어지고 있다.

6

독창적인 개념의 발상을 위한 특별레시피

독창적인 개념의 발상

'개념'은 '단어'라는 매개체(媒介體)를 반드시 필요로 한다.
그렇기 때문에 단어의 사용 없이 특정한 개념을 이해하는 것은
불가능하다. 가령 형태, 기능, 색채와 같은 단어들을 생각하지 않고
'디자인'이라는 개념을 상상할 수 없다.

자신의 사고를 구체화하고 상징화하기 위해서는 단어의
사용이 필수적으로 요구된다. 아무리 독창적인 관념이나 훌륭한
사상일지라도 그저 마음속에만 담아 두고, 이를 적절한 단어로
표현하지 못한다면 아무런 소용이 없다. 단어는 사람들 사이의
합의와 약속에서 탄생된 것이다. 그래서 매우 보편적인 객관성을
지니고 있다. 하지만 단어에는 객관성뿐만 아니라 추상적이면서
함축적인 성질도 함께 내재되어 있다. 이해를 돕기 위해서
다소 추상적 개념의 영어 단어 'silence[sáiləns]'를 영영사전에서
어떻게 설명하고 있는지 살펴보자.

; silence is absence of sound / silence is stillness

사전에서는 silence라는 개념을 'absence' 와 'stillness'라는
또 다른 추상적 성격의 단어들을 사용해서 설명하고 있다. 우리는
absence나 stillness라는 단어를 이해하기 위해 한 번 더 영영사전의
풀이를 찾아봐야 할 것이며, 아마도 이 개념들을 설명하기 위한
또 다른 함축적 성격의 단어들을 반복적으로 만나게 될 것이다.
종종 디자이너들이 디자인 콘셉트를 창조할 때마다 특정 단어 속에
내재된 모호성이나 함축성을 어떻게 자신만의 관점으로
변환(filtering)[1]시킬 수 있을지를 고민하는 것도 바로 이러한
맥락에서이다.

그렇다면 어떻게 하면 주어진 개념을 독창적으로 변환시킬 수
있고 창의적으로 재해석[2]할 수 있을까. 이를 실천하기 위해서는
'제2의 언어'를 창조할 수 있는 능력이 있어야 한다. 제2의 언어란
사람들 각자의 정체성이 반영되어 재해석된 언어를 의미한다.
몇 가지 예를 들어보자. 겨울날 하늘에서 떨어지는 하얀 물질을
우리는 '눈'이라고 한다. 어떤 눈은 매우 축축하고 무거워서 그것을
치우는 데 많은 힘이 드는가 하면, 어떤 눈은 가볍고 포근히 내려서
뛰놀고 싶은 충동을 느끼게 한다. 이들은 서로 다른 실체이지만
'눈'이라는 하나의 이름으로 불린다. 그러나 에스키모인이 사용하는

— 1
변환시킨다는 개념을 물리적
성격의 단어인 'changing'으로
이해하기 보다는, 심리적인
측면에서 한 번 더 걸러낸다는
'filtering'의 개념으로
받아들이는 것이 더 적절하다.

— 2
재해석한다는 것은 각자의
주관적 관점 하에서 해당개념을
어떠한 방식으로 다시 이해할 수
있을지에 관한 사고의 방식을
뜻한다.

언어의 경우 눈을 가리키는 말이 50가지나 된다. 아랍인들의 경우 사막을 의미하는 단어가 12가지이다. 그렇다면 '제2의 언어'를 재창조할 수 있는 원천은 어디에서 오는 것일까. 이를 위한 가장 중요한 원천 가운데 하나는 삶의 경험에서 얻어지는 다양한 영감이다. 어떤 디자이너는 사랑의 경험에서 영감을 얻기도 하며, 또 어떤 디자이너는 주변사람의 일상적인 모습을 관찰[3]하면서 영감을 얻기도 한다. 결국 각자의 개성과 정체성에 기초하여 발상되는 제2의 언어, 즉 자신의 관점으로 재해석되어진 개념이 가장 독창적일 수밖에 없는 것이다. 이러한 이치에도 불구하고 종종 학생들은 단어나 개념의 이해 과정에서 지극히 가볍고 단편적인 사고방식을 취하곤 한다. 탐구하고자 하는 단어 혹은 개념을 사전적 정의만 가지고 해석하는 경우도 있으며, 심지어 인터넷 검색에 의존하는 경우도 있다. 물론 생각하는 수준이 즉흥적이고 가볍다고 해서 항상 이에 비례한 낮은 질의 결과물이 도출되는 것은 아니다. 그러나 디자인을 공부하는 학생이라면 자신을 둘러싸고 있는 세상 속에 존재하는 다양한 단어들과 개념들을 스스로의 관점으로 분석하고 재해석할 수 있는 기본적인 소양은 갖추고 있어야 한다.

여기에서는 이러한 소양을 함양하는 데 도움을 줄 수 있는 발상법의 하나를 소개하고자 한다. 필자는 이 발상법의 이름을 '독창적인 개념의 발상을 위한 특별레시피(special recipe for unique concept–inspiration)'라고 명명했다. 굳이 레시피[4]라는 단어를 차용한 이유는 디자이너가 개념을 발상하는 과정과 요리사가 요리를 만드는 과정이 은유적으로 일치하기 때문이다.

어떤 요리를 만들지 주제를 정한 후에 준비한 재료를 적절한 조리도구로 잘 다듬고 본격적인 조리를 시작해 보자. 그리고 조리가 끝나면 완성된 요리를 시식해 보고, 마지막으로 맛있게 먹은 요리를 잘 소화시켜 보도록 하자.

그럼 지금부터 제안하는 특별레시피의 과정에 따라서 보편적이고 함축적 성향의 개념이 어떻게 각자의 개성이 반영된 독특한 개념으로 변환될 수 있는지를 살펴보도록 하겠다. 이러한 과정을 통해 무조건적으로 정답을 찾기보다는 어떠한 방식으로 생각을 해야 하는지가 더 중요함을 인식하길 바란다.

3 —
관찰이라는 것은 주변에 존재하는 대상들을 단순히 바라본다는 시각적 차원에 국한된 것이 아니라, 자신의 삶에서 목격되는 다양한 리얼리티(reality)들을 스스로와 교류(交流)시키는 과정이라 할 수 있다.

4 —
레시피(recipe)는 요리의 조리법·비법·비결 등을 뜻하며, 약제 등의 처방전을 의미하기도 한다.

레시피에 따라 요리하기

요리 주제 및 재료 소개

특별레시피의 첫 번째 과정은 어떤 주제를 가지고 요리를 만들지
결정하는 것이다. 여기에서는 독자들의 이해를 돕기 위해서 하나의
개념을 예시로 활용하고자 한다. 수많은 단어들과 개념들 중에서
특별히 선정한 요리의 주제는 '기초조형'이라는 명제이다.[5]
　　　디자이너들이나 예술가들에게 아주 익숙하고 친근한 개념인
기초조형이라는 명제를 각자의 개성에 부합하는 제2의 언어로
재해석해 봄으로써, 독창적인 개념을 발상해 볼 수 있는 접근법을
경험해 보도록 하자.
　　　만들 요리의 주제가 정해졌으므로, 다음으로는 요리의
재료를 준비한다. 요리를 위해 준비해야 할 주재료는 당연히
기초조형이라는 단어이다. 여기에서 한 가지 주목해야 할 점이
기초조형이라는 단어가 합성어라는 사실이다. 따라서 서로
붙어 있는 두 단어를 따로 분리해서 개별적으로 요리하면
좀 더 창의적인 결과를 얻을 수 있으며 다루기도 수월하다. 즉,
'기초'와 '조형'이라는 각각의 재료를 따로 분리해서 요리한 다음,
두 재료를 하나로 합치는 과정을 갖도록 하겠다.

조리도구 소개

여기에서 가장 중요하고 핵심적인 내용은 요리 재료를 다듬기
위한 '조리도구 – 반대 개념 활용하기'를 소개하는 것이다.
'반대 개념 활용하기'란 어떤 개념을 이해하고자 할 때 그 개념의
반대가 되는 개념(its opposite concept)을 먼저 정의해 보는
방법이다. 어떤 개념과 그 개념의 반대 개념은 서로 흥미롭게
커뮤니케이션(communication)될 수 있는 관계선상에 놓여 있는데,
이 둘의 개념이 서로 어떻게 연결되어 있는지를 파악해 봄으로써
탐구하고자 하는 개념을 더 독창적으로 재해석할 수 있다. 예를 들어
'음(陰)'이라는 개념을 알고자 할 때 음의 반대 개념인 '양(陽)'의
의미를 동시에 파악하여 두 개념 사이의 연관성을 생각함으로써
이해를 쉽게 유도하는 것과 같다.

— 5
기초조형은 '조형예술 전반의
형상과 추상, 구성과 운동의
본질이며 원리'이다.

기초조형은 '사물의 생긴
꼴(shape)이 조화롭게 형성되어,
보는 이가 심미성이나 예술적
가치를 느낄 수 있는 것'이다.

기초조형은 '조형의 원리'로서
조형 및 조형 행위에 있어
보편적인 지식의 체계를
의미한다.

이렇게 반대 개념을 활용하는 사례는 해외 문학작품들에서 많이 목격되고 있다. 프랑스 소설가인 조르주 페렉(Georges Perec)은 그의 저서『공간의 종류(Espèces d'espaces)』에서 '도시'라는 개념을 이해하기 위해 먼저 '도시의 반대 개념'부터 알아야 한다고 제안했다. 그에게 도시라는 개념은 단편적인 해석만 가지고 받아들이기에는 너무나 광범위한 것이었기 때문에 그는 다른 방향으로 도시를 이해하려는 접근을 시도했다. 다시 말해서 '도시가 과연 무엇일까'라는 질문이 아니라 '도시가 아닌 것은 과연 무엇일까'라는 질문에서 그 해답을 얻고자 했다. 먼저 조르주 페렉은 일상생활 속에서 '이것은 도시가 아니다'라고 느껴지는 다양한 현상들에 대해서 관찰했다. 그리고 관찰한 것들로부터 그는 도시가 아닌 것이 무엇인지 정의를 내릴 수 있었으며, 그 개념을 다시 역(逆)으로 재해석함으로써 비로소 자신이 알고자 했던 '도시'의 개념을 이해할 수 있었다.

이렇게 반대 개념을 활용하는 기법은 종종 시의 표현법에서도 쉽게 발견할 수 있다. 실제 이러한 기법은 독자들이 모호하고 추상적인 개념을 재미있고 친근하게 이해할 수 있도록 하는 데 도움을 주고 있다. 일례로, 영국의 저명한 시인 오든(W.H. Auden)은 그의 작품 중에서 <섬(island)>이라는 개념을 '강을 양쪽으로 뒤집어 놓은 것'이라고 표현했다. 즉, 강물은 뒤집어져서 바닷물로 변하는 것이고, 강가의 양쪽 면에 위치했던 육지는 섬의 면적으로 대체되었다는 매우 독창적인 표현법을 사용했다. 그렇게 함으로써 시를 읽는 이들로 하여금 섬이라는 개념을 새롭게 인식할 수 있도록 했으며, 섬을 또 다른 이미지로 상상할 수 있게 하는 기회를 제공했다.

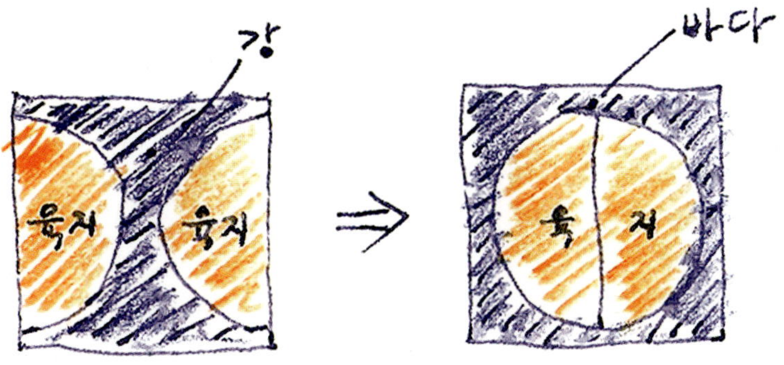

그림 1. **시인 오든의 섬의 개념**

재료 다듬기

이제 본격적으로 앞서 설명한 '반대 개념 활용하기'라는 조리도구를
사용하여 '기초'와 '조형'이라는 재료를 다듬어 보기로 하자.

먼저 '기초의 반대 개념'에 대해서 퍼스널 리서치(personal
research)를 진행하는 시간을 갖도록 한다. 퍼스널 리서치 과정에서
유의할 점은 우리가 무의식적으로 인식하고 있는 무조건적
반대 개념을 적용하는 것이 아니라 '_____가 아닌 것은 무엇일까'라는
사고방식을 취해야 한다는 것이다. 가령 조르주 페렉이 '도시'의
반대 개념을 곧바로 '시골'이라고 정의내리지 않았듯이, 나에게
'기초가 아닌 것은 과연 어떤 의미일까'라는 호기심에서부터
시작하는 것이 좋다. 즉, 기초의 반대 개념에 대해서 생각할 때 '전문',
'심화' 등과 같이 바로 연상되는 반대말을 찾는 것이 아니라 나에게
'기초가 아닌 것은 무엇'인지 호기심을 가지고 스스로 자문하는
시간을 갖는 것이 바람직하다.

리서치의 방법은 다음과 같다. 약 3~4일 동안 주변에서
경험할 수 있는 다양한 것들 중에서 자신이 생각하기에 '이것은
기초가 아니다'라고 느껴지는 대상들을 세심하게 관찰하고 이를
수집한다. 수집 과정에서는 사진 촬영, 기록, 감상평 쓰기, 마인드매핑,
친구들과의 브레인스토밍 등 여러 가지 방법을 골고루 활용하도록
한다. 특히 자기 자신의 감성과 직접적인 연관성이 있었던 것들, 가령
자신의 궁금증을 유발시켰거나 자신과 특별한 공감대를 형성했던
것들을 중심으로 자료를 모으는 것이 매우 중요하다.

수집 과정을 마친 뒤에는 수집한 자료들에서 공통 분모를
추출한다. 이 공통점들이 시사하고 있는 내용들을 분석한 다음,
기초가 아닌 것에 대해서 '한 문장'으로 정의내리는 과정을 갖는다.
이를 보드 한 장에 정리해서 각자의 결과물들에 대해서 친구들과 서로
이야기를 나누어 보는 시간을 갖도록 한다. 이러한 시간을 통해서
자신의 생각과 다른 사람들의 생각은 어떻게 다른지, 그 차이점은
무엇인지, 그리고 서로 간에 공감대가 형성되는 부분은 어떤 것이
있는지 파악해 본다. 이어서 '조형이 아닌 것'에 대해서도
앞서 진행했던 동일한 과정으로 리서치를 실시하도록 한다.

위 과정의 이해를 돕기 위해 수업시간에 학생들이 레시피에
따라서 진행했던 리서치 사례들을 살펴보도록 하겠다. 레시피라는
단어는 요리전문가뿐만 아니라 일반 사람들도 특별한 요리를
만들 수 있게 도와주는 안내 지침서를 의미한다. 하지만 레시피에서

6 —
예제로서 다루고 있는 내용은
2009년 3월부터 6월까지
홍익대학교 조형대학
프로덕트디자인 전공
2학년 과정에 개설된
'프로덕트디자인(1)'이라는
수업에서 학생들이 필자가
제안하는 특별레시피에 따라서
진행했던 과정들을 중심으로
구성되어 있다. 필자가 학생들의
수업 내용을 소개하는 가장
큰 이유는 동일한 공통 개념에서
얼마나 다양한 생각들이
파생될 수 있는지를 독자들로
하여금 직접 느껴 보게 하고
경험하게 하기 위함이다.

알려 주는 대로 동일한 과정, 동일한 재료, 동일한 조리도구를
사용해서 요리를 만들었다 하더라도 완성된 요리의 결과물은
사람들마다 천차만별이다. 맛도, 모양도, 그리고 요리를 담아내는
그릇 또한 다르다. 다음의 내용은 학생들이 진행한 리서치 과정의
사례들이다. 마찬가지로 동일한 명제를 대상으로 학생들 각자가
진행했던 리서치 과정과 내용들 역시 모두 상이함을 전제로 한다.[6]

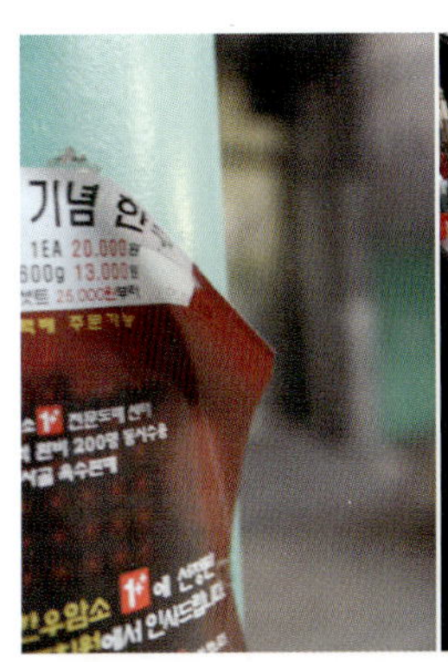

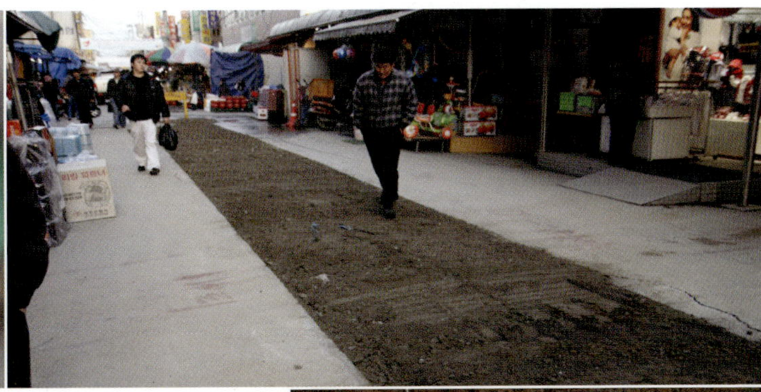

사례 1.

기초가 아닌 것
'위태위태한 모습, 어중간한 상황,
이것도 저것도 아닌듯한 임시방편(臨時方便)' 이미지

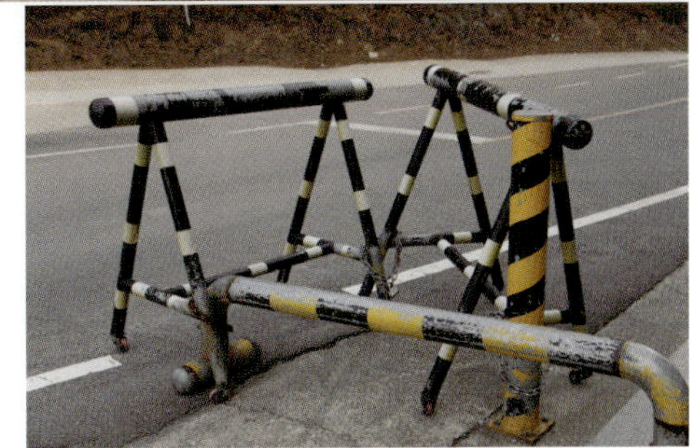

그림 2. **임시방편의 것들**

사례 2.

조형이 아닌 것
'인간의 손길이 닿지 않은,
세상의 때가 묻지 않은 순수한' 이미지

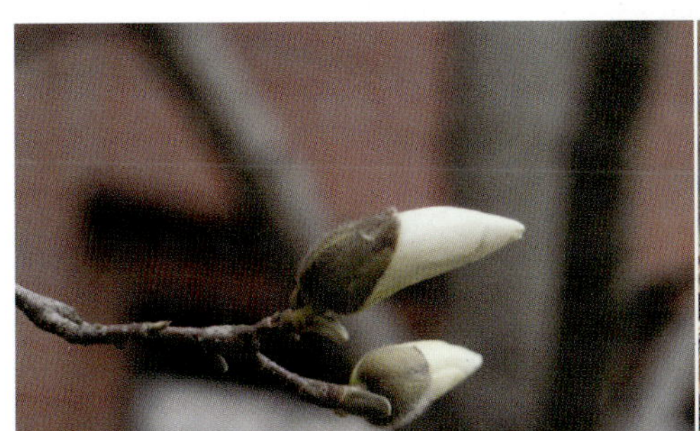

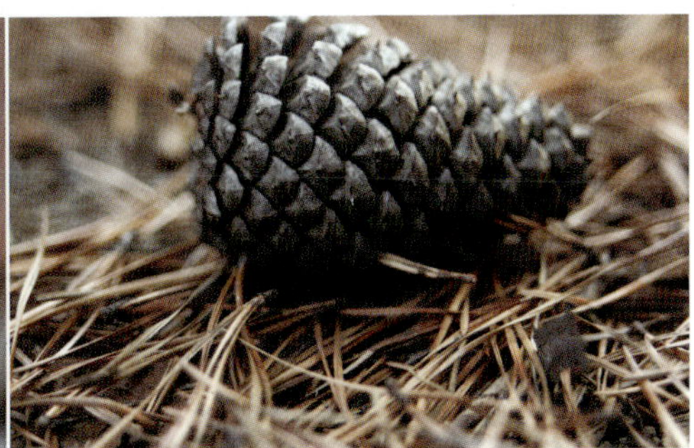

그림 3. **때 묻지 않은 순수함**

리서치 과정 — 기초가 아닌 것

만약에 사진 속의 이미지처럼 손이 존재하지 않는다면, 주변의 나머지 것들도 존재할 수 없을 것이다. 인류는 모든 동식물과는 다르게 그들만이 가진 '손'으로 지금의 지구를 지배할 수 있게 되었다. 오래 전으로 거슬러 올라가 처음 인류라고 부를 수 있는 것이 생겨났을 때 움막을 짓고, 사냥을 하고, 스스로를 방어할 무기를 만들며 문명을 이룩하기 시작할 때부터 그들은 기초가 아닌 것들을 기초로서 창조해 냈다고 생각한다. 내가 생각하는 기초가 아닌 것은 지구상에서 가장 놀라운 존재인 '손'이 부재(不在)되어 있는 상황이다.

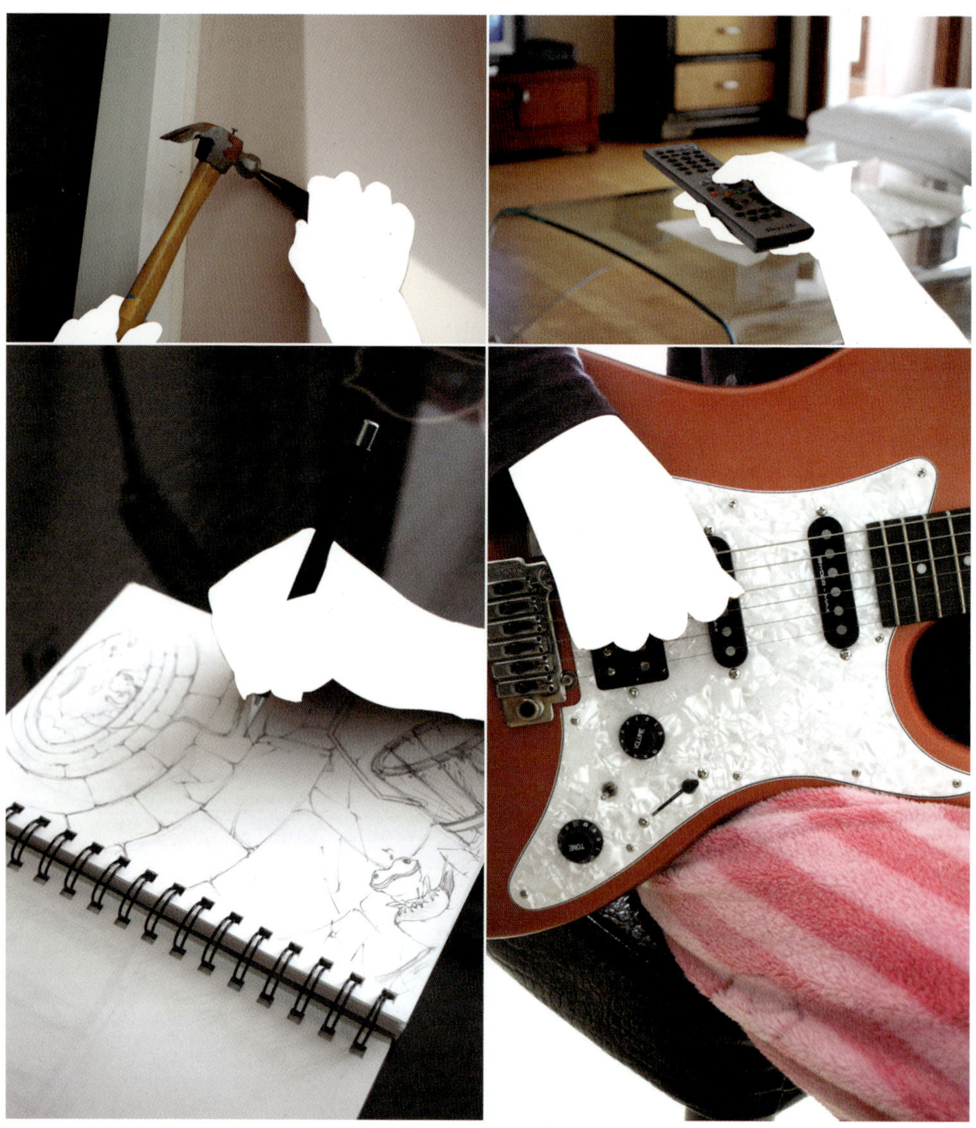

그림 4. **손의 부재**

마인드매핑작업 — 기초가 아닌 것

'내가 경험해 보지 않은 것이 기초가 아닌 것'이라는
결과를 이끌어 냈다.

리서치 과정 — 조형이 아닌 것

나는 사람들에게 집을 그려 보라고 했다. 그런데 신기하게도
나도 그렇거니와 주변 친구들 모두가 지붕부터 또는 나무
기둥부터 그림을 그렸다. 하지만 집을 지어 본 목수들은 그리는
순서가 달랐다. 그들은 집의 기반 공사부터 해야 함을 알기에
탄탄한 집의 마당부터 그리면서 지붕은 제일 나중에 그렸다.
내가 생각하는 조형이 아닌 것은 정말로 중요시되어야 할
가치보다 껍데기(형식)만 중요시하는 사고라고 생각한다. 즉,
정신적 구속이나 껍데기만 남은 것들이 조형이 아닌 것이다.

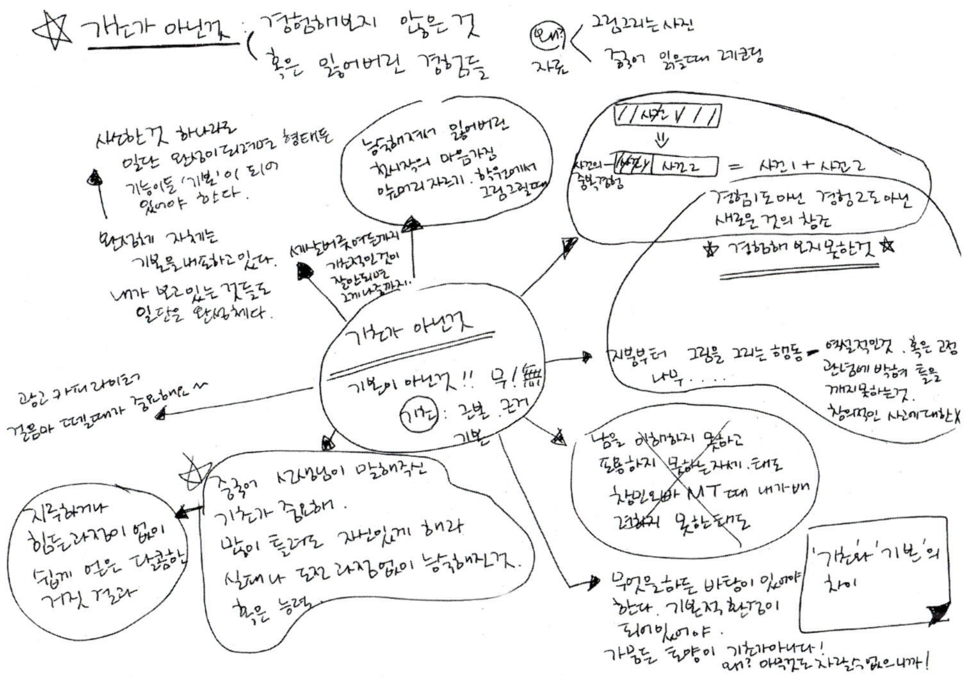

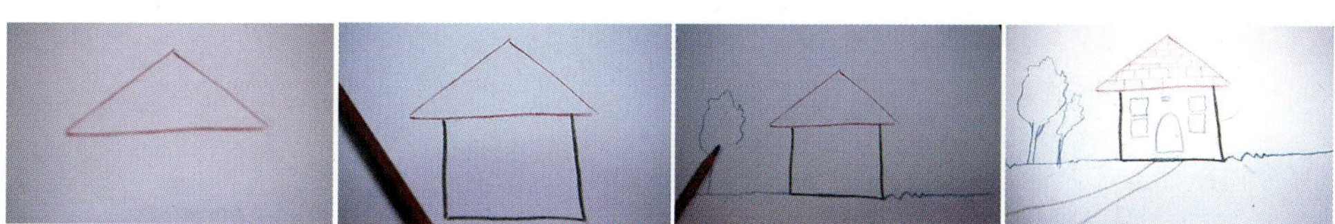

그림 5. 마인드매핑과 리서치 과정

조리하기

이제 위에서 다듬어진 재료들을 본격적으로 조리하는 시간이다.
조리 과정은 재료를 다듬는 과정에 비해서는 비교적 산난하고
시간도 적게 소요되지만, 끝까지 집중해야 하고 정성을
기울여야 한다.

조리하는 방법은 위에서 다듬어진 재료, 즉 '기초가
아닌 것에 대한 정의'와 '조형이 아닌 것에 대한 정의'의 내용을
다시 한 번 역으로 뒤집어 재해석함으로써 궁극적으로 우리가
알고자 했었던 '기초'와 '조형'에 대한 개인적 정의를 이끌어 내는
것이다. 잠시 학생들이 진행한 조리 과정의 몇 가지 사례들을
살펴보도록 하자.

사례 5.

기초가 아닌 것은 혼자라서 외로운 존재이다.
↔ 기초는 더불어 공존함으로써 존재가 완성되는 것이다.

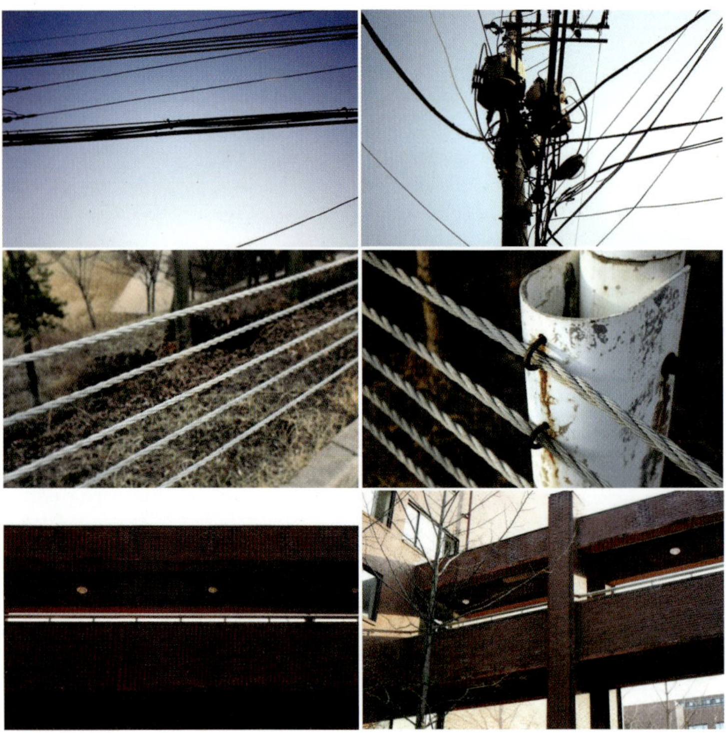

그림 7. **역으로 해석한 기초의 정의**

조형이 아닌 것은 순간의 아름다움이다.
↔ 조형은 침묵을 통한 아름다움이다.

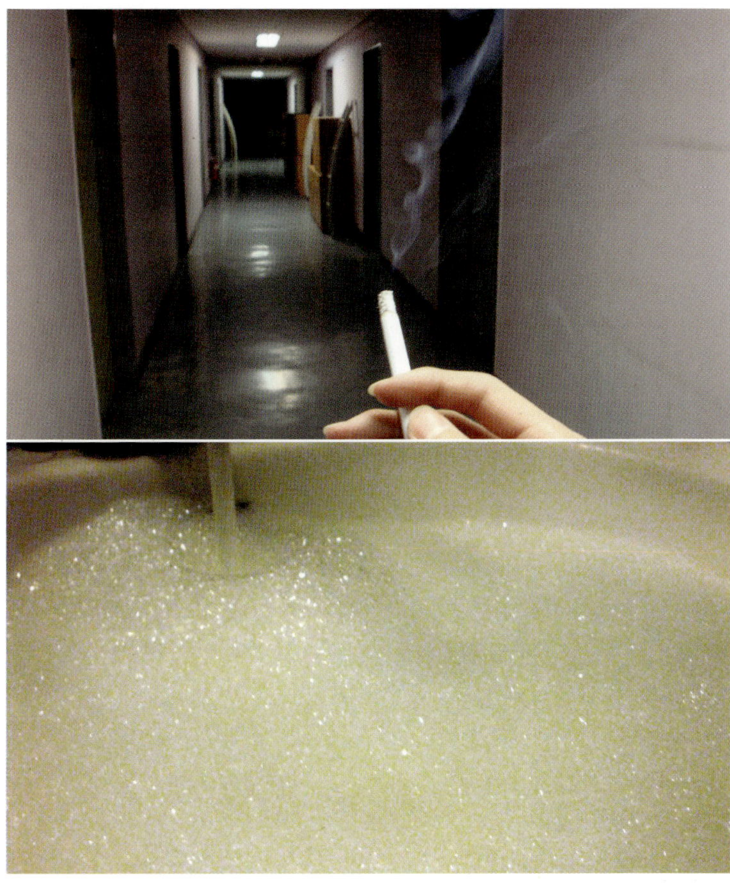

그림 8. **역으로 해석한 조형의 정의**

스스로를 팽창시키고 터뜨리는 과정을 반복하면서 전혀 그 끝의 결과물을 예상할 수 없는 것처럼 조형이 아닌 것은 인간의 손으로 빚어지지 않았으며 매 순간 끊임없이 변하고 있는 것이다. 어느 한순간을 한 화면 안에 규정지어 버리기에는 너무나 아까운 모습들이 셀 수 없을 정도로 많다. 지금 이 순간에도 저 담배연기나 비누거품은 0.1초도 안 되는 사이 또다시 새로운 모습으로 변하고 있다. 매 순간이 예술이자 인간이 하지 않은 디자인인 것이다.

내가 생각하는 조형이 아닌 것은 '순간의 아름다움'이다. 위의 개념을 다시 역으로 뒤집어서 정리한 조형의 정의는 '침묵을 통한 아름다움'이다. 변화되는 정도를 직접적으로는 확인하기 어려운 순간이라는 특성에서 침묵이라는 단어를 유추했다. 침묵은 사람과 사물 사이의 커뮤니케이션이며, 형태상의 암묵적인 표현의 개념이 될 수도 있다. 이러한 침묵을 통해서 사물을 바라보는 사람들은 더욱 다양한 해석을 할 수 있게 되며 또 다른 흥미와 아름다움을 느낄 수 있게 된다.

조리 마무리하기

이제 조리를 마무리할 시간이다. 조리의 마무리는 처음에
분리했었던 '기초'와 '조형'이라는 재료를 다시 '기초+조형'으로
서로 섞어 합침으로써 요리를 완성하는 단계이다. 각자가 정리한
기초의 개념과 조형의 개념을 조화롭게 잘 버무려서 '기초조형의
개념'을 한 문장 이내로 정리하도록 한다.
      학생들이 어떻게 조리를 마무리했는지 몇 가지 사례들을
살펴보도록 하자.

사례 7.

1단계 내가 생각하는 기초가 아닌 것은 이미 변화된 것이다.
↳ 기초의 정의는 변화될 수 있는 가능성이다.

2단계 내가 생각하는 조형이 아닌 것은 인간에 의해
이루어지지 않은 것이다.
↳ 조형의 정의는 인간의 의지로 성립되는 것이다.

3단계 '기초의 정의' + '조형의 정의'
= 기초조형은 인간의 의지로 변화될 수 있는 가능성이다.

사례 8.

1단계 내가 생각하는 기초가 아닌 것은 힘이 빠지고 즐거움을 잃는
것이다. ↳ 기초의 정의는 살아갈 수 있는 힘을 제공하는 것이다.

2단계 내가 생각하는 조형이 아닌 것은 눈에 띄지 않고 우리를
도와주는 조연의 역할이다. ↳ 조형의 정의는 도드라지는
주인공(주연)의 역할이다.

3단계 '기초의 정의' + '조형의 정의' = 기초조형은 이 세상의
주인공으로 살아갈 수 있는 힘을 제공하는 것이다.

시식하기

요리의 전 과정이 끝났다. 이제 각자의 요리가 맛있게 잘
완성되었는지 맛을 보는 시식의 시간을 갖도록 한다. 특별레시피의
과정은 어떠한 개념을 인식하는 데 그 개념과 자신 사이에 형성되어
있었던 객관적 거리감을 자신의 울타리 안으로 끌어들임으로써
그 거리감을 축소시키는 과정이라고 할 수 있다. 이는 곧 추상적인
단어나 개념을 자신의 관점에서 익숙하고 친근하게 변환시킬 수
있음을 의미한다.
      지금부터 기초조형이라는 요리 주제를 가지고 학생들이
자신만의 관점으로 어떻게 재해석했는지 그 결과물을 시식해
보도록 하자.

1단계. 기초가 아닌 것에 대한 퍼스널 리서치

내 주위에는 나에게 두려움과 불안감을 주는 수많은 요소들이 존재한다. 외나무다리를 건너다 아래로
떨어져 다리가 부러졌던 기억 때문에 나는 폭이 좁은 다리를 건너는 것을 무서워한다. 천둥이 치는
날이면 누이와 함께 이불을 뒤집어쓰고 벌벌 떨었던 기억도 있으며, 길을 가다가 좁고 어두운 공간을
보면 오싹해진다. 나에게 기초가 아닌 것은 '불안하고 두려운 것'이다.

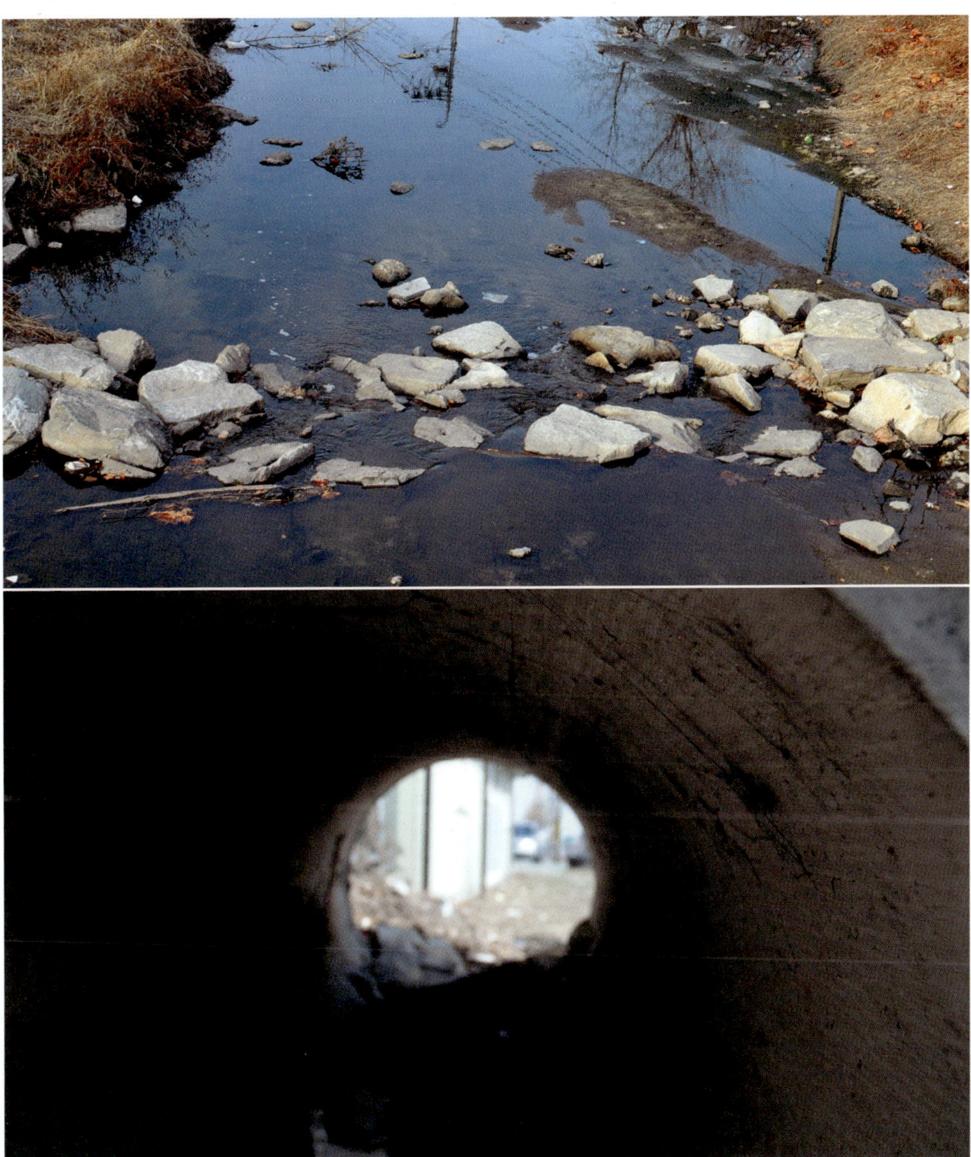

그림 9. 나에게 두려움과 불안감을 주는 요소들

2단계. 기초에 대한 퍼스널 정의

나에게 기초가 아닌 것은 불안하고 두려운 것이다. 이를 다시 역으로 뒤집어서 정리한
기초의 정의는 '편안함과 행복함을 느낄 수 있는 것'이다. 무언가에 편안함 또는 행복함을
느껴 본 적이 있는가? 우리가 느끼는 이러한 감정들은 모두 주관적인 개념이다. 가끔 나는
빨간색에서 편안함과 행복감을 느낀다. 이는 살아오면서 개인적으로 겪었던 경험에 대한
기억 때문일 것이다. 가령 어렸을 때 식사시간을 알려 주었던 어머니의 빨간색 앞치마,
식탁 위의 빨간색 식탁보, 이러한 것들이 나에겐 행복함과 편안함을 느끼게 해 주었던
시각적 기억이다. 아마도 그것 때문일까? 나의 크레파스 통에는 항상 빨간색만 닳아 있다.
빨간색 크레파스로 나무도 그리고 사람도 그렸다.

3단계. 조형이 아닌 것에 대한 퍼스널 리서치

주위를 걷다 보면 흔히 버려진 사물들을 많이 볼 수 있다. 처음에는 사랑과 함께
누군가에게 각기 다른 의미를 가지고 존재하던 소중한 것이었으나 시간이 흐르면서 낡고
퇴색되면서 버려진 것들이다. 이렇듯 사물들에서 사랑이 없어져 버려진다면 원래
지니고 있던 의미는 사라지게 된다. 이들은 더 이상 주위에서 잊혀져 가기만 할 뿐 아무
쓸모없는 불쌍한 존재들이 되어버리고 만다. 나에게 조형이 아닌 것은 '사랑으로부터
버림받은 모든 것'이다.

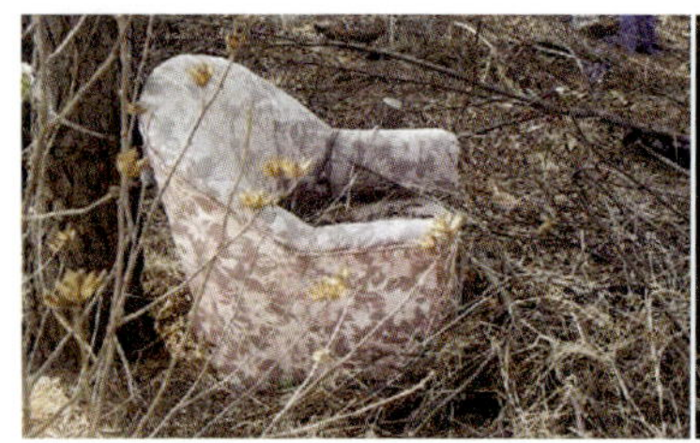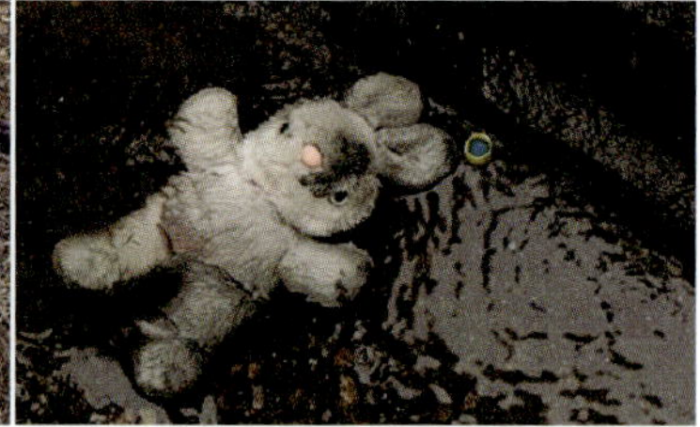

그림 10. 주인으로부터 버려진 사물들

4단계. 조형에 대한 퍼스널 정의

나에게 조형이 아닌 것은 사랑으로부터 버림받은 모든 것이다. 이를 다시 역으로 뒤집어서
정리한 조형의 정의는 '우리 주위에 존재하는 보이지 않는 사랑'이다. 어느 누구에게나
사랑은 존재한다. 하지만 우리는 그러한 사랑을 느끼고 있으면서도 쉽게 알지 못한다.
사랑에는 때때로 시간이 지나야 알게 되는 사랑도 있고, 영원히 기억 속에 남는
사랑도 있다.

5단계. 기초조형에 대한 퍼스널 정의

위에서 정의 내린 기초＋조형은 '편안함과 행복함을 느낄 수 있는 것' ＋ '우리 주위에
존재하는 보이지 않는 사랑'이다. 따라서 나에게 기초조형은 '내 주변에 항상 존재하는
편안하고 행복한 사랑, 마치 어머니의 사랑과도 같은 것'이다.

1단계. 기초가 아닌 것에 대한 퍼스널 리서치

주변에 보이는 여러 가지 사물들의 겉모양을 관찰한 후에 나는 기초가 아닌 것에 대하여
느낄 수 있었다. 가령 주차장에 세워져 있던 1톤 트럭을 예로 들자면, 트럭은 하나의
완성품이라고 할 수 있다. 그 트럭에서 아주 기초적인 형태라 볼 수 있는 알파벳 'D, L, O'를
찾을 수 있었다. 그뿐만 아니라 하수도 뚜껑에서 'ㅁ, ㅂ, ㅍ'과 같은 기초적인 한글자음을
찾을 수 있었다. 하나의 완성품 속에서 나는 또 다른 기초의 모습을 목격할 수 있었다.
나에게 기초가 아닌 것은 '또 다른 기초의 형상을 볼 수 있는 것'이다.

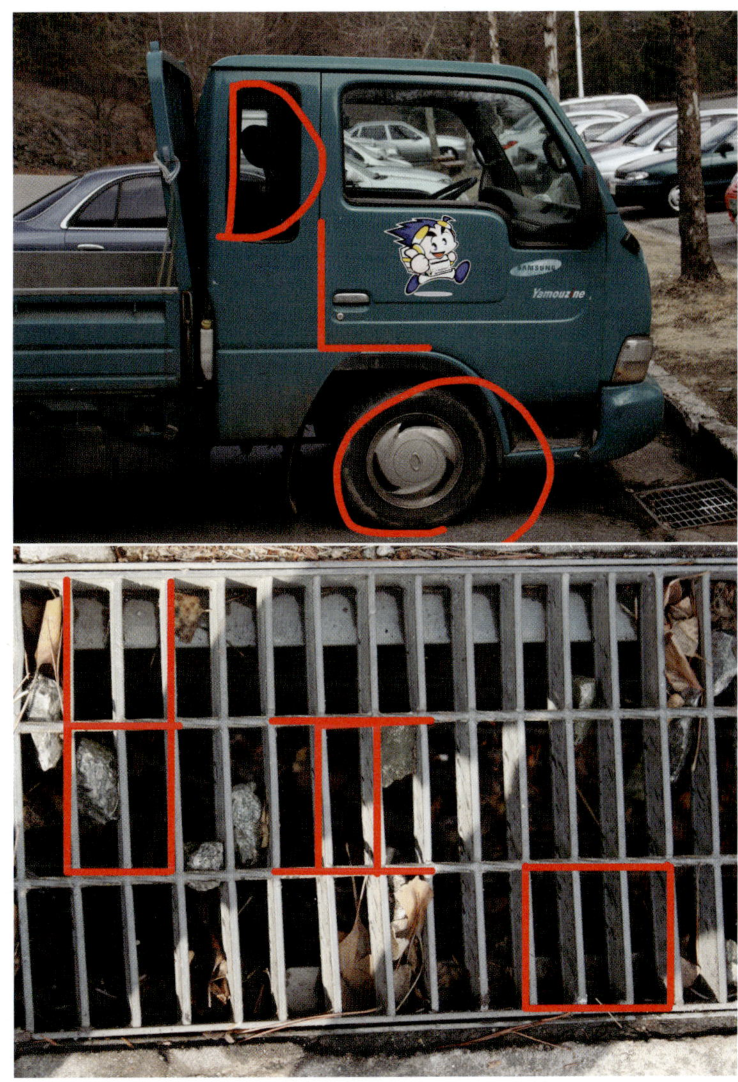

그림 11. **또 다른 기초의 형태가 목격되는 것들**

나에게 기초가 아닌 것은 또 다른 기초의 형상을 볼 수 있는 것이므로 이를 다시 역으로
뒤집어서 정리한 기초의 정의는 '세상의 모든 사물들에 포함되어 있는 것'이다. 주변에서
볼 수 있는 모든 사물들은 기초 아니면 기초를 바탕으로 완성되거나 그 중간의 것들이기
때문에 결국 기초는 세상의 모든 사물들에 포함되어 있는 것이라고 생각한다.

3단계. 조형이 아닌 것에 대한 퍼스널 리서치
만약에 어떠한 사물들에서 자신들이 존재하고 있는 이유라든지 자신의 의미가 사라지게
된다면 혹은 자신에게 특정한 이름이나 기능이 부여되지 않은 처음 단계라면 그것을
조형이라고 부를 수 있을까? 나에게 조형이 아닌 것은 '존재의 의미를 잃어버린 것'이다.

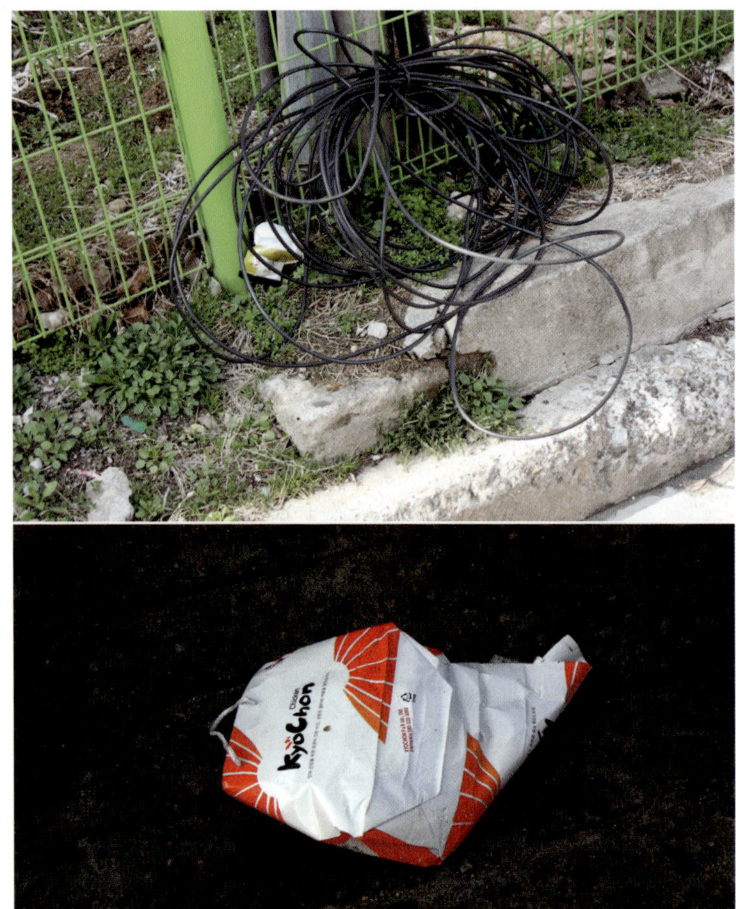

그림 12. 존재 의미와 이름을 잃어버린 것들

4단계. 조형에 대한 퍼스널 정의

나에게 조형이 아닌 것은 존재의 의미를 잃어버린 것이다. 이를 다시 역으로 뒤집어서
정리한 조형의 정의는 '어떤 것이든 채워 넣을 수 있는 그릇'이다. 나는 조형이 아닌 것에
대해 존재의 의미를 잃어버린 것이라 정의 내렸다. 즉, 알맹이가 없는 껍데기가 조형이
아니라고 보는 것이다. 그런데 이번엔 그 생각을 아예 뒤집어 보았다. 의미가 없어도
형태와 형상이 있기 때문에 그 껍데기가 조형이 될 수 있다는 결과가 나왔다. 가령 아무런
글씨가 없는 간판이 있다면, 이 간판은 자신의 기능을 하지 못하고 있는 철판에 불과하다.
하지만 이 철판에는 어떤 이름이든지 부여할 수 있다. 왜냐하면 비어 있기 때문이다.
음식점 이름이 들어갈 수도 있고, 마켓의 이름이 들어갈 수 있고, 무엇이든 자유롭게 의미
부여가 될 수 있다. 그래서 나는 조형을 어떤 것이든 채워 넣을 수 있는
그릇이라고 정의했다.

5단계. 기초조형에 대한 퍼스널 정의

위에서 정의 내린 기초＋조형은 '세상의 모든 사물들에 포함되어 있는 것'＋'어떤 것이든
채워 넣을 수 있는 그릇'이므로, 나에게 기초조형은 '세상을 담을 수 있는 그릇'이다. 내가
말하는 세상이란 우리가 사는 현실에 한정되어 있는 세상이 아니라 내가 상상하고 꿈꾸는
세상을 모두 포함하는 것이다.

사례 11.

1단계. 기초가 아닌 것에 대한 퍼스널 리서치

도서관에서 책을 찾다보면 종종 기초공학에 관련된 다양한 도서들을 보게 된다. 하지만
이 분야에 문외한인 나에게 이것은 기초적인 것이 아니다. 그리고 길에서 만난 '와플 속의
돈까스'라는 이색적인 가게의 이름도 나에게는 기초적인 것이 아니다. 흔히 와플 속에
잼이나 아이스크림, 시럽 등을 넣는 것이 이제까지 내가 경험한 것인데, 이곳은 와플 속에
돈까스를 넣었다. 나에게 기초가 아닌 것은 '내가 경험하지 못한 것'이다.

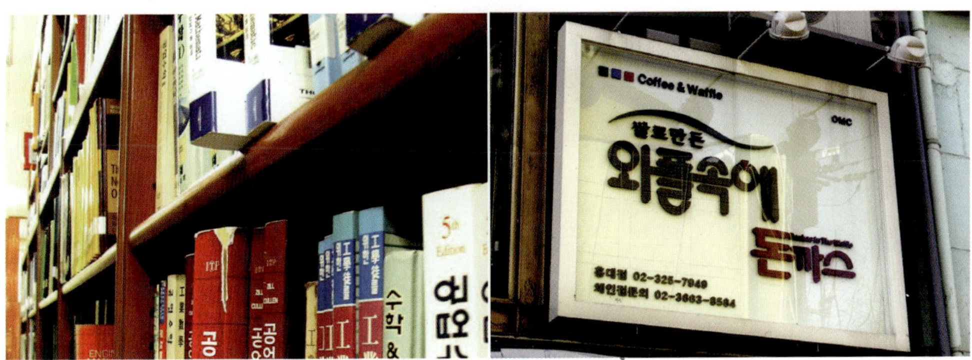

그림 13. **나에게 익숙하지 않은 것들**

2단계. 기초에 대한 퍼스널 정의
나에게 기초가 아닌 것은 내가 경험하지 못한 것이다.
이를 다시 역으로 뒤집어서 정리한 기초의 정의는 '경험을 만끽하게 해 주는 것'이다.

3단계. 조형이 아닌 것에 대한 퍼스널 리서치
예전에 잠깐 머물렀던 뉴욕의 향수를 느끼기 위해 뉴욕을 배경으로 하는 드라마를
보았다. 잠시 동안 뉴욕의 향수에 심취해 있었지만 지금의 현실은 뉴욕이 아닌 한국, 왠지
모르게 영상과 현실과의 괴리가 낯설게 느껴진다. 나와 같은 방을 쓰는 친구가 장난으로
헬멧과 장갑을 착용한 채로 컴퓨터 게임을 하고 있었다. 이러한 상황은 보편적이지 않은
것이고 일상적이지 않은 것이다. 하지만 나에게 웃음을 준다. 나에게 조형이 아닌 것은
'일상적이지 않아 낯설고 어색한 것'이다.

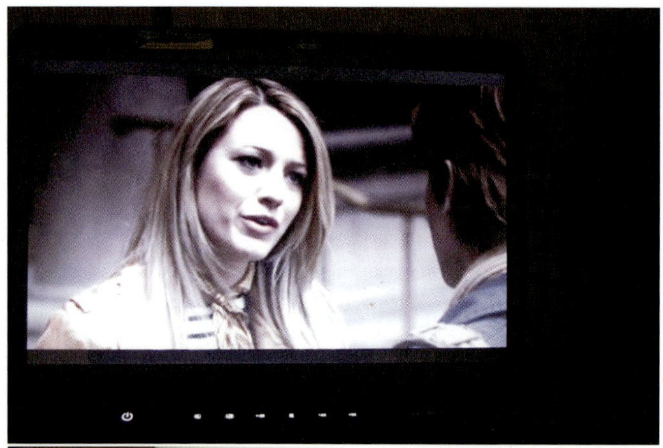

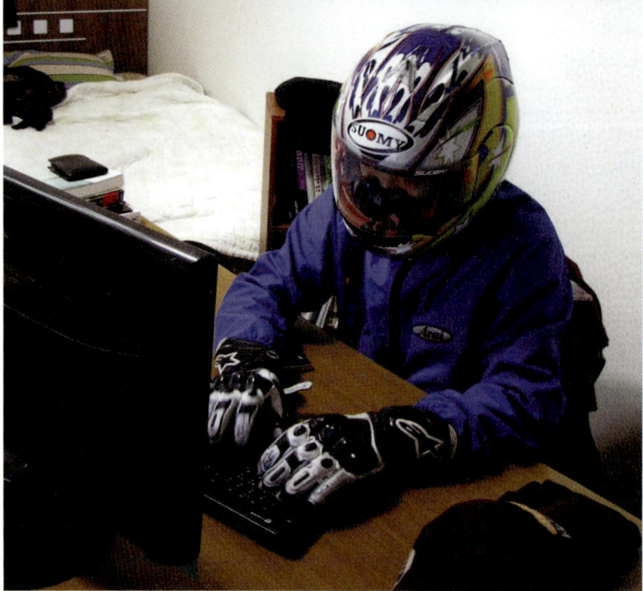

그림 14. **일상생활과 거리가 있는 낯선 풍경들**

4단계. 조형에 대한 퍼스널 정의

나에게 조형이 아닌 것은 일상적이지 않아서 낯설고 어색한 것이다. 이를 다시 역으로
뒤집어서 정리한 조형의 정의는 '일상생활의 익숙한 것'이다.

5단계. 기초조형에 대한 퍼스널 정의

위에서 정의내린 기초 + 조형은 '경험을 만끽하게 해 주는 것' + '일상생활의 익숙한
것'이다. 나에게 기초조형은 '일상생활의 익숙한 것들로부터 풍부한 경험을
만끽하는 것'이다.

사례 12.

1단계. 기초가 아닌 것에 대한 퍼스널 리서치

모든 물체는 각자의 본질을 가졌다. 그 본질로부터 마땅히 그래야 되는 것을 제거한 변질
가능한 부가적인 모든 것들이 기초가 아니라고 생각한다. 다시 말해 본연의 기능을 가지고
있으면서도 추가적으로 발전되고 향상될 수 있는 부분, 즉 채워야 할 부분이 존재하는 것이
기초가 아닌 것이다. 나에게 기초가 아닌 것은 '무언가를 채울 수 있는 가능성'이다.

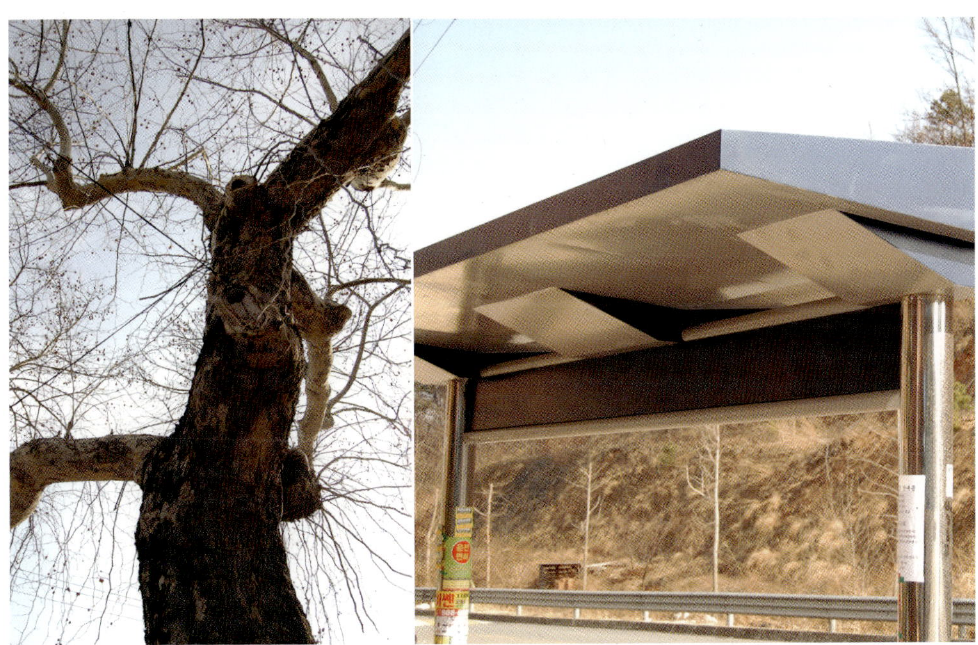

그림 15. **어떤 것을 채울 수 있는 가능성이 존재하는 것들**

2단계. 기초에 대한 퍼스널 정의

나에게 기초가 아닌 것은 무언가를 채울 수 있는 가능성이다. 이를 다시 역으로 뒤집어서
정리한 기초의 정의는 '정리하는 것'이다. 기초가 아닌 것을 더하기의 개념으로 생각한다면
기초인 것은 정리하는 것이라고 생각한다. 더 이상 뺄 것이 없는 정제된 기초를 만드는
과정 중에 우리는 기초가 아닌 것이 무엇인지 생각하게 되고 깨닫게 된다. 왜냐하면 더해진
것을 덜어 내야 하기 때문이다. 기초인 것을 물체 본연의 상태라고 생각할 수도 있지만,
나는 이것에서 한 번 더 발상을 해서 '기초인 것'은 기초가 아닌 것을 알아내게 해 주는
중간 과정, 즉 정리하는 과정이라고 생각했다.

3단계. 조형이 아닌 것에 대한 퍼스널 리서치

조형적이다. 혹은 조형적이지 않다. 입시미술을 할 때 원장선생에게 귀에 박히도록 들었던
말이다. 그러나 막상 그 말을 들으면 추상적으로 어떤 느낌인지 알겠지만 정확하게 그 말이
어떤 것을 표현하고 있는지는 몰랐다. 리서치를 진행하면서 얻은 결론으로서 조형이 아닌
것은 주변 환경과 호흡하지 못하는 것이라고 생각한다. 주변 환경과 호흡하지 못한다는
것은 부정적인 의미가 아니라 무언가 특별한 다른 것을 가진 자신만의 특별한 가치를 가진
것이라고 생각한다. 비록 주위 환경과 호흡하지는 못하지만 사람들에게 깊은 인상을 주는
존재, 그것이 조형이 아닌 것이라고 생각한다. 나에게 조형이 아닌 것은 '주위의 것과는
다른 특별한 가치를 지닌 것'이다.

4단계. 조형에 대한 퍼스널 정의

나에게 조형이 아닌 것은 주위의 것과는 다른 특별한 가치를 지닌 것이다. 이를 다시
역으로 뒤집어서 정리한 조형의 정의는 '조화와 균형'이다. 조형이 아닌 것과 마찬가지로
조형인 것을 정의할 때도 주변 환경과의 호흡을 가장 우선적으로 생각해 보았다. 주위에
있는 소위 조형적이라 일컬어지는 사물들을 보면 주위 환경과 혹은 그 사물 안에서 안정을
취하고 있었다. 즉, 자신의 아이덴티티를 주변 환경과 조화롭게 형성하고 있는 것들이었다.
내가 아닌 우리로서 그들은 환경과 하나가 되어 조화와 균형을 이루고 있다. 나 하나만을
생각하지 않고 우리를 생각나게 하는 것들, 그것이 조형이라고 생각한다.

5단계. 기초조형에 대한 퍼스널 정의

위에서 정의내린 기초＋조형은 '정리하기'＋'조화와 균형'이다. 나에게 기초조형은 '주변
환경과 조화와 균형을 가질 수 있게 정리하는 것'이다.

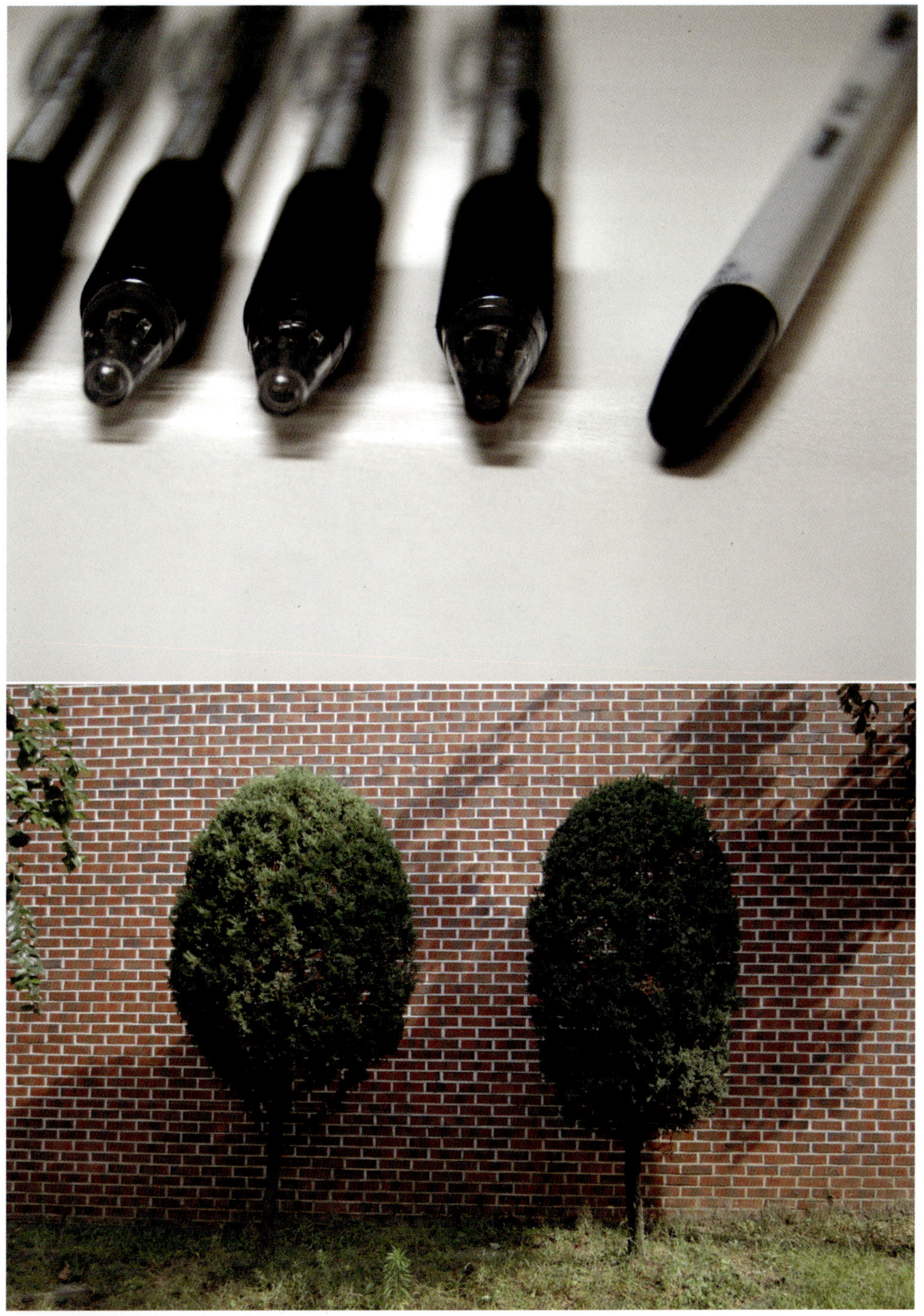

그림 16. 주위 환경과는 다른 자신만의 특별한 가치를 지닌 것들

1단계. 기초가 아닌 것에 대한 퍼스널 리서치

며칠 동안의 관찰을 통해 나는 기초가 아닌 것을 형태(외형, 내용)의 변화, 움직임(유형과 무형), 왜곡 등 세 가지의 성질을 기지고 있는 것이라 생각했다. 이 성질들을 어떻게 종합하여 기초가 아닌 것의 정의를 내릴까 생각하던 중 열린 버스의 차창 사이로 스멀스멀 침범하는 소의 변 냄새. 그 냄새를 맡는 순간 내가 생각하는 답이 떠올랐다. 그것은 변화하는 모습이 눈에 보이는 것이 아니라 눈에 보이지 않는 것이었다. 마치 책과 같다고 생각했다. 책이 변한다는 것은 책의 겉모습이 변한다는 의미가 아니라 그 안에 담고 있는 내용이 끊임없이 변화한다는 의미이다. 무엇보다도 책의 내용은 그 책을 읽고 받아들이는 사람마다 각기 다른 해석을 내리며 변화되고 왜곡되기 때문이다. 나에게 기초가 아닌 것은 '변화되고 왜곡되는 것'이다.

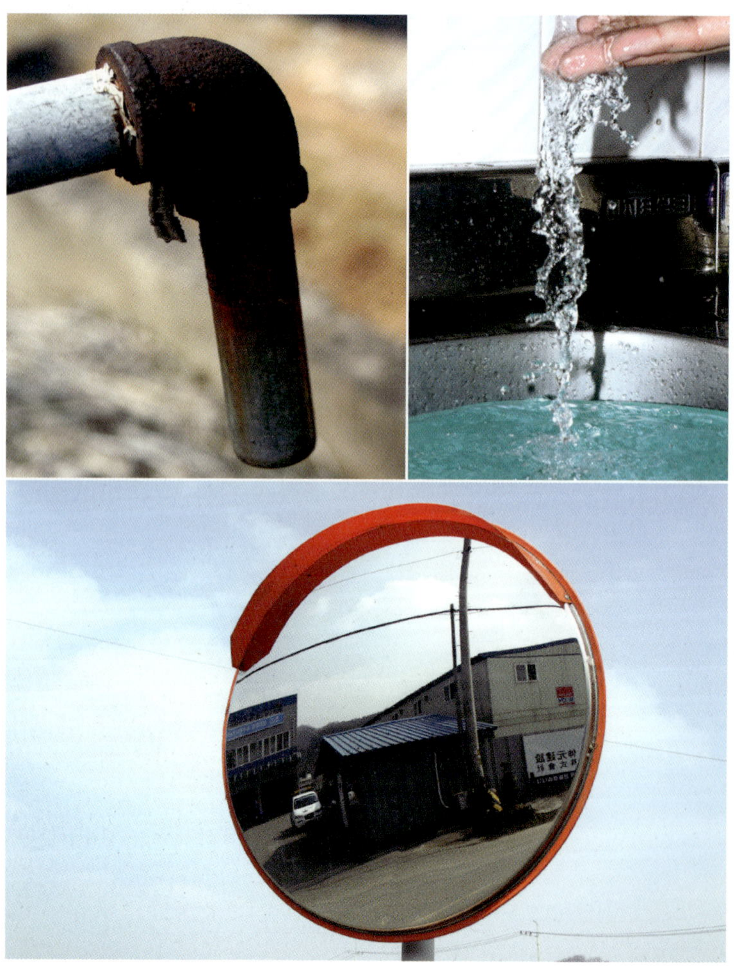

그림 17. 변화, 움직임, 그리고 왜곡에 대한 관찰

2단계. 기초에 대한 퍼스널 정의
나에게 기초가 아닌 것은 변화되고 왜곡되는 것이다. 이를 다시 역으로 뒤집어서 정리한
기초의 정의는 '일관되게 간직되어 있는 것'이다.

3단계. 조형이 아닌 것에 대한 퍼스널 리서치
사람들은 자신이 생각하는 아름다움을 재현해 내려고 자연을 모방해 왔다. 하지만 그
모방은 단순히 형태를 그대로 빌려 오는 유사성을 뜻한다고 생각하지는 않는다. 인간들은
바람에 흔들리는 푸른 풀잎, 쉼 없이 자라고 있는 나무의 나이테, 해를 향해 자신의 몸을
움직이는 해바라기처럼 자연이 지닌 역동적인 순간순간의 모습을 재현할 수 없었다.
따라서 모방이 불가능한 부분을 가능한 것으로 바꾸기 위해 인간은 사물에 의미를
부여하는 것이라고 생각한다. 나에게 조형이 아닌 것은 '의미가 부여될 수 있는 것'이다.

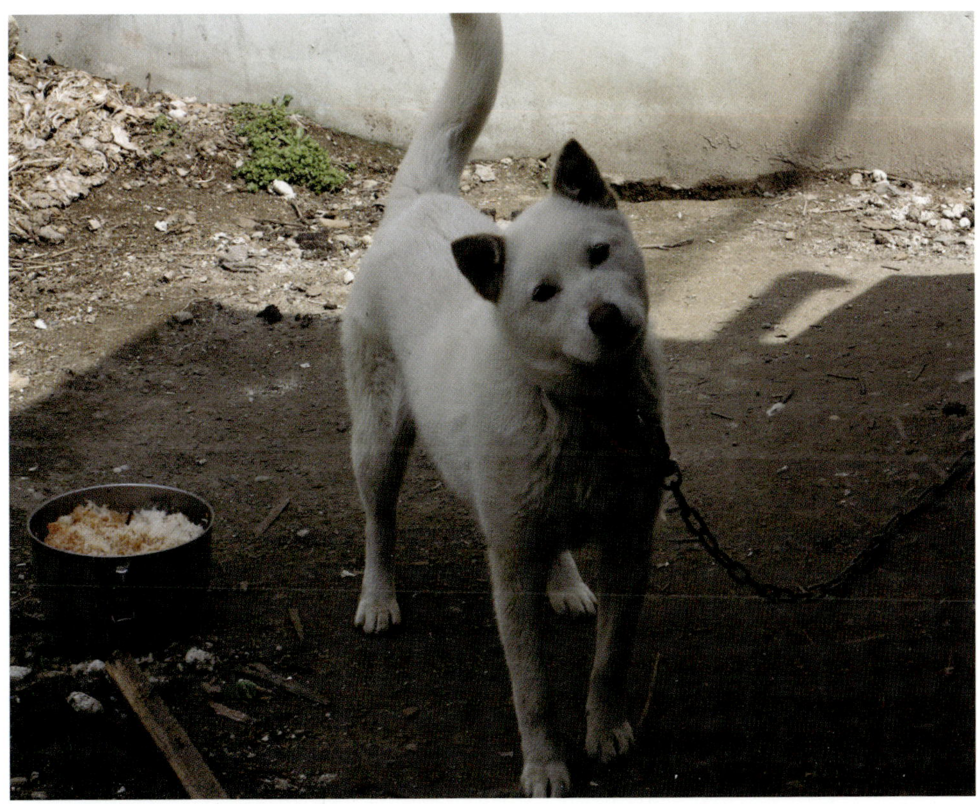

그림 18. **어떠한 것으로부터 모방되지 않은 것**

4단계. 조형에 대한 퍼스널 정의

나에게 조형이 아닌 것은 의미가 부여될 수 있는 것이다. 이를 다시 역으로 뒤집어서
정리한 조형의 정의는 '나만의 의미를 갖고 있는 것'이다. 나만의 의미를 갖고 있는 것은
무슨 뜻일까? 쓸모없게 보이는 낡은 지갑이 어떤 이에게는 첫사랑을 떠올리게 할 수도
있고, 자글자글 주름진 손능늘 보고 어머니를 떠올리며 눈시울을 적시는 이도 있을
것이다. 어떤 사건, 사물 등에 의미를 부여하는 것은 사람마다 각양각색일 것이다. 그리고
그 대상은 우리가 흔히 말하는 아름답다거나 가치가 있는 것만은 아니다. 더욱이 그것을
판단하는 기준은 개인, 세대, 사회, 시대마다 다르다. 하지만 이처럼 여러 가지 의미를
지닌다고 해서 모든 것들을 다 조형이라 인정할 수는 없을 것이다. 분명한 의도를 가지고
있어야 하며 순식간에 증발되거나 일회성으로 그치는 것이 아니라 어디에선가 은은하게
그 자태를 유지하고 있어야 한다고 생각한다.

5단계. 기초조형에 대한 퍼스널 정의

위에서 정의내린 기초＋조형은 '일관되게 간직되어 있는 것'＋'나만의 의미를 갖고 있는
것들'이므로 나에게 기초조형은 '내가 의미를 부여하여 내 기억 속에 간직된 것'이다. 이는
사물 혹은 콘텐츠의 단순한 소유나 사용이 아니라 소설 『어린 왕자』에 등장하는 여우처럼
'나'에게만 길들여진 것을 말한다. 길들여졌다는 것은 사물과 사람간의 소통을 이야기하는
것이며, 기존의 것들과 자연스럽게 공존할 수 있다는 의미이다.

사례 14.

1단계. 기초가 아닌 것에 대한 퍼스널 리서치

왼쪽 창문의 상황이 기초 상태였을까? 아니면 오른쪽 창문의 상황이 기초 상태였을까?
정답은 없다. 만약 내가 춥다면 오른쪽 창문에 기인한 것이기에 닫힌 왼쪽 창문이
나중이지만, 내가 덥다면 왼쪽 창문 때문이므로 열려진 창문이 나중일 것이다.

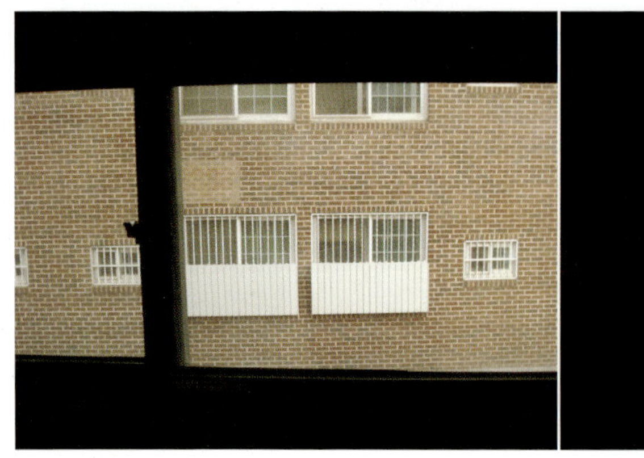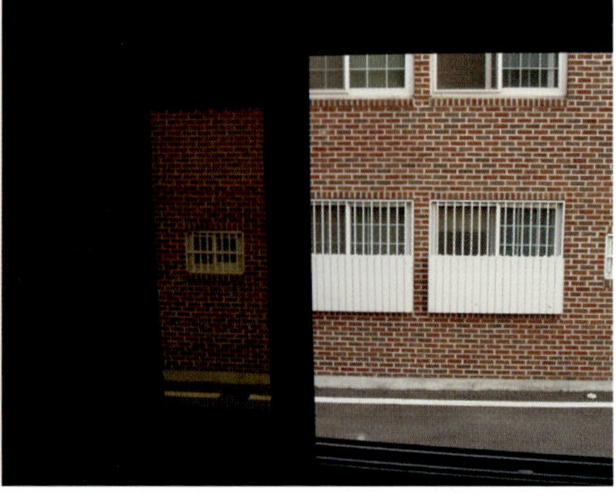

그림 19. **무엇이 먼저인지 나중인지 모르는 상황**

집으로 가는 길에 손에 쥐고 있던 종이가 날아갔다. 종이는 처음 내가 있었던(기초였던) 장소에서 날아간(기초가 아닌) 장소로 움직였다가 다시 처음의 장소로 되돌아왔다. 이와 같이 나의 사소한 모든 일상들은 계속 돌고 돈다는 느낌을 받았다. 내일은 오늘 내가 종이를 날려 버린 처음의 장소가 다시 마지막의 장소가 될 수 있듯이 말이다. 나에게 기초가 아닌 것은 '마지막의 상태를 모르면서 시간에 따라 변하는 것'이다. 처음의 시작이 다른 어떤 것보다 완전하게 좋았다면 처음이 아닌 것은 나쁜 방향으로 갔을 것이다. 하지만 처음이 불완전한 상태였다면 그 다음은 좋은 방향으로 바뀌었을 수도 있는 것이다.

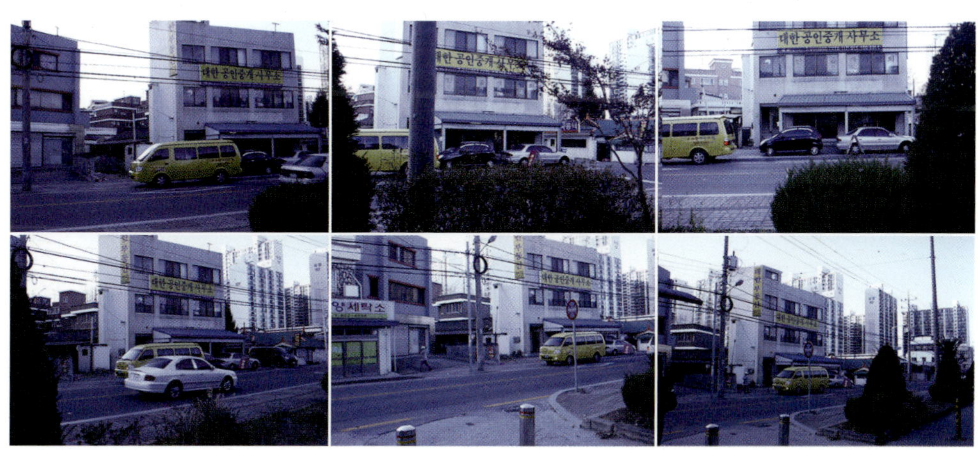

그림 20. 돌고 도는 느낌

2단계. 기초에 대한 퍼스널 정의

나에게 기초가 아닌 것은 마지막의 상태를 모르면서 시간에 따라 변하는 것이다. 이를 다시
역으로 뒤집어서 정리한 기초의 정의는 '처음의 상태를 알면서 시간에 따라 변할 수 있는
가능성'이다. 위에서 정의했듯이 비록 처음의 상태를 안다고 해서 마지막의 상태를 알 수
있는 것은 아니다. 그렇기에 처음의 상태도 마지막의 상태도 중요하지는 않다. 왜냐하면
마지막의 상태는 사람 혹은 사물이 그들의 수명을 다하는 순간까지는 지속적으로 변하고
있기 때문이다. 하지만 중요한 것은 분명 처음의 상태는 확실히 존재한다는 것이다.
태어나서 숨쉬기 시작하면서의 상태 말이다. 그렇기에 기초인 것은 처음의 상태를 알면서
시간에 따라 변할 수 있는 가능성이다.

3단계. 조형이 아닌 것에 대한 퍼스널 리서치

밖에 나가서 관찰하지 않고 책상에 앉아 조형이 아닌 것에 관한 글을 써 보았다. 조형이
아닌 것에 관하여 여러 가지가 생각났다. 그중에서 나의 흥미를 끌었던 것은 각종
연말시상식 때 레드카펫에서 아름다운 드레스를 입고 자신들이 이 세상에서 가장 몸매가
아름답다고 생각하는 여자연예인들의 이미지였다. 하지만 그런 느낌을 과연 외형적인
이미지만을 가지고 만들어 낼 수 있을까? 예를 들어 생명을 잉태하고 있는 임신부의 몸은
세상에서 가장 아름다운 몸이라고 생각한다. 그리고 평생 자식들을 돌보느라 허리가
굽어져 버린 할머니의 몸이 어떤 연예인의 몸매보다 훨씬 더 아름답다고 생각한다. 나에게
조형이 아닌 것은 '한 사람이나 사물이 겪어 온 삶의 과정'이다.

4단계. 조형에 대한 퍼스널 정의

나에게 조형이 아닌 것은 한 사람이나 사물이 겪어온 삶의 과정이다. 이를 다시 역으로
뒤집어서 정리한 조형의 정의는 '한 사람이나 사물이 겪어 온 삶의 결과'이다.

5단계. 기초조형에 대한 퍼스널 정의

위에서 정의내린 기초＋조형은 '처음의 상태를 알면서 시간에 따라 변할 수 있는 가능성'
＋'한 사람이나 사물이 겪어 온 삶의 결과'이므로 나에게 기초조형은 '각자의 삶 속에서
시간에 따라 적응하면서 변하는 모든 결과물'이다.

1단계. 기초가 아닌 것에 대한 퍼스널 리서치
비 오는 날 창문에 맺힌 물방울들, 자동차 유리 위에 묻은 얼룩 자국들처럼…….
나에게 기초가 아닌 것은 '무언가가 플러스(+)된 것'이다.

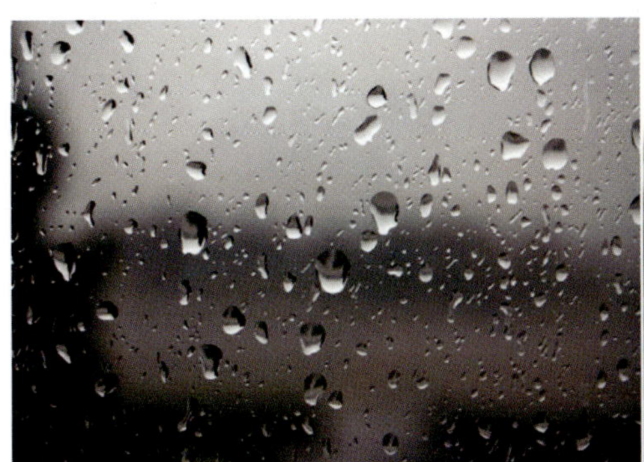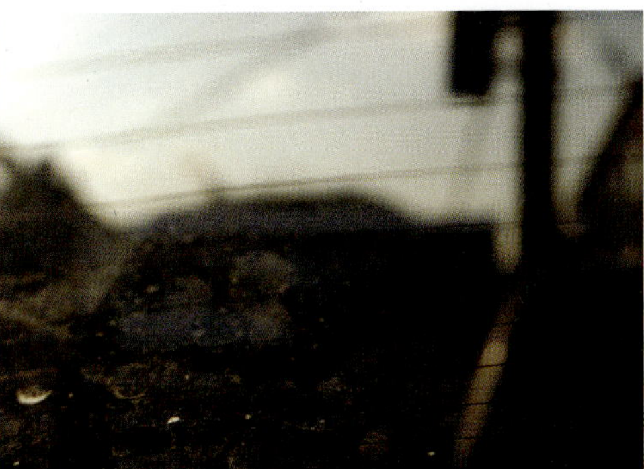

그림 21. **어떤 것의 표면 위에 계속 더해지는 이미지**

2단계. 기초에 대한 퍼스널 정의
나에게 기초가 아닌 것은 무언가가 플러스(+)된 것이다. 이를 다시 역으로 뒤집어서
정리한 기초의 정의는 '여백의 미(美)'이다. 처음에는 무언가가 더해져 기초가 아닌 것이
된다면 기초는 처음부터 텅 비어 있거나 아예 없는 것이라고 생각했다. 그렇지만 아예 없는
상태라기보다는 더해진 것을 없애 가는 또는 비워가는 과정이라고 생각했다. 동양화의
여백을 보면 화지의 한편에는 먹으로 그린 난이 있고 나머지 한편은 여백으로 남겨져 있다.
어쩌면 그것 때문에 난이 시선을 끄는 것일지도 모른다. 이렇듯 기초는 동양화의 여백처럼
더해진 요소(기초가 아닌 것)들을 빛나게 해 주고, 더 완성도 있고 아름답게 만들어 준다.

3단계. 조형이 아닌 것에 대한 퍼스널 리서치
아파트 1층의 우편함을 보고 누구에게서 편지가 왔을까하는 설렘을, 아니면 카드대금
청구서가 왔을까 하는 초조함을 느끼는 것처럼 평소에는 잘 인지하지 못했던 사소하고
평범한 것이 누군가에게는 조형으로 인식될 수 있다고 생각했다. 단지 우리는 그것들에
너무 익숙해서 그 사실을 잘 알지 못할 뿐이다. 나에게 조형이 아닌 것은 '익숙해서
잊혀진 것'이다.

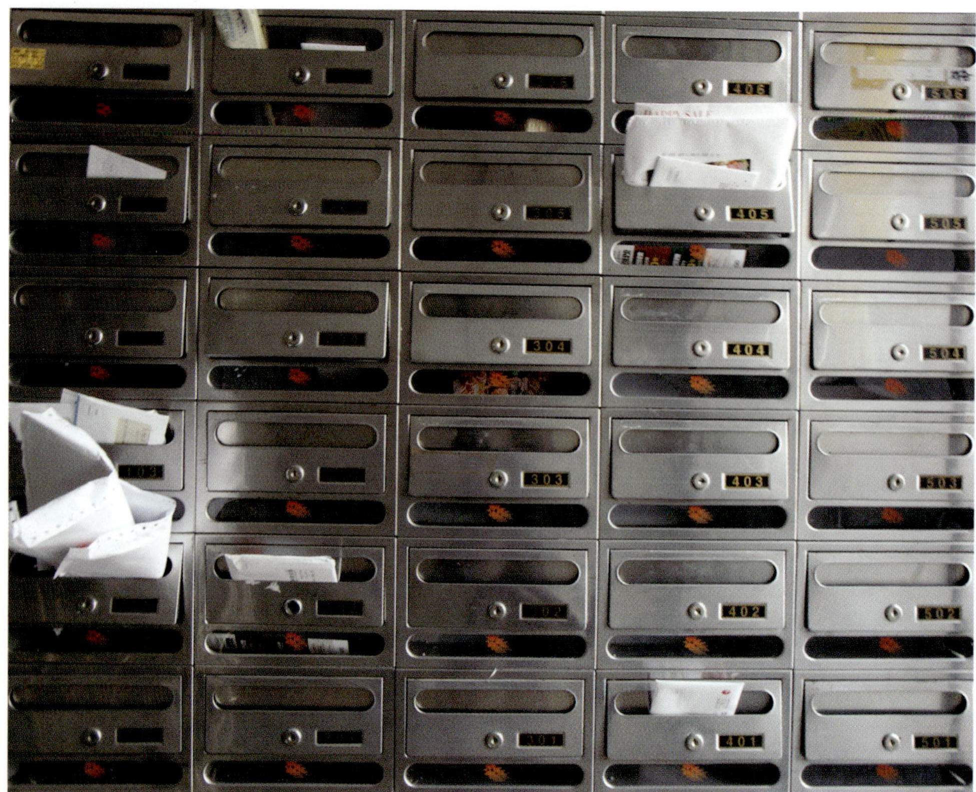

그림 22. **불현듯 여러 가지 감정을 불러일으키는 우편함**

4단계. 조형에 대한 퍼스널 정의
나에게 조형이 아닌 것은 익숙해서 잊혀진 것이다.
이를 다시 역으로 뒤집어서 정리한 조형의 정의는 '잊혀진 가치의 재발견'이다.

5단계. 기초조형에 대한 퍼스널 정의
위에서 정의 내린 기초＋조형은 '여백의 미(美)'＋'잊혀진 가치의 재발견'이다.
나에게 기초조형은 '비워 내고 덜어냄으로써 그동안 잊고 있었던
진정한 가치를 재발견하는 것'이다.

사례 16.

1단계. 기초가 아닌 것에 대한 퍼스널 리서치

금요일, 집으로 가기 위해 양재역에서 9700버스를 기다렸다. 그날은 내 튼실한 두 다리조차도 달달 떨릴 정도로 찬바람이 매섭게 부는 눈물 날 정도로 추운 날씨였다. 버스 한 대 기다린다고 이렇게 떨다가는 제 명에 못 살겠구나 싶을 때, 다행히도 버스가 왔다. 고마운 마음을 담아 카드를 찍고 뒷자리에 앉아 MP3를 꺼내 노래를 들었다. 그런데 이상하게도 노래만 들리는 것이 아니라 코를 훌쩍이는 소리들까지 들리는 게 아닌가. 내 옆 사람도 뒷사람도 앞사람도 그리고 나까지도 모두 콧물 소리를 내고 있었다. 날이 심하게 추워 사람들이 모두 일시적으로 콧물을 흘리는 듯했다. 가만히 듣고 있자니 콧물소리가 오히려 노랫소리와 함께 섞이면서 재미있게 느껴졌다. 때로는 엇갈리기도 하고 때로는 동시에 들리기도 하고. 매일 듣는 익숙한 인기가요보다 훨씬 색다름과 신선함을 느꼈다. 나는 이 경험이 어쩌면 기초가 아닌 것과 연관되지 않을까 생각하고 버스를 타는 한 시간 내내 열심히 노랫소리와 콧물소리를 감상했다. 일반적인 상황인 노랫소리에 어떤 우연적 요소(콧물소리)가 더해지면서 의외의 결과(재미)가 나타나는 것을 알 수 있다. 지나가는 길에 이 가게였던가, 여기 새로 생긴 곳인가, 어떤 곳이지 등 이러한 마음으로 우연히 발을 들인 손님. 그런 손님들처럼 MP3로 노래를 듣던 내 귀에 우연히 들려와 만나게 된 콧물소리. 이 콧물소리가 손님과 비슷하다는 생각이 들었다. 우연히 찾아온 손님 덕분에 반가운 마음, 기대감, 설렘 등의 감정이 생기는 것처럼 콧물소리도 나에게 신선함, 설레는 감정 등을 주었다. 나에게 기초가 아닌 것은 '우연히 찾아온 손님과 같은 존재'이다.

2단계. 기초에 대한 퍼스널 정의

나에게 기초가 아닌 것은 우연히 찾아온 손님과 같은 존재이다. 이를 다시 역으로 뒤집어서 정리한 기초의 정의는 '단골손님과 같은 존재'이다. 기초가 아닌 것이 우연히 찾아온 손님이라면 역으로 기초는 언제나 찾아와 주고 한결같이 그 자리에 있어 주는 단골손님과 닮았다고 생각했다. 11년 동안 우리가족이 찾아가는 김가네 칼국수 집, 나와 친구들이 문득 생각나면 꼭 한 번씩 찾아가는 미술학원, 문 닫기 전까지 내 집처럼 드나들던 독서공원, 만화방 등 보이지 않으면 아쉽고 또 생각나고 오랫동안 함께하기를 바라는 단골손님과 기초는 닮았다.

3단계. 조형이 아닌 것에 대한 퍼스널 리서치

나는 기숙사에서 집으로 올라가 2박 3일을 머물렀다. 집에 있으면서 비슷한 일을 자주 겪었는데 한 예로 화장실에서 겪은 이야기이다. 나는 보통 화장실에서 큰일을 보면 심심함을 달래줄 읽을거리를 갖고 간다. 늘 그렇듯 화장실에 가기 위해 읽을 책을 찾기 시작했다. 하지만 내가 좋아하는 책은 어디에도 보이지 않았다. 큰 실망감과 참는 고통을 느끼며 화장실에 들어갔는데 문득 내가 찾는 책이 기숙사에 있다는 사실이 떠올랐다. 참 허무해지는 순간이었다. 이처럼 집에 머물면서 기숙사에 있던 물건들을 찾거나 기숙사에서 생활하며 만들어진 습관 등이 그대로 나타나면서 혼동을 겪곤 한다. 나는 한 공간에서 익숙해진 기억이나 습관이 다른 공간에도 나타나 나를 혼란에 빠지게 하는 것이 재미있게 느껴졌다. 평소에는 의식하지 못했던 내 습관을 다른 곳에서 새삼 발견하는 것도 신선했다. 이 경험이 조형이 아닌 것과 연관되어 재미나 정의를 만들어 줄 것 같아 열심히 생각해 보았다. 한 공간에서 다른 공간으로 이동하는 것을 이사하는 것과 같은 맥락으로 볼 수 있다. 한 공간에서 매일 생활하면서 어떤 물건이 놓인 위치가 기억되고 또 어떤 물건을 사용하는 내 행동이 오래 반복되면서 습관이 되어버린다. 이 습관이 다른 공간으로 이동하여 다른 환경에 놓이면서도 그대로 표출된다. 새로운 환경의 상황에 적응하지 못해 습관이 그대로 나타나서 혼란을 일으키는 것이다. 이 습관이 잠잠해지려면 아마 새로운 공간에서 다시 오랜 시간 동안 함께 지내야만 할 것이다. 결국 새로운 환경에서 어떤 자극이나 매개체가 있어야만 습관은 표출된다. 내가 화장실에 들어갈 때 읽을 책을 떠올리면서 기숙사에 있는 책을 찾았던 것처럼 어떠한 계기가 있어야 습관이 나올 수 있는

통로가 마련되는 것이다. 나는 이것이 마치 아직 풀지 않은 이삿짐과 닮았다고 생각했다. 이사를 와서 이삿짐을 풀어야 내가 포장해 놓은 물건이 온전한 모습을 드러내듯이 습관도 어떠한 자극이 있어야 나타난다는 것이 닮았다고 생각되었다. 이 공간 저 공간에서 습관이란 것이 잠재되어 있다가 어느 때에 나타나서 어떠한 변화를 주는지 미리 알 수 없다면 더욱 재미있을 것이다. 습관으로 만들어지는 해프닝이 조형에 생기와 새미를 불어넣어 줄 거라 생각한다. 그래서 아직 포장을 풀지 않고 가만히 숨겨 놓은 습관을 조형이 아닌 것으로 연관 지어 생각했다. 어느 공간에서 언제 나타날지 모르는 잠재되어 있는 습관, 그리고 이 습관 때문에 조형이 어떻게 변화할지 모르는 가능성이 항상 존재할 것이다. 나에게 조형이 아닌 것은 '습관이 포장된 이삿짐과 같은 것'이다.

4단계. 조형에 대한 퍼스널 정의
나에게 조형이 아닌 것은 습관이 포장된 이삿짐과 같은 것이다. 이를 다시 역으로 뒤집어서 정리한 조형의 정의는 '이삿짐을 풀어서 꺼낸 습관'이다. 조형이 아닌 것이 습관이 포장된 이삿짐이라면 조형은 포장을 풀어서 습관을 꺼내는 것으로 생각할 수 있다. 꺼내어진 습관은 어떠한 공간에서든 어떠한 상황이든 여지없이 나타날 것이다. 결국 그 상황에 맞지 않거나 어울리지 않아 엉뚱한 웃음을 자아내기도 하고 오히려 더 어우러져서 조화를 이루기도 할 것이다. 예를 들어 휴지가 있다. 휴지는 모양 그대로 뱅글뱅글 돌아가야 한다. 누군가가 휴지의 끝을 잡고 힘을 주어야 휴지는 힘차게 돌아간다. 휴지는 매일 매번 돌고 도는 것이 반복되는 일상을 살아가게 된다. 같은 행위가 반복되면서 휴지는 돌고 도는 것이 습관이 되고, 돌지 않으면 오히려 이상하고 심심하고 쓸쓸해진다. 이러한 휴지를 휴지걸이가 아닌 마당이라는 다른 공간에 놓아 본다. 마당에 있던 강아지가 휴지에 호기심을 느끼고 휴지를 건드린다. 옆으로 쓰러진 휴지는 데굴데굴 굴러다니고 강아지는 그 모습에 흥미를 느껴 더 신나게 휴지를 가지고 놀게 될 것이다. 이렇게 휴지처럼 조형은 그 조형이 갖는 모양과 쓰임새 등에 따라 '습관'을 가지고 있다. 그리고 공간이나 상황 등이 바뀌어도 조형의 습관은 이어져 간다. 휴지를 예로 든 것처럼 조형의 습관(조형의 역할, 기능, 기억 등을 포함)은 곧 조형 자체를 의미할 수 있다. 습관을 익히고 그 습관으로 이루어져 바로 조형이 되는 것이다. 나는 습관과 조형을 같은 맥락으로 이해하고 조형의 정의를 생각해 보았다. 조형은 저마다 다른 습관을 가지고 있다. 조형의 각 생김새, 쓰임새 등에 따라 익히는 역할 또는 기능이 다르기 때문이다. 조형은 역할을 수행하기 위한 행위를 오랫동안 반복하고 지내면서 이러한 행위가 곧 습관화되고, 곧 조형 자체를 상징하고 의미하게 된다. 공간의 변화, 특수한 상황 등을 겪어도 조형은 습관대로 행동하게 되고 이러한 점이 재미를 주고 웃음을 주고 또 여러 감정을 불러올 수 있다. 나는 이것이 조형의 매력이라고 생각한다. 이사를 하면 새 집에서 이삿짐을 풀어 새 공간에 물건들을 꺼내게 되고, 물건들은 전의 집에서 살던 습관을 간직한 채로 새 집에 터를 잡는다. 이미 이삿짐을 푸는 순간 습관들은 드러나게 되고 새로운 공간에서 계속 모습을 드러낼 준비를 하고 있다. 여러 공간에서 여러 습관들이 만나 이런 저런 해프닝이 일어나고, 이렇게 예상치 못한 해프닝 때문에 조형 그리고 그 조형과 어울리며 함께 살아가는 우리까지, 모두 일상에서 생기 있는 유쾌함을 맛보게 된다. 그래서 조형은 '이삿짐을 풀어서 꺼낸 습관'이라고 정의할 수 있다.

5단계. 기초조형에 대한 퍼스널 정의

위에서 정의내린 기초+조형은 '단골손님과 같은 존재' + '이삿짐을 풀어서 꺼낸 습관'이므로
나에게 기초조형은 '단골손님의 습관과 같은 것'이다. 단골손님과 습관. 나는 두 정의의
뜻이 비슷하다고 생각했다. 자주 단골집에 드나드는 단골손님이나 가족처럼 자주 보게 되어
만난 수만큼 정이 든 손님, 안 오면 생각나고 보면 반가운 손님, 오랜 기간 반복해서 가기
때문에 단골이 되는 손님과 오랜 생활과 함께 반복되어 몸에 배인 습관. 두 키워드 모두
반복에서 도출된 것을 알 수 있었다. 그리고 오랜 시간을 필요로 한다는 것도 알 수 있었다.
오랜 시간 동안 반복되는 것은 무엇이 있을까? 그것은 사람이 될 수도 사물이 될 수도 또는
추상적으로 찾아 볼 수도 있을 것이다. 나는 기초조형의 정의를 한참 생각하다가 내가 그
동안 만들어 온 기초와 조형의 정의를 다시 찬찬히 읽어 보았다. 그리고 노트에 두 정의를
번갈아 써 보면서 문득 두 정의로 완전히 다른 내용의 정의를 만드는 것보다는 이것들을
서로 자연스럽게 합쳐서 기초조형 정의를 이끌어 내는 것이 더 좋겠다는 생각이 들었다.
카페에 오는 단골손님들은 자신들이 정한 지정석이 있다. 창가 옆이 좋으면 창가 옆 의자에
앉고, 구석자리가 좋으면 구석에 있는 의자에 앉는다. 그리고 언제나 그렇듯 친구들과
수다를 떨거나 커피를 마시거나 책을 읽는다. 이렇게 단골손님들이 매번 자신이 앉는
자리에 찾아가는 것도 습관이라고 생각했다. 이미 카페에 들어서면서 마음에 드는 자리로
걸어가는 것이 영락없이 습관과 닮았다. 항상 앉는 의자에 앉아 커피도 마시고 수다도
떨고 노트북으로 작업을 하는 단골손님들의 다양한 모습. 오랜 시간을 함께하면서 카페
주인은 이러한 단골손님들의 모습에 듬뿍 정이 들었을 것이다. 나의 기초조형도 그러하다.
많은 시간을 함께했고, 또 앞으로도 더 많은 시간을 함께할 것이다. 그리고 이 시간들로
만들어진 습관도 동고동락하면서 기쁨, 유쾌함 같은 좋은 감정을 나누어 줄 것이다. 카페의
단골손님들이 항상 마음에 드는 의자에 앉는 것처럼, 횡단보도 옆의 작은 포장마차에서 매번
붕어빵을 사먹는 것처럼, 버스를 탈 때마다 나도 모르게 오른쪽 세 번째 좌석에 앉는 것처럼,
아빠가 퇴근해서 집에 들어오실 때면 항상 아빠를 껴안고 수고하셨어요 하고 말하는 것처럼,
기초조형도 소소한 일상을 지내면서 여러 습관을 만들어 갈 것이다. 그리고 그것은 우리에게
생동감을 가져다 줄 것이다.

소화하기

완성된 요리를 맛있게 시식했다면 이제 그 요리를 자신의 것으로
잘 소화시켜야 한다. 소화를 한다는 것은 스스로가 새롭게 재해석한
기초조형의 개념을 완전하게 나의 것으로 이해한다는 의미이다.
소화시키는 방법으로는 여러 가지가 있겠지만, 본 특별레시피의
과정에서는 이 세상에 존재하는 여러 가지 사물들 중에서 각자가
재창조해 낸 기초조형의 정의에 가장 부합된다고 생각되는
사물 하나를 선정해 보는 방법을 택했다.[7]

　　　즉, '이 오브젝트야말로 바로 내가 정의 내린 기초조형의
개념에 가장 충실한 것'이라고 느낀 것을 선택해 보는 과정이다.
이러한 선택의 과정은 향후 학생들이 자신이 만들어 낸 디자인
콘셉트를 다양한 조형언어로 구현하는 데 효과적인 동기 부여가
될 수 있다.

그럼 학생들이 그들의 요리를 잘 소화시켰는지 살펴보도록 하자.

— 7
수업에 참여했던 학생들의 전공이
프로덕트디자인인 것을 감안하여
선정해야 할 사물의 범위를
평면적인 형태(2D-form)보다는
입체적인 형태(3D-form)로
한정했다.

내가 재해석한 기초조형의 개념
각자의 개성을 가진 존재들이 모여서 커뮤니케이션을 위한
매개체가 되는 것

위의 개념에 충실하게 부합되는 오브젝트
샤프펜슬 및 이를 구성하고 있는 부품들

— 나는 기초조형에 충실한 오브젝트로서 하나의 완제품을
구성하고 있는 부품들과 그 부품들이 합쳐져서 만들어진
제품들로 초점을 맞추었고, 여러 제품들 중에서 샤프펜슬을
가장 적절한 예로 선정했다.

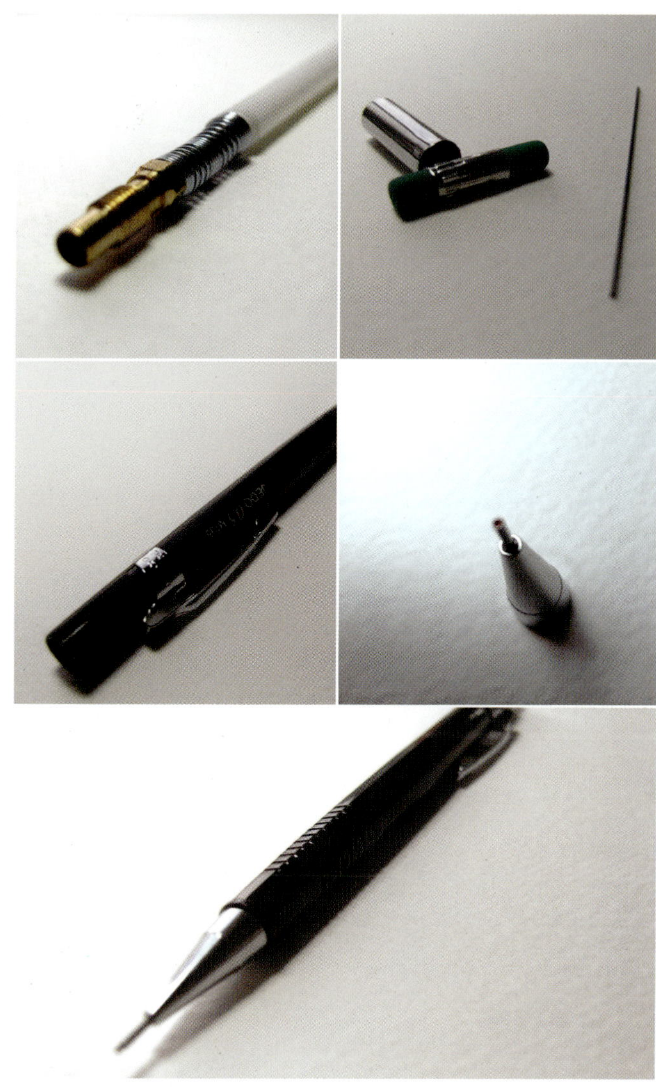

그림 23. **샤프펜슬과 그 부품들**

사례 18.

내가 재해석한 기초조형의 개념
스킨십에 담긴 정서의 SAVE

위의 개념에 충실하게 부합되는 오브젝트
iPod

— 다른 그 무엇도 아닌 손끝으로 화면과
스킨십함으로써 내가 좋아하는 음악을
저장할 수 있고, 이를 다시 터치하여
재생시킬 수 있다는 점에서 아이팟은 나의
기초조형 스토리와 닮았다.

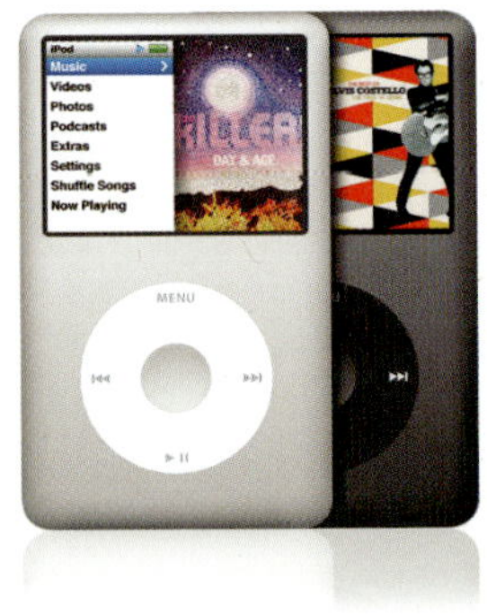

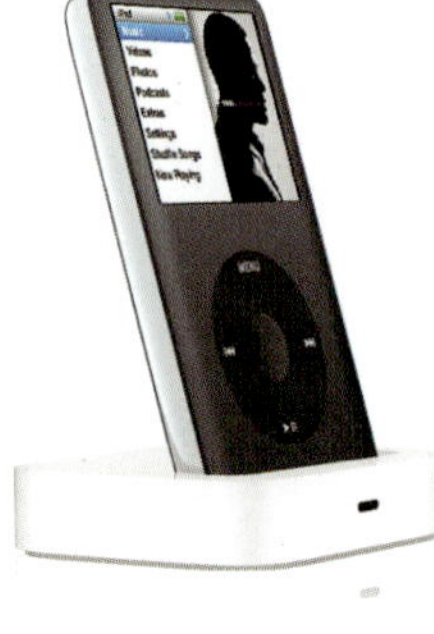

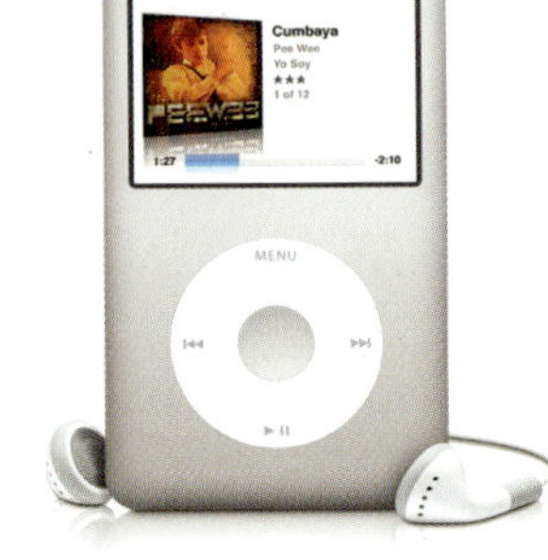

그림 24. **iPod**

사례 19.

내가 재해석한 기초조형의 개념
사소함 속에 숨어 있던 재미를 발견하는 것

위의 개념에 충실하게 부합되는 오브젝트
냄비뚜껑 뒷면의 이미지

— 자주 사용하는 냄비뚜껑의 뒷면에는
아이가 놀란 것처럼 보이는 재미있는
이미지가 숨어 있다.

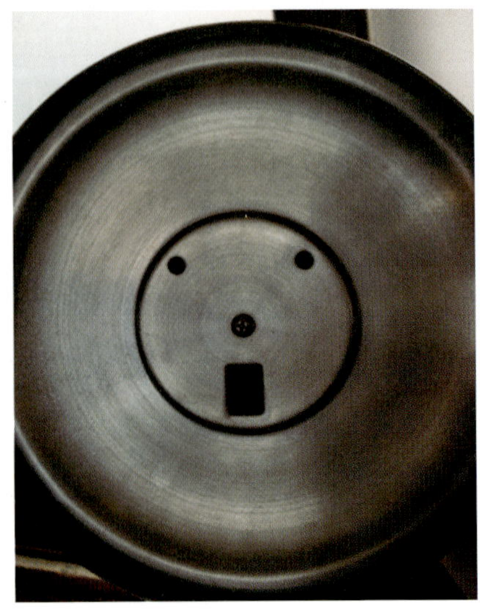

그림 25. **냄비뚜껑 뒷면**

사례 20.

내가 재해석한 기초조형의 개념
서로 간에 공감을 이끌어 낼 수 있는
근본적인 매개체

위의 개념에 충실하게 부합되는 오브젝트
하이힐

— 오랫동안 하이힐은 상징적인 패션
아이콘이자 여성들과 공감대를 형성해 온
매개체이다.

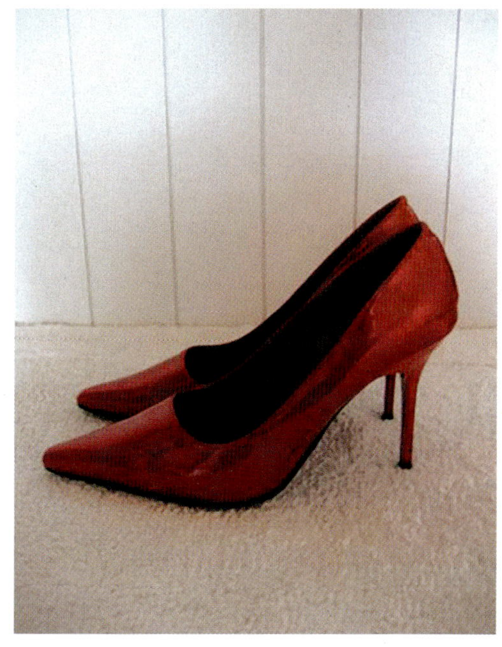

그림 26. **하이힐**

사례 21.

내가 재해석한 기초조형의 개념
세상을 담을 수 있는 그릇

위의 개념에 충실하게 부합되는 오브젝트
빈 공간의 스케치북

— 흰 바탕의 공간은 내가 상상하고
꿈꾸는 것에 대한 모든 것을 담을 수 있는
그릇이다.

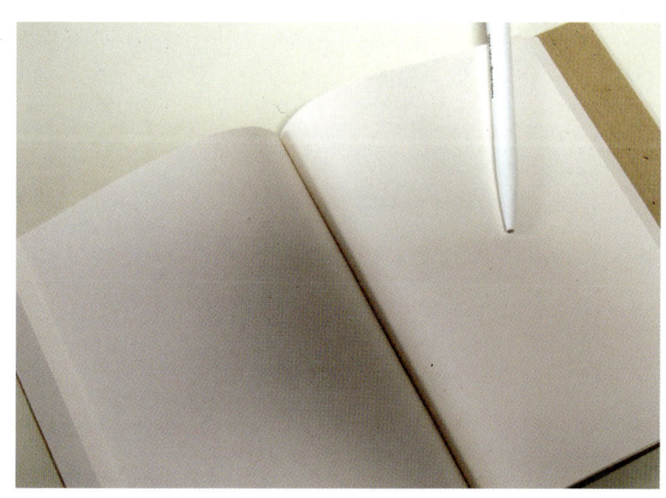

그림 27. **빈 공간의 스케치북**

내가 재해석한 기초조형의 개념
내 주변에 항상 존재하는 편안하고 행복한 사랑

위의 개념에 충실하게 부합되는 오브젝트
자리끼

— 정수기가 없던 시절, 어머니는 가족들이 마실 물을 주전자에 끓이는 일로 하루를 마감했다. 나는 주전자의 물 끓는 소리와 함께 잠드는 일이 많았는데, 자다 일어나면 식탁 위의 주전자 옆에는 항상 한 컵의 물이 따로 담겨져 있었다. 마시기에 좋을 만큼 알맞게 식은 채로 말이다. 그때 나는 몰랐다. 왜 항상 어머니가 한 컵의 물을 주전자 옆에 따라 놓으셨는지. 그것은 뜨거운 물을 벌컥 마시지는 않을까 하는 가족에 대한 어머니의 세심한 배려였다. 주전자와 하나의 컵, 이는 어머니의 사랑을 떠올리게 하는 매개체의 역할을 한다.

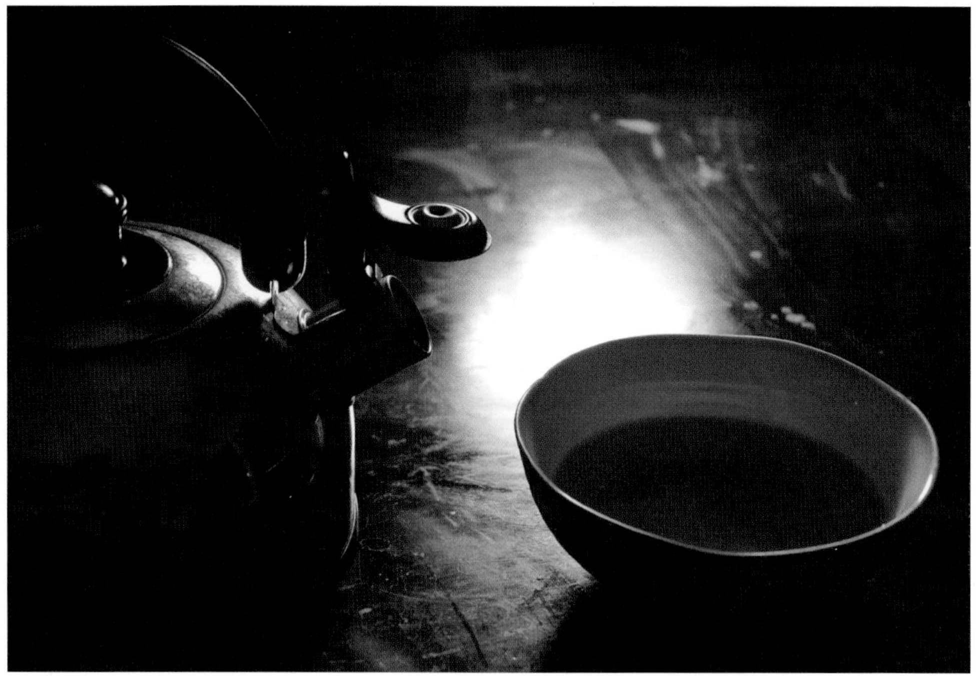

그림 28. **어머니가 준비하신 자리끼**

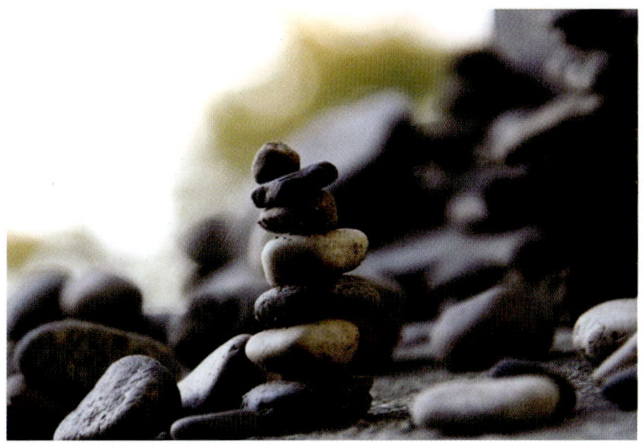

그림 29. **돌탑**

내가 재해석한 기초조형의 개념
마음으로 느낄 수 있고 여지가 있는 것

위의 개념에 충실하게 부합되는 오브젝트
돌탑

— 마음으로 느낄 수 있고 여지가 있다는 것은
내면의 이야기를 마음으로 느낄 수 있으며 아직
완성될 여지가 있다는 의미이다. 이 스토리에
부합하는 것으로 돌탑을 생각했다. 그냥 단순한
돌탑이 아니라 간절히 원하는 소망을 생각하며
쌓는 돌탑이다. 그 돌탑만 봐도 그때 그 상황을
굳이 보지 않아도 그 돌 하나하나를 쌓은
사람들의 간절한 심정을 읽을 수 있다. 그들의
간절한 마음을 읽을 수 있는 것이다. 이 돌탑은
이것으로 완성(끝)되는 것이 아니라 돌이 더
올려질 수 있는 여지가 있다. 물론 이 모습 그대로
영원히 지속될 수도 있지만 그래도 여지는
갖고 있다는 점에서 나의 기초조형 스토리에
부합한다.

사례 24.

내가 재해석한 기초조형의 개념
솔직함, 그래서 설레는 만남

위의 개념에 충실하게 부합되는 오브젝트
돼지저금통

— 언젠가는 돼지저금통의 돈을 꺼내
마음껏 쓸 수 있다는 솔직한 마음이
나를 항상 설레게 한다.

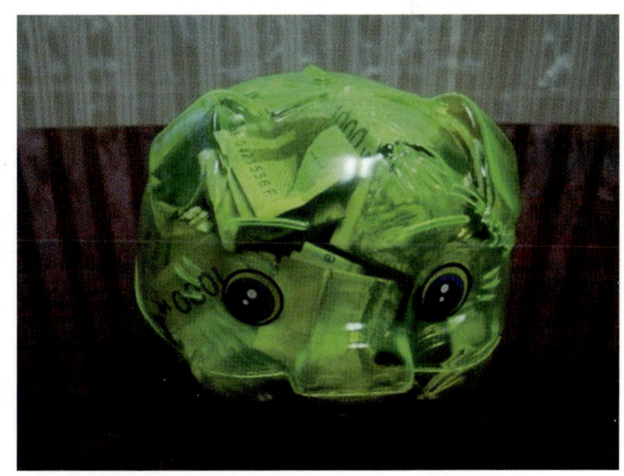

그림 30. **돼지저금통**

내가 정의한 기초조형의 개념
다양한 방향성을 예측할 수 있는 것

위의 개념에 충실하게 부합되는 오브젝트
짬짜면

— 이보다 더 내가 정의한 기초조형의 의미를 충실히 표현할 수 있는 사물이 있을까?

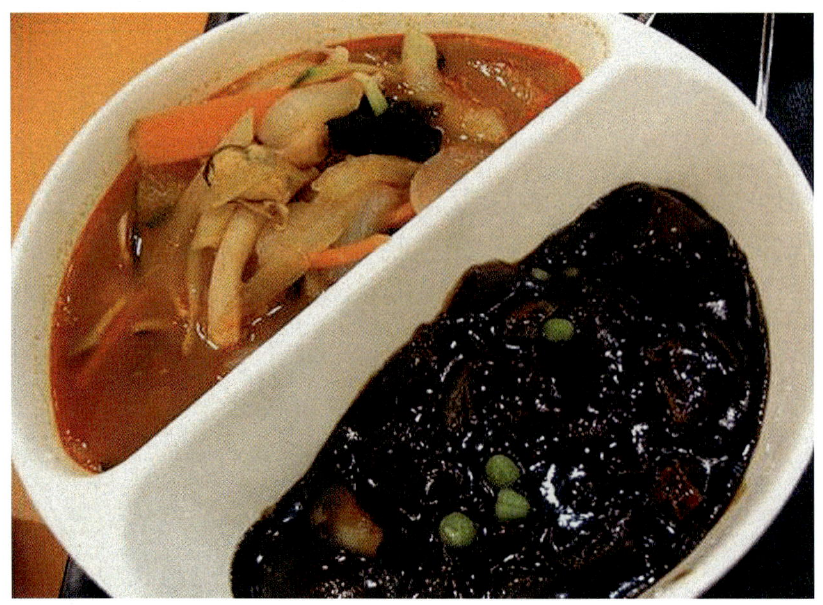

그림 31. **짬짜면**

음식을 맛보고 소화시키는 과정까지 다 끝났다면, 마지막 단계인 응용의 과정을 통해 본격적으로 디자이너로서의 자신의 능력을 발휘해 보자. 응용의 과정은 각자가 재해석한 기초조형의 개념에 부합되는 제품을 디자인해 보는 시간을 갖는 것이다. 여기에서 간과하지 않아야 할 중요한 핵심은 주관적 성향의 개념을 객관적 성향의 결과물로 변환시키는 과정에서 초기의 개념이 전혀 예상치 못했던 다른 방향으로 비약되거나 변질되지 않도록 유의해야 한다는 점이다. 이러한 상황을 미연에 방지하기 위해서는 자신의 디자인 콘셉트와 결과물과의 상호 연관성을 양 방향의 관점에서 수시로 점검하고 피드백하여 불필요한 사고의 확장을 적절한 기준에서 조절할 수 있어야 한다.

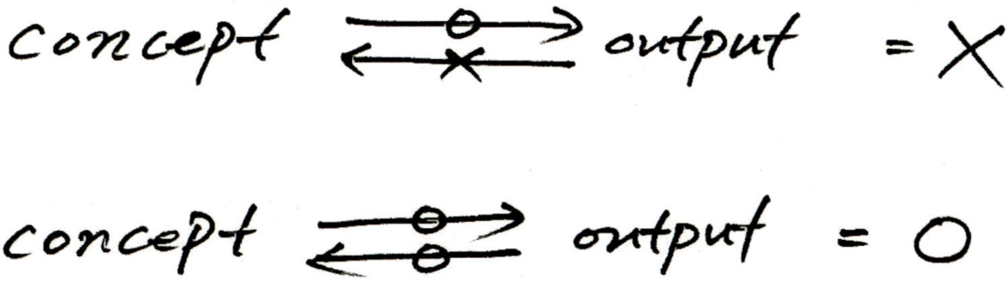

그림 32. **디자인 콘셉트와 결과물 사이의 연관성**

사실 제3자의 관점에서 본다면, 학생들 각자가 도출한 기초조형의 개념들이 매우 주관적이고 함축적인 내용이라고 느낄 수 있는 소지가 있다. 하지만 수업에 참여한 학생들의 관점에서 본다면 일련의 과정에 따라 스스로가 재창조해 낸 새로운 기초조형의 개념을 이미 친근하게 인식하고 있고 이를 익숙하게 다룰 수 있는 상태이다. 따라서 이러한 개념을 기반으로 도출되는 결과물 역시 독창적인 조형성을 지닐 가능성이 높은 것이다.

학생들이 자신의 기초조형 스토리를 디자인 콘셉트로 하여 창조한 제품디자인[8]을 살펴보도록 하자.

8 —
학생들에게는 수많은 제품디자인의 영역 중에서 '꽃을 위한 집', '빛을 위한 집', '시간을 위한 집' 등 세 가지 영역의 카테고리를 부여했다. 학생들은 자신이 원하는 카테고리 하나를 선택하여 각자의 디자인 콘셉트를 기초로 제품디자인을 진행했다.

사례 26.

디자인 콘셉트

기초가 아닌 것: 어떠한 상태가 되기 전의 준비 상태 또는 어중간한 상태

기초: 아이덴티티를 가지고 있어 확실하게 느껴지는 것

조형이 아닌 것: 예측할 수 없으며 인위적이지 않은 것(random)

조형: 형식화되어 있고 인위적으로 만들어진 존재(standardization)

기초조형: 자신만의 아이덴티티를 가진 형식화된 존재(pattern)

프로덕트 카테고리

빛을 위한 집

— 나는 내가 가진 다양한 아이덴티티들 중에서 '오해'라는 요소를 찾았다. 보는 관점에 따라 다른 견해를 가지게 되고 하나의 단면만을 가지고 판단하게 되는 것이 오해라고 생각했기 때문에, 이러한 개념을 착시 효과를 지닌 조명디자인으로 구현했다. 정면에서 보면 육각형의 실루엣을 가지고 있는 서로 같은 꼴과 크기를 갖고 있는 마름모이지만, 다른 각도에서 보면 각각의 크기와 깊이의 차이를 알 수 있도록 디자인했다. 그리고 마름모꼴이라는 형태의 조합을 하나의 패턴으로 보고 인위적이고 형식적이라는 명제를 표현하려고 했으며, 기초조형이라는 어감에서 오는 단순하고 기하학적 느낌을 표현했다.

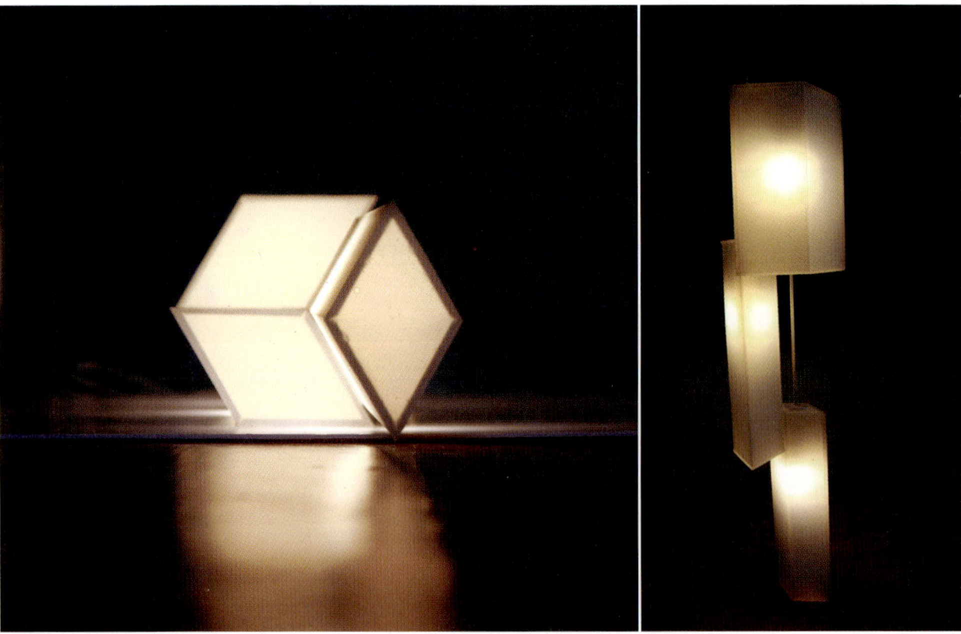

그림 33. **착시효과를 지닌 조명디자인**

사례 27.

디자인 콘셉트
    기초가 아닌 것: 불안하고 두려운 것
    기초: 편안함과 행복함을 느낄 수 있는 것
    조형이 아닌 것: 사랑으로부터 버림받은 모든 것
    조형: 우리 주위에 존재하는 보이지 않는 사랑
    기초조형: 내 주변에 항상 존재하는 편안하고 행복한
사랑(어머니의 사랑과 같은 것)

프로덕트 카테고리
꽃을 위한 집

— 어머니의 사랑(love of mother)의 개념은 인간만이 가지고 있는 것이 아니라 동물들에게도 똑같이 존재한다. 어미돼지의 품속에서 돼지들이 젖을 빠는 모습에서 모티브를 얻어 화분이라는 사물에 새로운 의미를 부여했다. 흔히 화분에 물을 주고 나면 잉여의 물은 물받침으로 빠져나가며 이는 다시 활용이 되지 않는다. 이를 보완하기 위해 큰 화분과 작은 화분을 함께 만들어 큰 화분에 물을 주면 나머지 잉여의 물이 작은 화분으로 전달될 수 있도록 했다. 물을 줄 때마다 새끼와 어미는 상봉한다. 새끼는 어미의 품에 들어가 어미가 주는 물을 먹으며 살아가며 어느 정도 싹이 나고 어미의 품속에 들어가지 못할 정도의 크기가 되면 아기화분은 독립한다. 물을 주는 행위를 통해 자연과 생명을 사랑하는 법을 배운다.

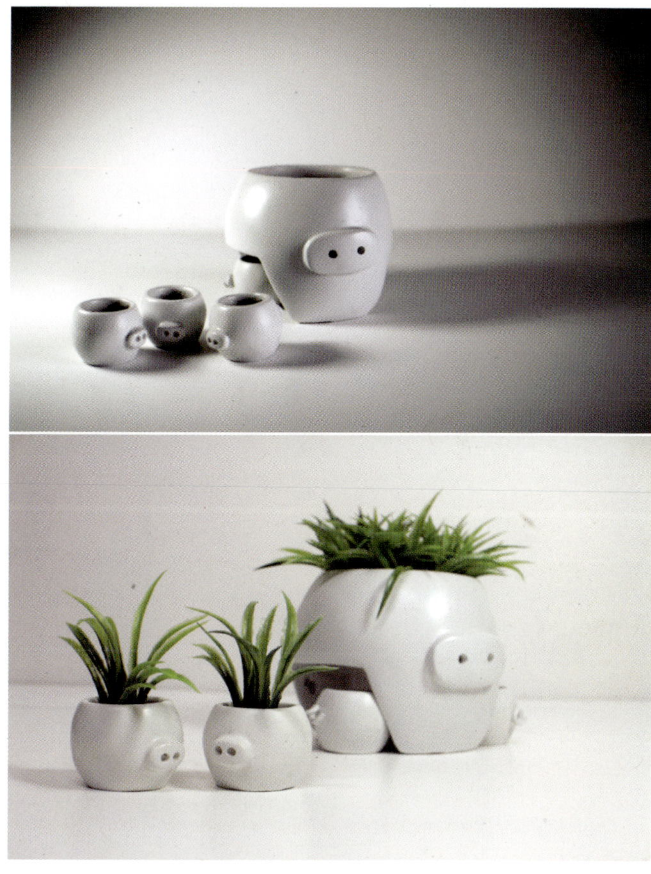

그림 34. **돼지가족을 형상화한 화분디자인**

디자인 콘셉트

기초가 아닌 것: 무언가를 더하거나 뺐을 때 나타나는
형상과 의미

기초: 더하거나 뺄 수 있는 상상력을 열어 주는 기회

조형이 아닌 것: 의미가 부여되지 않은 우연의 상태

조형: 인간의 의도나 생각에 의해 또 다른 의미로
재해석되는 것

기초조형: 상상력을 가지고 새로운 의미를 부여하는
것(별명을 지어 주는 것)

프로덕트 카테고리
꽃을 위한 집

— 길거리에서 흔히 볼 수 있는 울타리의 모습은 사람들에게
차가운 이미지로 다가온다. 하지만 나는 그 울타리의
형상으로부터 리듬감을 발견하게 되었다. 바로 오선지의 형상과
음표라는 요소를 발견하게 된 것이다. 이제 그 울타리는 차갑게
느껴지는 방어막이 아닌 리듬감 있는 울타리로 변화할 것이다.
이로써 기존의 울타리라는 이름 외에도 음표라는 또 다른 이름,
즉 별명을 얻게 된 것이다. 꽃을 꽂음으로써 음표가 완성되는
재미있는 요소로 디자인했다. 꽃의 줄기와 잎사귀가 음표의
형상을 띠게 되므로 마치 꽃이 서로 어우러져 노래하는 것처럼
느낄 수 있다. 이제 차가운 울타리가 아닌 음표라는 별명을
부여받은 울타리가 되는 것이다.

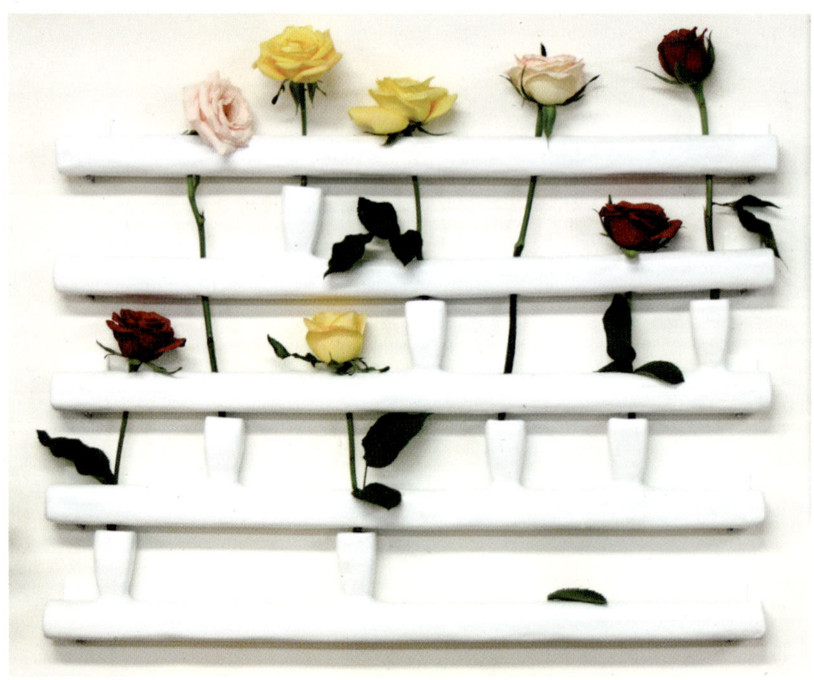

그림 35. **음표를 형상화한 울타리디자인**

디자인 콘셉트

기초가 아닌 것: 응용되어 또 다른 획일적 의미를 유발하는 것
기초: 자신만의 개성과 정체성을 찾는 것
조형이 아닌 것: 우리의 관심 밖에서 무질서하게 존재하는 것
조형: 끊임없이 관심을 갖고 배려하는 것
기초조형: 한 존재의 개성을 존중하고 끊임없이 배려하는
행위에 따른 결과물

프로덕트 카테고리

꽃을 위한 집

— 먼저 내가 사물에 대해 생각하는 방식에서 벗어나 사물이
나에 대해 어떻게 생각하는지 상상해 보았다. 여러 가지
사물 중 여름에만 관심을 받고 다른 계절 동안에는 창고에
보관되는 선풍기에 초점을 두었다. 이 선풍기는 나에게
어떤 말을 하고 싶을까? 선풍기는 항상 나를 쳐다보며
관심을 구하고 자신 또한 무엇이든 할 수 있다고 말하는 듯했다.
사용하지 않을 때 소외받고 무관심한 상태가 되는 선풍기를
오히려 사용하지 않을 때의 개성을 존중하고 그것을 관심으로
다듬는다. 여름이 아닐 때는 자연을 느낄 수 있는 아름다운
꽃병으로 활용하고, 여름에는 시원한 USB형 선풍기로도
활용할 수 있는 제품을 제안한다.

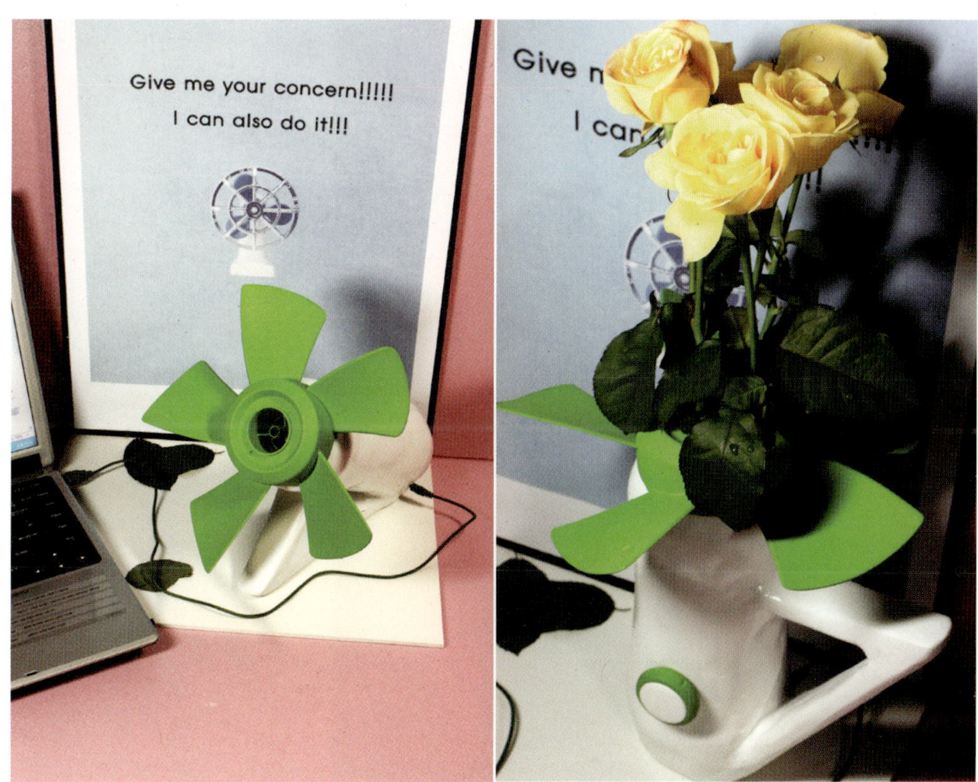

그림 36. **선풍기를 겸한 꽃병디자인**

디자인 콘셉트

　기초가 아닌 것: 안에 담고 있는 내용을 말하지
않는 것(無言)

　기초: 서로 간의 소통

　조형이 아닌 것: 법칙 또는 규칙이 지배하는 획일적 감정

　조형: 다양한 감정

　기초조형: 다양한 감정을 서로 소통하는 것

프로덕트 카테고리

빛을 위한 집

— 사람들은 불을 보면서 자신의 지난 삶을 생각하곤 한다.
그리고 빛을 보면서 사람마다의 다양한 감정, 예를 들어 그리움,
슬픔, 미안함, 고마움, 부모님, 친구, 사랑 등을 생각하곤 한다.
이는 사물과 사람이 서로 의사소통을 하는 것이다. 여러 가지
불과 빛 속에서 캠프파이어를 모티브로 선정하여 나의 기초조형
스토리에 부합하는 조명을 디자인했다. 총 6개의 막대기는
다양한 감정을 상징하는 동시에 불빛과 불빛 사이의 소통을
표현하는 도구이다.

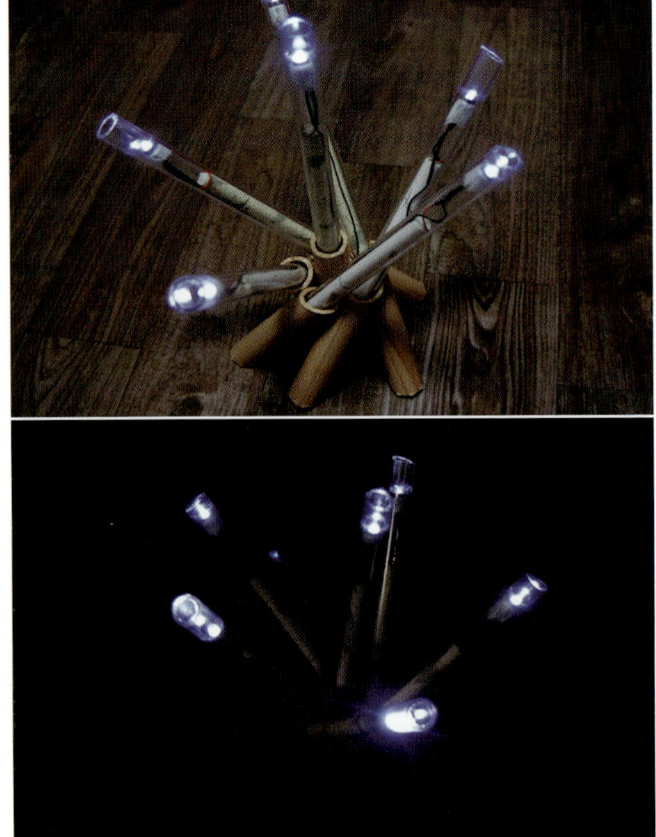

그림 37. **캠프파이어를 형상화한 조명디자인**

디자인 콘셉트

기초가 아닌 것: 마지막의 상태를 모르면서 시간에 따라
변하는 것

기초: 처음의 상태를 알면서 시간에 따라 변할 수 있는 가능성

조형이 아닌 것: 한 사람이나 사물이 겪어 온 삶의 과정

조형: 한 사람이나 사물이 겪어 온 삶의 결과

기초조형: 각자의 삶속에서 시간에 따라 적응하면서 변하는
모든 결과물

프로덕트 카테고리

꽃을 위한 집

— 인간들 모두는 각자의 삶을 살아가고 있다. 하지만 각자가
외롭고 힘든 시간이 되면 우리는 서로에게 의지하기 마련이다.
그럼으로써 우리 모두는 하나가 된다. 각자의 삶 속에서 시간에
따라 적응하면서 변하는 인간들처럼 각각의 퍼즐화분에서 살고
있는 식물들은 독립적으로 성장해 나감과 동시에 그들에게
가장 필요한 물을 공급받을 때마다 서로 모여서 의지한다. 이는
각자의 삶 그리고 함께하는 삶이 서로 공존하는 것이다.

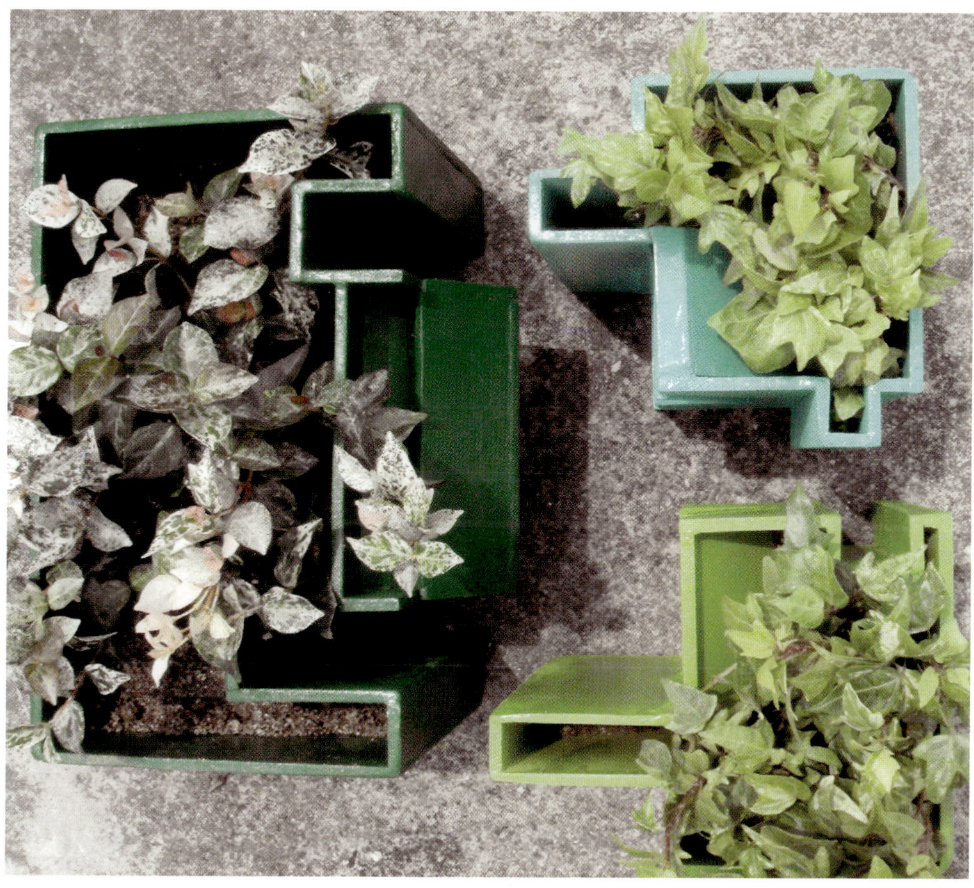

그림 38. **퍼즐 형태의 화분디자인**

디자인 콘셉트

기초가 아닌 것: 옷(mask)을 입어서 가리는 것
기초: 본연의 솔직함
조형이 아닌 것: 생각하는 행위에 따른 결과물
조형: 만지는 행위에 따른 상호작용
기초조형: 솔직한 상호작용

프로덕트 카테고리

빛을 위한 집

— 솔직한 상호작용이라는 콘셉트를 구현하기 위해 조명의 불을 켜고 끄는 방식에 초점을 맞추었다. 조명을 밝히는 요소가 사람과 제품 간의 상호작용에서 가장 친숙한 매체라고 생각했기 때문이다. 손잡이는 인간의 직관성과 연관이 깊다. 직관성이란 깊은 생각 없이 대상의 기능을 한 번에 파악할 수 있는 것이라 할 수 있는데, 가령 사람이 문손잡이를 자연스럽게 돌려서 문을 열고 닫는 이치와 같다. 인간의 직관성이야말로 내가 생각했던 솔직함의 의미에 부합되었고, 이를 조명디자인에 적용함으로써 '솔직한 상호작용'이라는 기초조형의 개념을 구현해 보았다.

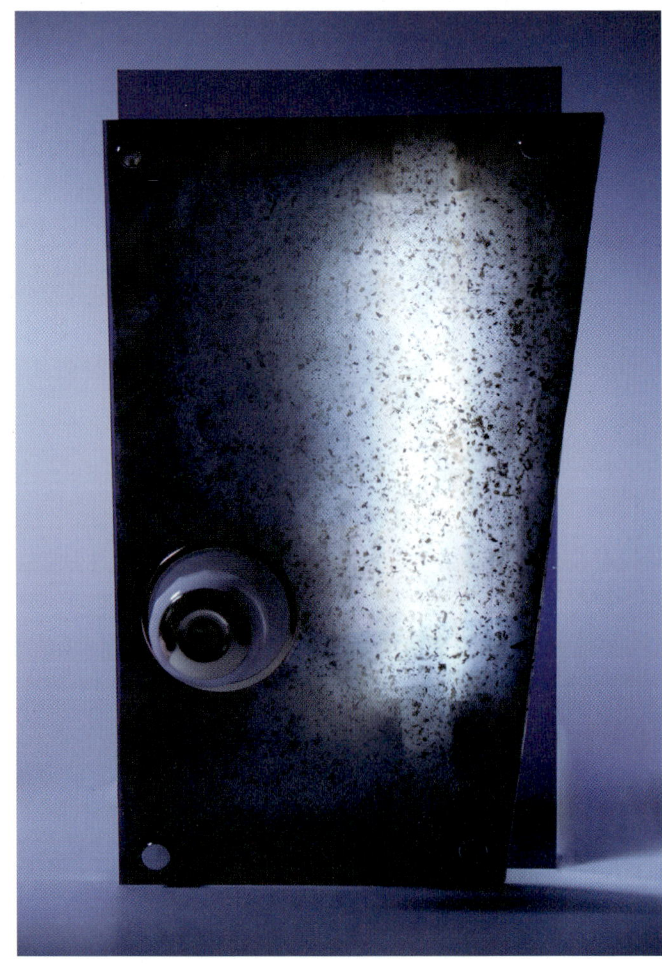

그림 39. **문손잡이를 돌리면 불이 켜지는 조명디자인**

사례 33.

디자인 콘셉트

　기초가 아닌 것: 화학적 혹은 개념적인 변질이 발생된 것

　기초: 변질이 거의 일어나지 않은 근본적인 것

　조형이 아닌 것: 전달되는 의미가 와 닿지 않는 것

　조형: 전달되는 의미가 공감을 이끌어 내는 것

　기초조형: 서로 간에 공감을 이끌어 낼 수 있는 근본적인 매개체

프로덕트 카테고리

빛을 위한 집

— 우주, 달, 별 같은 존재는 내게 특별한 존재이며 언제나 나의 감성을 자극한다. 나는 달이 바로 내 눈앞에 있는 듯 크게 보이는 곳에서 살고 싶다. 달의 신비한 느낌과 전래동화의 전통적인 느낌을 살려 향수 어린 추억과 따뜻함을 연출해 보았다. 떡방아 찧는 토끼가 달에 살고 있다는 이야기만으로도 두근거렸던 어린 시절의 기억처럼 달이란 그렇게 미지의 장소로 우리의 마음속에 남아 있는 서로 간에 공감을 이끌어 낼 수 있는 가장 근본적인 매개체라고 생각한다.

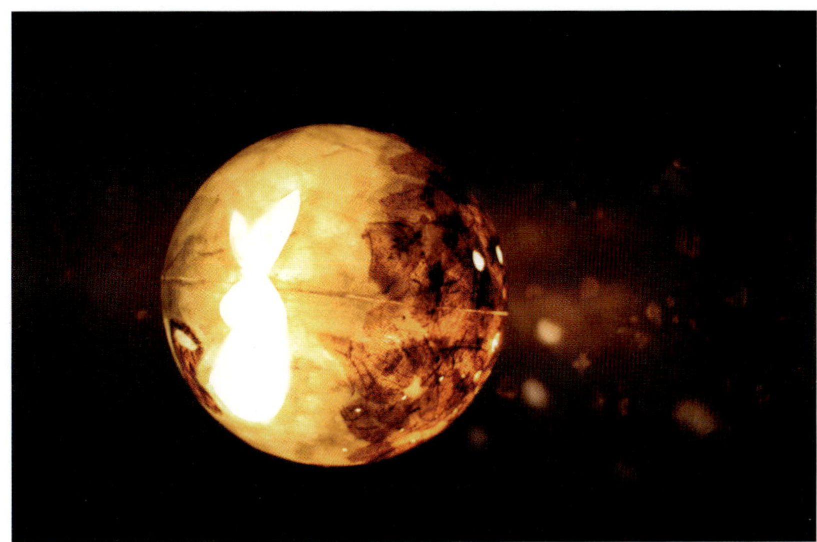

그림 40. **달을 형상화한 조명디자인**

디자인 콘셉트

　기초가 아닌 것: 사연이 숨어 있는 것

　기초: 생각과 실제가 동일한 것

　조형이 아닌 것: 거짓 및 모순이 있으나 현실에 존재하는 의미들(소설과 같은 것)

　조형: 각자의 솔직한 마음을 담는 것(에세이와 같은 것)

　기초조형: 생각과 현실을 동일하게 각자의 솔직한 마음을 담는 것

프로덕트 카테고리

빛을 위한 집

— 나의 마음을 어떤 그릇에 담느냐는 대상을 어떻게 바라봐야 하는가 하는 의미와 같다. 생각과 현실을 동일화시킨다는 것은 어떤 생각을 현실화시키는가 혹은 어떤 현실을 개념화시켰는가에 대한 의미이다. 대상에 대한 정체성은 솔직한 마음으로 정해진다고 생각한다. 솔직한 마음은 사람의 눈동자를 통해서 투영된다. 사람의 눈동자를 형상화한 촛불에서 사람의 눈물을 형상화한 촛농이 흐른다.

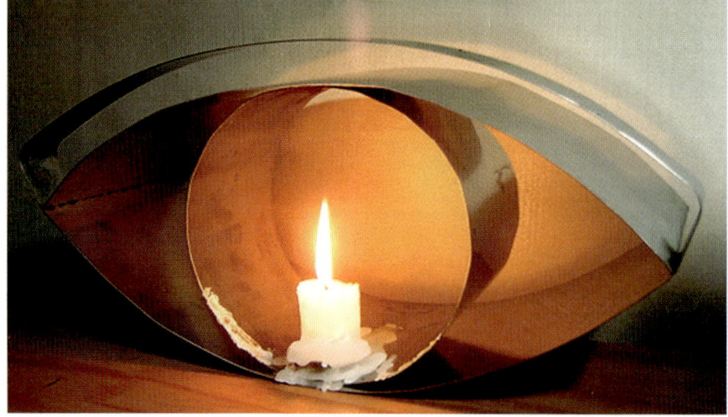

그림 41. **눈물을 형상화한 촛대디자인**

디자인 콘셉트
기초가 아닌 것: 개인의 욕심
기초: 더불어 함께하는 배려
조형이 아닌 것: 편견에 의한 차별
조형: 따뜻한 마음과 관심
기초조형: 더불어 나누는 따뜻한 마음

프로덕트 카테고리
꽃을 위한 집

— 소외 받는 계층에게 따뜻한 나눔의 정신을 실천할 수 있는 디자인에 중점을 두었다. 일반인들에게는 낮다고 느껴지는 보도블록이 장애인들에게는 큰 불편함이 될 수 있음에 기초하여 보도블록과 도로의 높이 차이를 서로 이어줄 수 있는 화분을 디자인해 보았다. 이러한 작은 변화를 통해서 더불어 나누는 따뜻한 마음이 실천되기를 희망한다.

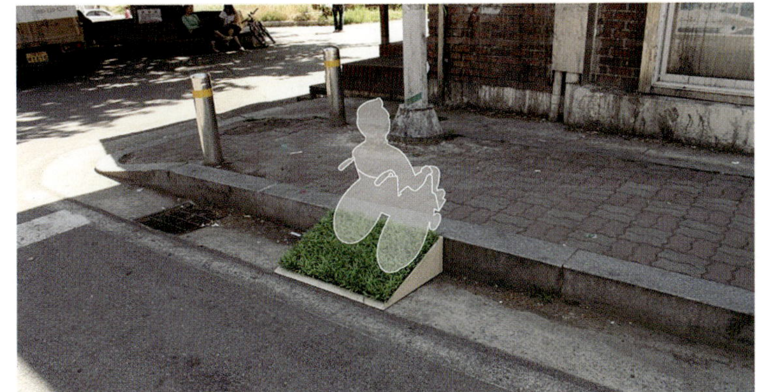

그림 42. **장애인을 위한 보도블록 화분디자인**

디자인 콘셉트
 기초가 아닌 것: 특별함을 추구하는 욕구
 기초: 보편적 정체성
 조형이 아닌 것: 자신의 정체성을 찾기 전(前)
 조형: 존재의 의미를 다른 시각으로 재해석한 후(後)의 행복
 기초조형: 보편적 이미지를 개성 있는 정체성으로
변화시킨 후의 행복

프로덕트 카테고리
빛을 위한 집

— 조명의 보편적 의미는 어둠을 밝혀 주는 것이다. 나는 조명이 지닌 보편적 기능이나 의미를 따뜻함을 주는 존재라는 개성적 의미로 변화시켜 보았다. 추운 바깥에서 고생한 내 손을 따뜻하게 잡아주는 역할을 추가함으로써 조명에게 새롭고 개성 있는 정체성을 부여해 보았다.

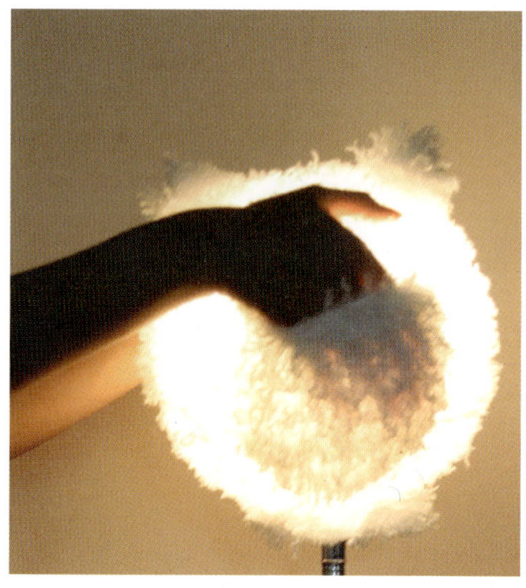

그림 43. **손을 집어 넣을 수 있는 조명디자인**

사례 37.

디자인 콘셉트
 기초가 아닌 것: 이미 창작되어진 것
 기초: 창작이 될 수 있는 가능성
 조형이 아닌 것: 무관심
 조형: 관심을 가지고 대상과의 소통을 통해 숨은 가치를
찾아내는 숨바꼭질
 기초조형: 창의적인 가능성을 찾는 숨바꼭질

프로덕트 카테고리
꽃을 위한 집

— 창의적인 가능성을 찾기 위한 숨바꼭질 놀이를 하면서
'틈'이라는 좁은 공간에 초점을 맞춰 보았다. 이제껏 줄기에 붙은
잎들을 배려한 꽃병은 거의 찾아볼 수 없었기에, 그동안 꽃병
속에 들어가 뭉개졌던 잎들, 빛조차 보지 못했던 잎들을 배려할
수 있는 꽃병을 디자인해 보았다.

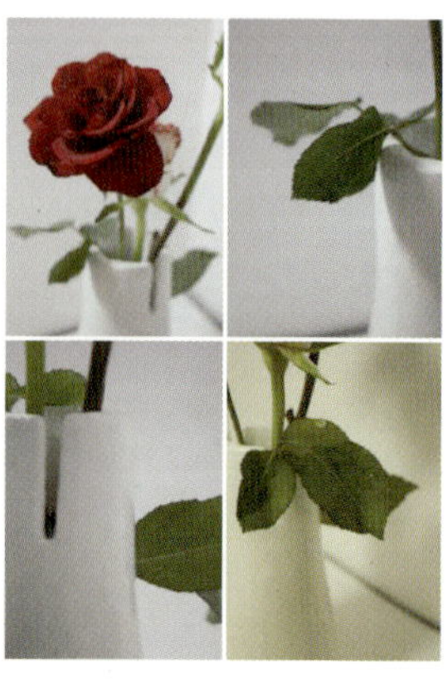

그림 44. **꽃잎을 배려한 꽃병디자인**

디자인 콘셉트

기초가 아닌 것: 자유롭게 변하는 것
기초: 한결같은 상태
조형이 아닌 것: 자연의 순수함
조형: 자연의 조화
기초조형: 지속가능한 자연의 조화

프로덕트 카테고리
꽃을 위한 집

— 창문을 중심으로 안쪽(집안)에는 화분의 기능을 부여하고 바깥쪽엔 물받이의 기능을 부여한 화분이다. 창문에 구멍을 뚫어 화분의 물이 창밖으로 빠져나가게 되는 원리인데, 이는 물받이인 동시에 새들이 와서 목을 축일 수 있는 공간을 제공한다. 작은 양의 물을 절약할 수 있을 뿐만 아니라 새들에게도 쉴 수 있는 공간을 마련해 줄 수 있어서 자연과 지속가능한 조화를 이룰 수 있다.

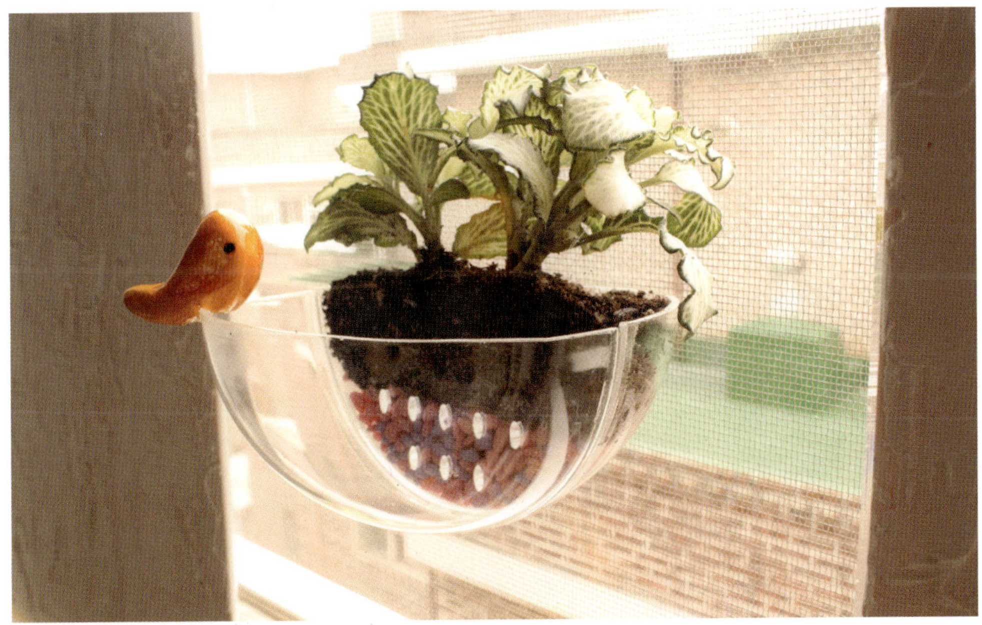

그림 45. **새를 배려한 화분디자인**

디자인 콘셉트

　　기초가 아닌 것: 사물의 새로운 활용

　　기초: 사물에 내해 사람늘이 가지고 있는 선입견과 고정 관념

　　조형이 아닌 것: 단점이 장점이 되는 모순된 결과물

　　조형: 모순에서 얻을 수 있는 유희

　　기초조형: 고정 관념의 유희

프로덕트 카테고리

빛을 위한 집

— 사람들은 다 타버린 초를 보면 빛이 소멸했다고 생각한다. 그리고 빛을 위해서 만들어진 초가 다 타버렸을 때 사람들은 초는 더 이상 쓸모가 없다는 고정 관념을 가진다. 빛이 꺼져 버린 초의 심지가 빛의 시작인 스위치로 변화될 수 있는 조명디자인을 통해 고정 관념의 유희를 표현해 보았다.

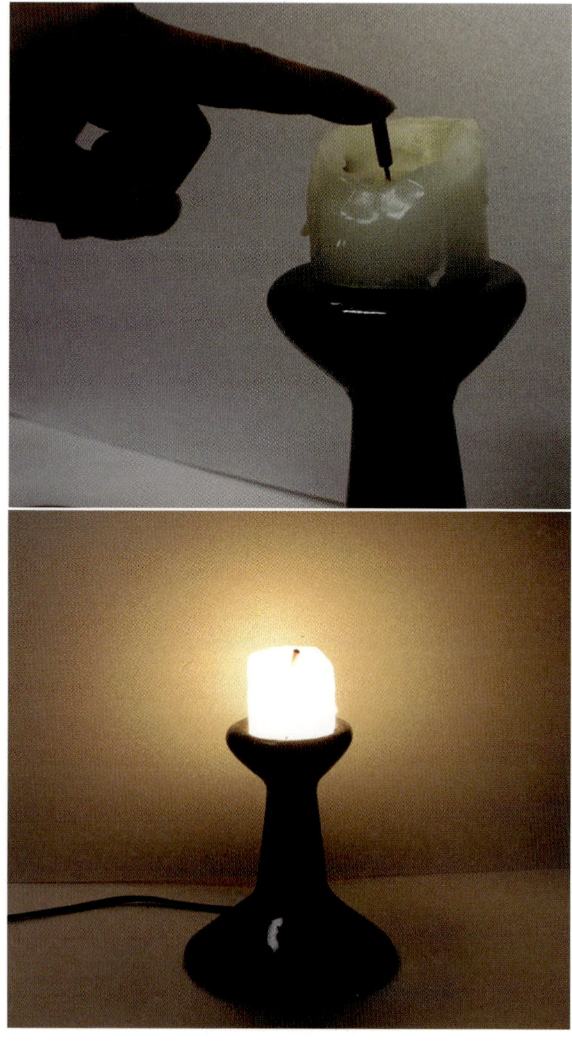

그림 46. **고정 관념의 유희를 표현한 조명디자인**

디자인 콘셉트

기초가 아닌 것: 개체와 개체를 유연하게 연결해 주는 매개체
기초: 개체와 개체 사이에서 증진되는 유대감
조형이 아닌 것: 외형적으로 변화하는 것들
조형: 시나브로 변화하는 시선 혹은 인식
기초조형: 시나브로 변화함으로써 유대감을 증진시키는 것

프로덕트 카테고리

시간을 위한 집

— 소중한 기념일의 시간이 시나브로 변하는 것처럼 보이게 함으로써 그 기념일의 여운을 더욱 진하게 느낄 수 있게 해 주는 모래시계이다. 소중한 기념일에도 시계는 여전히 숫자를 가리키며 돌아갈 뿐이다. 그런 무심한 시계가 얄미워진다. 시계의 숫자가 아닌 조금씩 천천히 떨어지는 모래를 보며 우리는 잠시나마 숫자의 세계 속에서 벗어날 수 있다. 기념일을 상징하는 문양이 모래로 채워질수록 나의 소중한 기념일은 끝나가지만 그 문양의 이미지는 단순한 허무함이 아닌 그 날의 추억에 대한 유대감을 증진시킬 수 있도록 도와준다.

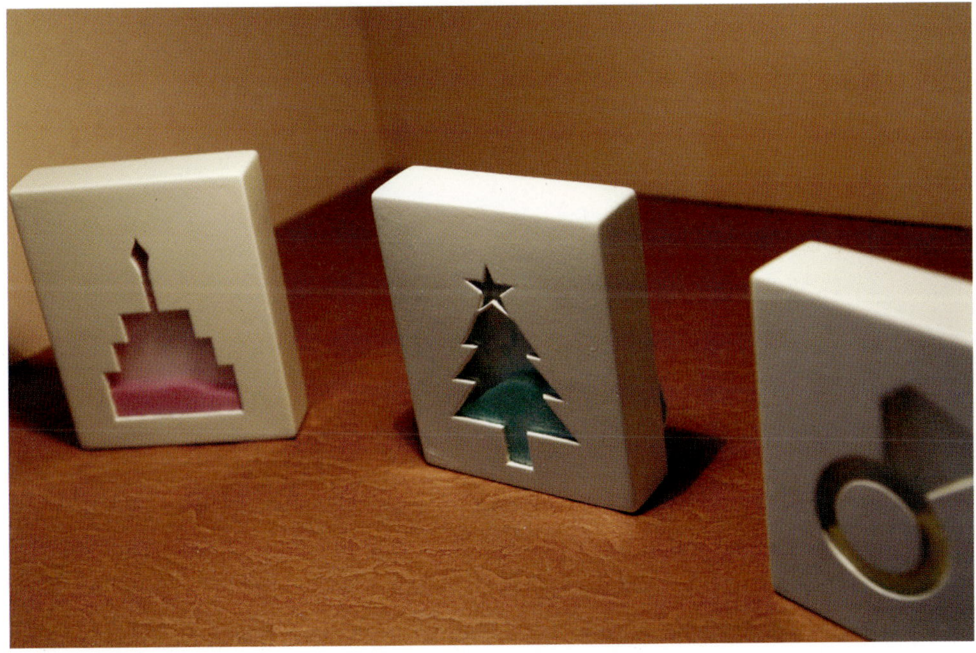

그림 47. **기념일을 위한 모래시계 디자인**

디자인 콘셉트

기초가 아닌 것: 텅 빈 공간에 채워질 수 있는 모든 것

기초: 무언가를 채울 수 있는 최소한의 동기와 에너지

조형이 아닌 것: 결과를 이끌어 내기 위한 수단

조형: 만족을 이끌어 내기 위한 과정

기초조형: 디자이너의 만족을 이끌어 내기 위한
최소한의 동기-미니멀리즘

프로덕트 카테고리
꽃을 위한 집

— 디자이너의 만족을 이끌어 내기 위한 최소한의 동기라고
생각하는 미니멀리즘의 정신을 실천하는 것에 중점을 두었다.
컴퓨터 책상을 어지럽히는 각종 전선들을 묶을 수 있는 기능을
지닌 단순한 형태의 꽃병디자인으로서 아무도 관심을
두지 않았던 소외된 공간에 따뜻함을 부여해 보고 싶었다.

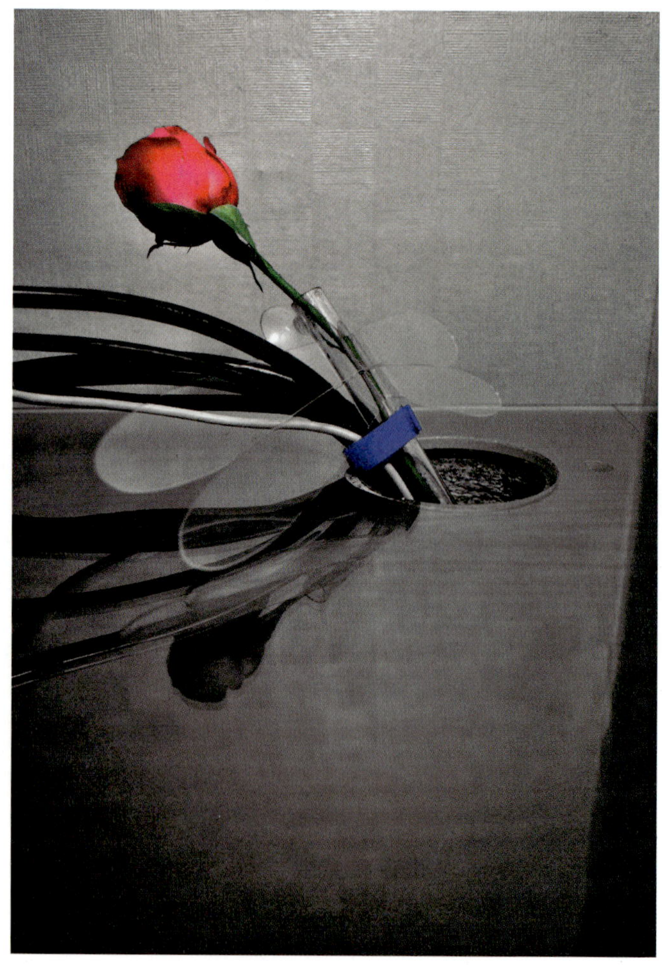

그림 48. **전선정리를 위한 꽃병디자인**

사례 42.

디자인 콘셉트
　기초가 아닌 것: 여러 요소들이 혼재되어 있는 것
　기초: 여러 요소들이 공존하고 있는 것
　조형이 아닌 것: 희귀하고 낯선 것
　조형: 일상적이고 흔해서 소중함을 인식하지 못하는 것
　기초조형: 일상 속에서 공존하고 있지만 그 소중함을
인식하지 못하는 것

프로덕트 카테고리
빛을 위한 집

— 일상 속에서 공존하고 있지만 그 소중함을 인식하지 못하는
것 중 하나가 에너지라고 생각한다. 우리는 단순히 스위치를
누르기만 하면 언제든지 빛을 이용할 수 있다. 이러한 행위는
에너지가 만들어지는 수고로움을 전혀 알지 못하고,
필요하면 언제든지 에너지를 쉽게 사용하고 또 낭비하는
현대인의 일상을 대변한다. 조명을 쓰고 싶은 만큼만 태엽을
돌려 사용함으로써 에너지가 만들어지는 수고로움을
몸소 느껴 보는 조명디자인이다. 어떤 사물에 가치를 부여하면
새로운 의미가 생기듯이 사물도 사람에게 새로운 경험을
부여함으로써 소통을 가능하게 할 수 있다.

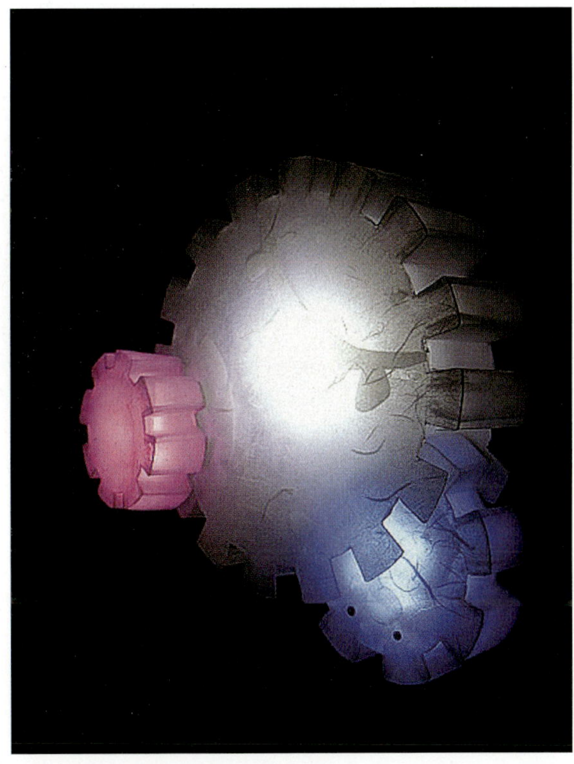

그림 49. **시계의 태엽을 형상화한 조명디자인**

디자인 콘셉트

기초가 아닌 것: 나만이 아는 비밀
기초: 사랑스러운 솔직함
조형이 아닌 것: 내가 인식하지 못하는 것
조형: 설레는 만남
기초조형: 솔직함, 그래서 설레는 만남

프로덕트 카테고리

빛을 위한 집

— 엄마와 아기와의 관계는 가장 솔직하고 설레는 만남이며 교감이라고 생각한다. 엄마를 상징하는 넓은 판에 아기를 상징하는 작은 부분이 서로 접하게 되면 따뜻한 불이 켜지는 조명을 디자인해 보았다.

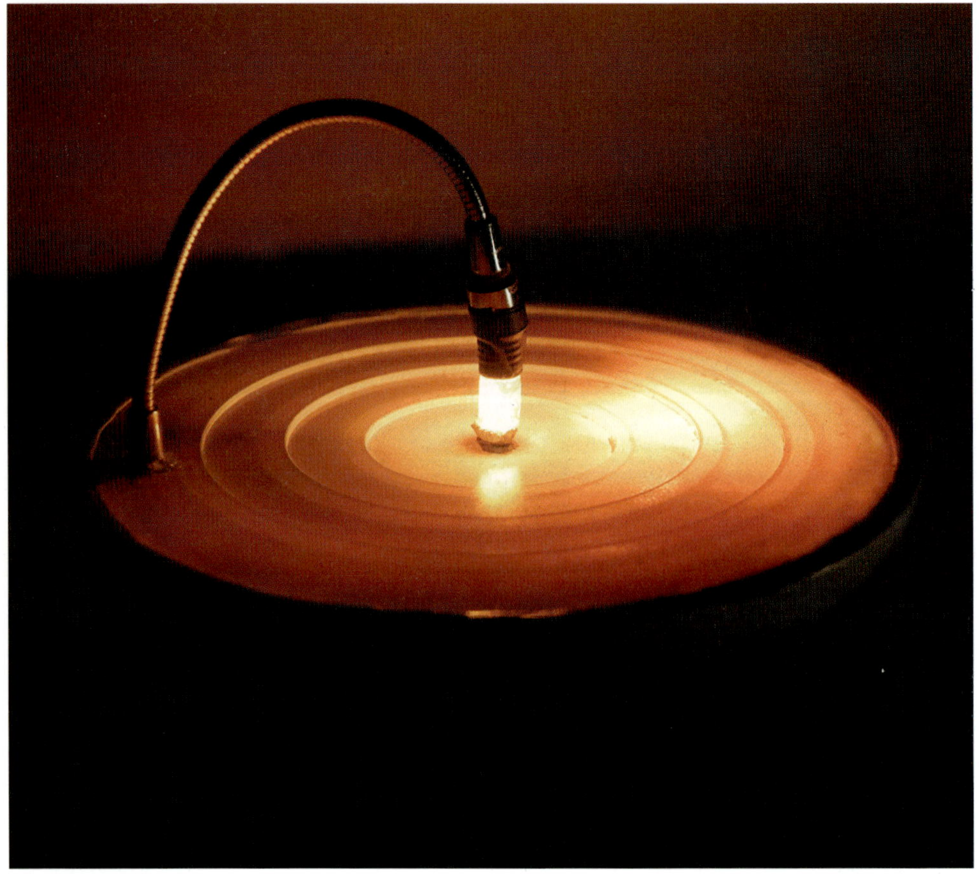

그림 50. **엄마와 아기를 상징하는 조명디자인**

디자인 콘셉트

기초가 아닌 것: 시간에 따른 변화의 단계를 거쳐 결국 처음의 상태로 되돌아가는 것

기초: 앞으로 계속 뻗어 나가는 것

조형이 아닌 것: 무한한 자유로움

조형: 하나의 시작점

기초조형: 하나의 시작점에서 앞으로 계속 뻗어 나가는 확장의 의미

프로덕트 카테고리

빛을 위한 집

— 장식의 기능과 조명의 기능을 동시에 충족시키는 디자인이다. 호롱불처럼 들고 다니면서 추억을 되살릴 수 있는, 즉 의미와 기능이 확장된 조명을 디자인했다. 각각의 조명이 하나로 모여 가족을 형성하는 이미지를 부여했으며, 영원히 시들지 않는 꽃으로 남아 설렘을 전할 수 있도록 했다. 전원을 켜지 않을 때는 꽃처럼 아름다운 장식의 역할을, 어두울 때는 따뜻한 불을 밝히게 된다. 호롱불 같은 옛 놀이의 추억을 되살림과 동시에 눕혀서 사용할 수 있는 스탠드의 기능을 겸하게 함으로써 새로운 의미를 확장해 나가고자 한다.

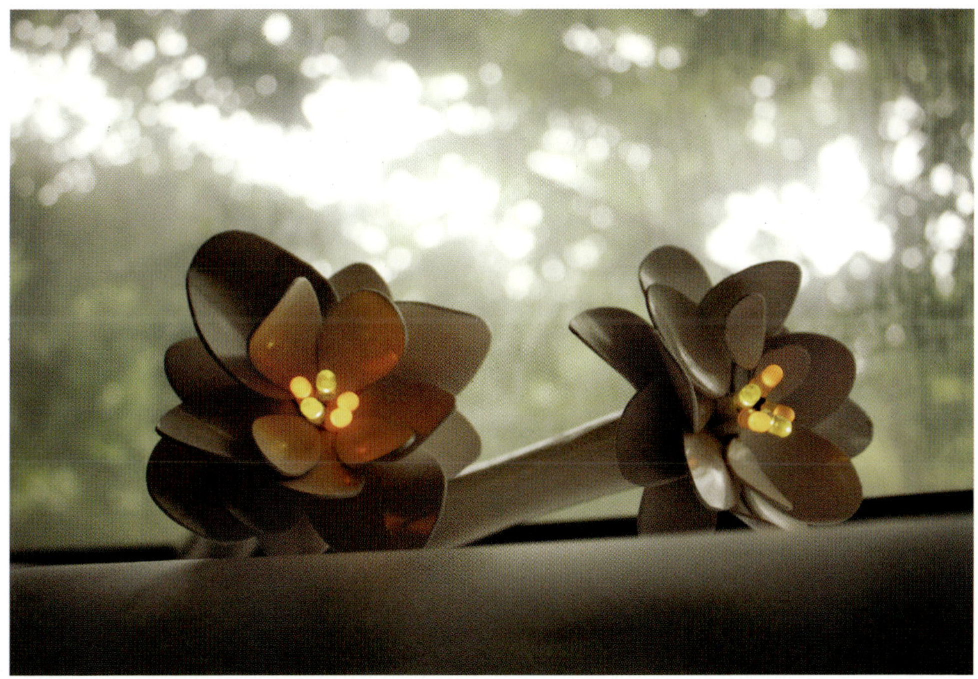

그림 51. **여러 의미로 확장될 수 있는 조명디자인**

디자인 콘셉트

기초가 아닌 것: 능숙하고 숙련된 것
기초: 아기처럼 미숙하지만 순수한 것
조형이 아닌 것: 손길이 아직 닿지 않은 것
조형: 나의 의지로 다듬어진 아름다움
기초조형: 순수한 의지로 만들어진 아름다움

프로덕트 카테고리
꽃을 위한 집

— 순수한 의지로 만든 아름다움이란 의도하지 않은 우연히 만들어진 아름다움이라고 정의내릴 수 있다. 여러 가지 색의 조합으로 회전하는 사각형의 큐브 속에서 우연히 맞춰지는 예상치 못한 자연스러운 아름다움이 내가 정의 내린 기초조형 스토리에 가장 부합하는 것이라고 생각한다.

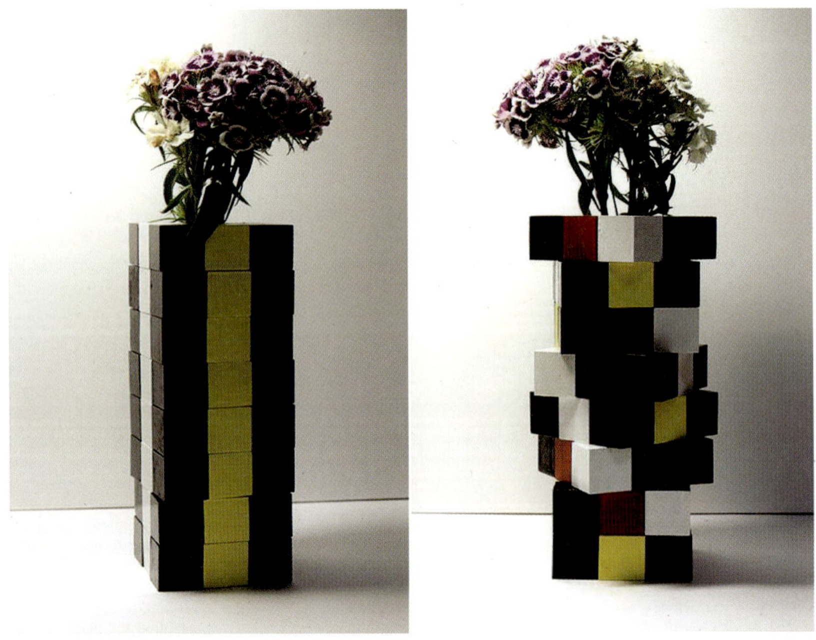

그림 52. **큐브를 형상화한 꽃병디자인**

디자인 콘셉트
　기초가 아닌 것: 한곳에만 정체되어 있는 것
　기초: 계속해서 향상될 수 있는 기회 또는 동기
　조형이 아닌 것: 헤매고 방황하는 것
　조형: 제자리를 찾을 수 있도록 안내자의 역할을 하는 것
　기초조형: 동기를 부여할 수 있는 계기를 만들어 주며
안내자의 역할을 하는 것

프로덕트 카테고리
시간을 위한 집

— 다이어트를 위한 안내자 역할을 수행하는 시계디자인이다. 냉장고를 열기 전 체중계 형상의 시계를 보고 자기 자신을 마인드 컨트롤할 수 있도록 도와준다. 다이어트하고 있는 내 자신을 되돌아보며 먹는 횟수를 절제할 수 있는 계기를 마련해 줌으로써 중간에 포기하지 않고 끝까지 목표를 달성할 수 있는 친절한 안내자의 역할을 한다.

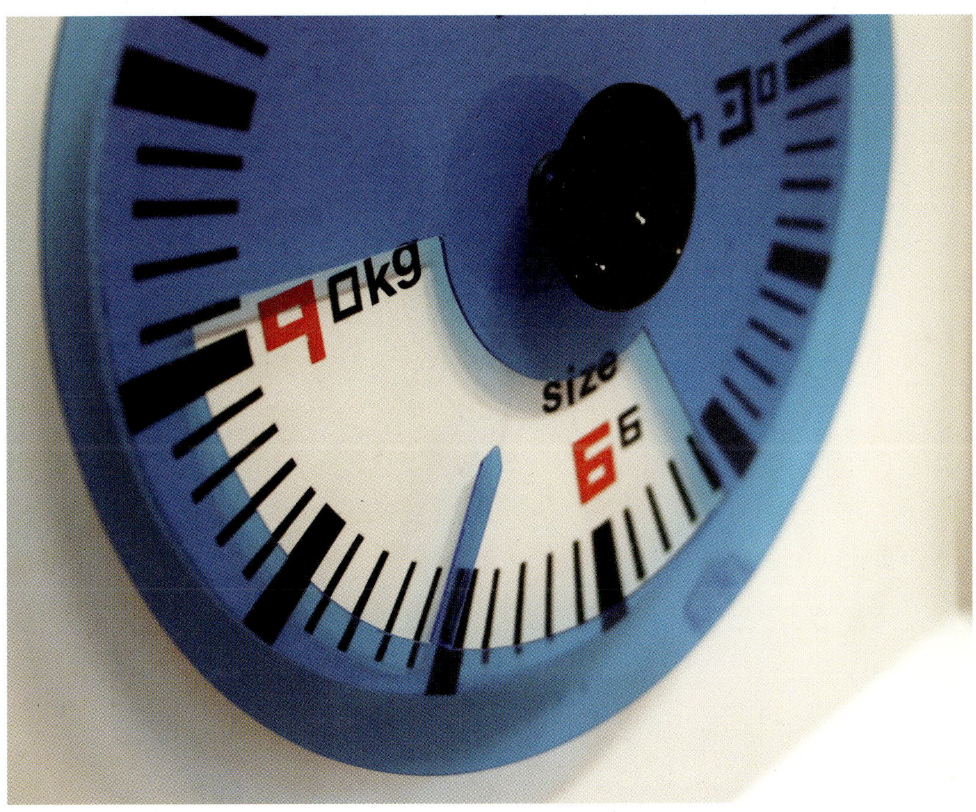

그림 53. **체중계를 형상화한 시계디자인**

디자인 콘셉트

기초가 아닌 것: 기초라고 약속하지 않은 모든 것

기초: 오래전부터 약속된 모든 것

조형이 아닌 것: 미숙하고 때 묻지 않은 순수한
어린아이의 이미지

조형: 경험이 많은 중년의 사회인 이미지

기초조형: 오랫동안 축적된 세월의 흔적

프로덕트 카테고리

시간을 위한 집

— 오랫동안 축적된 세월의 흔적들의 하나로서 '욕심'이라는 단어를 생각해 보았다. 부정적인 느낌의 단어인 욕심을 희망의 단어로 변화시킬 수 있는 기회를 찾아보다가 힘든 다이어트를 실천할 수 있는 플래너를 디자인하게 되었다. 두루마리 휴지의 구조와 플래너의 구조를 서로 합침으로써 기존 플래너가 지닌 보편적인 형태를 탈피함과 동시에 쓰면 쓸수록 허리의 뱃살이 날씬해지는 유머러스한 이미지를 부여함으로써 시간의 경과를 보여 줄 뿐만 아니라 그에 따른 노력의 성과도 함께 인식할 수 있다.

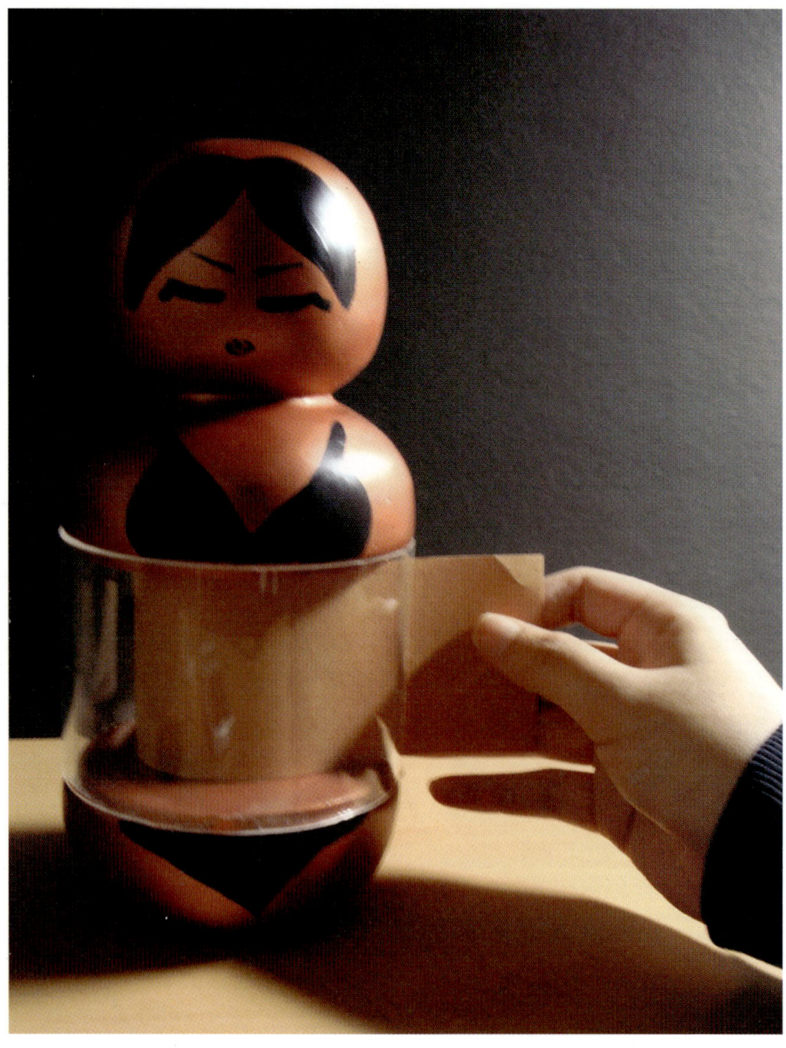

그림 54. **다이어트 플래너디자인**

디자인 콘셉트

　　기초가 아닌 것: 나에게 익숙하지 않은 것
　　기초: 떼어 낼 수 없는 관습과도 같은 것
　　조형이 아닌 것: 차가운 이성
　　조형: 마음이 끌리는 감성
　　기초조형 : 떼어 낼 수 없는 감성의 이끌림

프로덕트 카테고리

꽃을 위한 집

— 꽃병을 바라보는 이로 하여금 떼어 낼 수 없는 감성의 이끌림을 유도하기 위해 부러진 가지로부터 새로운 생명이 탄생할 수 있다는 이미지를 은유적으로 표현해 보았다.

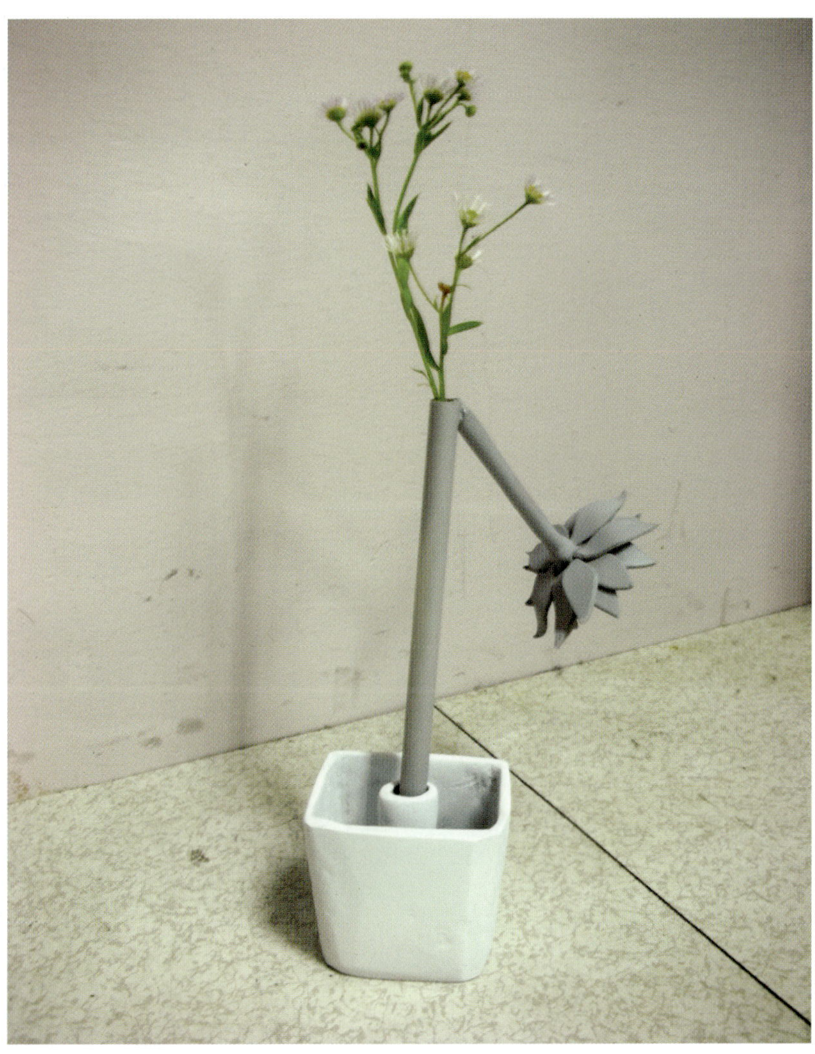

그림 55. **부러진 가지를 형상화한 꽃병디자인**

디자인 콘셉트

　기초가 아닌 것: 배부른 돼지
　기초: 배고픈 인간
　조형이 아닌 것: 자유로움
　조형: 규칙
　기초조형: 절제된 자유

프로덕트 카테고리
빛을 위한 집

— 규칙적인 형태의 개체를 하나하나 쌓는 행위로
조명은 점차적으로 밝아진다. 조명을 쌓는 행동과 개체가
지니고 있는 규칙적인 형태는 절제를 의미하는 것이며
개체 안의 빛은 절제된 틀 안에서의 자유를 대변하는 것이다.

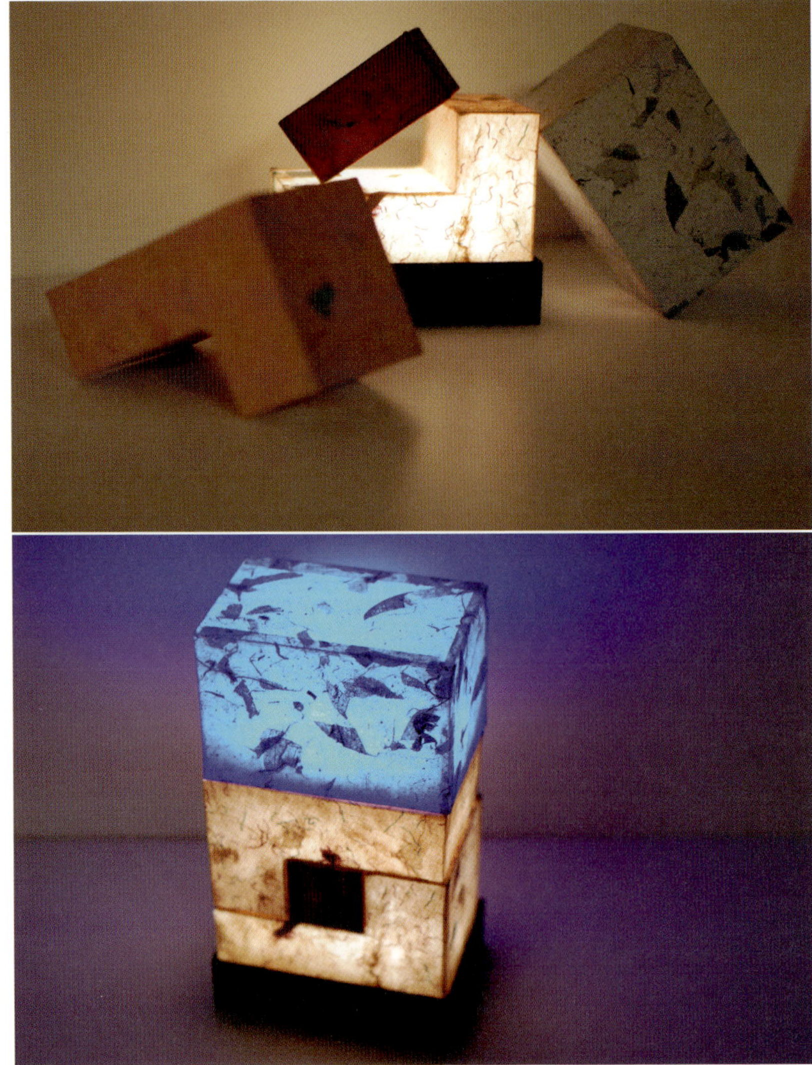

그림 56. **쌓을 수 있는 조명디자인**

사례 50.

디자인 콘셉트
　기초가 아닌 것: 계단을 오르고 내리는 것과 같은 반복
　기초: 다음 단계로 나아가기 위한 도약의 과정
　조형이 아닌 것: '왜'라고 물을 수 없는 것
　조형: 메시지를 느낄 수 있는 것
　기초조형: 도약을 위한 메시지

프로덕트 카테고리
빛을 위한 집

— 조명의 가운데 방향으로 남녀를 상징하는 두 기호를 합치면 빛이 나오는 방식의 디자인이다. 성적 소수자들이 결정한 선택의 차이를 인정하고 존중함과 동시에 그들이 사회의 편견이나 차별로부터 자유로워짐으로써 정신적으로 한 단계 도약할 수 있다는 콘셉트를 구현해 보았다.

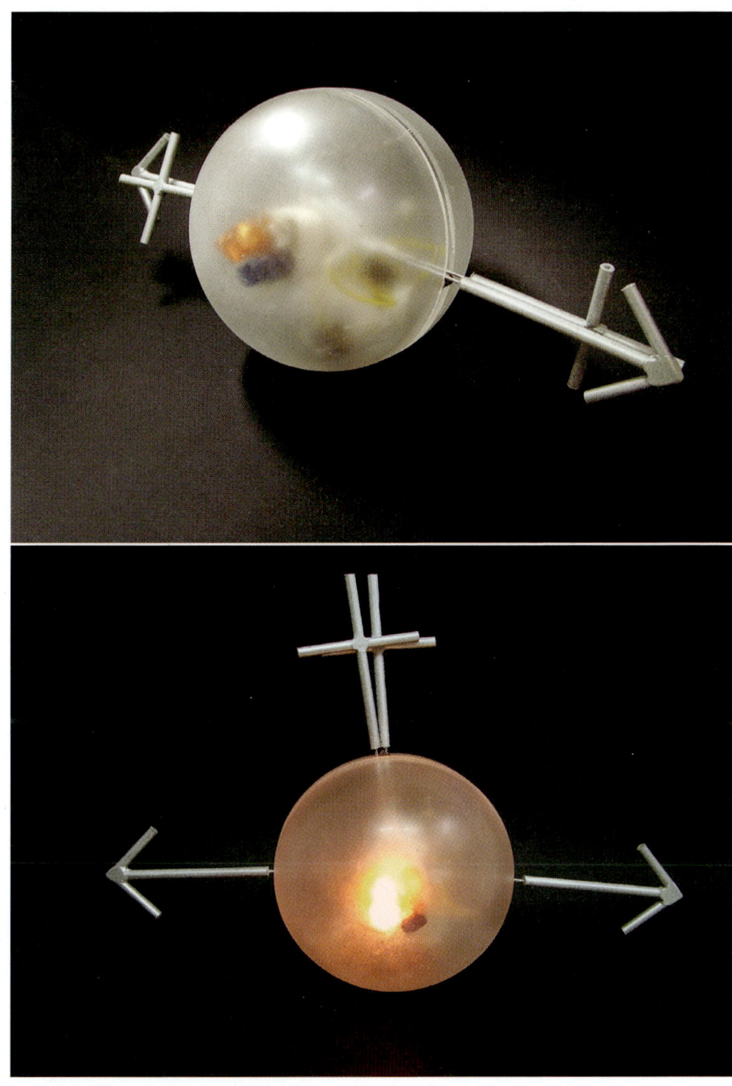

그림 57. **성적 소수자들의 메시지를 전달하는 조명디자인**

맺음글

지금까지 독창적인 개념의 발상을 위한 특별레시피의 모든 과정을
살펴보았다. 기초조형이라는 명제를 제2의 언어로 변환시켜 보는
일련의 과정을 통해 우리는 보편적인 개념에 '개성이라는 옷'을
입혀 보는 경험을 할 수 있었다. 물론 이미 오래전부터 정의되어진
객관적 개념을 주관적 사고방식으로 다시 새롭게 재정의하는 것은
결코 쉬운 일이 아니다. 하지만 탐구하고자 하는 개념과 그 반대
개념을 서로 소통시키기 위한 리서치의 단계, 개념의 정의 단계,
그리고 디자인의 구현 단계를 하나하나 거치는 다채로운 단계들은
매우 흥미로운 도전이라고 할 수 있다. 다른 특정 단어를
하나 선정하여 그 개념에 대한 '사전적 정의 대 개인적 정의'를
서로 탐험하고 비교해 봄으로써, 자신만의 제2의 언어를 발상해
볼 수 있는 기회를 가져 보길 바란다.

표면적으로 볼 때 '개념 대 그것의 반대 개념'은 서로
양극화되어 있는 관계처럼 보이지만, 사실 두 개념은 서로 간에
상호 보완될 수 있는 여지가 매우 많다.

본 장에서 소개한 특별레시피를 통해서 개성 있는 스토리를
만들 수 있는 자신만의 노하우를 자연스럽게 습득하고 이에 관련된
과정들을 각자가 기분 좋게 경험하고 즐기도록 한다. 여러 번
반복해서 연습하고 많은 시행착오를 겪은 후에야 비로소
자기 입맛에 맞는 훌륭한 요리를 터득할 수 있듯이 반대 개념을
활용한 개념의 발상법도 자신만의 스타일로 완벽히 소화시킬 수
있도록 지속적으로 실험해 보자.

오늘날의 디자인은 우리가 살고 있는 세상을 관찰하고
자신의 주관에 따라 이를 재해석한 것에 기초하고 있다.
그렇기 때문에 자신이 살아가고 있는 세계에 대한 세심한 관찰과
재해석 없이 창의적인 개념이나 디자인은 만들어질 수 없다.

디자이너는 꾸준히 상상하고 깊게 생각하는 사람이어야
함을 항상 잊지 말아야 한다.

참고문헌
도판목록
찾아보기

참고문헌

1장. 창의성과 조형교육

김영채 저, 창조적 문제해결: 창조력의 이론, 개발과 수업, 교육과학사, 2006
이신동 저, 대학생의 창조적 성격 비교, 교육방법연구, 15(2), 2003, pp.103-118
조연순, 성진숙, 이혜주 저, 창조성교육, 이화여자대학교출판부, 2008
한순미, 김선, 박숙희, 이경화, 성은현 저, 사람, 환경, 전략: 창조성, 학지사, 2005

2장. 관찰과 표현

게일 그리트 하나 저, 디자인의 요소들, 서울: 안그라픽스, 2005
권명광 저, 바우하우스, 미진사, 1984
권영필 외 저, 한국의 미를 다시 읽는다, 돌베개, 2005교수신문 편, 우리 시대의 미를 논한다, 성균관대학교출판부, 2006
문찬 외 저, 기초디자인, 안그라픽스, 2003
바실리 칸딘스키 저, 점 · 선 · 면, 열화당, 1983
요하네스 이텐 저, 디자인과 형태, 미진사, 1981
이어령 저, 한국인의 손, 한국인의 마음, 디자인하우스, 1994
조영제, 권명광, 안상수, 이순종 저, 디자인사전, 안그라픽스, 2000
최범 저, 한국 디자인을 보는 눈, 안그라픽스, 2006
최범, 한국 디자인 어디로 가는가, 안그라픽스, 2008
케릴 아크너콜러 저, 삼차원 기초조형의 이해, 조형교육, 2000
50 Jahre New Bauhaus Bauhaus-Nachfolge in Chicago,
        Ausstellung im Bauhaus-Archiv Museum fur Gestaltung, Berlin, 1987
Edition Axel Menges, hfg ulm The View behind the Foreground, Stuttgart/London, 2002.
Herbert Lindinger,. Ulm Design, MIT Press, 1987

3장. 창의적으로 생각하고 시각화하기

루돌프 아른하임 저, 예술심리학, 이화여자대학교출판부, 1979
로버트 루트번스타인 저, 생각의 탄생, 에코의서재, 2007
루돌프 아른하임 저, 미술과 시지각, 미진사, 2006
박경애 외, 입체조형연구, 기문당, 2008
박암종 저, 디자인 생각, 안그라픽스, 2008
사카이 나오키 저, 디자인의 꼴, 디자인 하우스, 2008
사토루 후지 저, 미와 조형의 심리학, 조형사, 1993
신명희 편저, 지각의 심리, 학지사, 1995
이소미 저, 다시 시작하는 입체조형, 미진사, 2008
조영제, 권명광, 안상수, 이순종 저, 디자인 사전, 안그라픽스, 2000
찰스 왈슈레거, 신디아 부식-스나이더 저, 디자인의 개념과 원리, 안그라픽스, 1998
최동신 외 저, 입체+조형+커뮤니케이션, 안그라픽스, 2006
컬트 로랜드 저, 형상의 발전, 태림문화사, 1992
B. 클라인트 저, 인간의 시각 조형의 발견, 미진사, 1994
Michael Michalko, Cracking Creativity, Ten Speed Press, 2001
Michael Michalko, Thinkertoys, Ten Speed Press, 2006
Jonathan M. Woodham, Dictionary of Modern Design, Oxford University Press, 2004
John Adair, The Art of Creative Thinking, Kogan Page, 2007

4장. 색채를 관찰하기

남효창 저, 나무와 숲. 계명사, 2008
데이비드 라우어, 스티븐 펜탁 저, 조형의 원리, 예경, 2002
문은배 저, 색채의 이해, 도서출판국제, 2002
빛이란 무엇인가, (주)뉴턴코리아, 2008
심상용, '핑크월드, 핑크 아트, 간 ART, 에이엠아트, 2009
에바 헬러 저, 색의 유혹, 예담, 2000
와실리 칸딘스키 저, 예술에서의 정신적인 것에 대하여, 열화당, 2004
요한 볼프강 폰 괴테 저, 색채론-괴테전집1, 2, 민음사, 2003
川添泰廣, 色彩の 基礎, 美術出版社, 1995
小林重順, 造形構成の心理, 2002
小林重順, 配色センスの新開発ー色彩情報処理のノウハウ, David社, 2002
小林重順, Color image scale, 講談社, 2002
造形基礎, 武藏野美術大學出版局, 2002
田中一光, 向井周太郎 監修, 現代デザイン事典, 平凡社, 2009
多摩美術大學포스터硏究會, Richard Paul Lohse-構成的 造形世界, 中央公論美術出版, 2004
光の饗宴, 武蔵野美術 No. 118, 2000
Josef Müller-Brockmann, ggg books, ggg, 1996

5장. 느낌의 시각화

김현철 저, 몽드리앙의 조형공간 교육론, 도서출판발언, 1996
김혜숙 외 저, 미술용어집, 학지사, 2006
다카하시 마사토 저, 시각디자인의 원리, 지구문화사, 1999
박선의, 최호천 저, 시각커뮤니케이션 디자인, 미진사, 1996
심상현 저, 색채연상과 형의 상관관계에 관한 연구, 홍익대학교석사학위논문, 1987
이재현 저, 인터넷과 사이버사회, 커뮤니케이션북스, 2000
이희봉 역, 참여관찰방법, 대한교과서주식회사, 1984
임남숙, 디자인교육에서의 조형미 이해에 대한 질적 연구, 대구교육대학교
임남숙, 디자인교육에서의 조형미 이해에 대한 질적 연구(1), 한국기초조형학회 국제학술대회 논문집, 2007
임남숙, 메타모르포제에 대한 형태 이미지 연구, 한국콘텐츠학회 학술대회논문집, 2009
효과적인 응용, 한국공예학회한국공예총론 제2집 2권, 1999
임남숙, 멀티미디어 활용을 통한 미술교과에서의 교수-학습 자료 개발에 관한 연구, 연구보고RR 99-II-8, 2001
임남숙, 사이버 공간을 활용하는 조형예술교육-미술재료와 표현기법을 중심으로,
한국기초조형학회 2002년 춘계학술대회 연구논문 발표집, 2003
임남숙, 초등 미술교육에서의 Multimedia 활용범위 분석과 디자인교육에서의 그 임남숙,
          인터넷 활용을 통한 감상 교육, 기초조형학연구Vol. 2. No. 1, 2001
임남숙, Poster-Design에서의 창의적인 표현 활동 연구, KSBDA Iternational Spring Conference 2004, 2004
전성수, 최윤재, 김정선 저, 야! 미술이 보인다, 예경, 1997
조영제, 권명광, 안상수, 이순종 저, 디자인 사전, 안그라픽스, 2000Baacke Dieter,
          Horst 초등교육연구논총 제24권 2호, 2008
V. 로웬펠드 저, 인간을 위한 미술교육, 미진사, 1993
Bernd Weidemann, Informative Bilder, In: Paedagogik. Heidberg, New York, London, Paris, Tokyo,
          Hong Kong, Barcelona, Budapest: Springer-Verlag, 1989-1999
C. Glesne & A. Peshkin, Becoming qualitative researchers, Longman, 1992

DetlefSchnoor, Sehen lernen in der Fernsehgesellschaft, Opladen, 1992
H. Furth, Thinking without language: Psychological implication of deafness, Free Press, 1966
Heidemarie D. Mikasch, Johannes Haak, Blickbewegungsforschung, In: Issing, 1986
J. P. Goetz & M. D. LeCompte, Ethnography and qualitative design in educational research,
        Academic press, Inc., 1984
J. P. Spradley, Participant Observation. Holt, Rinehart, and Winston, 1980
M. Leininger, Qualitative Research Methods in Nursing, 1985
M. Q. Patton, Qualitative evaluation and research methods, Newbury Park,
        Sage Publications, Inc. 371, 1990.
Martin Schuster, Die Psychologie der Kinderzeichnung, Berlin, 1993
Robin Lanier, Cyberpunk Dictionary, 1996
Schäfer, Ralf Vollbrecht, Treffpunkt Kino. Weinheim, Müchen, 1994
Udo Koppelmann, Kunst & Unterricht. Heft 217: Paedagogische Zeitschriften, Friedrich Verlag, 1997
Wolfgang Maier, Grundkurs Medienpädagogik Mediendidaktik, Beltz Verlag, 1998

http://comic.lycos.co.kr/search.asp
http://enc.daum.net/dic100/contents.do?query1=b24p0303a
http://search.daum.net/search?t__nil_searchbox=btn&w=tot&sType=tot&q=%C1%B6%C7%FC%B9
        %CC&search=%B0%CB%BB%F6
http://hit.hs.kr/my/~art-misul/
http://www.ducsi.ac.kr/kyungjin/homepage/sang04/product/home/htm/1_2.htm
http://shinhanart.co.kr/material/contents.htm http://inp.co.kr/ossb2/Root/material/menu/
        study_material.htm
http://myhome.hananet.net/~gloryking/happy/c/c.htm
http://www.ara.ms.kr/qpserver/m/arti/m0072031/m0072031.htm
http://www.wjhanji.co.kr/intro/intro.php?p=a3

6장. 독창적인 개념의 발상을 위한 특별레시피

변상태 저, 디자인과 조형, 형설출판사, 2008
신완식 저, 제품디자인의 교육적 체계와 내용에 대한 연구, 기초조형학연구, vol.4,No.2, 한국기초조형학회, 2003
행크스 & 벨리스톤 저, 발상과 표현기법, 아키그램, 2005
Georges Perec, Espèces d'Espaces, a été publié chez Galilée en, 1974
Joost Grootens, Silence Design, Design Academy Eindhoven, The Netherlands, 2002
Wystan Hugh Auden(21 February 1907–29 September 1973) From Wikipedia, the free encyclopedia

도판목록

1장. 창의성과 조형교육

그림 1   존 듀이의 문제해결 5단계 –김준
그림 2   브레인스토밍-김준
그림 3   역브레인스토밍-김준
그림 4   환경 오염 해결 방안을 위한 마인드맵-김준

2장. 관찰과 표현
[한성대학교 제품디자인과 2009년 1학기 제품디자인 기초실습 수업에 참여한 학생들의 작품을 수록했다.]

그림 1   관찰과 경험 축적-김준
그림 2   발상 전개의 1차 과정-김준
사례 1   유기연, 2009
사례 2   이태강, 2009
사례 3   이태연, 2009
사례 4   이희송, 2009
사례 5   정예슬, 2009
사례 6   정회영, 2009
그림 8   유기연, 2009
그림 9   이태강, 2009
그림 10   이태연, 2009
그림 11   이희송, 2009
그림 12   정예슬, 2009
그림 13   정회영, 2009

3장. 창의적으로 생각하고 시각화하기
[영산대학교와 홍익대학교 학생들의 작품을 수록했다. 여기에 사용된 피카소와 뒤샹의 작품은 SACK를 통해 저작권 사용의 허가를 받은 것들이다. 그 외의 작품은 저자가 직접 촬영한 것들이다.]

그림 19   오른쪽. 손병주 2005
그림 20   왼쪽 위, 오른쪽. 이진영, 2006 / 왼쪽 아래. 김미자, 2006
그림 23   에칭, 김미자, 1999
그림 24   왼쪽. 전용환, 2005 / 오른쪽. 김예진, 2008
그림 25   문기석, 2009
그림 26   김경아, 2005
그림 27   위. 정진모, 2008 / 왼쪽 아래. 최나리, 2008 / 오른쪽 아래. 김예진, 2008
그림 31   왼쪽 위. 이창재 / 왼쪽 아래. 최정미 / 오른쪽 위. 임현지 / 오른쪽 아래. 김태신(시노교수 홍익내학교 최동신)
그림 33   왼쪽. 김병극, 2009 / 오른쪽. 문기석, 2009
그림 37   왼쪽. 파블로 피카소 / 오른쪽. 마르셀 뒤샹(이미지제공: 토픽 / 저작권에이전시: SACK)
그림 40   김은경, 2009
그림 41   전민경, 2009
그림 42   위. 정상금, 2009 / 아래. 전세미, 2009
그림 46   진수진, 2005
그림 47   오른쪽. 양진명, 2005
그림 52   왼쪽 위. 이보영, 2009 / 오른쪽 위. 김예진 2009 / 가운데. 전세미 2009

그림 13 학생작품, (223쪽 오른쪽 위) hot summer, 임남숙 2008
그림 14 학생작품

6장. 독창적인 개념의 발상을 위한 특별레시피
[홍익대학교 조형대학 프로덕트디자인전공 2학년 학생들의 수업 내용을 수록했다. 이미지는 학생들이 직접 촬영한 것들이다.]

사례 1   고태헌
사례 2   김정우
사례 3   김다은
사례 4   전다의
사례 5   강동혁
사례 6   이루다
사례 7   백혜주
사례 8   이예나
사례 9   구창민
사례 10 김동호
사례 11 김형석
사례 12 김민수
사례 13 지승호
사례 14 서지연
사례 15 박하나
사례 16 김민희
사례 17 정은홍
사례 18 최수진
사례 19 한솔
사례 20 김민정
사례 21 김동호
사례 22 구창민
사례 23 권정희
사례 24 박윤이
사례 25 서지현
사례 26 고태헌
사례 27 구창민
사례 28 민지영
사례 29 박성일
사례 30 이화용
사례 31 서지연
사례 32 박시헌
사례 33 김민정
사례 34 이승주
사례 35 김윤재
사례 36 제미소
사례 37 최소연
사례 38 최윤지
사례 39 장기철

찾아보기